Wilhelm Corssen

Kritische Nachträge zur lateinischen Formenlehre

Wilhelm Corssen

Kritische Nachträge zur lateinischen Formenlehre

ISBN/EAN: 9783741158247

Hergestellt in Europa, USA, Kanada, Australien, Japan

Cover: Foto ©Andreas Hilbeck / pixelio.de

Manufactured and distributed by brebook publishing software (www.brebook.com)

Wilhelm Corssen

Kritische Nachträge zur lateinischen Formenlehre

KRITISCHE NACHTRÄGE

ZUR

LATEINISCHEN FORMENLEHRE

VON

W. CORSSEN.

LEIPZIG
DRUCK UND VERLAG VON B. G. TEUBNER.
1866.

INHALT.

                                                                    Seite
1) Vorwort, Abwehr 1
2) Gutturale.
    c. 26
    g. 77
    h. 89
3) Dentale.
    t. 107
    d. 133
4) Labiale.
    p. 160
    b. 172
    f. 193
5) Nasale.
    m. 235
    n. 244
6) Liquide.
    l. 274
7) Sibilanten.
    s. 291
8) Halbvokale.
    j. 295
    v. 298

I. Vorwort.

Abwehr.

In der Ueberzeugung, dass durch eine Schule von Sprachforschern die Lateinische Lautlehre aus den Fugen gebracht ist, indem ihr Lautwandelungen namentlich Consonantenwechsel zugeschrieben worden sind, die der Lateinischen Sprache fremd waren, dass diese Thatsache insbesondere aus dem Streben gewisser Sprachforscher entsprungen ist, in verwandten Wörtern der Indogermanischen Sprachen nicht bloss Gleichheit der Wurzel, sondern auch wo möglich immer Gleichheit des Suffixes zu finden, in dieser Ueberzeugung habe ich es versucht, in meiner Schrift „Kritische Beiträge zur Lateinischen Formenlehre" die Grenzlinien der bisher sicher nachgewiesenen Lautwandelungen und Lautwechsel auf dem Gebiet der Lateinischen Sprache zu ziehen und willkürliche, unsichere oder irrige Annahmen von Lautveränderungen derselben zu bekämpfen. Die ganze Richtung meiner Sprachforschung, die bestrebt ist, der Lateinischen Sprache ihren besonderen Entwickelungsgang zu wahren, ihre eigenthümliche Ausprägung in Lautgestaltung, Wortbildung und Wortbeugung sorgsam zu beachten, so weit das auf dem Grunde der grossen Hauptergebnisse der vergleichenden Sprachforschung möglich ist, wurde schon vor dem Erscheinen meiner Kritischen Beiträge von Th. Benfey in einem ausführlichen Aufsatz, betitelt „Einiges gegen die isolierenden Richtungen in der indogermanischen Sprachforschung" (*Orient u. Occident,* Jahrg. I, S. 231—306), als eine isolierende oder individualisierende Richtung bezeichnet, die durch das durchgreifende Bestreben, fast alle oder wesentlich alle Erscheinungen der Lateinischen Sprache vom speciell Italischen Standpunkt aus zu erklären, die Geschichte ihrer Entwickelung, statt sie zu fördern, nicht selten verdunkelt habe. Die tadelnde Kritik meines sprachlichen Standpunktes in jenem Aufsatz beobachtet eine objective und gemessene Form, wie ich sie von einem principiellen Gegner mir nur wünschen kann, und lässt daneben meinen Untersuchungen über Aussprache, Vokalismus und Betonung der Lateinischen Sprache eine Anerkennung zu Theil werden, die mir von Seiten eines so bedeutenden Sprachforschers wie Benfey willkommen sein musste. Ich habe seine und seiner Schüler Richtung dagegen als eine synkretistische bezeichnet, die bei allem Geist und vielseitiger Gelehrsamkeit nur zu sehr dahin neige, bei der Sprachenvergleichung die Eigenthümlichkeiten der einzelnen Sprachen zu verwischen, nicht bloss Wurzeln, sondern auch Bildungsansätze derselben in den verwandten Sprachen trotz lautlicher Verschiedenheiten für ein und dieselben zu erklären, Lauteigenthümlichkeiten der einen Sprache ohne Weiteres auf die andere zu übertragen und im Nothfalle sich auf Lautwandelungen vor der Sprachtrennung zu berufen (*Krit. Beitr.* S. VIII).

Es liegt im Wesen einer jeden wissenschaftlichen Forschung, die mit Bewusstsein eine bestimmte Richtung verfolgt, dass sie verschieden beurtheilt wird, je nach dem verschiedenen Standpunkt, den die Beurtheiler einnehmen; es ist naturgemäss und nothwendig, dass Kritik auch Antikritik hervorrufen muss. Es konnte daher nicht zweifelhaft sein, dass meine Kritischen Beiträge zur Lateinischen Lautlehre verschiedenartige Beurtheilungen und unter diesen entschiedenen Widerspruch erfahren würden, und das ist denn auch im Verlauf der letzten drei Jahre geschehen. Von den mir bekannt gewordenen Beurtheilungen der Schrift sind drei im Wesentlichen anerkennend ausgefallen, die eines englischen Sprachforschers in Home and foreign Review, *Nr. 4. Jan.* 1864, S. 281 *f.*, die des Recensenten in der Allgemeinen Literaturzeitung, *Jahrg.* 11. 1864, *Nr.* 16. S. 140 *f.*, und die Anzeige in den Heidelberger Jahrbüchern, 1865, S. 65 *f.* Auch die Recension von H. Weber, *Zeitschr. für d. Gymnasialwesen, Jahrg.* XIX, S. 30 *f.*, ist mit dem Zweck des Buches, durch strenge Beobachtung und Prüfung der Lateinischen Lautwechsel eine kritische Grenzlinie für dieselben zu ziehen, einverstanden, wenn sie auch im Einzelnen mancherlei Widerspruch und Zweifel erhebt. Die Beurtheilung Schweitzer-Sidlers in der *Zeitschrift für vergleichende Sprachforschung, Bd. XIII, S. 299 f.* ist durch den eklektischen Standpunkt seiner Sprachforschung bedingt, der dem von Benfey und seiner Schule zuneigt; aber sie geht unbefangen und besonnen an die Prüfung meiner sprachlichen Untersuchungen, sie bringt für abweichende Ansichten entweder Gründe oder begnügt sich Bedenken und Zweifel geltend zu machen, ohne in den Ton hochfahrenden Absprechens zu verfallen, sie gesteht endlich auch dem von mir vertretenen Standpunkt in der Sprachwissenschaft die Berechtigung zu. Auf einige Aeusserungen Schweitzers, die diesen betreffen, muss ich mir aber doch erlauben, hier ein Wort zu erwidern. Er sagt, für die Richtung der Sprachforschung, welche der Ueberzeugung sei, dass Griechen und Römer viel häufiger, als ich es annähme, aus Wurzel und Stamm gebildetes Erbgut in die neue Heimat mitgenommen hätten, liege ein wesentlicher Grund in der eindringlichen Beschäftigung mit dem Sanskrit, besonders mit der so durchsichtigen Vedensprache. „Diese Richtung — das aber kann mit Sicherheit nur derjenige beurtheilen, der selbst auf dem weiteren Felde heimisch ist und liebend den immer frisch hervorquellenden Entdeckungen folgt — hat ihre volle Berechtigung" (*Z. f. vergl. Spr.* XIII, 299). Wer sind denn nun die einzig competenten Beurtheiler jenes Erbgutes? Da ist eine kleine Schaar auserlesener Forscher, die durch Textkritik und Erklärung von Wortformen der Veden und anderer Sprachdenkmäler des Sanskrit neues sprachliches Material zu Tage fördern, Forscher, vor deren Arbeitskraft, Scharfsinn und Wissen ich mich in Hochachtung beuge. Aber grösser ist die Schaar derjenigen, die sich die Ergebnisse der Forschungen jener Männer nur zu Nutze machen, was sehr wohl gethan ist, aber keine grosse Schwierigkeiten hat. Mag man nun auch noch so eingehend und ausdauernd mit den Vedas sich beschäftigt haben, oder mag man noch so liebend den Entdeckungen in denselben folgen, wenn man der Lateinischen Sprache kein besonderes Studium zuwendet, vielleicht gar in dem Glauben, man habe sich dieselbe schon auf der Schule an den Schulen abgelaufen und sei als Kenner derselben bereits in die Hörsäle der

Universität eingetreten, so kann man doch durch jene Beschäftigung und Vorliebe nicht in den Zustand des Hellsehens versetzt werden, der dazu befähigte, über schwierige Fragen der Lateinischen Lautgestaltung, Wortbiegung und Wortbildung allein ein competentes Urtheil zu fällen. Das Sanskrit ist nicht der Stein der Weisen, und einen sprachlichen Illuminatenorden kann ich nicht anerkennen. Von der alten Philologie hat es sich die Lateinische Sprache lange genug gefallen lassen müssen, als blosser Ableger der Griechischen betrachtet zu werden, so dass es schien, als hätten die Römer ihre Sprache Stück für Stück oder in Schiffsladungen aus Griechenland geliefert erhalten. Die Schrift von Ross: „Italiker und Gräken, Lateinisch ist Griechisch" ist ein später hoffentlich letzter Nachklang und Missklang dieser Richtung. Die Sprachvergleichung hat den Irrthum derselben dargethan, und man kann ebenso gut dem Sonnenschein seine Anerkennung versagen, als den Hauptergebnissen der neueren Sprachforschung. Wer die Augen zuschliesst, kann von beiden gleich wenig sehen. Dass dem Sanskrit in der Sprachvergleichung eine hervorragende Stelle zukommt, folgt unzweifelhaft aus der Fülle. Durchsichtigkeit und verhältnissmässigen Ursprünglichkeit seiner sprachlichen Formen. Aber unberechtigt ist es, wenn man in der Theorie zwar die Lateinische Sprache als ebenbürtige Schwester des Sanskrit erklärt, in der Praxis aber dieselbe am Gängelbande des Sanskrit herumzerrt, als sei sie dessen unmündige Tochter gewesen und immer geblieben, die nie selbständig gehen und sprechen gelernt, wenn man ihr, ohne sie zu fragen, Lautgesetze des Sanskrit octroyiert, wenn man um jeden Preis ihre ganzen Wortformen mit Wurzeln und Bildungsendungen, mit Haut und Haar aus dem Schoosse des Sanskrit hervorzuholen bedacht ist, als sei sie wie Sara mit Unfruchtbarkeit geschlagen gewesen in den Tagen ihrer Jugend, bis sie im hohen Alter die Romanischen Sprachen gebar. Dass auch gründliche Kenner des Sanskrit in dieser Beziehung meiner Ansicht sind, dafür führe ich das Urtheil A. Weber's an über Pictet's Origines Indoeuropéennes, an denen er insbesondere tadelnd hervorhebt, dass Pictet das Sanskrit bei seinen Vergleichungen geradezu in der Weise verwende, als ob es die Muttersprache sei, die den anderen Sprachen zu Grunde liege, und deren Bildungsgesetze sogar bei abgeleiteten Wörtern und Compositionen ohne weiteres auch für diese volle Gültigkeit haben müssten (*Beitr. z. vergl. Spr.* II, 251). Ich werde unten den Ausspruch eines anderen Kenners des Sanskrit anführen, der auf derselben Grundansicht über die Methode der Sprachforschung auf dem Gebiete der Arischen Sprachen beruht. Nicht die gründliche Kenntniss des Sanskrit hat zu jener übertriebenen Richtung geführt, sondern die Liebhaberei für dasselbe, die für die Geliebte zu viel beansprucht und mit der schönen Matrone gelegentlich Prunk treibt und liebäugelt. G. Curtius, der dieselbe stets mit kühler Zurückhaltung und Besonnenheit behandelt und in die gebührenden Schranken zurückgewiesen hat, sagt: „Nachdem diese Sprache lange Zeit den übrigen ausschliesslich als Leuchte gedient hat, strahlt nunmehr das Licht von den anderen Sprachen auch auf das Sanskrit zurück" (*Grundz. d. Griech. Etym.* S. 29, 2. *A.*). Ist das richtig, dann muss man endlich aufhören, die Lateinische Sprache wie einen dunkelen nebelhaften Trabanten anzusehen, der sein Licht lediglich von der Sonne des Sanskrit erborgen, aber kein Licht zurückstrahlen könne, aufhören, die Vedas im Munde zu führen, als seien sie der Anfang und das Ende aller Weisheit auf dem Gebiete der vergleichenden Sprachforschung, den Plautus und die altlateinischen Inschriften aber bei Seite zu lassen, als sei es eitel Pedanterei, sich damit noch abzugeben. Schweitzer kennzeichnet ferner meinen sprachlichen Standpunkt mit dem Urtheil, meine speciellen Kenntnisse im Sanskrit und Altdeutschen seien nicht so umfassend, als die vieler vergleichenden Sprachforscher unserer Zeit (*a. O.* S. 314). Da ich mich niemals unterfangen habe, auf die Ehre eines Sanskritaners oder Germanisten Anspruch zu erheben, sondern nur die Ergebnisse der Forschungen dieser Gelehrten für meine Zwecke auszubeuten bemüht gewesen bin, so versteht sich das ganz von selbst. Aber ich verstehe nicht recht, wozu jene allgemeine Bemerkung Schweitzers dienen soll in der Recension meiner kritischen Beiträge, die doch zu untersuchen hat, ob und in wie weit ich auf dem bestimmt begrenzten sprachlichen Gebiete, das ich mir nun einmal ausgewählt habe, meine Aufgabe gelöst habe. Ich würde es nicht für angemessen erachten, in einem Urtheile über Schweitzer's sprachwissenschaftliche Leistungen zu sagen, derselbe besitze zwar auf dem Gebiete der Indogermanischen Sprachen eine bedeutende Gelehrsamkeit; aber es gäbe Leute, die etwa in der

Sprache der Hottentotten, Buschmänner oder Zulukaffern besser bewandert seien als er. Seine Grenzen hat jeder wissenschaftliche Standpunkt; es ist daher billig, jeden innerhalb der Grenzen desselben zu beurtheilen nach dem, was er sein und leisten will. Das schliesst natürlich nicht aus, dass ich jeden Nachweis und Tadel, wo ich im einzelnen Falle neuere Ergebnisse auf dem Gebiete des Sanskrit und Altdeutschen ausser Acht gelassen, oder bei Benutzung derselben gefehlt haben sollte, als vollkommen berechtigt anerkennen und mich zu bessern bereit sein sollte. Schweitzer kann die Bemerkung nicht entgangen sein, dass ich in solchen Fällen grade auf sein Urtheil Werth gelegt habe, und wird das auch in dieser Schrift mehrfach bestätigt finden.

Wenn endlich Schweitzer von der sachten Richtung von Schleicher, Curtius, Corssen spricht (Z. f. vergl. Spr. XIV, 143) und dieser gegenüber die synkretistische Richtung der Sprachvergleichung in Schutz nimmt, so bin ich ihm dankbar dafür, dass er mich in so gute Gesellschaft eingeführt hat. Tres faciunt collegium. Etwas bedenklich ist das epitheton „sachte", insofern ein gewiegter Etymologe den Sinn desselben im Lateinischen segnis wiederfinden könnte. Diesen hat aber wohl Schweitzer, nach seiner sonst bewährten wissenschaftlichen Gerechtigkeitsliebe zu schliessen, nicht gemeint. Soll aber mit dem Ausdruck „sachte Richtung" die Richtung des besonnenen und gemässigten Fortschrittes in der Sprachforschung bezeichnet werden, so bin ich mit demselben ganz einverstanden, da ich dieser Richtung von je her gefolgt und dazu mitzuwirken bemüht gewesen bin, sie immer entschiedener zur Geltung zu bringen. Oder soll „sachte" eine Richtung bezeichnen, die nicht viel Lärmens von sich macht, so ist mir die jedenfalls lieber, als viel Geschrei und wenig Wolle.

Ein fast unbedingt verwerfendes Urtheil, wenn man von einzelnen belobenden Redewendungen absieht, hat L. Meyer über meine Kritischen Beiträge gefällt in den Göttingischen gelehrten Anzeigen 1844, S. 321 f. gemäss der synkretistischen Richtung seiner Sprachforschung, in der er meistentheils den Ansichten seines Lehrers Th. Benfey folgt.

Ich stimme vollständig der Ansicht bei, dass jeder, der auf einem wissenschaftlichen Felde arbeitet, es sich gefallen lassen muss, heute als Hammer, morgen als Ambos zu dienen. Aber jeden Heisssporn beliebig auf sich herumhämmern zu lassen, ohne sich seiner Haut zu wehren, dazu ist niemand verpflichtet. Wer seinen wissenschaftlichen Standpunkt nicht vertheidigt, wenn ein Gegner sich gebärdet, als hätte er denselben als beschränkt und verkehrt nachgewiesen, muss sich gefallen lassen, dass man auf ihn das Sprüchwort anwendet: Qui tacet consentit. Dies zu verhüten, befinde ich mich in dem Fall, hier der Recension L. Meyer's entgegenzutreten.

Es handelt sich dabei nicht um verschiedene Erklärungen einzelner Wortformen und Suffixe, es handelt sich um Princip und Methode der Sprachforschung. Ich führe nicht bloss meine Sache, sondern zugleich die Sache derjenigen Schule von Sprachforschern, welche eine sorgsame Behandlung der Lautlehre nicht als Zweck, wohl aber als Grundlage der Sprachforschung ansehen. Gegen diese schwingt L. Meyer als stehender Recensent der Göttingischen gelehrten Anzeigen für sprachvergleichende Schriften schon seit einigen Jahren das Schwert seiner Kritik.

Herr Meyer giebt zunächst Aufschlüsse über die wechselnden Gemüthsstimmungen, von denen er bei Lesung meiner Kritischen Beiträge bewegt wurde, wie er sich zuerst mancher Einwendungen und Angriffe von mir gegen ihn erfreut habe, wie ihm aber dann alle Freude verdorben sei, und wie schliesslich seine Gewohnheit, Bücher genau durchzulesen, fast noch nie mit solchem Missbehagen bestraft sei, als durch jenes Buch. Solche Mittheilungen eines Recensenten mögen psychologisch interessant sein für diejenigen Leser, welche denselben persönlich kennen und lieben; da aber die Mehrzahl der Leser der Göttingischen gelehrten Anzeigen sich wahrscheinlich nicht in dem Falle befindet, so werden sie an jenem Wechsel der Gemüthsstimmungen auch schwerlich ein lebhaftes Interesse nehmen. Für die Wissenschaft aber sind dieselben vollends gleichgültig. Jenes tiefe Missbehagen des Recensenten bricht nun in einer Fülle von Kraftausdrücken und Superlativen hervor, mit denen er meine Ansichten kennzeichnet, zum Beispiel „durchaus abzuweisen, ganz unstatthaft, unglückliche Annahme, verunglückt, äusserst unglücklich, taugt nichts, nach allen Richtungen verfehlt, durchaus falsch, durch einander gewirrt" u. a. Zahllose völlig unwahrscheinliche Combinationen werden mir vorgeworfen, deren Aufstellung nicht Aufgabe der Etymologie sei, ein massloses Wörterzerschneiden und Wörterzerhacken, gröbliche Vernachlässigung der begrifflichen Seite an allen Ecken und Enden, Unfruchtbarkeit, völlige etymologische Zerfahrenheit. Ich operire, heisst es, mit der alten Handvoll sogenannter Lautgesetze, was in diese Zwangsjacke nicht hineinpasse, werfe ich einfach über Bord und greife neues aus der Luft. Diese Blumenlese von Ausdrücken und Redewendungen verräth neben besagtem Missbehagen die Neigung des Verfassers derselben, durch dickes Auftragen der Farben Effekt zu machen, eine Neigung, die auch sonst schon bei seiner Beurtheilung der sprachlichen Leistungen Anderer gelegentlich hervorgetreten ist. Aber das genügt ihm noch nicht. Um seinen Lesern die geistlose Art meiner Sprachforschung recht eindringlich klar zu machen, lässt er vier Verse aus Goethe's Faust in seiner Recension abdrucken, die bekannten Worte des Mephistopheles: „Wer will was lebendiges erkennen und beschreiben, sucht erst den Geist hinauszutreiben u. s. w." Da ich weder den Teufel überhaupt, noch den Goetheschen Teufel auf dem Gebiete der Sprachwissenschaft als Autorität anzuerkennen vermag, so fürchte ich auch nicht, dass durch solches Brillantfeuer das Auge von Sachkundigen geblendet, ihr Urtheil über den Werth oder Unwerth meines Buches beeinflusst werden könnte. Beweisen können jene Verse ja weiter nichts, als dass Herr Meyer seinen Goethe gelesen hat; eine solche Belesenheit dürfte aber heut zu Tage etwas nicht mehr ganz ungewöhnliches sein. Indem ich also jene deklamatorische Uebung auf sich beruhen lasse, gehe ich zur Beleuchtung einiger Hauptpunkte der Philippika über, in der sich der Unmuth des Herrn Meyer Luft macht.

Jede besonnene und gewissenhafte Beurtheilung eines Buches muss doch sicherlich die Frage in Erwägung ziehen, ob der Verfasser desselben die Aufgabe, die er sich gestellt, erfüllt hat oder nicht. Der ausgesprochene Zweck meiner kritischen Beiträge war, die Gränzen der mit Sicherheit erkennbaren Lateinischen Lautwechsel festzustellen, die durch die neuere Sprachforschung zwar bedeutend erweitert, aber auch zum Theil verrückt und vermischt sind. Somit musste eine Recension des Buches insbesondere nachweisen, ob und in wie weit die von mir

behaupteten oder zugestandenen Lautwechsel unbegründet; die
von mir bestrittenen haltbar wären. Von einer solchen Prüfung
ist nun aber in der ganzen Recension nichts zu lesen; statt derselben finden sich die oben angeführten Phrasen von der alten
Handvoll sogenannter Lautgesetze und der Zwangsjacke derselben.
Benfey hat schon mehrfach die Ansicht ausgesprochen, dass für
die phonetischen Uebergänge in den Sprachen so unwandelbare Gesetze nicht erkennbar und bestimmbar seien,
wie dies insbesondere „die jüngeren Sprachforscher" annähmen,
dass vielmehr die Sprachen nur gewisse Lautneigungen zeigten,
denen sie bald in der Mehrzahl der Fälle, bald nur ganz vereinzelt folgten *(Orient u. Occ.* I, 236). Derselbe Gelehrte sagt
nun aber *Z. f. vergl. Sprachf.* IX, 101: „In der Wissenschaft sind
es die Thatsachen, auf welche man zunächst seine Forschung
zu richten hat. Die Erklärung derselben ist zwar ein hochwichtiges, aber den Thatsachen gegenüber ein untergeordnetes Moment." Für den zweiten dieser beiden Sätze verweise
ich auf die Kritik Steinthal's *(Zeitschr. f. Völkerpsychol. u.
Sprachwissensch.* II, 472); der erste aber ist unantastbar. Nach
demselben kann aber Benfey nicht umhin, zuzugestehen, dass die
Sprachforschung mit möglichster Genauigkeit die Thatsachen feststellen muss, aus denen das Vorhandensein bestimmter und eigenthümlicher Lautneigungen in jeder Sprache, so wie die Stärke
und Tragweite derselben allein nachweisbar ist, dass man nicht
für eine einzelne grade vorliegende Worterklärung beliebig eine
in diesem einzelnen Fall hervortretende Lautneigung ansetzen
darf, die etwa sonst nicht zum Durchbruch gekommen wäre.
Und wenn Benfey ausdrücklich sagt, dass „die individuellen Lautgesetze des Sanskrit, Griechischen und Deutschen im Allgemeinen
so wesentlich verschieden sind" *(Or. u. Occ.* I, 232), so kann er
auch nicht in Abrede stellen, dass man sich sorgfältig hüten muss,
Lautgesetze des Griechischen, Deutschen oder Altindischen ohne
weiteres auf die Lateinische Sprache zu übertragen. Er untersucht in seiner vollständigen Grammatik der Sanskritsprache die
lautlichen Thatsachen dieser Sprache mit der grössten Sorgfalt
und Sachkenntniss. Wie kann er es also missbilligen, wenn
ich seinem guten Beispiele folge und dasselbe für das Lateinische versuche? Diese sorgsame Erforschung der lautlichen
Thatsachen vorausgesetzt, ist es ziemlich gleichgültig, ob man

von Lautgesetzen, Lautregeln oder Lautneigungen einer Sprache spricht, da weder Gesetze, noch Regeln, noch Neigungen unbedingt und ausnahmslos zur Geltung kommen. Benfey's Ansicht von der Lautlehre erscheint nun bei Herrn Meyer in übertriebener und verzerrter Gestalt. In einem Aufsatz der Göttingischen Gelehrten Anzeigen, in welchem derselbe in ein paar Wörterzusammenstellungen beispielshalber einer in neuester Zeit mehrfach hervortretenden vermeintlich sehr strengen Kritik entgegentreten will, die im Grunde garnichts anderes sei, als eine ganz unfruchtbare Negation, äussert er sich folgendermassen *(Jahrg. 1862, S. 514)*: „Jene strenge Kritik beruht im Allgemeinen auf einer vermeintlich äusserst sorgfältigen Behandlung der Lautverhältnisse, das heisst der verhältnissmässig wenigen, die wir schon kennen und nach denen nun die gesammte übrige Sprache, die uns doch grossentheils eben nur deshalb noch dunkel ist, weil wir noch nicht alle Lautverhältnisse kennen, gemassregelt werden soll, zugleich mit einer offenbaren Hintenansetzung des mehr geistigen Elements in der Sprache, der Bedeutung der Wörter". Gegen diese Ansichten Herrn Meyer's hat sich bereits ein Sprachforscher ausgesprochen, dem derselbe wohl weder eine eingehende Kenntniss des Sanskrit noch die Beherrschung eines weiteren sprachlichen Gebiets absprechen wird, nämlich A. Kuhn. Derselbe äussert sich zunächst dahin, dass die Lautverhältnisse der alten Sprachen noch keineswegs abgeschlossen vor uns lägen, und fährt dann fort, *Z. f. vergl. Spr. XII, 147:* „Aber dessen ungeachtet sind wir der Ansicht, dass man die bisher erkannten Gesetze als solche so lange anerkennen muss, als nicht durch überwiegende Massen verglichenen Stoffes ihre Nichtigkeit dargethan ist, und wir können eine Kritik, welche Vergleichungen, die gegen diese Gesetze verstossen, mit Bedenken betrachtet, nicht als eine im Grunde ganz unfruchtbare Negation erklären."

In dem obigen, wie der ganze Aufsatz zeigt, besonders gegen G. Curtius gerichteten Satz Herrn Meyer's kann der moderne Zeitungsausdruck „gemassregelt", der zu den oben zusammengestellten Ausdrucksweisen des Verfassers ein Seitenstück ist, nur von gewaltsamer Behandlung oder Misshandlung der Sprache verstanden werden, der sich solche Sprachforscher schuldig machen sollen, die auf eine sorgfältige Behandlung der Lautverhältnisse dringen. Als Grund, weshalb diese strenge Prüfung der lautlichen Thatsachen aufzugeben sei, bringt Herr Meyer vor: „weil wir noch nicht alle Lautverhältnisse kennen".

In ganz ähnlicher Weise argumentiert F. Kaulen, *die Sprachverwirrung zu Babel*, S. 34: „Was hindert uns denn nun zu behaupten, der Unterschied zwischen dem Deutschen berg, dem Mandschurischen alin, dem Chinesischen shan, dem Koptischen tau, dem Burjätischen kada könne bloss deshalb nicht hinweggeräumt werden, weil wir das Gesetz der Lautverschiebung zwischen den betreffenden Sprachen nicht kennen?" Das heisst also, weil wir die Lautwechsel der Sprachen noch nicht kennen, so können und wollen wir vorläufig Wörter der verschiedenartigsten Lautgestaltung in den einzelnen Sprachen, wenn sie im Sprachgebrauch ungefähr dieselbe Bedeutung haben, frisch weg für entartete Wechselbälge eines adamitischen Mutterwortes erklären. Wenn Herr Meyer diesen Satz Kaulens nicht unterschreibt, dann muss er zugestehen, dass seine obige Schlussfolgerung verkehrt war, dass er im Gegentheil so folgern musste: weil wir die Lautverhältnisse der Sprachen noch nicht alle kennen, deshalb müssen wir grade die erkennbaren sprachlichen Thatsachen einer recht strengen und eingehenden Prüfung unterziehen, dann muss er aber auch zugestehen, dass sein obiger Ausdruck „massregeln" wie die Faust auf's Auge passt. Nicht das Massregeln, wohl aber das Maass halten ist eine hervortretende Eigenschaft derjenigen sprachwissenschaftlichen Richtung, die eine äusserst sorgfältige Behandlung der Lautverhältnisse als eine unerlässliche Aufgabe der Sprachforschung ansieht. Das Massregeln der Sprachen, wenn von demselben überhaupt die Rede sein kann, dürfte vielmehr auf Seiten derjenigen zu suchen sein, die allzu eifrig und nur zu oft unter Vergewaltigung der Lautgesetze der einzelnen Sprachen bemüht gewesen sind, die verschiedenartigsten Suffixe im Lateinischen und Griechischen in die Uniform eines einzigen urfruchtbaren Muttersuffixes einzuzwängen. In dieser Weise ist mit den Suffixen -ant, -rant, -mant von manchen Synkretisten ein wahrer Götzendienst getrieben worden, und der wetteifernde Scharfsinn im Aufspüren derselben hat sich so weit gesteigert, dass kein einfacher Endvokal im Lateinischen mehr sicher ist, für ein verkapptes -ant oder -vant erklärt zu werden (vgl. *Verf. Krit. Beitr. S.* VI). Unter den Verehrern dieser Participial-theorie, die G. Curtius treffend eine Proteustheorie nennt (*Grundz. d. Griech. Etym.* 1, S. 69—75, vgl. *Sonne, Z. f. vergl. Spr.* XII, 285), Pott eine verderbliche und irre leitende Lehre, welche die Unterschiede der Suffixe nihilistisch vermischt (*Etym. Forsch.* II, 935 f. 2. A.), hat Herr Meyer in seiner vergleichenden Grammatik der Griechischen und Lateinischen Sprache mit das höchste geleistet. Welch einen im eigentlichen Sinne des Wortes grenzenlosen Wirrwarr er auf diese Weise unter den Suffixen der Lateinischen Sprache angerichtet hat, davon wird noch weiter unten die Rede sein. In der Recension von Curtius' Grundzügen der Griechischen Etymologie (*Gött. Gel. Anz.* 1863, S. 244 f.) spricht Herr Meyer von einer „entsetzlichen Strenge der Lautlehre", die manche Sprachforscher geltend machen wollten. Da es schwer glaublich erscheint, dass ein Sprachforscher durch eine nach seiner Ansicht zu strenge Behandlung der Lautverhältnisse wirklich in die Gemüthsstimmung des Entsetzens gerathen könne, so ist auch das Epitheton „entsetzlich" hier auf Rechnung des rhetorischen Schwunges zu setzen, in den Herr Meyer, wie wir gesehen, mehrfach verfällt, wenn sein Missbehagen über die Ansichten anderer ihn beschleicht. Wo derselbe ferner die Erfahrung gemacht hat, dass Viele sich bei den „Lautgesetzen fast behaglich fühlten", weiss ich nicht. Ich kann aus meiner Erfahrung nur sagen, dass ich bei dem Suchen und Forschen nach diesen Lautgesetzen viel mehr Arbeit und Kopfzerbrechen als Ruhe und Behagen gefunden habe, zumal ich mir stets bewusst geblieben bin, dass diese lautlichen Untersuchungen für das letzte Ziel der Sprachforschung doch nur Handlangerarbeit seien. Wenn endlich Herr Meyer die Lautlehre eine Zwangsjacke nennt, so kann ich mir den Ausdruck gefallen lassen, einmal weil lautliche Thatsachen wie alle anderen Thatsachen eine zwingende Macht haben, dann aber, weil ja Zwangsjacken in manchen Fällen heilsam sind, und die Regel der Lautlehre, mag sie auch nicht unbedingt und ausnahmslos gelten, doch immer eine wohlthätige Schranke, eine dauerhafte Schutzwehr ist gegen unstäte Irrfahrten einer lebendigen Combinationsgabe auf unerforschten Gebieten der Sprachvergleichung und Etymologie. Hätte Herr Meyer sich diese von ihm so wegwerfend genannte Zwangsjacke angezogen, sie würde ihm die Dienste einer Achillesrüstung gethan haben, sie würde auch für seine sprachlichen Forschungen heilsam gewesen sein und in seiner vergleichenden Grammatik der Griechischen und Lateinischen Sprache würde sich neben Richtigem und Brauchbarem nicht so viel Willkürliches, Unerwiesenes und Irriges finden.

Herr Meyer muss doch selber zugestehen, dass eines der Erfordernisse einer guten Etymologie die formelle oder lautliche Möglichkeit sei. Was ist denn diese Möglichkeit? Doch nicht die physiologische, dass nach der Beschaffenheit, Bewegung und Stellung der Sprachorgane ein Laut sich so gestalten konnte, wie es für die zu begründende Etymologie erforderlich scheint. Diese ist für alle Sprachen in so weit gleich, als die Sprachwerkzeuge aller Menschen im Wesentlichen gleich organisiert sind. Die für die Etymologie erforderliche formelle oder lautliche Möglichkeit ist vielmehr für jede Sprache eine besondere, weil jede Sprache ihre eigenthümlichen Lautgestaltungen entwickelt hat. Da diese aber nicht Ausgeburten des Zufalls, sondern unbewusste und ungewollte Wesensbethätigungen des tiefsten individuellen Seelenlebens jedes Volkes sind, oder, um mit Steinthal zu reden, verschiedene Seiten des „psychischen Processes" zur Erscheinung bringen, der die Sprache erzeugt, so kann man, was in jeder Sprache lautlich möglich ist, nur ermessen und erkennen an dem was lautlich wirklich ist. Also formelle und lautliche Möglichkeit als ein Erforderniss einer guten Etymologie aufstellen und eine scharfe und unausgesetzte Beachtung der wirklich nachgewiesenen Lautgestaltungen und Lautwechsel verwerfen, das ist offenbar ein Widerspruch.

Die Ansichten des Herrn Meyer über die Behandlung der Lautlehre erweisen sich also als haltlos und widerspruchsvoll, und was er von entsetzlicher Lautstrenge, von Massregeln der Sprache, von der Zwangsjacke der Lautlehre und der Handvoll Lautgesetze vorbringt, ist eitler Redeflitter, der die Schwächen und Blössen seiner Behauptungen nicht zu decken vermag.

Bei philosophischen Sprachforschern wie W. v. Humboldt, Heyse, Steinthal u. s. sind mir derartige Aeusserungen nirgends aufgestossen, doch wohl, weil sie erkannt haben, dass eine

Durchforschung der Lautlehre aller oder doch möglichst vieler Sprachen der Erde eine feste und unentbehrliche Grundlage für die Sprachwissenschaft und Sprachphilosophie zu bieten geeignet ist. Grade die eingehenden Untersuchungen Steinthals über das Wesen der Sprache haben mich neuerdings bestärkt in der Ueberzeugung, dass eine strenge und unausgesetzte Beobachtung der Lauteigenthümlichkeiten jeder Sprache für den Sprachforscher unentbehrlich ist. Die Wichtigkeit und Nothwendigkeit derselben ist namentlich auch durch die neueren Untersuchungen über die Physiologie und Systematik der Sprachlaute von Brücke, Merkel, Lepsius, Arendt, Michaelis, M. Müller und anderen ins hellste Licht getreten. Die Ergebnisse dieser aber sind andererseits bereits wieder verwerthet worden zur schärferen und tieferen Erkenntniss der Lautverhältnisse und Lautwandelungen einzelner Sprachen und Sprachsippen zum Beispiel von Schleicher, G. Curtius, Rumpelt und Ebel. Hätte Herr Meyer dieser Thatsache seine Aufmerksamkeit zugewandt, hätte er ferner beachtet, welch bedeutender Gewinn der Lautlehre verschiedener Sprachen in neuerer Zeit zugeflossen ist durch Verwerthung inschriftlicher und handschriftlicher Funde, durch Dialektforschung, durch eingehende Untersuchungen über die Alphabete, so würde er sich nicht zu der übertriebenen und falschen Behauptung haben hinreissen lassen, wirklich gefördert werde die Lautlehre nur durch etymologischen Gewinn. Wenn statt des „nur" hier „auch" stände, dann wäre der Satz richtig.

Auch den Ausspruch Herrn Meyer's: Etymologie ist der Kernpunkt aller sprachlichen Forschung muss ich bestreiten. Wenn unter Etymologie nach dem gewöhnlichen Sprachgebrauch die Erklärung der wahren Bedeutung des Wortes durch Zurückführung desselben auf seine Wurzel ist, so ist das zwar eine wichtige Seite der Sprachforschung, aber nicht der innerste Kern, den sie herausschälen soll, nicht das Endziel ihrer Arbeit. Das ist vielmehr die Erkenntniss, wie der sprachschaffende Geist oder das Volksbewusstsein, insofern es spracherzeugend ist, sich in der Lautform darstellt, wie der bestimmte eigenthümliche Volksgeist seine Vorstellungen in der Lautgestaltung ausprägt und wie demgemäss die einzelnen Sprachen die verschiedenen Seiten des allgemeinen Sprachprocesses sind, der im Seelenleben des Menschen wurzelt (Vgl. *Steinthal, Charakteristik der hauptsächlichsten Typen des Sprachbaues*, S. 76 *f.* 316 *f.*). Daher sind zum Beispiel die Ergebnisse der Forschungen von J. Grimm über das Consonantenverschiebungsgesetz in den Germanischen Sprachen, von Schleicher über die Assibilation, von ihm Zetacismus genannt, von Fr. v. Raumer über Aspiration, von Pott über Doppelung nicht deshalb in erster Linie wichtig, weil sie der Etymologie dienen können und förderlich sind, sondern weil Lautverschiebung, Assibilation, Aspiration, Doppelung an sich selbst wichtige sprachgeschichtliche Thatsachen sind, deren Betrachtung die Erkenntniss des Wesens der Sprache überhaupt aufzuhellen geeignet ist. Und speciell für die Lateinische Sprache muss ich es als ein viel wichtigeres Ziel der Forschung ansehen, nachzuweisen wie die edele Sprache des thatkräftigsten Volkes, das je auf Erden geherrscht hat, durch Erstarrung der Detonung, Schwächung, Kürzung, Ausstossung und Ausgleichung der Laute, Abstumpfung und Abfall der Wortendungen allmählich gealtert, verschrumpft und verkrüppelt ist, im Wesentlichen gleichzeitig mit dem Hinsiechen des alten Römersinnes und dem Verfall des herrschenden Römerthumes, als darzuthun, dass noch eine Anzahl Lateinischer Wörter mehr sich auf Sanskritwurzeln zurückführen lassen, als dies bisher geschehen.

Die Etymologie ist der Lautlehre förderlich gewesen, wo sie mit Methode und Behutsamkeit geübt worden ist, und so wird es auch ferner sein. Wenn ein Lateinisches Wort mit einem altindischen in der Form sonst eine Aehnlichkeit oder Uebereinstimmung zeigt, aber doch in einem ihrer wurzelhaften consonantischen Laute eine Verschiedenheit vorliegt, die, falls jene beiden Wörter gleichen Ursprungs wären, einen bisher noch nicht nachgewiesenen Lautwechsel der Lateinischen Sprache ans Licht stellen würde, so darf man dieselben, selbst wenn ihre Bedeutungen ähnlich sind, doch wahrlich noch nicht ohne weiteres als identisch und jenen Lautwechsel als erwiesen ansehen. Dazu gehört ganz nothwendig noch der Nachweis, dass eine andere Erklärung des betreffenden Lateinischen Wortes nicht möglich ist, dass die andern etwa aufgestellten Etymologien aus bestimmten Gründen falsch sind. Aber wenn das nicht der Fall ist, wenn sich für die etymologische Erklärung ein oder mehrere andere Wege bieten, so kann doch kein Besonnener aus einer blossen Zusammenstellung ähnlich lautender Lateinischer und altindischer Wörter, selbst wenn ihre Bedeutungen übereinzustimmen scheinen, zu gleicher Zeit ihre etymologische Verwandtschaft und ein vermeintliches neues Lautgesetz der Lateinischen Sprache als erwiesen ansehen. Um so behauptete Lautwechsel zu bestreiten, genügt es den Etymologien, auf denen sie beruhen sollen, andere lautlich und begrifflich mögliche an die Seite zu stellen, und dies Verfahren habe ich vielfach in meinen kritischen Beiträgen angewandt, um die Grenzlinie der sicher erwiesenen Lautwechsel zu ziehen. Wer Neues in der Sprachwissenschaft behauptet, dem liegt die Last des Beweises ob, dass es so sein muss; gelingt es dem Gegner darzuthun, dass es anders sein kann, so ist jene Behauptung unterwiesen. Mag also zum Beispiel Herr Meyer es auch noch so oft wiederholen, dass im Lateinischen die enklitischen Bildungen -dam, -dem, -de, -do, -dum vom Pronominalstamm ta- herstammen, dass das Lateinische Suffix -don aus Sanskr. -tvan, die Suffixformen -endo, -undo, -ido, -idi, -nd, -ed, -ed, -id aus dem Sanskritsuffix -ant, und -ud, -ûd aus -vant herzuleiten seien, wie er wieder neuerdings ohne Widerlegung abweichender Ansichten gethan hat (Vergl. Gram. I. 324, 42. II, 88. 91. 97. 102. 108. 122), so lange er nicht den strengen Beweis führt, dass ursprüngliches t im Anlaut und im Inlaut ausser vor r sich im Lateinischen zu d verschoben hat, und dass jede andere Erklärung jener Formen als die von ihm vorgebrachte aus bestimmten sprachlichen Gründen unhaltbar sei, so lange sind jene Annahmen nichts als willkürliches Belieben und in keiner Weise geeignet, die Lateinische Lautlehre mit neuen Lautwechseln zu bereichern. Von zwei noch nicht erwiesenen Dingen je nach Belieben bald das eine bald das andere vorläufig als erwiesen ansehen, bald die fragliche Wortform, bald das fragliche Lautgesetz, und daraus das andere erweisen wollen, das heisst nicht beweisen, sondern sich mit einer Schlussfolgerung erfolglos im Kreise drehn.

Also eine strenge Handhabung der Lautlehre ist und bleibt für den Sprachforscher unentbehrlich, die Etymologie ist nicht der Kernpunkt aller Sprachforschung, die Etymologie ist nicht das einzige Mittel die Lautlehre zu fördern, sondern nur eines unter mehreren, und auch das nur, wenn sie mit Methode und Behutsamkeit geübt wird.

Wollte Herr Meyer nachweisen, dass meine kritischen Beiträge verfehlt seien, so musste er durch eine begründete Widerlegung darthun, dass wenigstens einer oder der andere der von mir bestrittenen Lautwechsel im Lateinischen wirklich vorkomme. Ich habe in Abrede gestellt, dass c zwischen Vokalen ausgefallen, c zu t umgelautet, d im Inlaut zwischen Vokalen zu l, t im Aulaut und Inlaut zu d, p zu f, b zu m, m zu f, b und im Inlaut zwischen Vokalen zu u, n zu m und l geworden sei, dass s euphonisch eingeschoben worden, s zu c umgelautet, j zu c und d, v zu c, gv, b, p, f, m, r und l geworden sei. Keinen dieser Lautwechsel hat Herr Meyer in seiner Recension erwiesen. Statt dessen geht er den einzelnen Worterklärungen und Etymologien nach, die ihm missfallen, was bei seinen Lesern, die mein Buch nicht kennen, die Vorstellung erwecken muss, als hätte ich es etwa auf eine Reform der gesammten Lateinischen Etymologie abgesehen, was mir natürlich nicht in den Sinn gekommen ist. Selbst wenn er nun nachgewiesen hätte, dass eine Anzahl der von mir aufgestellten Etymologien unhaltbar wäre, so würde das meinem Buche nur in dem Falle wesentlichen Abbruch gethan haben, wenn er zugleich dargethan hätte, dass mit der Unhaltbarkeit jener Etymologien eine Anzahl der von mir bestrittenen Lautwechsel in der Lateinischen Sprache sicheren Bestand gewonnen hätte. Aber statt mit solchen Gegenbeweisen den von mir mühselig geführten oder doch versuchten Beweisen entgegenzutreten, so weit es der Raum gestattete, wählt er in der weit überwiegenden Mehrzahl der Fälle die bequeme Manier, meine Ansichten durch blosse Behauptungen und Machtsprüche abzutrumpfen, mit Ausdrücken wie „taugt nichts, nach allen Richtungen hin verfehlt, durchaus falsch, verunglückt, Wörterzerhacken" u. a. Es wird wohl niemand von mir verlangen, dass ich gegen dieses Verfahren von neuem mit Beweisen aufkommen soll. Wer sich von demselben überzeugen will, den ersuche ich beispielsweise nachzuschlagen, was ich geschrieben habe über bacca, vacca, occa, facere, fulcire, sarcire, sanguis, latere, rutilus, longus, ubi, fundus, mellus, alis, membrum, annus, mille, germen, inhere, quoius und die

— 18 —

Suffixe -do, -don, -undo, -cundo, -cro, -bro, und dann nachzusehen, was Herr Meyer gegen mich vorbringt. Ich besorge nicht, dass diese Recensiermethode, ein solches Todtmachen und Abschlachten von Beweisführung und Ergebnissen durch Kraftsprüche und Recensentenstichworte, der Sache, die ich vertrete, schaden wird. In der Wissenschaft gelten ja nicht hohe Trümpfe, die man drauf setzt, sondern sichere Beweise, die man führt; die Dreistigkeit einer Behauptung beweist nicht die Richtigkeit derselben, und wer mit seinem Urtheil über schwierige Fragen der Wissenschaft leicht fertig wird, der darf sich nicht wundern, wenn dasselbe gelegentlich leichtfertig genannt wird. Durch Kokettieren mit Gemüthsstimmungen, Dichterstellen und Zeitungsphrasen vor dem Publikum hat noch niemand auf die Dauer seinen Ruf als Sprachforscher oder Kritiker begründet. Es bleiben verhältnissmässig sehr wenige Fälle übrig, in denen ich begründete Einwände Herrn Meyers anzuerkennen vermag, und diese werden weiter unten zur Sprache kommen.

Er wirft nun ferner meinem etymologischen Verfahren ein maassloses Wörterzerschneiden und Wörterzerhacken vor und findet an diesem letzteren Ausdruck solches Wohlgefallen, dass er ihn mehrmals wiederholt, spricht auch wieder die diabolischen Worte nach „fehlt leider nur das geistige Band". Dass man die Wortgebilde, welche die Sprache zusammengefügt hat, zerlegen muss, um sie zu erkennen, hat wohl kein Vernünftiger bezweifelt. Dass man ein Wort nicht selten bis in seine einzelnen vokalischen und konsonantischen Laute zerlegen muss, um seine etymologischen Bestandtheile zu erkennen, ist klar. Die Optativform f-o-i-s enthält in ihren vier Lauten die vier etymologischen Bestandtheile Wurzel, Bildungs- oder Vermittlungsvokal, Optativzeichen, Personalzeichen. Fortassis entstanden aus forte an si vis würde man, um seine etymologischen Bestandtheile darzustellen, zertheilen müssen mindestens in for-t-e an s-i vi-s, wahrscheinlich sogar in for-t-e a-n s-i v-i-s. Wer kann nun wohl ein Maass angeben, bis wie weit das Zerlegen gehen darf? Dass nun aber nicht bloss geistlose Leute dasselbe treiben, dafür führe ich beispielsweise hier Herrn Meyer's Lehrer Benfey und den Vater der vergleichenden Sprachforschung Bopp an. Benfey lässt vom Auslaut zahlreicher Wurzeln die Consonanten ć, ch, g̣, t, d, dh, n, hh, m, ç, sh, s ab, sieht in diesen Lauten die Reste von Verbalwurzeln und erklärt jene Wurzeln als zusammengesetzte (*Vergl. Gramm. d. Sanskr. S.* 76, wie schon vor ihm Pott solche Zusätze am Ende der Wurzeln erkannt hatte (vgl. *Etym. Forsch.* II. 460 *f.* 2. *A.*). Die Existenz solcher Lautzusätze bezweifelt niemand mehr, mag man sie nun als Ableitungssuffixe von Nominalbildungen, oder als ursprüngliche Wortwurzeln ansehen oder Wurzeldeterminative nennen (*Curt. Gr. Etym. S.* 58 —68. 2. *A.*). Benfey zerlegt die Pronominalform Nom. Sing. Masc. sjas in sa-ja-s für ta-ja-s (*Orient u. Occid.* II, 564), das ist Demonstrativstamm, Relativstamm und Nominativendung. Dopp die deutsche Form der in t-ja-s für ta-ja-s und Althochd. dë sin. Neuhochd. diese in t-ja-s-ja entstanden aus ta-ja-sa-ja (*Vergl. Gr.* II, 153. 2. *A.*). Ist es nun wohl etwas anderes, wenn ich theile quo-i-us, quo-i-ei und namentlich wegen der letzteren altlateinischen Form in dem i derselben einen demonstrativen Pronominalbestandtheil sehe? Warum geht denn das an „die letzte Grenze des Wörterzertheilens"? Doch sicher nicht weiter als s-ja-s, d-e-r, d-ie-s-e. Dasselbe Zertheilen des Worts in seine organischen Bestandtheile, das man sonst zerlegen oder zergliedern nennt, beliebt Herr Meyer bei mir zerschneiden oder zerhacken zu taufen. Wenn er das Gerundivsuffix -undo- zertheilt in -ana-tva- oder tu-ant-a-, wobei er beidemale der Lateinischen Lautlehre ins Gesicht schlägt, dann ist das also zergliedern, wenn ich aber dasselbe Suffix in die beiden einfachen Suffixe -on + do zerlege, dann ist das zerhacken; wenn er das Suffix -don zertheilt in -tva-n, so verfährt er wie ein Anatom, meint er, zerlege ich dasselbe aber in die Lateinischen Suffixe -do + on, dann soll ich verfahren wie ein Fleischhacker. Er bleibt bei all' dem Trennen Inhaber des geistigen Bandes, denkt er, wenn ich aber dasselbe thue, schilt er und spricht: „fehlt leider nur das geistige Band." In der Wissenschaft ist aber niemand befugt, den Satz: Quod licet Jovi non licet bovi anzuwenden und sich dabei die Rolle des Jupiter optimus maximus beizulegen.

Ich soll ferner in meinen kritischen Beiträgen beim Etymologisieren die begriffliche Seite an allen Ecken und Enden auf's gröblichste vernachlässigt haben. Also nicht bloss vernachlässigt, sondern auf's gröblichste und zwar überall. Wer sich davon überzeugen will, wie Herr Meyer sich hier wieder zu polternden Hyperbeln hat hinreissen lassen, der lese in meinem Buche einen oder den' anderen der Abschnitte nach über familia, filius, feria, festus, forma, formula, formido, fortis, fraus, homo, hostis, pius, tempus, Roma, Romulus, solitaurilia, sollistimum, die enklitischen Anfügungen -dam, -dem, -dum, -do, -de oder über das Gerundivsuffix -undo. Jeder Unbefangene, der diese Abschnitte gelesen hat, wird mir zugestehn, dass ich mich mit der Bedeutungsentwickelung dieser Wörter ernstlich beschäftigt habe, dass ich vielfach zu dem Zwecke nicht nur die verschiedenen Bedeutungen derselben zu verschiedenen Zeiten nach der Angabe Römischer Schriftsteller durchgegangen bin, sondern auch die Culturgeschichte des Römischen Volkes zur Aufhellung der Wortbedeutung zu Rathe gezogen habe. Vorstellungen und Begriffe sind schwankend, biegsam und flüssig, sie berühren sich nach den verschiedensten Seiten, sie gehen durch mannigfache Vermittelungen, durch feine Schattierungen in einander über. Daher hat auch die in dem Wortkörper enthaltene Vorstellung oder Bedeutung sich häufig so mannigfach umgebildet und verändert, dass die letzte Bedeutung des Wortes der Urbedeutung der Wurzel ganz entfremdet erscheint, dass man die Mittelglieder und Uebergänge der Bedeutung von dieser zu jener kennen muss, wenn man es glaublich finden soll, dass das Wort aus jener Wurzel entsprossen sein soll. Daher lässt sich der Sinn, den ein Wort im Sprachgebrauch hat, auf dialektischem Wege oftmals aus den Grundbedeutungen verschiedener Wurzeln erklären, und diese verschiedenen Möglichkeiten werden leicht eine Quelle des Irrthums für den Erklärer. Dazu kommt, dass je nach der individuellen Auffassung auch die Ansichten verschieden sind, welche Vorstellungen, Begriffe und Bedeutungen einander nahe liegen. Dass also auch ich in der begrifflichen Erklärung gelegentlich fehlgegangen sein mag, stelle ich nicht in Abrede; aber in Herrn Meyers Recension vermisse ich auch dafür recht schlagende Nachweise. Statt derselben finden sich meist nur kurze Abfertigungen, gelegentlich auch ein Kunstgriff. So zum Beispiel thut er stellenweis so, als müsste in Lateinischen Wörtern, die eine Sanskritwurzel enthalten, nothwendig auch die ursprüngliche Bedeutung derselben unverändert erhalten sein. Ich habe nach Pott's Vorgang cre-ber hergeleitet von dem Verbalstamme cre-, der in cre-scere erscheint, und Sanskr. Wz. bhar- und erkläre demgemäss cre-ber „Wachsthum, Mehrung, Häufung an sich tragend", daher „häufig". Was thut nun Herr Meyer? Er übersetzt cre-ber „Wachsthum-tragend", um zu zeigen, dass meine Erklärung begrifflich verfehlt sei, lässt alle Vermittelungen und Uebergänge der Bedeutung, die ich angegeben habe, weg und nimmt die Miene an, als könnten Sanskr. Wz. bhar- und das Suffix -ber, Ahd. -bari, Nhd. -bar, nur den Sinn des deutschen Wortes „tragen" und nie den von „an sich tragen" oder „bringen" haben. Ebenso lässt er neben hi-ber-nu-s drucken „wintertragend", neben palpe-bra „zucken-tragend", wo ich natürlich den Suffixen -her-, -bra den Sinn „an sich tragend" beilege. Ich erkläre auch ale-bri-s „nahrungbringend", lugu-bri-s „trauerbringend", salu-bri-s „heilbringend". Man braucht auch hier statt „-bringend" nur „-tragend" unterzuschieben, so hat man einen verschrobenen Sinn hergestellt. Herr Meyer könnte mit demselben naiven Kunstgriff das deutsche „offenbar" übersetzen „offentragend" und damit beweisen wollen, dass das Suffix Ahd. -bari, Nhd. -bar mit Sanskr. Wz. bhar- nichts zu thun habe. Ich kann mir kaum denken, dass der Sprachforscher L. Meyer dieses Verfahren noch für ein richtiges und wahrhaftiges hält. In anderen Fällen sieht derselbe gar keine Begriffsverbindung, wo sie mir nahe zu liegen scheint. So zwischen cre-scere und cre-a-re. Von dem einfachen Verbalstamm cre- konnte doch ein Nominalstamm cre-o- oder cre-a- mit der Bedeutung „Wachsen, Wachsthum" gebildet werden und daher das denominative Verbum cre-a-re mit dem Sinn „wachsen machen", daher „hervorbringen". Ebenso liegt doch zwischen mand-ere „kauen" und Wurzel mad- „nass sein" für die Vorstellung das verbindende Glied, dass ja das Benetzen der Speise mit Speichel ein wesentlicher und für die Verdauung nothwendiger Act des Kauens ist. Doch es kommt hier ja nicht darauf an, ob Herr Meyer in einzelnen Fällen mich berichtigt hat oder nicht.

Jedenfalls hat derselbe ebenso wenig nachgewiesen, dass ich bei meinen sprachlichen Untersuchungen die begriffliche Seite überall auf das gröblichste vernachlässigt hätte, als er dargethan hat, dass ich die Lateinische Lautlehre mit der Zwangsjacke der Lautlehre gemassregelt hätte. Es mag unrichtig sein, dass ich in sudus das Lateinische s aus Sanskritischem ç abgeleitet habe, dass ich tacdet zu Sanskr. Wz tu - gestellt, in μείων neben μικρός für das Griechische, den Ausfall eines k vor j angenommen, dass ich mich auf einzelne bisher nur von Indischen Grammatikern überlieferte, aber aus der uns bis jetzt bekannten Sanskritlitteratur nicht belegte Wurzeln zu zuversichtlich berufen habe. Aber ohne den Nachweis, dass ich fast durchgehends die Gesetze der Lautlehre, Wortbiegungslehre und Wortbildungslehre derjenigen Sprachen, die ich zur Erkenntniss des Lateinischen herangezogen habe, namentlich des Griechischen, Sanskrit und Deutschen, verletzt hätte, muss ich Herrn Meyer's Behauptung, dass fast jeder Tritt von mir, der die Lateinische Grenze überschritte, ein Tritt In's Bodenlose sei, lediglich als einen rhetorischen Ausfluss derjenigen Gemüthsstimmungen und Verstimmungen ansehen, von denen er nach seiner eigenen Aussage bei Lesung meines Buches beherrscht und befangen war. Ich kann also die unklare Phrase, ich litte bisweilen an etymologischer Zerfahrenheit, auf sich beruhen lassen. Auch den Vorwurf der Unfruchtbarkeit, den mir Herr Meyer macht, will ich lieber hinnehmen und innerhalb der Schranken der Lautgesetze arbeiten, selbst auf die Gefahr hin, Herrn Meyer wie ein Sträfling in der Zwangsjacke zu erscheinen, als mich mit geistreichem Schwunge über jene Schranken hinwegsetzen, um eine Fruchtbarkeit zu erzielen, die alle Augenblicke etymologische Windeier zur Welt bringt. Es giebt Früchte, die langsam reifen, und das pflegen die schlechtesten nicht zu sein, aber auch solche, die zeitig den Schein der Reife haben, während sie wurmstichig sind. Gegen Herrn Meyer's Behauptung endlich, dass meine Kritik im höchsten Grade ungenügend und unsicher sei, darf ich wohl das Urtheil des Englischen Berichterstatters über diesen Punkt hier anführen: 'The great value of H. Corssen's investigations lies in his close adherence to authentic facts, and the chief force of his criticisms on the hypotheses of other scholars, lies in the proof, that their conclusions go far beyond legitimate inferences from fact.'

Es ist psychologisch begreiflich, wenn Herr Meyer kein Behagen an meinen Kritischen Beiträgen fand, wenn ihm das Buch auf den Wegen der Sprachenvermengung, die er eingeschlagen, ein Stein des Anstosses geworden ist. Erweist sich auch nur der wesentliche Gehalt desselben als stichhaltig und bleibt auch in der Sprachforschung der Satz wahr, dass der zureichende Grund das wesentliche Kennzeichen eines Beweises ist, so wird Herr Meyer früher oder später doch die Erfahrung machen, dass er nicht durchdringt mit einer Menge von willkürlichen Meinungen und Vermuthungen über zahlreiche Lateinische Wortbildungen und angebliche Lautwandelungen, die er neuerdings wieder ohne Widerlegung entgegengesetzter Ansichten aufgestellt und veröffentlicht hat, und mit dem oben besprochenen Verfahren, zu gleicher Zeit und mit einem Schlage eine neue etymologische Erklärung und ein noch unerwiesenes Lautgesetz feststellen zu wollen, das auf einen Krebsschluss der gewöhnlichsten Art hinausläuft. Wer glaubt, er könne früher aufgestellte irrthümliche Ansichten begründetem Widerspruch gegenüber dadurch erweisen, dass er sie ohne Erwähnung desselben wieder abdrucken lässt, muss bewusst oder unbewusst entweder der wiederholten Anwendung des Pressbengels eine beweisende Kraft beimessen, oder dem Glauben huldigen, durch Verschweigen und Vertuschen von Gegenbeweisen seine Irrthümer auf wissenschaftlichem Gebiet als Wahrheit verkaufen zu können. Ein solches Todtschweigen unbequemer Gegenbeweise kann vielleicht eine Zeit lang einen Scheinerfolg haben, wenn es gehandhabt wird von einer anerkannten wissenschaftlichen Autorität, deren Stimme einer ganzen Schule von Anhängern als das Orakel der Wahrheit gilt; aber der Glanz der Autoritäten verbleicht doch mit der Zeit vor dem Lichte der Wahrheit sowohl in den höchsten und weitesten Sphären der Wissenschaft als auf dem engen Gebiet sprachlicher und philologischer Untersuchungen. Wer aber vollends erst auf dem Wege begriffen ist, sich zu einer wissenschaftlichen Autorität emporzuringen, der täuscht sich arg, wenn er wähnt, durch jene Manier des Wiederabdruckens und Todtschweigens das gehoffte Ziel zu erreichen. Auch unter Sprachforschern und Philologen wird der Ausspruch des Cicero seine Geltung behalten: „nihil esse turpius quam cognitioni et perceptioni assertionem approbationemque praecurrere". Die Zukunft wird doch derjenigen Sprachforschung angehören, welche die Laute der Sprachen nicht als ein winziges Gemödel ansieht, mit dem man zur Erzielung etymologischer Fruchtbarkeit nach Belieben schalten und walten könne, sondern als edle Sprachwesen, höchst merkwürdige Naturerzeugnisse, gehören aus Leib und Seele des Menschen, die der Sprachforscher mit mikroskopischer Genauigkeit untersuchen muss, wie Ehrenberg das unendlich Kleine in der Welt der sinnenfälligen Dinge durchforscht hat.

Herr Meyer hätte sicher seinem Standpunkte nichts vergeben, wenn er, statt seinen Gemüthserregungen den Zügel schiessen zu lassen, mit etwas kälterem Blute seine Recension geschrieben hätte, wenn er statt Mephistopheles lieber Geister wie Bopp, Grimm, Pott und die ganze Schaar der guten Sprachgeister, die jenen Altmeistern gefolgt sind, gegen mich citiert hätte, wenn er, statt seinen Missmuth explodieren, lieber das Licht seiner Kenntnisse heller hätte leuchten lassen, kurz, wenn er mit etwas mehr Unbefangenheit, Besonnenheit und Gründlichkeit gearbeitet hätte. Sollte ich durch diese oder irgend eine künftige Schrift wieder einmal das Missbehagen des Herrn Meyer erregen, was nicht ganz unwahrscheinlich ist, so werde ich mich schwerlich veranlasst fühlen, den Ergüssen desselben wieder entgegenzutreten, während ich Gegenbeweise, die er meinen Ansichten etwa gegenüberstellen sollte, stets unbefangen und sorgsam zu prüfen und zu verwerthen bestrebt sein werde. Et refellere sine pertinacia et refelli sine iracundia parati sumus.

Auch sonst sind in Specialschriften und Aufsätzen manche Ergebnisse meiner Untersuchungen in neuster Zeit zur Sprache gekommen, so dass der Zweck der Kritischen Beiträge zur Lateinischen Formenlehre, durch eine Revision der Lateinischen Lautlehre den Boden zu ebenen und zu sichern für neue Forschungen auf diesem Gebiete und anzuregen zu sorgsamen und gewissenhaften Untersuchungen statt des hergebrachten Nachsprechens oder Absprechens über die Sprache der ewigen Stadt, dass dieser Zweck sich bereits zu erfüllen beginnt.

Diesem Zwecke aber sollen auch die nachstehenden Untersuchungen dienen. Auch sie behandeln eine Anzahl von Fragen der Lateinischen Lautlehre, insbesondere solche, die seit dem Erscheinen meiner Kritischen Beiträge wieder besprochen oder seitdem zuerst aufgeworfen worden sind, sie suchen also eigene Ansichten zu begründen oder zu berichtigen, entgegengesetzte zu bekämpfen und Erweiterungen, Nachträge und Zusätze zu früheren Arbeiten auf diesem Felde zu bieten. Sie schliessen sich demnach in Zweck, Methode und Anordnung jener Schrift genau an und können nur in Verbindung mit derselben benutzt und beurtheilt werden. Sie können und wollen nicht den Anspruch erheben, ein abgeschlossenes Ganze zu bilden. Gar manche Fragen, insbesondere über die Lateinischen Vokale, angeregt durch die neusten handschriftlichen und metrischen Specialuntersuchungen, bleiben hier absichtlich noch unberührt und weiteren Erwägungen und Untersuchungen vorbehalten.

II. Gutturale.

C.

Neuerdings ist gegen das Schwinden eines anlautenden c vor Vokalen im Lateinischen ein sehr beachtungswerther Widerspruch eingelegt worden von H. Weber *(Z. f. d. Gymnasialw., Jahrg. XIX, S. 32 f.)*. Derselbe bestreitet zunächst den Abfall eines anlautenden c in

ubi, unde, uter, uti, ut, utique,

den ich mit anderen Sprachforschern angenommen habe *(Krit. Beitr. z. Lat. Formenl. S. 1)*. Seine Gründe sind folgende. Erstens sei kein lautlicher Grund für den Abfall des anlautenden c in diesen Wörtern ersichtlich, und selbst, wenn man annähme, aus -cubi sei zunächst *-cvobi entstanden und dann erst das anlautende c geschwunden, so bliebe doch ein *-vobi übrig, dessen v nicht auch noch abfallen würde; zweitens das anlautende k des relativen Pronominalstammes ka- oder dessen Vertreter c, qu, p hätten sich sonst stets gewahrt; drittens die zusammengesetzten Wortformen wie ali-cubi, ne-cubi, nun-cubi, si-cubi, ubi-cubi zeigten das von dem relativen Pronominalstamme ka- Lat. co- quo- gebildete Ortsadverbium -cu-bi, die Formen ali-cunde, ne-cunde das eben daher stammende -cu-n-de. Es sei also nicht glaublich, dass, während die Formen -cu-bi, -cu-n-de in der zusammensetzung das anlautende c gewahrt haben, die einfachen Wörter u-bi, u-n-de dasselbe eingebüsst hätten. Dasselbe gilt also auch von n-ter neben -cu-ter, das in ne-cutro *(Orell. n. 4859)* erhalten ist. Noch mehr Gewicht würde der dritte Grund von Weber haben, wenn man annehmen könnte, dass in den Zusammensetzungen aliubi, utrubi, neutrubi ubi enthalten sei. Nun findet sich aber neben ueutrubi auch die Lesart neutrobi, und neben utrubi stehen utrobique, utrobidem. Daraus schliesse ich, dass nicht -ubi in diesen Bildungen enthalten ist, sondern dass in allu-bi, utru-bi, neutru-bi, utro-bi-que, utro-bi-dem, neutro-bi das Suffix -bi an die Stämme alio-, utro-, neutrogetreten ist, und das o sich in den drei ersten Formen vor folgendem u verdunkelte, wie dies in rubeus, rubere, ruber geschehen ist, verglichen mit den älteren Formen robus (*Fest. p.* 264. *M.*), robeus (*Varr. R. R.* II, 5, 8), roblus (*Grut. I. p.* 161. *n.* 31).

Weber vermuthet nun, dass in u-bi, u-n-de, u-ti, u-ter ein eigener vom Relativstamme ka- verschiedener Pronominalstamm u- enthalten sei, weist aber denselben nicht nach. Demnach ist hier zu untersuchen, ob man einen solchen anzunehmen berechtigt ist. Die Partikel u im Sanskrit hat erstens die copulative Bedeutung „und, auch, ferner", daher u — u „sowohl — als auch"; sie ist disjunctiv gebraucht, indem u — u auch „eines Theils — andern Theils" bedeutet; in Folgesätzen entspricht sie dem Deutschen „nun"; sie dient zur schärferen Hervorhebung in dem Sinne von „eben, grade"; endlich erscheint sie auch als adversative Partikel mit der Bedeutung „dagegen" (*Boethl. w. Roth. Sanskritwörterb.* I, 801). Die Partikel u-ta bedeutet copulativ „und auch", u-ta — u-ta „sowohl — als auch", disjunctiv „oder", steigernd „sogar", hervorhebend „eben, grade, schlechterdings, jedenfalls", als adversative Partikel „dagegen", als Fragewort entspricht sie dem Lateinischen an im zweiten Gliede von Doppelfragen, als Wunschpartikel dem Lateinischen u-ti-nam (*a. O.* 879). Wenn nun in den Altindischen Partikeln i-ti, i-d, i-d-am, i-dā der Pronominalstamm i, in a-tas, a-ti, a-dha, a-tha, a-dhi, a-bhi der Pronominalstamm a erkannt worden ist, so ist es nicht zu gewagt, anzunehmen, dass in den Partikeln u, u-ta, u-tā-hō ein Pronominalstamm u zu Grunde liegt, und dass dieser, wie alle Pronominalstämme ursprünglich die demonstrative Bedeutung hatte.

Im Lateinischen erscheint u-ti, u-t mit der relativ-copulativen Bedeutung „wie"; u-ti-que bedeutet eigentlich „wie auch immer", daher hervorhebend und verstärkend „schlechterdings, jedenfalls". Indem u-ti, u-t Sätze, die eine unbeabsichtigte oder beabsichtigte Folge ausdrücken. In Verbindung setzen mit Hauptsätzen, welche die Thatsache oder Ursache aussprechen, gelangen sie zu der Bedeutung „so dass, damit". In u-ter, u-tru-m erscheint der Stamm u- mit fragender, in u-bi, u-n-de in eigentlich relativer und in fragender Bedeutung. Wenn nun die Thatsache feststeht, dass demonstrative Pronomina als relative und interrogative Pronominalpartikeln verwandt werden, so kann das auch in u-ti, u-t, u-ti-que, ne-uti-quam, u-ti-nam, u-ter, u-bi, u-n-de geschehen sein. Weder von Seiten der Form, noch von Seiten der Bedeutung steht also der Annahme etwas erhebliches entgegen, dass, wie Weber vermuthet, in jenen Wörtern ein ursprünglich demonstrativer Pronominalstamm u enthalten sei wie in Sanskr. u, u-ta, u-tā-hó.

Es sind nun die anderen Fälle in Betracht zu ziehen, in denen bisher Abfall des anlautenden c vor folgendem Vokal angenommen worden ist. Crain ist der Ansicht,

opinari, opinio

hätten ein anlautendes c eingebüsst, welches in necopinus, necopinans, necopinatus enthalten sei. Das angebliche *copinus, *copinari aber sei dem Griechischen καπνός, also auch dem Lateinischen vapor verwandt, opinio bedeute also eigentlich „Rauch, Geruch", der von jemand ausgeht, daher „Meinung" (*Bemerkungen zur Lateinischen Lautlehre mit besonderer Berücksichtigung Plautinischer Prosodik, Progr., Berlin*, 1864, p. 23). Meine Gründe gegen diese Annahme sind folgende. Das Lateinische vap-or zeigt, dass sich die Wurzel kap- in Saoskr. kap-i, kap-i-la-s Weihrauch, Griech. καπ-νό-ς im Lateinischen zu kvap- gestaltete wie in Lit. kvap-a-s Hauch, Geruch, Ausdünstung u. a. (*Curt. Gr. d. Griech. Etym. n. 36. 2. A.*), dass dann das anlautende c vor v in Lat. vap-or abfiel. Aus der Wurzelform vap- aber kann nicht eine Form op- in op-inari entstanden sein, da anlautendes v im Lateinischen nicht ohne weiteres abfällt. Anlautendes va- gestaltet sich zu ů; so in ur-ina (*Verf. Krit. Beitr. S.* 238) neben Sanskr. var-i und in uxor von Sanskr. vac- lieben (*Ascoli, Z. f. vergl. Spr.* XIII, 157 *f.*), aber nicht zu ó. Nach Crain's Annahme müsste also neben der Wurzelgestalt vap- eine zweite cop- für kap- in die Lateinische Sprache übergegangen sein, was ohne strengen Beweis nicht glaublich erscheint. Auch die Bedeutungen von καπ-νό-ς und op-inio liegen sich fern. Die Behauptung, opinio bedeute eigentlich „die Meinung, die ich veranlasse", ist unhaltbar. Op-in-io sowohl wie op-in-ari sind ausgegangen vom Stamme op-ino-, und op-inus bedeutet „meinend, vermuthend" nicht „eine Meinung oder Vermuthung veranlassend". Dass nun aber das c in nec-opinus, nec-opinans, nec-opinatus nicht der Anlaut des zweiten Wortbestandtheiles ist, sondern das auslautende c von nec, ergiebt sich daraus, dass in guten Handschriften sich die getrennte Schreibweise nec opinus, nec opinans, nec opinatus findet. So *Terent. Heaut.* 180: Ut bune laetitiam nec opinanti primus obicerem domi. *Hirt. B. Alexandr.* 64: Neque opinantibus omnibus — impetum fecerunt; *a. O.* 75: Caesar — neque opinans imparatusque oppressus eodem tempore milites ab operibus vocat; *B. Afric.* 66: Atque equitibus praemissis neque opinantes insidiatores — concidit. Aus dem Gesagten ergiebt sich, dass keine Spur eines ehemaligen aulautenden c in opinus, opinio, opinari ersichtlich, dass also die Ableitung dieser Wörter von Wz. kap- in καπ-νό-ς, rap-or unrichtig ist. Meyer erklärt op-inari aus *oqu-inari oc-inari, gleichen Stammes mit dem Griechischen ὄσσεσθαι für *ὀκ-jε-σθαι ahnen, ahnen lassen (*Z. f. vergl. Spr.* XIV, 84). Auch Epona, popina, lupus, palumbus, sapio, saepio, trepit neben equus, coquina, λύκος, columba, sucus, σηκός, torqueo bezeugen das Umschlagen von k in p für das Lateinische. Denn dass Epona Keltisch, popina, lupus, palumbus Oskische Wörter seien, ist eine willkürliche, durch nichts begründete Behauptung (*Schleicher, Compendium,* I. S. 195, *Anm.* 2). Weshalb man aus diesen Fällen, in denen unzweifelhaft auch im Lateinischen k in p umschlug, nicht auch auf andere schliessen soll (*J. Schmidt, Wurzel Ak-*, S. 8), wenn sonst Gründe zu solchem Schluss vorliegen, ist nicht abzusehen. Also erscheint die Erklärung Meyer's für opinio, opinari lautlich gerechtfertigt und von Seiten der Bedeutung einleuchtend. Ferner nimmt Crain Abfall eines anlautenden c an in

otium,
dessen von Meyer versuchte Zusammenstellung mit ὄκ-νο- (vgl. *Verf. Krit. Beitr.* S. 171) er verwirft (*a. O.* S. 22). Er behauptet, o-tiu-m sei aus *co-tiu-m entstanden und dieses

aus der Wurzel ki- in qui-esco, die auch in καί-μη enthalten sei. Hier bleibt das lange o von o-ti u-m im Verhältniss zu dem kurzen i der Wurzel ki- unerklärt, und zu der Annahme, dass dieselbe Wurzel im Lateinischen die beiden Gestaltungen qui- und o- angenommen habe, gehören unumstössliche Beweise. Diese hat Crain nicht beigebracht, auch meine Ableitung des Wortes o-ti u-m von Sanskr. Wz. av- tueri (*Krit. Beitr.* S. 17) nicht widerlegt. Denn, wenn er sagt, otium bedeute nicht „Schutz, Sicherheit", sondern „Ruhe, Freiheit von der Arbeit" und zum negotium sei Unsicherheit nicht nothwendig erforderlich, so kann er damit doch nicht in Abrede stellen wollen, dass geistige Ruhe aus dem Gefühle der Sicherheit entspringt, dass Sicherheit und Ruhe sich nahe berührende Begriffe sind, mithin otium von jener Bedeutung leicht zu dieser gelangen konnte. Aehnlich ist im Sanskrit die Wurzel av- von dem Begriff des „Schutzes", der „Sicherheit" zu der Bedeutung des „sich gütlich Thuens", also der „geistigen Befriedigung" gelangt (*Boethl. u. R. Sanskrwb.* I, 465). Neg-o-ti u-m aber ist das blosse Gegentheil von o-tiu-m, auf Lateinischem Sprachboden entstanden, als dieses schon die gewöhnliche Bedeutung „Ruhe, Musse" erhalten hatte. Die Richtigkeit meiner Erklärung ist auch von Schweizer anerkannt worden (*Z. f. vergl. Spr.* XIII, 303). In neg-otium für *nec-otium ist also nec enthalten wie in nec-opinus, nec-opinans, nec-opinatus. Das nec ist zur Vermeidung des Hiatus vor vokalisch anlautende Wörter vorgesetzt statt des ne in ne-fastus, ne-farius, ne-queo u. a. Altlateinisches nec mit der einfachen Bedeutung von non war in der Sprache der zwölf Tafeln gebräuchlich; so tab. V, 5. Schoell, Legis duodecim tabular. reliq. p. 129: Si adgnatus nec escit; tab. V, 7, a. O. p. 130: Si furiosus escit, ast ei custos nec escit; tab. VIII, 16, a. O. p. 147: Si adorat furto quod nec manifestum erit. Zur Stütze seiner Ansicht über den Wegfall des anlautenden c vor Vocalen in den besprochenen Wörtern stellt Crain die Behauptung auf, in

neglegere

sei das erste g Anlaut des Verbalstammes (*a. O.* S. 23); neglegere sei nämlich das Gegentheil vom Griechischen ά-λέγ-ειν, dieses aber aus *ά-γλέγ-ειν entstanden wie ὄ-νομα aus *ὄ-γνομα, ὀ-λισθάνω aus *ὀ-γλισθάνω. Als Grund dafür wird angegeben einmal, dass das vorgesetzte a sich besonders häufig vor Doppelconsonanten finde. Aber es findet sich nicht selten auch vor einfachen Consonanten, wie Crain auch selber bemerkt. Zweitens soll die Perfectform $εἴ-λοχα$ Abfall eines anlautenden $γ$ von $λέγω$ beweisen, wie $εἴ-ληφα$ und $λαμβάνω$ von einer Wurzelform $γλαβ$-, Sanskr. grabh- ausgegangen sei. Aber die Perfectform $εἴ-μαρ-ται$ von $μείρ-ομαι$ weist nicht auf eine Wurzelform $γμαρ$- zurück, und es ist nur eine unsichere Vermuthung, dass $smar$- die ursprüngliche Wurzelform des Wortes war (*Curt. Gr. Et.* 1, n. 467. 2. A.). Gar nicht nachweislich ist der Abfall eines anlautenden $γ$ oder eines anderen Consonanten für $λαγχ-άνω$, welches die den obigen analog gebildete Perfectform $εἴ-λοχ-α$ zeigt. Wo sonst im Griechischen oder in den verwandten Sprachen die angebliche Wurzelform $γλεγ$- oder glag- erschiene, dafür fehlt der Nachweis. Der Abfall eines anlautenden $γ$ in $λέγ$-ω ist also durch Crain's Ausführungen nicht erwiesen, und Crain selbst scheint das gefühlt zu haben; denn er gebraucht die Form einer zweifelnden Frage: „sollte es wohl zu kühn sein", wenn wir das mit ziemlicher Sicherheit behaupten? (*a. O. S.* 24). Natürlich hat nun also auch jene Annahme keine beweisende Kraft dafür, dass in neg-leg-ere das erste g Anlaut des einfachen Verbum sei. Gute Handschriften haben die Schreibweise necleg ere (*Brandt, Quaest. Horatian.* p. 108. *Fleckeisen, Funfzig Artikel*, S. 90); so bietet die Florentiner Pandektenhandschrift, deren Orthographie vortrefflich ist, neclegere, neclectus, neclegentia (*Ms. Drenkmann, bibl. Getting. Vol.* XVII, *Orthographia Pandectar.* p. 37). Daraus ergiebt sich, dass das g in neg-legere ebenso aus c erweicht ist, wie in neg-otium, dass in jenem wie in diesem Worte nec enthalten ist. Dass dieses auch vor consonantisch anlautenden Wörtern in dem Sinne der einfachen Negation ne gebraucht wurde, dafür bietet das angeführte nec manifestum im Gegensatz zu manifestum und der in der Römischen Rechtssprache geläufige Ausdruck res nec mancipi im Gegensatz zu res mancipi einen Beleg. Dass

a per

ein anlautendes c eingebüsst habe, wie ich nach dem Vorgange anderer angenommen habe (*Krit. Beitr.* S. 1. *Pott, E. F.* I, 256. II, 262. *Curt. Gr. Et.* n. 37. 2. A.), bezweifelt Weber (*a. O.*), ohne sich auf die Frage näher einzulassen, und, wie ich jetzt glaube, mit Recht. Dem Griechischen κάπρο-ς entsprechen etymologisch mit veränderter Bedeutung Lat. caper, Umbr. capru- Bock, Lat. capra und Angels. bâfar Bock. Während diese Wortformen das anlautende c gewahrt haben, soll dasselbe in aper abgefallen sein. Das ist schon an sich eine höchst bedenkliche Annahme. Nun entspricht aber dem Lat. aper Angels. eofor, Ahd. ebar, wie dem Lat. super Goth. ufar, Ahd. ubar, dem Lat. septem Angels. seofon, Ahd. sibun, dem Lat. rapina Angels. reaf, Ahd. roub, und dieses Zusammenstimmen zeigt, dass das Angels. eofor, Ahd. ebar nicht etwa aus Uebertragung des Lateinischen aper in die deutschen Mundarten entstanden ist, sondern dass alle drei Wortformen aus einem Indogermanischen Grundwort entstanden sind, das im Lateinischen wie im Germanischen von vorn herein heimisch war. Ebar kann aber nach deutschen Lautgesetzen nicht aus einer mit k anlautenden Form wie κάπρο-ς entstanden sein, denn diesem würde altdeutsches *hebar entsprechen, und ein aus k verschobenes h würde sich hier eben so gut gehalten haben, wie sonst überall (vgl. *Rumpelt, Deutsche Gramm.* S. 76). Daraus schliesse ich, dass auch das dem Deutschen ebar entsprechende aper nicht aus caper entstanden sein kann. Dies stellt auch der Recensent meiner kritischen Beiträge zur Lateinischen Formenlehre in der allgemeinen Litteraturzeitung (Jahrg. XI, 141) in Abrede, der vermuthet, aper hänge mit Wurzel ak- in ἀκ-ρό-ς zusammen, so dass p aus k hervorgegangen sei. Dieser Vermuthung kann ich indessen nicht beitreten, da für Ahd. ebar der Umschlag eines ursprünglichen k in p und b nicht erweislich ist.

Abfall des anlautenden k habe ich früher mit Bopp und Pott als erwiesen angesehen für

amare

durch die Ableitung von Sanskr. Wz. kam- amare, cupere. Gegen diese hat sich neuerdings Ebel ausgesprochen, der amare und em-ere von Sanskr. Wz. jam- herleitet, so dass em-ere ursprünglich „nehmen", am-are „nehmen wollen" bedeute (*Z. f. vergl. Spr.* XIII, 239, vgl. XIV, 156, *Schweitzer, a.O.* XIV, 313). Aber da weder der Abfall eines anlautenden j, noch eines anlautenden g vor Vokalen im Lateinischen erweislich, auch von Curtius nicht begründet ist (*Gr. Et.* II, 321), wie Schweitzer anglebt (*a. O.*), so erscheint jene Erklärung als unhaltbar. Pictet hat schon früher am-are auf Wz. -am aegrotum esse zurückgeführt (a. O. V, 340 f.). Dagegen ist aber von Ebel mit Recht geltend gemacht worden, dass diese Bedeutung der Wurzel und die von am-are sich doch zu fern liegen. Nun wird aber für die Wurzel -am auch die Bedeutung „ehren" angegeben (*Boethl. v. R. Sanskrw.* I, 367. *Westerg. Rad. I. Sanskr.* p. 223). Da „ehren" und „schätzen, lieben" doch sicher verwandte und leicht in einander übergehende Gemüthsstimmungen sind, so würde ich am-are von dieser Wurzel am- mit der Bedeutung „ehren" ableiten, wenn dieselbe belegt wäre. Da das aber nicht der Fall ist, so ist diese Ableitung noch nicht sicher gestellt. Jedenfalls hat sich aber bisher noch kein Beispiel ergeben, an dem man mit Sicherheit Abfall eines anlautenden c vor Vokalen im Lateinischen erweisen könnte. Der Zusammenstellung aber von

alapa

mit Griech. κόλαφο-ς, der ich früher zugestimmt habe (*Krit. Beitr. S.* 2), kann ich allein die beweisende Kraft für diesen Lautvorgang nicht zuschreiben. Neben ihnen steht Ahd. lofa flache Hand (*Schade, Altd. Wörterb. S.* 574). Es ist möglich, dass das Griechische κόλαφο-ς durch Vokaleinschub eines o aus *κλαφο-ς für *κλαπο-ς entstanden ist (vgl. *Walther, Z. f. vergl. Spr.* XII, 402 f.), dass diesem ein althochdeutsches hlofa entsprach, dessen aus k verschobenes h abgefallen ist, dass es im Griechischen neben *κλαπο-ς eine Form mit vorgesetztem Intensivem α *ά-κλαπη gegeben hat, wie neben στάχυς ἄ-σταχυ-ς, die in das Lateinische übertragen mit Abfall des c vor l zu a-lapa wurde. Aber es ist doch nur eine Möglichkeit, die ich nicht als erwiesen ansehe.

Ich gelange nach dem Gesagten zu dem Schlusse, dass der Abfall eines anlautenden c vor Vokalen im Lateinischen keineswegs erwiesen ist, stimme also H. Weber bei gegen meine frühere Ansicht.

Mit andern, besonders Grassmann (*Z. f. vergl. Spr.* IX, 20), habe ich den Abfall eines anlautenden c vor v angenommen in

vermis

verglichen mit Sanskr. kṛmi-s, Goth. vaurm-s, von der Grundform *kvarmi-s (*Krit. Beitr. S.* 2). Die Zusammengehörigkeit von Lat. vermi-s mit Sanskr. kṛmi-s ist indessen neuerdings in Abrede gestellt worden (*Aufr. Ujjvalodatt.* p. 276.

Curt. *Gr. Et. S.* 486. 2. A. *Schweitzer*, *Z. f. vergl. Spr.* XIII, 301). Da ich indessen keinen lautlichen Grund angeführt finde, weshalb sich Lat. vermi-s hinsichtlich seines Anlautes zu Sanskr. krmi-s für *karmi-s nicht ebenso verhalten soll, wie Lat. vap-or zu Sauskr. kap-i (*Krit. Beitr. S.* 2), so sehe ich auch keinen Grund, Grassmanns Erklärung zu bezweifeln, mag nun kv der ursprüngliche Anlaut der in Rede stehenden Wortformen gewesen sein, oder sich kv erst aus k entwickelt haben.

Abfall eines e vor v im Inlaute ist von Meyer angenommen worden in

oblivio, obliviscor,

die aus *ob-liev-io, ob-liev-iscor entstanden und mit linquere verwandt sein sollen (*Z. f. vergl. Spr.* XIV, 81). Gegen diese Etymologie ist erstens von Seiten der Form zu sagen, dass von qu oder cv im Inlaute der Wörter sonst ein Schwinden des gutturalen Lautes c im Lateinischen nicht vorkommt, dass es daher unglaublich ist, dass dieselbe Wurzel in re-linqu-ere, re-lic-no-s die Gestalt linqu-, lic- mit Wahrung des Gutturals und kurzem Vokal, hingegen in ob-liv-io, ob-liv-iscor die Form liv- zeigen sollte mit Beseitigung des Gutturalen durch jenen irrationalen Mittellaut zwischen u und v, der dem Lateinischen qu eigenthümlich ist, und mit langem Vokal. Von Seiten der Bedeutung spricht gegen die obige Ableitung, dass die in ob-liv-iscor angenommene Bedeutung von linquere „lassen, verlassen" und der Sinn der Präposition ob „dran, drauf, entgegen" übel zu einander passen. Die Lateinische Sprache hat so wenig ein *ob-linquere gebildet, wie etwa ein *ob-cedere, weil in der Präposition ob die Bewegung nach einem Punkte hin, in den einfachen Verben linquere und cedere die Bewegung von demselben hinweg ausgedrückt ist, also jene Compositionen einen Widerspruch des Sinnes in sich selbst haben würden. Aus diesen Gründen muss ich Meyer's Etymologie für verfehlt halten. Ob-liv-iscor und ob-liv-io sind vielmehr desselben Stammes wie liv-or, liv-ere, liv-idu-s. Diese Wörter bezeichnen die Farbe des Dieles, des Eisens, des Dunstes oder Qualmes, des Stossfleckens an der Olive, des Elephanten, der blauen Weintraube, also schwarzblau, schwarzgrau, dann allgemein eine schwärzliche oder dunkle Farbe. Wenn nun livor, dunkle Farbe, Schwärze, auf das geistige Gebiet übertragen in dem Sinne von Neid, Schmähsucht, Verläumdung gebraucht wird, so kann man das doch nicht daher erklären, dass neidische oder schmähsüchtige Römer im Gesicht schwarzblau anliefen, während wir mit dem Ausdruck „der blasse Neid" grade bezeichnen, dass neidische Menschen gewöhnlich blass aussehen. Man muss jene Uebertragung vielmehr daraus erklären, weil das Hauptgeschäft des Neidischen und Schmähsüchtigen im „Anschwärzen" und Verdunkeln des Glänzenden, Reinen oder Tadellosen besteht. Daher ist von den „dichten Nebeln" des Neides die Rede, *Nemes. Ecl.* I, 84: Praesens Ubi fama benignum Stravit iter rumpens livoris nubila plena. In ähnlicher Weise bedeutet nun ob-liv-isci eigentlich „schwärzlich oder dunkel werden", dann auf den Geist, das Bewusstsein, das Gedächtniss des Menschen übertragen „sich verdunkeln". So sprechen wir von dunkler Erinnerung, dunklen Vorstellungen, verdunkeltem Bewusstsein. Statt nun zu sagen „mein Geist oder meine Erinnerung, mein Gedächtniss wird dunkel", sagte der Römer kürzer „ich werde dunkel, daher „ich vergesse". Die Vorstellung der Verdunkelung in liv-idu-s und ob-liv-io erscheint noch bei Horatius, *Od.* IV, 9, 30: Non ego te meis Chartis inornatum silebo Totve tuos patiar labores Impune, Lolli, carpere lividas Obliviones. Wenn aber oblivisci mit dem Genitiv der Sache, die man vergisst, verbunden wurde, so geschah das nach dem Vorgange der Verba mit der Bedeutung erinnern und sich erinnern, wie solche Verba, die ein geistiges Theilnehmen oder Nichttheilnehmen bezeichnen, ja überhaupt vielfach mit dem Genitiv verbunden werden.

Zu den Beispielen, wo anlautendes c vor l geschwunden ist (*Verf. Krit. Beitr. S. 2 f.*) hätte ich, wie Schweitzer bemerkt (*Z. f. vergl. Spr.* XIII, 301),

ludere

hinzufügen müssen, das Anfrecht gestützt auf altlat. loidus unzweifelhaft richtig von Sanskr. Wz. krīd- spielen abgeleitet hat. Da der Abfall eines c vor r im Lateinischen nicht erweislich ist, so muss sich die Wz. krīd- im Lateinischen erst zu clīd- gestaltet haben wie Sanskr. Wz. cru- für kru zu clu- in cluere und das Suffix cro- zu clo- (*Verf. Krit. Beitr. S.* 53. 345—350). Dann entstand aus clīd- durch Abfall des anlautenden c lid- mit Vokalsteigerung loid-u-s und durch Trübung des Diphthongen oi zu u lud-u-s, lud-ere. Auch in

libum
neben Griech. κριβ-άνη, Goth. hlaif-s, Lit. klēp-as ist der
Abfall des anlautenden c vor l unzweifelhaft (*Pott, E. F.* I, 197.
II, 205. *Aufr., Z. f. vergl. Spr.* V, 138). Abfall des c vor l
habe ich ferner angenommen in

luscinia,
indem ich das erste Compositionsglied des Wortes lus- aus *clu-
os oder clov-os, der Form nach gleich Sanskr. ɋrav-as von
Wz. clu- in clu-ere, Sanskr. ɋru- audire hergeleitet habe, das
zweite -cin-ia von c au-ere. Schweizer verwirft diese Erklärung
wegen der Bedeutung „Tonsängerin", die ich für das Compositum
angenommen habe, billigt hingegen die schon von den älteren
Lexikographen gegebene Ableitung des Wortes von luscu-s, indem er annimmt, lus-cinia sei aus *lusci-cinia entstanden
und luscum bezeichne Dämmerung (*Z. f. vergl. Spr.* XIII, 301).
Zunächst erweist sich diese letztere Behauptung als unhaltbar,
wenn man die Bedeutung von luscus im Sprachgebrauch verfolgt. Luscus selbst ist in demselben nur in der Bedeutung
„einäugig" nachweisbar. So heisst es vom Hannibal, als er die
Sümpfe des Arno durchzog, *Juven*. X, 101: O qualis facies et
quali digna tabella, Cum Gaetula ducem portaret bellua luscum.
Da Hannibal auf diesem Zuge ein Auge verlor, so muss man
hier die Bedeutung „einäugig" für luscus annehmen. Dieselbe
erscheint unzweifelhaft *Martial*. IV, 65: Oculo Philaenis semper
altero plorat; Quo fiat istud, quaeritis, modo? lusca est; ebenso
Cic. d. orat. II, 60, 246: „Cenabo", inquit, „apud te" huic
lusco familiari meo C. Sextio, „uni enim locum esse video".
Est hoc scurrile, et quod sine causa lacessivit, et tamen id dixit,
quod in omnes luscos conveniret. Die Worte uni — locum
esse video zeigen, dass luscus hier in der Bedeutung „einäugig" zu verstehen ist; sonst fehlt jenem Ausspruch jede Spur
von Witz. Isidor leitet luscus von lux und scire ab und erklärt es *Or*. X, L: quod lucem ex parte sciat. Das ex parte
in dieser falschen Etymologie zeigt, dass er ebenfalls unter
luscus „einäugig" verstand. Nur in dieser Bedeutung weis't
also der Sprachgebrauch das Wort auf. Dass das aber nicht die
ursprüngliche Bedeutung desselben war, zeigen die von demselben abgeleiteten Wortformen; so lusc-iosu-s, *Non*. p. 92
Gerl: Lusciosi, qui ad lucernam non vident et myopes vo-

cantur a Graecis. Varro Disciplinarum lib. VIII: Vesperi non videre, quos appellant lusciosos. Nach Varro ist also lusciosus einer, der in der Abenddämmerung nicht sieht, nach Nonius einer, der bei Lampen- oder Laternenlicht nicht sieht. Luscitius wird erklärt, *Fulgent. p. 301. Gerl:* Quid sit luscitius? Luscitios dici voluerunt in die parum videntes. Hiernach wäre luscitius einer, der bei Tageslicht schlecht sieht. Lusc-itio wird erklärt, *Fest. p. 120. M:* Luscitio vitium oculorum, quod clarius vesperi quam meridie cernit. Verrius Flaccus, auf den diese Erklärung zurückzuführen ist, verstand also lusc-itio als Hellsehen in der Dämmerung und schlechtes Sehen beim Mittagslichte. Von lusc-iti-osu-s wird gesagt, *Ulpian. Pandect.* XXI, 1, 10: Luscitiosum, id est, ubi homo neque matutino tempore videt neque vespertino, quod genus morbi Graeci vocant νυκτάλωπα. Hiernach bezeichnete also luscitiosus einen, der in der Dämmerung nicht sieht. Also luscu-s bedeutet im Sprachgebrauch „einäugig", lusc-iosu-s nach Varro „nicht sehend in der Dämmerung", nach Nonius „nicht sehend bei Lampenlicht", lusc-itiu-s „schlecht sehend am Tage", luscitio das „hellere Sehen in der Dämmerung als bei vollem Tageslicht", lusc-iti-osu-s „nicht sehend in der Dämmerung". Aus diesen unter sich abweichenden Angaben erhellt nur so viel, dass mit luscu-s, lusc-iosu-s, lusc-itiu-s, lusc-itio, lusc-iti-osu-s ein Fehler von Augen bezeichnet wurde, durch den die Sehkraft derselben bei bestimmter Beleuchtung, beim vollen Tageslicht, oder bei Dämmerlicht, oder bei Lampenlicht entweder verstärkt und erhöht oder geschmälert und gelähmt wurde. Insofern auch Einäugigkeit eine Schmälerung, ein Fehler des Augenlichtes ist, hat dann luscu-s im Sprachgebrauche den Sinn von „einäugig" erhalten. Was die Etymologie des Wortes anbetrifft, so halte ich dasselbe zunächst für stammverwandt mit Griech. λοξο-ς schief, schräg, das namentlich auch vom Blick des Auges gebraucht wird, und mit Lat. luxu-s verrenkt. Beide Wörter aber sind derselben Wurzel entstammt wie Griech. λέχ-ριο-ς, διχ-ρι-φί-ς quer, lic-inu-s krumm gehörnt, ob-liqu-u-s schief, schräg. Sahn. lix-ula Kringel als „gebogene, verschränkte" u. a. (*Curt. Gr. Et. n. 540. 2, A.*). An den Stamm luxo- ist in lus-cu-s das Suffix -co getreten; aus *lux-cu-s entstand durch Verflüchtigung des Gutturals von x vor folgendem Consonanten lus-cu-s, wie aus sex-centies sex-centiens, mix-seeo, mix-tu-s, Sex-tin-s, Ses-centies, ses-centiens (*Monum. Ancyran.* I, 19. III, 25. *Momms. Res gest. div. August.* p. 147), mis-tu-s, Ses-tiu-s. Wie λοξο-ς den schiefen Blick des Auges bezeichnet, so lus-cu-s für *lux-eu-s den vielfach schiefen, verqueren, seitwärts schweifenden oder schielenden Blick eines blöden, matten oder kurzsichtigen Auges, das bei gewissem Licht den Dienst versagt.

Dass es also im Lateinischen ein Wort luseus gegeben habe, das Dämmerung bedeutete, ist eine unerwiesene und unhaltbare Annahme, mithin auch die Erklärung von luscinia als „Dämmerungssängerin" unrichtig. Gegen meine obige Etymologie des Wortes ist nun der Einwand erhoben worden, dass die Bedeutung „Tonsängerin" nicht recht passend sei (*Schweitzer, a. O.*) und dass lus- für *-clu-os, *clov-os nicht den musikalischen Ton bezeichnen könne. Mir scheinen diese Einwände von keinem besonderen Gewicht zu sein. Verfolgt man die Bedeutung der Wörter, die von Sanskr. Wz. ςru- audire herstammen, so hat ein Theil derselben die ursprüngliche Bedeutung „hören" gewahrt: so Griech. κλύ-ω, Goth. hllu-ma ἀκοή, Lit. klau-s-au höre, Lat. clu-ens, cli-ens (für clu-i-ens, *Verf. Ausp.* II, 160. *Krit. Beitr.* S. 554) der Hörige. Bei einer anderen Anzahl von Wörtern desselben Stammes ist aus der passiven Bedeutung „gehört werden" die des „Lautens, Verlautens" entstanden; so in Althochd. hlu-t Laut, Sanskr. ςru-ti-s Gerücht, Kunde, Ruf, Kirchenslav. slu-ti Wort, slov-o Wort. Drittens sind eine Reihe von Wörtern derselben Wurzel von der Bedeutung des „Lautens" zu der des „gut Lautens, Wohlklingens" gekommen und haben so den Sinn von „berühmt, Ruhm" erhalten; so Sanskr. ςru-ta-s berühmt, ςrav-as Ruhm, Griech. κλυ-τό-ς berühmt, κλέ-ος Ruhm, κλέ-ο-μαι bin berühmt, κλε-ιτό-ς berühmt, Kchslav. slav-a Ruhm, Lit. szlov-e Ruhm (*Curt. Gr. Et. n.* 62. 2. *A.*), Lat. in-clu-tu-s, lau-s für *clau d;-s (*Verf. Krit. Beitr.* S. 3), glo-r-ia für *clov-os-ia (*a. O.* S. 53. 379). Das Verbum clu-ere hat im Altlateinischen einmal die transitive oder causative Bedeutung „hören oder verlauten lassen", daher „nennen, feiern, rühmen" gehabt; so *Plaut. Pseud.* 918: Stratioticus homo qui cluear? *Pacuv. Non.* p. 62. G: Sed haec cluentur hospitum infelicissimi; *Varro, a. O.*: Pompilius

— 39 —

clueor. Clueor entspricht also in dieser Bedeutung dem Sanskr. Causale çrav-ajā-mi, mache hören, sage, erzähle (*Westerg. Rad. l. Sanscr.* p. 47 f.). Es bedeutet aber auch intransitiv „gut lauten, wohl lauten", und erst in Folge dessen „berühmt sein"; so *Plaut. Trin.* 496: Ubi mortuos sis, ita ut nomen cluet, d. i. dass der Name einen guten Klang habe; *Haut. Pseud.* 590: Magna ecficere facinora addecet, Quae post diu mihi clara clueant. *Lucr.* I, 118: Detulit ex Helicone perenni fronde coronam, Per gentes Italas hominum quae clara clueret. An diesen beiden letzten Stellen ist der Begriff „berühmt" in dem clara ausgedrückt, hingegen clueant, clueret bezeichnen „gut lauten, wohl lauten, einen guten Klang haben."

Wenn nun Sanskr. çrav-as, Griech. *κλέ*ος, Lat. glor-ia, Kchslav. slav-a, Lit. szlov-e, erst durch Vermittlung der Bedeutung „guter Klang", Wohllaut zu dem Sinne „Ruhm" gelangt sind, so ist man berechtigt, auch in dem lus- von luscinia, entstanden aus clu-os oder clov-os, die Bedeutung „Wohlklang, Wohllaut" anzunehmen, wie clu-ere, „wohlklingen, wohllauten, einen guten Klang haben" bedeutet. Die Bedeutung „Wohllautsängerin" ist aber doch sicherlich eine passende für lus-cin-ia. Wenn H. Weber mir nun vorwirft, ich hätte weder über die Zusammensetzung von lus-cin-ia noch namentlich über das Suffix des Wortes etwas gesagt (*Z. f. Gymnasialw.* XIX, 33), so kann das nur auf einem Versehen beruhen, da ich ja über beides gesprochen habe (*Krit. Beitr.* S. 3. Z. 15 — 31). Der zweite Bestandtheil des Compositum luscin-ia zeigt die aus can- abgeschwächte Wurzelform cen-, cin- wie in tidi-cen, tubi-cen, tibi-cen, os-cen, und zwar weiter gebildet durch das Suffix -ia, wie in sin-ciu-ia, „Einzelgesang" für sin-gi-cin-ia, dessen erster Bestandtheil singo- in sin-gu-lu-s zu Grunde liegt (*Verf. Ausspr.* II, 46). Durch das Suffix -io ist -cen-, -cin- weiter gebildet in vaticin-iu-m. Somit halte ich meine Etymologie von lus-cin-ia aufrecht, übersetze das Wort aber nicht wie früher „Tonsängerin", sondern „Wohllautsängerin."

Den Ausfall eines inlautenden c vor folgendem s, wie er in Sestius mistus neben Sextius mixtus stattgefunden, habe ich in Abrede gestellt für

testis,

das von Meyer falsch mit τεκ-μή-ρ-ιον zusammengestellt ist, und zwar aus dem Grunde, weil dem Lateinischen test-a-mento ein Oskisches trist-a-mentu-d entspricht, also in diesen Wörtern eine italische Wurzelform ters-, tris- zu Grunde liegt (*Krit. Beitr. S. 5*). Diese habe ich wiedergefunden in der von indischen Grammatikern überlieferten Wurzel tras-, für die Westergaard die Bedeutungen tenere, sustentare (*Rad. Sanscr. p. 306*), Böthlingk und Roth „halten, zurückhalten" angeben (*Sanskrw. 1, 410*), so dass tes-ti-s für *ters-ti-s den „Halter" oder „Unterstützer" einer Aussage vor Gericht bedeute. Dagegen ist nun zweierlei eingewandt worden, einmal, dass die Wurzel tras- unbelegt sei durch Stellen aus altindischen Schriftstellern, zweitens, dass die Bedeutung nicht passe (*Meyer, Götting. Gel. Anz. 1864. S. 324 f. Schweitzer, Z. f. vergl. Spr. XIII, 300*). Was den ersten Einwand anbetrifft, so erkenne ich an, dass man sich auf unbelegte Wurzeln, die von indischen Grammatikern angegeben werden, nicht unbedingt verlassen kann und darf; ebenso sicher ist aber auch, dass man nicht jede unbelegte Wurzel als ein blosses Hirngespinnst jener Grammatiker über Seite werfen darf. Das wird doch niemand in Abrede stellen, dass denselben Werke der Sanskritlitteratur vorgelegen haben, die nicht auf uns gekommen sind, dass in diesen Werken Wortformen vorkommen konnten, die in den uns bekannten Schriften sich nicht finden, dass aus solchen Wortformen die indischen Grammatiker Wurzeln abstrahieren konnten. Meyer muss doch zugeben, dass es Fälle giebt, wo solche aus der uns bekannten Sanskritlitteratur noch unbelegte Wurzeln durch Wortformen der dem Sanskrit verwandten Sprachen bei sachlicher und lautlicher Uebereinstimmung ihre Bestätigung finden. Ich untersuche also, ob das bei der angegebenen Wurzel tras- halten im Verhältniss zu Lat. tes-ti-s, tes-t-a-mentu-m, Osk. trist-a-mentu-d der Fall ist. Die Zahl der Sanskritwurzeln ist nicht gering, die durch herangetretenes sh oder s aus einfacheren Wurzelformen erweitert sind. So sind mit sh erweitert raksh-, uk-sh-, vak-sh-, bhak-sh-, rak-sh- (für ark-sh, *Curt. Gr. Et. 63, 2. A.*), ferner sû-sh-, prn-sh-, çri-sh-, be-sh-. So stehen neben einander die mit s erweiterten und die einfachen Wurzeln bhja-s-, fürchten, bhi-, fürchten, gra-s- verschlingen, grâ- verschlucken, bhâ-s- leuchten, bhâ- leuchten, pra-s- ausdehnen, pra- anfüllen, ma-s- messen, mā- messen, rā-s- lieben, rā- schenken (*Benfey, Vollst. Gramm. d. Sanskr. S. 77. vgl. Westerg. Rad. l. Sanscr. Boethl. u. R. Sanskrw.*). Nun findet sich neben der angegebenen Wurzel tra-s- halten eine einfache Wurzel trā- behüten, beschützen, retten (*Boethl. u. R. a. O.* III, 420) von der trā-s Beschirmer, Beschützer, trā-na-s Schutz, Hülfe, trā-tar Beschirmer, Behüter, Retter, trā-tra-m, Schutz, Schirm stammen. Daraus ist zu schliessen, dass Wurzel tra-s- halten, sich verhält zu Wurzel trā- beschützen, behüten, wie bha-s- zu bhā-, wie pra-s- zu prā-, wie ma-s- zu mā-, also auch die Wurzel tra-s- durch hinzugetretenes s aus trā- erweitert ist, da doch wohl niemand in Abrede stellen kann, dass „Halten" und „Schützen" sich nahe berührende Begriffe sind. Daraus ergiebt sich, dass die Wurzel tra-s- keineswegs eine Erfindung indischer Grammatiker ist, daraus folgt die Berechtigung, dieselbe in der Lateinischen Wurzelgestalt ter-s-, in der Oskischen tri-s- wiederzufinden, die in Lat. tes-ti-s, tes-t-amentu-m, Osk. tris-t-amentu-d unzweifelhaft vorhanden ist. Wenn also in Wurzel trā- und tra-s- die Bedeutung „halten, aufrecht erhalten, schützen" zu Grunde liegt, so passt dieselbe zu Lat. tes-ti-s vollkommen. Von Sanskr. Wurzel dhar- halten, aufrecht erhalten, stützen stammt Lat. firmu-s (*Verf. Krit. Beitr. S.* 168) und von diesem das denominative Compositum af-fir-m-are, eigentlich „durch das Wort aufrecht halten, stützen, befestigen", daher „versichern." So ist von der erweiterten Wurzel tra-s- „halten, aufrecht halten" der Zeuge tes-ti-s benannt als derjenige, der „eine Aussage hält, aufrecht erhält", das ist „sichert" und „bestätigt." Wenn Schweizer dagegen bemerkt, dass der Zeuge in anderen Sprachen als „der dabei stehende, dazu kommende" oder „um die Sache wissende" bezeichnet werde, so weiss er ebenso gut wie ich, dass dieselben Dinge in verwandten Sprachen von verschiedenen Eigenschaften und Wesensbethätigungen oder Eindrücken derselben auf das menschliche Empfindungsvermögen benannt sind, dass also dieser Einwand kein Grund sein kann gegen die Richtigkeit meiner Erklärung von testis.

Ich habe den Ausfall eines c vor t im Lateinischen in Abrede gestellt mit Ausnahme von zwei Fällen, wo das c aus g entstanden ist, und habe bestritten, dass die Silbe cl

vor folgendem t ganz wegfiele. Diese Ansicht hat von
Neuem mehrfachen Widerspruch erfahren; ich sehe mich also
veranlasst, dieselbe hier noch einmal einer Prüfung zu unter-
werfen.

Dass c nach vorhergehendem l, r und n vor folgendem t
geschwunden ist, dafür habe ich die Beispiele zusammengestellt
(*Krit. Beitr. S.* 4); von diesen habe ich ausgeschlossen,

percontari,

dessen Ableitung von *percunctari ich verworfen habe erstens, weil die Schreibweise des Wortes ohne c bezeugt ist durch
die ausdrückliche Aussage der Lateinischen Grammatiker Verrius
Flaccus, Donatus und Nonius und durch die Handschriften des
Plautus, Naevius, Nonius und Terentius; zweitens, weil die von
den Alten gegebene Ableitung des Verbum per-cont-ari von
contu-s Ruderstange, so dass dasselbe bedeutet conto per-
temptare und ursprünglich ein Schifferausdruck war, einleuchtend ist. Dagegen macht Schweizer geltend, dass sich in Plautushandschriften auch die Schreibweisen perconctari und percunctari fänden (*Z. f. vergl. Spr.* XIII, 301 *f.*) Das ist allerdings richtig, widerlegt aber nicht meine Angabe, dass percontari die handschriftlich besser verbürgte und richtige Schreibweise des Wortes sei. Die Schreibweise mit c findet sich an
einzelnen Stellen sogar in den besten Plautushandschriften, was
auch Ritschl bewogen hat. *Stich.* 306: perconctor. a. O. 370:
perconctamur. *Mil. glor.* 292. *Bacch.* 575: percunctarier
in den Text aufzunehmen. Aber in der überwiegenden Mehrzahl
von Fällen ist percontor die besser verbürgte Schreibweise,
und diese ist daher mit Recht von Fleckeisen überall in den
Text aufgenommen (vgl. *Amphitr.* 710. *Most.* 682. *Capt.* 710.
Pers. 599. *Asinur.* 343. *Pseud.* 462. Percontarier las auch
Nonius in seinem Plautus (*Amphitr.* 710. *Non.* p. 31. G.); eben
dasselbe bei Novius: percontassem, bei Naevius: percon-
tat (*Non.* p. 322. G.). Für Terenz sind handschriftlich verbürgt
Hecyr. I, 2, 2: percontatum, V, 3, 12: percontari. In
den Cicerohandschriften ist percontari die bei weitem am besten verbürgte Schreibart und von Orelli überall in den Text
aufgenommen (vgl. *Cic. or.* I, 21. 97. II, 71, 287. *Acad. post.*
I, 1, 1. *Brut.* 46, 172. *Divin.* II, 36, 76. *Fin.* II, 1, 2; ebenso
in den Horazhandschriften (vgl. *Ep.* I, 18, 96. 20, 26. II, 14.

Sat. I, 2, 7). Also es steht über jedem Zweifel fest, dass wir percontari als die richtige Schreibweise anzusehen haben. Ich habe gesagt, die falsche Schreibweise percunctari sei entstanden, indem „man", das heisst alte Grammatiker wie Festus, das Wort falsch von cunctus herleitete, oder indem man der Aehnlichkeit von cunctari folgte. Was Schweizer's Einwand dagegen sagen will, perconctari müsse doch nicht an cunctus, verstehe ich nicht.

Ein Ausfall des c ist in percontari also um so weniger anzunehmen, als cunctari das c immer gewahrt hat und sich niemals ohne dasselbe geschrieben findet, auch cunti für cuncti sich erst in der spätesten Kaiserzeit geschrieben findet (*Renier, Inscr. Algér.* n. 1382), wo die Lateinische Aussprache im Volksmunde bereits in die Romanische überging.

Schweizer leitet also, auf die schlechte Schreibweise mit c sich stützend, percontari von einer Sanskr. Wz. çank- ab (a. O. vgl. a. O. XV, 314). Bei Westergaard finden sich angeführt die Wurzeln çākh- amplecti, penetrare, pervadere (*Rad. l. Sanscr.* p. 01) und çank- suspicare, diffidere, dubitare, von der cunctari zaudern stammt (*Pott. E. F.* I, 232. *Curt. Gr. Et. S.* 638. 2. A.). Von beiden liesse sich die Bedeutung von percontari allenfalls herleiten. Aber es ist kein Grund vorhanden die ausdrückliche Angabe des Verrius Flaccus zu bezweifeln, dass percont-ari ein Schifferausdruck ist, der, von contu-s Ruderstange hergenommen, eigentlich „mit der Ruderstange untersuchen" bedeutet, dann allgemeiner „untersuchen, fragen". Dass gewisse termini technici des Handwerks eine allgemeinere geistige Bedeutung erhalten, ist wie in anderen Sprachen, so auch im Lateinischen keine Seltenheit. Von sidus Stern wird ein denominativen Verbum *sider-are Sterne beschauen und von diesem ein Compositum con-sider-are gebildet, dessen con- die Zusammenfassung der Sinnesthätigkeit auf einen Punkt hin bezeichnet. Con-sider-are hat dann mit Verwischung des Begriffs Stern die allgemeinere Bedeutung „betrachten" bekommen. Die Sterne beobachten besonders Küstenbewohner und Schiffer. Bei den Römern waren es also Schiffer, die con-sider-are in seiner eigentlichen sinnlichen Bedeutung brauchten wie per-cont-ari. Diese Wörter kamen dann in allgemeineren Gebrauch und erhielten eine allgemeinere, vergeistigte Bedeutung.

Von dem geweihten Bezirk, den der Augur am Himmel mit dem Stabe umzog und ausschied, dem templu-m ist das denominative Verbum *templ-are gebildet, das eigentlich die Thätigkeit des Augurn bezeichnet „den ausgeschiedenen Himmelsbezirk betrachten, beobachten", aber nur in dem Compositum con-templ-ari erhalten ist, dessen con- dieselbe Bedeutung hat wie in con-sider-are. Aber der Begriff templu-m ist im Sprachgebrauch des Wortes con-templ-ari ganz verwischt und in Vergessenheit gerathen, und das Wort hat die allgemeinere vergeistigte Bedeutung „betrachten, beobachten" überhaupt erhalten. Der handwerksmässige Ausdruck des Augurn con-templ-ari kam in allgemeineren Gebrauch und erhielt allgemeinere Bedeutung wie die Schifferausdrücke per-cont-ari und con-sider-are. Das adverbial gebrauchte ex-templo ist ebenfalls ursprünglich ein Wort der Auguralsprache. Templum bedeutet nicht bloss den ausgeschiedenen und umschriebenen Beobachtungsbezirk des Augurn am Himmel, sondern auch den entsprechenden Raum auf dem Erdboden. Die zusammengesetzte Wortform ex-templo, in der die Präposition wie so oft enklitisch an das folgende Nomen angefügt ist (*Verf. Ausspr.* I, 290—300), bedeutete also ursprünglich in der Auguralsprache „von dem Beobachtungsraum auf dem Erdboden aus", in dessen Mitte der Augur stand; dann erhielt im allgemeinen Sprachgebrauch das templo die allgemeinere Bedeutung loco und ex-templo den Sinn „von der Stelle aus, auf der Stelle" ähnlich wie il-lico für in-loco, endlich auf die Zeit übertragen gelangte es zu der Bedeutung „sogleich", wie sta-tim ursprünglich „stehenden Fusses", dann zeitlich gebraucht „sogleich" bedeutet.

Explodere ist vom Schauspiel hergenommen und bedeutet eigentlich „hinausklatschen", Cic. Rosc. Com. 11: E scena non modo sibilis sed etiam convicio explodebantur, nämlich die schlechten Schauspieler, die bei uns ausgepocht oder ausgepfiffen werden; das Wort erhält dann aber die allgemeinere und vergeistigte Bedeutung „verwerfen, missbilligen".

Aus dem Tischler- oder Zimmermannshandwerke stammt der Ausdruck con-glutin-are zusammenleimen von gluten Leim. Das Verbum erhält aber ebenfalls im Sprachgebrauch die allgemeinere und vergeistigte Bedeutung „verbinden, vereinigen".

Faber ist der Handwerker, der in Holz, Stein, Metall arbeitet, der Tischler, Zimmermann, Steinhauer, Schlosser oder Schmied, fabrica seine Werkstätte. Aber schon bei Plautus und Terenz erscheint fabrica in der vergeistigten Bedeutung „List, Kunstgriff, Rank", und das denominative Verbum fabric-are, fabric-ari ist ebenso auf das geistige Gebiet übertragen und verallgemeinert in Verbindungen wie sibi mortem, risum, verba, animum, fallaciam fabricare (fabricari). Ebenso ist das denominative Verbum machin-ari von machina in seiner ursprünglichen Bedeutung für das Bauwesen und die Mechanik „eine Maschine bauen" ausser Gebrauch gekommen und nur noch in dem vergeistigten Sinne von „künstlich erdenken, listig bewerkstelligen" gebräuchlich. Ich glaube also nach allen Seiten hin die alte Ableitung des Verbum percontari von contu-s gerechtfertigt zu haben.

Was nun den Ausfall eines c vor t nach Vokalen betrifft, so wird derselbe in einzelnen Fällen allerdings nicht in Abrede zu stellen sein. Ein solcher ist die von mir schon früher (*Krit. Beitr. S.* 9) besprochene Namensform

Vitoria

in einer Spiegelinschrift unbekannten Fundortes, die dem Zeitalter der ältesten Scipionengrabschriften, also des ersten Punischen Krieges angehört (*Momms. C. Inscr. Lat. n.* 58, *Ritschl, Prisc. Lat. Mon. epigr. t.* XI, *n.*). Mommsen stellt diesen Namen mit vitul-ari zusammen und meint, Vitoria sei die Göttin des Siegesjubels. Aber ich habe schon darauf hingewiesen, dass vitul-ari ein Denominativum ist von vitulu-s wie ov-are von ovi-s, dass jenes Verbum eigentlich „ein Kalb opfern", dieses „ein Schaaf opfern" bedeutet, dass von den Kalbs- und Schaafsopfern siegreicher Krieger vitul-ari und ov-are die Bedeutung „einen Sieg feiern" erhalten haben (*Krit. Beitr. S.* 10). Von vitulu-s kann aber die Wortbildung Vitoria nicht ausgegangen sein. Ich habe früher die Ansicht ausgesprochen, die Form Vitoria sei eine Verderbniss der Schreibweise, die durch die Hand eines Etrurischen Steinmetzen oder Künstlers veranlasst worden sei, wie auf derselben Inschrift sich auch der Schreibfehler Cudido für Cupido findet. Aber da sich auch in einer altlateinischen Inschrift die Namensform Vitorius findet (*Momms. a. O. C. f.* 1160) neben Vitorius und Vitoria in späteren Inschriften (*Momms. I. R. Neap. Ind. nom. ryl. H. Schuchardt, der Voka-*

lismus des Vulgärlateins I. 134), so kann ich nicht umhin zuzugestehen, dass alle diese Namensformen einfach durch das Schwinden des c vor t aus Victorius, Victoria entstanden sind. Aus späterer Zeit habe ich als Beispiele für den Abfall eines c nach Vokalen vor t gelten lassen

autor
Adauta

für auctor, Adaucta (*Krit. Beitr.* S. 11), denen hinzuzufügen sind Autae (*Momms. I. R. Neap.* 3105) antiou[um] (*Or.* 3238), während Beneditus (*Grut.* 258, 7, 204 n. *Chr.*), wenn die Schreibung richtig ist, dem Laute nach jedenfalls Beneditlus ist, so dass sich c folgendem t assimiliert hat, wie in spätlat. otio, praefetto (*Schuchardt a. O.* 135), Ital. benedetto, maledetto. Aus diesen Beispielen, die theils dem provinziellen, theils dem späteren Latein angehören und meist Namen sind, ist man aber noch nicht berechtigt, frischweg überall ein Schwinden des c vor t nach Vokalen anzunehmen, wo irgend eine Etymologie mittelst Annahme desselben möglich erscheint. Man darf denselben vielmehr nur da annehmen, wo lautlich und dem Sinne nach eine solche Etymologie vollkommen gesichert ist, und insbesondere eine andere Erklärungsweise nicht möglich ist, da ja in zahlreichen Fällen c nach einem Vokal vor t sich unversehrt erhalten hat. Dass in

otium

kein c vor t geschwunden ist ebenso wenig wie ein anlautendes c, davon ist schon oben die Rede gewesen (S. 29 f. vgl. *Krit. Beitr.* S. 17). Auch für

autumnus,

das ich früher von aug-ere herleitete (*Krit. Beitr.* S. 11), stelle ich jetzt den Ausfall eines aus g entstandenen c vor t in Abrede. Da die Schreibweise ohne c: au-tumnu-s die einzig richtige ist (*Fleckeisen, Fünfzig Artikel*, S. 8), so leite ich das Wort jetzt her von der Wurzel av- mit der Bedeutung „sättigen, wohlthun, gütlich thun" (*Boehtl. u. H. Sanskrw.* I, 465), da im Griechischen ἄ-ω für ἄϝ-ω „sättigen", wie im Lateinischen av-ere „gesund sein, wohl sein, gesegnet sein" erscheint. Der Herbst ist also in au-tumnu-s als die „sättigende", daher dem Menschen „gütlich thuende, wohlthuende" Jahreszeit bezeichnet. Römische Dichter bezeichnen den Herbst in Italien als vinifer, pomifer, frugifer, felix, fertilis, ferax.

fecundus, dives, gravidus, weil er den Menschen Erntesegen und
Nahrung bringt. Jene Bezeichnung durch au-tumnu-s passt
also vortrefflich zur Sache. Ich habe das Schwinden eines aus g
entstandenen c ferner vor t angenommen in
   Setius
wegen der Nebenform sectius, das zwar an einer verdorbenen
Stelle aus Plautus bei Gellius vorkommt und sich in keiner Plautus-
handschrift an dieser Stelle findet, aber sich doch schwerlich wird
ganz wegläugnen lassen. Ich habe beide Formen aus seg-n i-s
von Sanskr. Wz. sang- adhaerere abgeleitet, so dass se-t-ius
eigentlich „langsamer" bezeichnete (*Krit. Beitr.* S. 6—11). Gegen
diese Ableitung ist von keiner Seite eine Widerlegung erfolgt;
Schweizer (*Z. f. vergl. Spr.* XIII, 302) und H. Weber (*Z. f. d.
Gymnasialw.* XIX, S. 33) weisen nur darauf hin, dass hier nach
meiner Erklärung nicht g unmittelbar vor t ausgefallen sei, sondern ein aus g entstandenes c, wie ich übrigens auch gemeint
habe. L. Meyer versucht die ganze Frage über setius, sectius,
secius, sequius abzuthun durch die Zusammenstellung von der
falschen Schreibweise secius mit Griech. ἧσσον. Und wie wird
er mit dem t von setius, sectius fertig? Er erklärt es kurz-
weg für einen Schreibfehler mit der Phrase, die Römer hätten
es durchaus nicht immer verstanden, sich in der Schrift pedan-
tisch streng an einen bestimmten etymologischen Zusammenhang
zu halten. Und damit meint er erwiesen zu haben, dass die Römer in öffentlichen Urkunden der besten republikanischen Zeit,
wie dem Repetundengesetz vom J. 123—122 und dem Vertrag
zwischen Genuesern und Vituriern vom J. 117 v. Chr., wo die
Schreibart setius vorkommt (*Momms. C. Inscr. Lat.* n. 198, 70.
n. 199, 26), während secius in Inschriften ganz unerhört ist,
dass in dieser Zeit die Römer t für c geschrieben haben sollten;
das bedeutet, dass schon zur Gracchenzeit ci mit folgendem Vokal
im Volksmunde wie ti oder zi gesprochen wäre. Daran ist aber
gar nicht zu denken. Weder in der republikanischen Zeit, noch
in der Augusteischen, noch im ersten Jahrhundert der Kaiserzeit
erscheint jemals in Lateinischen Inschriften ti vor folgendem Vokal
für ci geschrieben. Ich habe früher aus dem Monumentum Ancyranum die Schreibweise patritiorum für patriciorum angeführt auf Grund der damals vorhandenen oder mir zugänglichen
Abschriften dieses Sprachdenkmals (*Ausspr.* I, 24). Jetzt hat die

genauere Untersuchung desselben ergeben, dass dort patriciorum geschrieben steht (*Momms. Res gest. d. August.* p. XXXVII,
2, 1). Auch das tribunitiae, das ich in einer Inschrift von
Schoepflins Alsatia fand (*a. O.*), ist ganz unsicher, da eine Anzahl
von Abschriften derselben, wie ich von Th. Mommsen belehrt
worden bin, die Schreibart tribuniciae haben. Die ältesten
chronologisch sicheren Beispiele der Schreibweise ti für ci vor
folgendem Vokal stammen erst aus dem Ende des zweiten oder
Anfang des dritten Jahrhunderts nach Christus, so tribunitios
(*Bullet. d. Instit. archeol.* 1856. p. 89. 192—211 *n. Chr.*), während das Monumentum Ancyranum viermal tribunicia oder tribuniciae aufweist (*Momms. a. O.* p. 156), tribunitiae (*Or.*
957. 222 *n. Chr.*), Antiius (*Renier, Inscr. Algér.* 90, B. 50.
218 *n. Chr.*). Andere Beispiele dieser Schreibweise sind späteren
Datums oder beruhen auf unsicheren Texten (vgl. *Schuchardt,
Vokal. d. Vulgärlat.* I, 154). Man führe den Beweis, dass irgend
ein Schriftstück der voraugusteischen oder Augusteischen Zeit,
abgesehen von setius, t für c geschrieben zeigt, dass ci vor
folgendem Vokal in dieser Zeit wie ti gesprochen sei: dann kann
man zugeben, dass Lat. setius dasselbe sei wie Griech. ἧσσον,
eher niemand, der für Behauptungen Beweisgründe verlangt, um
sie als wahr anzuerkennen. Und wenn H. Weber durch die Zusammenstellung von ἧσσον mit setius oder mit der falschen
Schreibweise secius die Frage nach der Etymologie dieses Lateinischen Wortes für entschieden erklärt (*Z. f. Gymnasialw.*
XIX, 33), so steht diese Erklärung mit der vorsichtigen und besonnenen Weise, in der er sonst die Lautverhältnisse der Griechischen und Lateinischen Sprache beachtet, in Widerspruch.
Natürlich kann ich nach dem Gesagten auch in dieser Erklärung
keinen Grund finden, meine Zusammenstellung von setius,
sectius mit segnis eher aufzugeben, als bis sie mit lautlichen
und sachlichen Gründen widerlegt ist.

Wenn ich nun also zugegeben habe, dass in Vitoria, Vitorius, setius ein unmittelbar vor t stehendes, entweder ursprüngliches oder aus g entstandenes c geschwunden ist, wie in
den spätlateinischen Formen autor, Adauta, Autae, autio-
num, so stelle ich doch den Wegfall der Silbe ci vor
t nach wie vor in Abrede, wie derselbe auch nach dem Erscheinen meiner kritischen Beiträge von mehreren Gelehrten wieder

behauptet worden ist für con-vic-i-um, suspicio, vitare, invitus, invitare. Die Schreibweise
convicium
habe ich gegen couvitium, das nicht wenige Handschriften bieten, in Schutz genommen durch die Gewähr aus dem Veroneser Palimpsest des Gaius und der Florentiner Pandektenhandschrift, ferner durch das Zeugniss und die Etymologie des Verrius Flaccus wie der römischen Juristen, die con-vic-i-um von *con-vŏc-iu-m herleiten (*Krit. Beitr.* S. 12 *f.*). Ich habe nachgewiesen, dass con-vŏc-iu-m neben vōx sich in Bezug auf die Vokallänge zu con-vŏc-are, vŏc-are verhält wie per-sŏn-a, amb-āg-es, suf-frāg-iu-m, con-tāg-es, con-tāg-iu-m, col-lēg-a, col-lēg-iu-m zu sŏn-are, ăg-ere, nau-frăg-u-s, con-tĭg-it, col-lĭg-ere u. s., dass, wenn das ō in nō-tu-s sich in co-gni-tu-s zu ĭ abschwächen konnte, auch das ō von vōx sich in con-vic-iu-m zu ĭ gestalten konnte wie das ō von lōcu-s zu ĭ in il-lĭco. Da indessen der O-laut in den Compositen a-voc-are, con-voc-are, e-voc-are, in-voc-are, re-voc-are, re-voc-are erhalten ist, so meinte ich annehmen zu müssen, dass con-vic-iu-m von einer Nebenform der Wurzelgestalt voc- Sanskr. vač- für rak-, nämlich vec- abzuleiten sei (*a. O.*). Schweizer, der sich sonst meiner Ansicht über con-vic-iu-m zuzuneigen scheint, findet diese letztere Annahme doch bedenklich (*a. O.* 302). Mir erscheint sie jetzt unnöthig, da con-vic-iu-m neben vōx nicht so auffallend ist wie co-gni-tu-s a-gni-tu-s neben nō-tu-s i-gnō-tu-s, con-tĭg-it neben con-tāg-es, con-tāg-iu-m. Was aber an der Länge des i in con-vīc-iu-m nach den oben beigebrachten Analogien noch Bedenkliches sein soll, vermag ich nicht einzusehen. Es liegt somit zu der Annahme *con-vi-tiu-m sei aus *con-voc-itiu-m entstanden, kein Grund vor. Zwei positive Gegengründe gegen dieselbe aber sind erstens, dass in den Wortformen am-ic-itia, in-im-ic-itia, pud-ic-itia, im-pud-ic-itia, exerc-itiu-m die Silbe ci vor ti unversehrt erhalten bleibt, zweitens, was ich früher geltend zu machen versäumt habe, dass, wenn *con-vi-tiu-m aus *con-voc-itin-m entstanden wäre, grade die nach dem gewöhnlichen Lateinischen Lautgesetz hochbetonte Silbe ci ausgefallen wäre. Dass das aber nicht denkbar

ist, glaube ich in meinen Untersuchungen über die Lateinische Betonung nachgewiesen zu haben. Man müsste also den angeblichen Ausfall der Silbe ci in eine ferne Zeit zurückversetzen, wo der Hochton Lateinischer Wörter noch die viertletzte Silbe treffen konnte. Aber nun zeigen ja grade amicitia, pudicitia, impudicitia, exercitium, dass in diesen abgeleiteten Wortformen der Hochton der Grundformen amicus, pudicus, exercitus um eine Stelle vorwärts rückte, nicht die Silbe ci ausfiel, damit der Hochton auf der drittletzten Silbe stände, als das gewöhnliche Lateinische Betonungsgesetz in der Sprache zum Durchbruch und zur Geltung kam. Dasselbe hatte man auch für jenes angebliche *convocitium erwarten müssen, und dann konnte die hochbetonte Silbe unmöglich spurlos verschwinden, während daneben die tieftonigen Silben unversehrt blieben.

Was endlich die Schreibweise convitium betrifft, so stammen die Handschriften, welche dieselbe bieten, aus einer Zeit der Lateinischen Sprache, wo ci und ti vor folgendem Vokal bereits assibilirt gesprochen wurden und gleich oder ähnlich klangen, daher auch nicht selten ti für ci und umgekehrt geschrieben wurde. Auch die in neuster Zeit erhobenen Widersprüche gegen meine Auffassung und Erklärung von

suspicio

haben mich nach wiederholter Prüfung zu keiner wesentlichen Aenderung meiner Ansicht geführt. Ich habe die Schreibart suspicio aus zwei der ältesten und besten Handschriften nachgewiesen, die wir besitzen, der Vatikaner Handschrift des Cicero de republica und dem Ambrosianischen Palimpsest des Fronto; ich habe dieselbe gestützt durch die dreimalige Schreibweise conspicione, die sich in den Fragmenten der Auguralbücher bei Varro, also in einem sehr alten Schriftstück findet (*Krit. Beitr.* S. 15). Wenn nun Schweitzer dagegen sagt, ich hätte nicht nachgewiesen, dass suspicio die richtige Schreibart ist (a. O. 302), so kann ich dagegen nur sagen, ich habe gezeigt, dass es eine wohlberechtigte Schreibweise ist, ja aus der dreimaligen Wiederholung der unzweifelhaft verbürgten Schreibweise conspicione in den alten Priesterbüchern kann ich nur folgern, dass auch suspicio die alte und richtige Schreibweise, und suspitio in die Handschriften, die doch frühestens dem Ende des vierten oder Anfange des fünften Jahrhunderts angehören, erst hineingekommen ist, als im Volksmunde die Aussprache von ei und ii vor folgendem Vokal nicht mehr wesentlich verschieden war. Ich habe aus zahlreichen Analogien nachgewiesen, dass neben einem Participium suspectu-s eine Substantivform *suspectio zu erwarten gewesen wäre, aber nicht *suspicitio, da den Nominalbildungen auf -itio wie vomitio, pos-itio, pet-itio, larg-itio, re-pet-itio Participialformen auf -ito zur Seite stehen (a. O.). Dagegen wendet Schweitzer ein, es könne ja im Altlateinischen möglicher Weise ein Participium *suspicitu-s gegeben haben (a. O.). Einmal ist ein solches nirgends erweislich, und sprachliche Möglichkeiten sind keine sprachliche Thatsachen; dann aber ist auch die Annahme dieser Participialform gegen bestimmte Analogien, da neben Perfecten, die auf -exi ausgehen, sich nur Participialformen finden, die auf -ectu-s oder -exu-s ausgehen: so neben rexi, texi, intel-lexi, neglexi, dilexi, pellexi, flexi, nexi die Participia rectu-s, tectu-s, intellectu-s, neglectu-s, dilectu-s, pellectu-s, flexu-s, nexu-s, niemals Participialformen auf *-icitu-s. So hat auch neben spexi, conspexi, suspexi, despexi, inspexi, aspexi unzweifelhaft von jeher nur die Participialform spectu-s, conspectu-s, suspectu-s u. s. bestanden, nicht *spicitu-s, *conspicitu-s. Meyer meint mich dadurch zu widerlegen, dass er einwendet, ein durch Schwächung entstandener Vokal wie das i von sus-picere könne nicht gesteigert oder gunirt werden; daher sei die Länge des i in suspicio nach meiner Erklärung nicht gerechtfertigt. Darauf erwiedere ich. In suspicio hat gar keine Abschwächung des Vokals ĕ zu ĭ stattgefunden, wie in suspicere verglichen mit spĕcere. Suspicio setzt vielmehr ein älteres *suspēcio voraus, dass sich in Bezug auf die Länge seines Wurzelvokals zu spĕcere genau so verhält, wie persōna, ambāges, suffrāgium, contāges, contāgio, contāgium, collēga, collēgium zu sŏnare, ăgere, naufrăgus, tăngere (vgl. tetĭgit, contĭgit), lĕgere. Ich habe anderen Orts zahlreiche Belege dafür zusammengestellt, dass die Vokalschwächung im zweiten Gliede von Compositen im Lateinischen nicht durchgehends stattgefunden hat (*Ausspr.* I, 319 f.). Jenen Beispielen füge ich hinzu aus dem Monumentum Ancyranum consacravi, consacravit, consacrari (*Momms. Res gest. d.*

August. p. 149) aus der Florentiner Pandektenhandschrift adspargo, detractare, pertractare, infactum, exstaturus, abstaturus, praestaturus, praestatu iri, inquaerere, adquaerere, adquaeratur, adquaesitum, adquaesitione, exquaerere, exquaesitum, excausare (*Ms. Breukmann, bibl. Gotting. Vol. XVII. Orthogr. Pand. p.* 52. 80. 91. 122. 149. 153. 169. 184). In der spätlateinischen Volkssprache unterbleibt die Vokalabschwächung im zweiten Gliede von Compositen häufig (*Schuchardt, Vokalism. d. Vulgärlat.* I, 36. *Pott, Z. f. vergl. Spr.* I, 336). Aus suspecio entstand suspicio, indem das e durch das i der folgenden Silbe umgelautet und assimiliert wurde wie in nimis, nimium, nihilum für *nemis, *nemium, *nehilum und in den spätlateinischen Formen wie Aurilius, filicitas, primicirius, praeviligia, Trivicinus, biulmiriati, binificium, subsicivus, expiditiones, midicus, ligiones, rigione, Antimio, minimi, Primicinia und zahlreichen anderen (*vgl. Schuchardt, a. O.* 288. 317. 321. 323. 327. 352. 381. 383. 385. 387. 388. 391. 393. 395. 397 u. a.). Für meine Erklärung von suspicio spricht überdies wie für convicium, dass amicitia, inimicitia, pudicitia, impudicitia, exercitium die Silbe ci vor ti gewahrt haben, dass in *suspitio für *suspicitio eine nach dem gewöhnlichen Lateinischen Betonungsgesetz hochbetonte Silbe ci geschwunden wäre, während sich daneben tieftonige unversehrt erhalten hätten. Ich kann also in den Einwänden von Schweizer und Meyer keinen Grund finden, su-spic-io nicht für die richtige Schreibweise zu halten und für dieselbe Bildung mit dem Suffix -ion wie leg-io, reg-io, pae-io, oc-cid-io, con-dic-io, con-tag-)o und, was am lautesten für su-spic-io spricht, con-spic-io in den Auguralbüchern. Ich muss den Ausfall einer Silbe ci vor ti auch hier wie früher als eine falsche Annahme ansehen.

Invitus

habe ich von Sanskr. Wurzel vī- mit der Bedeutung „wünschen" hergeleitet, während Fleckeisen, G. Curtius und andere, auch hier Ausfall der Silbe ci vor t annehmen und das Wort mit Griech. ἄ ϝεκ-ητι zusammenstellen (*Krit. Beitr. S.* 18). Gegen meine Ansicht haben sich in neuster Zeit ausgesprochen Schweizer (*Z. f. vergl. Spr.* XIII, 303) und G. Curtius *Neue Jahrb. Bd.* 91 92,

S. 120 f. Gr. Et. S. 103. 2. A.). Dieselbe Ableitung für in-vi-tu-s von Sanskr. Wurzel vī- hat hingegen nach Veröffentlichung meiner Kritischen Beiträge Benfey aufgestellt, ohne meine Ansicht zu kennen oder von derselben Notiz nehmen zu wollen (*Orient u. Occid.* III, 88 f.). Dabei ist er von dem Irrthum befangen, jene Gelehrten hätten in-vī-tu-s von in-vic-tu-s unbeslegt hergeleitet, woraus Curtius nicht mit Unrecht schliesst, dass Benfey nicht gelesen haben kann, was Fleckeisen und diejenigen, welche derselben Ansicht sind, über invitus gesagt haben (*a. O.*). Da lautlich meine Erklärung dieses Wortes nicht anzufechten war, so haben Curtius und Schweitzer die Herleitung der Bedeutung nach derselben ungenügend oder unpassend gefunden. Es kommt also darauf an, diese zu rechtfertigen. Westergaard giebt für Wurzel vī- die Bedeutungen ire, adire, ferre, ducere, desiderare, amare (*Rad. l. Sanscr.* p. 49); Benfey: „gehen, erlangen, wünschen, lieben" (*Chrestom. Th.* 2. *Gloss. S.* 291); Schweitzer nimmt als ursprüngliche Bedeutung an „gehen, an etwas gehen", aus der sich „wünschen" und „lieben" entwickelt habe. Ganz analog hat sich die Bedeutung des Lat. pet-ere entwickelt. Es hat die ursprüngliche Bedeutung „sich schnell bewegen, gehen" bewahrt in per-pet-uu-s durchgehends, im-pet-u-s Heranstürmen, prae-pet-es (aves) vorwärtsfliegende (Vögel), com-pit-a zusammengehende Wege, Kreuzweg, und gelangt dann zu der Bedeutung „erstreben, bitten", die den Wunsch in sich schliesst. Benfey weist nach, dass die Wurzel vī- in den Veden die Bedeutung „wünschen", das Participium vī-ta-s eben daselbst die Bedeutung „willig" hat und dass dieses Particip Perf. Pass. wie viele andere im Sanskrit die active und präsentische Bedeutung habe. Er erklärt also im Wesentlichen mit mir übereinstimmend Lat. in-vi-tu-s für das Gegentheil von Sanskr. vī-ta-s, also „nicht wünschend, unwillig" (*a. O.* 91 f.). Diese ganze Bedeutungsentwickelung wird uns so einleuchtender, wenn man erwägt, dass auch im Lateinischen zahlreiche Participia Perf. Pass. active oder intransitive Bedeutung erhalten haben, so z. B. can-tu-s, cra-su-s, oc-ca-su-s, pran-su-s, suc-ces-sus, de-cur-su-s, po-tu-s, ap-po-tu-s, cessa-tu-s, cena-tu-s, conspica-tu-s, iura-tu-s, in-iura-tu-s, con-cre-tu-s, ex-cre-tu-s, ex-ole-tu-s, obs-ole-tu-s, e-meri-tu-s. Wie in-iura-tu-s „einer der

nicht geschworen hat", so konnte in-vi-tu-s „einer der nicht gewünscht hat" bedeuten. Nun erhalten aber solche Participia Perf. Pass., die in die active Bedeutung umgeschlagen sind, im Lateinischen wie im Sanskrit auch präsentischen Sinn. So bedeutet argu-tu-s von argu-ere „beweisend, bezeichnend, scharfsinnig, spitzfindig", circum-spec-tu-s von circumspic-ere „um sich blickend", daher „umsichtig, vorsichtig", cau-tu-s von cav-ere „sich hütend, vorsichtig." Ganz ebenso konnte also auch In-vi-tu-s die Bedeutung „nicht wünschend, unwillig" erhalten, wie im Sanskrit vī-ta-s „wünschend, willig."
Auch der Erklärung von

invitare

aus einem angeblichen in-voc-it-are, dessen Silbe ci ausgefallen sein soll, habe ich die Ableitung des Wortes von Wurzel vi-„wünschen" entgegengestellt (*Krit. Beitr.* S. 18). Dagegen wendet Curtius ein, die so entstehende Bedeutung „hinein wünschen", passe nicht zu dem gewöhnlichen Sinn von in-vi-t-are „einladen" (*u. O.*). Aber optare bedeutet im Lateinischen gewöhnlich „wünschen", aber auch „den Wunsch aussprechen, fordern", zum Beispiel *Terent. Eun.* 1057: Quidvis donum praemium a me optato, id optatum feres, und „den Wunsch durch die That verwirklichen, wählen", zum Beispiel *Plaut. Rud.* 854: Utrumvis opta, duos licet. *Cic. pr. Rosc. Am.* 11, 30: Hanc condicionem misero ferunt, ut optet, utrum malit cervices Roscio dare an hientus in culeum per summum dedecus vitam amittere. *Liv.* VI, 25: Permissoque ut ex collegis optaret, quem vellet, contra spem omnium L. Furium optavit. Daher ist co-optare der amtliche Ausdruck für die Ersatzwahlen der Priesterschaften, daher bedeutet ad-optare an Kindesstatt annehmen oder erwählen. Wenn nun optare „wünschen" zu der Bedeutung „fordern, wählen" gelangte, so kann doch sicherlich in-vitare ebenso von der Bedeutung „hineinwünschen zu dem Sinne „hineinufordern, hineinwählen" gelangen. Bei uns heisst im Volksmunde „jemanden bitten" grade so viel als „jemanden einladen." Man lässt „bitten" zu einem Löffel Suppe, einer Tasse Thee. Wenn wir in der That etwas „fordern" oder „verlangen", so drücken wir uns höflich aus „ich wünschte", auch Vorgesetzte sagen zu ihren Untergebenen „ich wünsche", wenn sie in der That befehlen. Ich kann also keinen Grund ausfindig machen, auch nach den neusten Einwänden von meiner Ansicht abzugehen, dass in-vi-tare wie in-vi-tu-s von Sanskr. Wurzel vi- wünschen stammt. Oder soll ich denselben etwa in G. Curtius Wortspiel finden, ich hätte meine Etymologie von invitare invita Minerva aufgestellt? Das ist zwar ganz hübsch; aber nach dem Gesagten würde ich doch wagen, für die Lesart invita Minerva die Emendation invito Curtio vorzuschlagen, wenn auch Minerva und Curtius in den Buchstabenformen grade keine übertriebene Aehnlichkeit haben. Noch eine Möglichkeit bleibt zu erwägen. Man könnte versucht sein in-vi-t-are von Sanskr. Wurzel hvé- herzuleiten, deren Bedeutung vocare, advocare (*Westerg. Rad. l. Sanscr. p.* 80) gut passen würde. Aber die von derselben gebildeten Formen u-hva-t, u-hva-ta, hvá-ta- zeigen, dass die ursprüngliche Gestalt dieser Wurzel hva- war. Dem Sanskr. a und e in diesen Wurzelformen würde altlatein. a oder e entsprechen, man würde also von Wurzel hva-, hvā-, hvé- ein altlateinisches *va-t-are oder *ve-t-are erwarten, nicht vi-t-are. Deshalb bleibe ich bei der Erklärung von in-vi-t-a-re von Sanskr. Wz. vi- wünschen. Dass

vitare

aus ?vic-it-are mit Wegfall der Silbe ci entstanden und mit Griech. ϝείκω-ω von Sanskr. Wz. viç- separare herzuleiten sei, habe ich ebenfalls in Abrede gestellt und das Wort von Sanskr. Wz. vī- hergeleitet mit der bei Westergaard angegebenen Bedeutung iacere, proicere (*Krit. Beiträge* S. 18). Schweitzer macht dagegen geltend, dass in dieser Bedeutung die Wurzel vī- nicht belegt und nachweisbar sei (*a. O.* 303), ebenso Meyer (*a. O.* 325). Curtius findet vitare und vitium von dieser Wurzelbedeutung nicht erklärlich (*a. O.*). Beide Einwände erkenne ich als gerechtfertigt an und gebe deshalb jene Bedeutung iacere, proicere von Wurzel vī- auf. Nichts desto weniger bin ich nach wie vor der Ansicht, dass diese Wurzel in vi-t-are enthalten sei. Pott hat schon früher vi-t-are als ein Compositum von der Sanskritpartikel vi- mit der Bedeutung dis-, ne- und i-t-are abgeleitet (*E. F.* I, 185. 201). Aber es ist kein sicheres Beispiel erweislich, dass die Sanskr. Partikel vi- mit dieser Bedeutung in Lateinischen zusammengesetzten Verben enthalten wäre. Schweitzer sagt, die Bedeutung iacere, proicere könne er für die Wurzel vi- nicht nachweisen, wohl aber „gehen machen, entfernen." A. Kuhn verdanke ich die Mittheilung, dass Indische Grammatiker die Wurzel vī- auch durch as-ana erklären (*Dhatup*. p. 361. § 24. 30). Für die Wurzel as- aber ist auch die Bedeutung „vertreiben, verscheuchen" nachgewiesen (*Boethl. u. R. Sanscrw*. I, 538) und diese passt ja zu der von Schweizer angegebenen „entfernen." Von dieser Wurzel vī- also mit dieser Bedeutung würde die regelmässige Participialform im Sanskrit vī-ta- die Bedeutung „gehen gemacht, entfernt, vertrieben, verscheucht" haben. Das Abbild dieses vī-ta- ist nun im Althochdeutschen wī-t „entfernt," neuhochdeutsch weit, da das anlautende t des Suffixes Sanskr. ta- Lat. to- auch auf Germanischem Sprachboden unverschoben bleibt (*Grimm, Deutsche Grammat*. II, 211). Im Lateinischen entspricht dem Sanskr. vī-ta- Ahd. wī-t der Participialstamm vī-to- in Form und Bedeutung, der in dem denominativen Verbum vī-t-are enthalten ist wie ci-to- in ci-t-are; also bedeutet vī-t-are „entfernt machen, verscheuchen" und daher „vermeiden. Ja selbst, wenn man annehmen wollte, die Wurzel vī- sei in ihrer eigentlichsten und ursprünglichsten Bedeutung „gehen" auf den Boden der Lateinischen Sprache gelangt, so würde sie selbst noch hier nach bestimmten Analogien zu der Bedeutung „weggehen" gelangt sein können. Ire erhält im Sprachgebrauch oftmals den Sinn „weggehen" wie Griech. ἴέναι. Cedere hat in den Compositen ac-cedere, suc-cedere, pro-cedere, in-cedere, wie in der Verbindung res mihi ex voto cedit die Bedeutung „gehen" daneben aber die Bedeutung „weggehen, zurückgehen, weichen." Also konnte auch auf speciell Lateinischem Sprachboden der Participialstamm vī-to ursprünglich „gegangen", dann „weggegangen, entfernt" wie Althochd. wī-t bedeuten und daher vī-t-are „entfernt machen", daher „vermeiden." Allein nach den Bedeutungsmodificationen, welche die Wurzel vī- schon im Sanskrit erfahren hat, erscheint es wahrscheinlicher, dass sie die Bedeutung „entfernen" schon auf Lateinischen Sprachboden mitbrachte. Dass die Bedeutung „entfernt machen" sich zu dem gewöhnlichen Sinn von vī-t-are „vermeiden" ebenso leicht ausprägen konnte wie Sanskr. viç- separare, ist klar. Auch hier sehe ich also keinen Grund, meine nach Laut und Bedeutung zutreffende Erklärung aufzugeben und einen Ausfall der Silbe ci-

vor t in lu-vi-t-are anzunehmen, für den sich bisher noch
kein stichhaltiges Beispiel gefunden hat. Ich habe auch
   vitium
zu der Sanskr. Wurzel vī- mit der Bedeutung iacere, proicere
gezogen (a. O.), wogegen Schweizer (a. O.) und Curtius (Gr.
Et. S. 103. 2. A.) von Seiten der Bedeutung Einspruch erhoben
haben. Da in dieser Bedeutung die Wurzel vī- nicht belegt ist,
auch der Sinn „Verworfenheit", wie ich annahm, nicht eigentlich in vi-tiu-m liegt, so gebe ich jene Erklärung auf und suche
eine andere. Vi-tiu-m stellt Walther wie schon früher Doeder-
lein zusammen mit Griech. ἄ-τη, Aeol ἀ-ϝά-τα (ἀ-ϝα-τα) und
ἀ-ά-ω für ἀ-ϝα-ω, so dass das vorgesetzte α- der Griechischen Wörter im Lateinischen weggefallen sei (*Quaestiones ety-
mologicae. Progr. Freienwalde.* 1864. p. 7). Aber bei diesem Erklärungsversuch ist weder klar, was die angenommene
Wurzelform va- ohne das α- bedeute, noch ob diesen selbst
einen negativen oder intensiven Sinn gehabt habe. Ferner
giebt es keine Analogie dafür, dass im Lateinischen ein Wort
ein solches vorgesetztes a eingebüsst hätte und doch einem Griechischen Worte gleichbedeutend wäre, das dasselbe gewahrt
hat. Ich kann also diesen Erklärungsversuch, den Walther selbst
nur als eine Vermuthung hinstellt, nicht für richtig anerkennen,
demnach auch vetare nicht mit ἀυάτα und ἀϝάω zusammen-
reimen. Man könnte nun vi-t-iu-m mit vi-t-are zusammen
von der besprochenen Wurzel vī- mit der Bedeutung „entfernen" herleiten, so dass vi-t-iu-m eigentlich ein „Entferntsein",
das heisst einen „Mangel" bezeichnete, etwa wie delictum
eigentlich ein „Unterlassen", daher ein „Vergehen" einen „Fehl-
tritt" bezeichnet. Aber der Begriff der Entfernung, des Mangels
tritt im Sprachgebrauch von vitium nirgends hervor. Der Bedeutung halber ziehe ich also eine andere Etymologie des Wortes vor.
   Von Sanskr. Wurzel vē- texere, viere (*Westerg. Rad. l.
Sanscr. p.* 79) stammen Sanskr. vē-tra-s Rohr, Ahd. wi-d
Strick, wi-da Weide, Lit. vy-ti-s Weidengerte, Tonnenband,
Lett. vi-t-ol-s Weide, Griech. ἰ-τ-έα Weide, Lat. vī-men,
vi-t-i-s, vi-t-ex *Curt. Gr. Et.* u. 593. 2. A.). Sowohl
der i-laut in diesen Wörtern als die Verbalformen vi-ta- vi-
ja-te (*Westerg. a. O.*) und vi-hi (*nach Kuhn Bigr.* III, 8, 7)

zeigen, dass vi- oder vī- die ursprüngliche Gestalt der Wurzelform vē- war. Die obigen Wörter bezeichnen sämmtlich „biegsame" Gegenstände. Zu denselben gehört auch Lat. vi-ēre, das von Wurzel vi- weiter gebildet ist, wie von den Wurzeln tu-, clu- (kru-)tu-ēri, clu-ēre. Vi-ēre wird zwar von Lateinischen Grammatikern vincire (*Varr. L. L.* IV, 62) oder adligare (*Fest. p.* 375) erklärt, bedeutet aber, wie die zu diesem Verbum gesetzten Objecte corollam, vimina, vasa viminea, sirpeas, crates zeigen, auch eigentlich „biegen, winden." Wie Lit. vy-ti-s den Tonnenband als den „gebogenen" bedeutet, so Lat. vi-e-tor oder vi-tor (*Plaut. Rud.* 990, *Grut. Inscr.* 1178, 4), den Böttcher oder Fassbinder, der die Tonnenbände „biegt" oder verschlingt, und vi-e-trix die Kranzwinderin. Zu vi-ē-re gehört auch vi-ē-tu-s. Das Wort wird erklärt, *Donat. Terent. Eun.* 688: „Ille est vietus vetus veternosus senex: Vietus, inquit, mollis flaccidusque et flexibilis corpore, unde et vimina et vimenta et vites et vietores dicuntur. Von mürbem und fauligem Zeuge ist vietus gesagt *Lucr.* III, 385 f: Nec supra caput ejusdem cecidisse vietam vestem; von mulschen, überreifen Früchten *Cic. d. sen.* 2: Necesse fuit esse aliquid in arborum baccis terraeque frugibus maturitate tempestiva quasi vietum et caducum; *Colum.* XII, 15: Ficus porro neque nimium vieta neque immatura legi debet. Es ist klar, dass von dem Begriffe „biegsam sein", der der Wurzel vi- ursprünglich eigen ist vi-e-tus zu dem Sinne „schlaff, welk, mürbe, mulsch, faulig" gelangt ist. Zu der hier besprochenen Wortfamilie ziehe ich auch vi-t-iu-m. Das Wort bedeutet zunächst „schadhafte Stelle, Verletzung, Riss", so zum Beispiel in der Verbindung vitium facere von Gebäuden, die einen Riss bekommen, *Cic. Top.* 3: Aedes corruerunt vitiumve fecerunt. *Auct. d. b. Hisp.* 19: Turris vitium fecit. Erst biegen sich Balkendecken und Wände, ehe sie einbrechen und stürzen. Vi-t-iu-m bedeutet dann den Fleck und die schadhafte Stelle am Kleide, den Fehler am Leibe des Menschen und des Viehes, endlich auch den sittlichen Fehler. Ich meine also, dass vi-t-iu-m mit vi-e-tu-s von Wurzel vi- biegsam, schlaff, weich sein oder machen", daher auch „winden, weben", stammt und eigentlich eine „welke, mürbe, morsche oder faulige Stelle" bedeutet, daher dann allgemeiner „schadhafte Stelle, Fehler."

So bedeutet macula eigentlich „Schmutzflecken", dann „sittlicher Flecken" (*Verf. Krit. Beitr. S.* 438). So ist flag-itiu-m, verwandt mit flag-r-are, flam-ma für *flag-ma, Griech. φλέγ-ειν, eigentlich ein „Brandfleck, Brandmal", dann erweitert und vergeistigt ein „sittlicher Flecken, Laster"; de-tri-mentu-m von de-ter-ere bedeutet ursprünglich eine „ab-geriebene Stelle", daher „Schaden." Das kurze I in vī-tĭu-m neben dem langen I in vī-men, vī-ti-s ist nicht befremdlicher als die neben einander stehenden Sanskritformen vī-ta-, vi-ja-te und vī-hi oder als im Lateinischen līqu-or, li-qu-ere, līqu-idu-s neben lĭqu-or (*Lucr.* I. 453 li-qu-ens. Ob vī- oder vĭ- die ursprüngliche Gestalt der Wurzel war, lasse ich hier dahin gestellt sein.

Die alte Ansicht, dass in

vituperare, vituperium

der erste Bestandtheil der Composita vi-tu- ein mit vi-tiu-m verwandtes Wort ist, hat neuerdings Walther gegen andere Erklärungsversuche gerechtfertigt. Er stellt vitu-perare zusammen mit ad-parare, im-perare, pro-perare, se-parare, aequi-parare (*Quaest. etymol.* p. 5. *f.*) fasst aber den Bildungs-gang dieser Wortformen nicht richtig auf, wenn er meint, hier wie in vielen anderen Fällen seien neben Verben der dritten auch Verba der ersten Conjugation unmittelbar aus der Wurzel gebildet worden. Das -par-are, -per-are in den obigen Compositen wie das einfache par-are sind vielmehr denominative Verba von dem Nominalstamme par-o-, der sich in opi-par-u-s erhalten hat und von der Wurzel par- in par-ĕre, pe-per-i, par-tu-m stammt. Es verhält sich also in dieser Hinsicht:

par-ere	zu	opi-par-u-s	und	vitu-per-are, im-per-are u. s. wie
fer-re		signi-fer, frugi-fer u. a.		voci-fer-are,
ger-ere		armi-ger, ali-ger u. a.		belli-ger-are, rumi-ger-are,
toll-ere				
Wz. tul-		opi-tul-u-s,		opi-tul-ari,
dic-ere		veri-dic-u-s, fati-dic-u-s.		ab-dic-are, in-dic-are,

	male-dic-u-s u. a.	prae-dic-are u. a.
fac-ere	magni-fic-u-s,	ampli-fic-are,
	muni-fic-u-s,	ludi-fic-are,
	male-fic-u-s,	aedi-fic-are,
	carni-fex u. a.	carni-fic-are,
plec-t-ere	sim-plex,	
Wz. plec-	du-plex,	du-plic-are,
	multi-plex u. a.	multi-plic-are.
spec-ere	au-spex,	au-spic-ari,
	haru-spex u. a.	
plac-ere		
Wz. plac-	Viri-plac-a,	plac-are,
Wz. sec-	sic-a,	
(sec-tu-m)	re-sex,	sec-are,
	foeni-sex,	re-sec-are u. a.
duc-ere	tra-dux,	e-duc-are,
	re-dux,	
ag-ere	prod-igu-s,	lev-ig-are,
	rem-ex,	mit-ig-are,
	aur-ig-a,	guar-ig-are,
	auro-ax (*Verf. Aus-	pur-ig-are u. a.
	spr.* II, 132).	
leg-ere	sacri-leg-u-s,	leg-are,
	col-leg-a,	de-leg-are,
	supel-lex.	re-leg-are u. a.
frang-ere	nau-frag-u-s,	suf-frag-ari,
	ossi-frag-a,	re-frag-ari,
iung-ere	con-iux,	con-iug-are,
	bi-iug-i-s,	
pang-ere	pag-u-s,	pro-pag-are,
cap-ere	au-cep-s,	au-cup-ari,
	parti-cep-s,	parti-cip-are,
	man-cep-s,	man-cip-are,
	prin-cep-s u. a.	nun-cup-are u. a.
rap-ere	—	usu-rp-are,
		(usu-rip-are)
cumb-ere	in-cub-u-s,	cub-are,
		in-cub-are u. a.
lab-i		lab-are.

can-ere vati-cin-u-s, vati-ciu-ari,
tubi-cen,
tibi-cen u. a.

Man könnte nun annehmen vitu-perare enthalte einen Participial- oder Adjectivstamm vi-to- mit der Bedeutung „schadhaft, fehlerhaft" und dafür die ähnliche Bildung aequi-perare anführen. Allein ein solches vi-to- ist doch in der Lateinischen Sprache sonst nicht nachweislich; insbesondere aber weisen die Ausdrücke vitium facere, vitio vertere, vitio dare, vitio tribuere darauf hin, auch in vitu-perare das vitu- aus vitio- zu erklären. Es bietet sich nun ein doppelter Weg der Erklärung. Vitu- ist entweder aus vitiu-, vitioentstanden mit Wegfall des i vor folgendem u, der sich in sem ustus, dudum, minus, secus u. a. findet (*Verf. Ausspr.* II, 149 *f.*) oder von dem Suffix -io in vit-io- fiel das o nach i in der Composition ab wie in medi-terraneu-s, medi-terreu-s, medi-tulliu-m vom Stamme medio-, wie ein aus a abgeschwächtes o in fili-cula neben filio-lu-s, filio-la, vincuru-s für *via-cu-ru-s und das a von aurea Zügel in auriga für *aure-iga neben aure-ax. So konnte aus *vitio perare *viti-perare werden und aus dieser Form durch assimilierenden Einfluss des folgenden Labialen p auf das vorhergehende i vitu-perare wie in manu-pretiu-m, man-cupiu-m, au-cupari, au-cupiu-m, de-rupio, sur-rupio, sur-ruptu-s, sur-ruptitia-e, e-ruptu-s, stupula, dissupo, re-cupero, oe-cupo das u durch den folgenden Labial p gewahrt oder veranlasst ist, während sonst in der Regel ausser vor Labialen a in der Wurzelsilbe des zweiten Theiles von Compositen vor einfachen Consonanten zu i, vor gehäuften zu e geschwächt wird (*a. O.* I, 144 *f.* 148. II, 314 *f.*). In aequipero ist das auslautende o des Stammes aequo- nicht zu u, sondern zu i geschwächt, weil die Lateinische Sprache der älteren Zeit die Lautfolge quu- mied. Dieser letzteren Erklärung der Form vitu-perare, dass von *vitio-perare das o des Stammes vitioin der Composition schwand wie das o von medio- in mediterraneu-s, das i aber durch Einfluss des folgenden Labialen p zu u umgelautet oder assimilirt würde, gebe ich den Vorzug.

Ausfall der Silbe ci ist ferner angenommen worden in littera.

das aus *llci-tera zusammengezogen und von Sanskr. Wz. likh- stossen, kratzen, schreiben herzuleiten sein soll. Ich habe dagegen die Ansicht ausgesprochen, dass diese Etymologie unerwiesen sei, dass kein Grund vorhanden sei, li-ttera oder li-tera von li-n-ea, li-inu-s und li-n-ere zu trennen, Wörter, die verglichen mit Akhochd. sli-m, Nhd. schlei-m anlautendes s verloren haben, so dass also li-ttera der „aufgestrichene" Buchstabe bedeute, zumal bestimmt berichtet werde, dass die ältesten Römer schwarze Buchstaben auf weisse Tafeln strichen (*Krit. Beitr.* S. 19 *f.*). Diese Ansicht meint Meyer zu widerlegen durch die Bemerkung, ich setzte hier li-n-ere statt li-n-ere an (*Götting. Gel. Anz.* 1864, 325). Dass ein altes li-n-ere, das in li-n-ea sich erhalten hat, sich zu li-n-ere kürzen konnte, wie līqu-or zu lĭqu-or, wie stā-tim zu stă-tim, wie sich zahlreiche andere Vokale im Lateinischen gekürzt haben, kann niemand ernstlich in Abrede stellen. Ich habe nur den Fehler gemacht, dass ich an der betreffenden Stelle li-ne-re habe drucken lassen statt *li-n-ere, um durch den vorgesetzten Stern anzudeuten, dass das Wort in dieser Quantität nicht mehr im Sprachgebrauch vorkomme, oder statt der gewöhnlichen Form mit kurzem Vokal li-n-ere. Schweizer hat gegen meine Erklärung von li-ttera nichts erhebliches einzuwenden, meint aber, das Wort könne auch von Sanskr. lip-i Schrift herstammen und aus *lip-tera entstanden sein (*Z. f. vergl. Spr.* XIII. 303). Aber die hier angenommene Assimilation von pt zu tt ist dem Lateinischen der älteren wie der Augusteischen Zeit völlig fremd und die Lautverbindung pt bleibt in aptus, captus, raptus, saeptus, coeptus, scriptus, optare, ruptus und zahlreichen anderen Wortformen unversehrt. Jene Assimilation gehört dem spätlateinischen und Romanischen Sprachgebiete an (*vgl. Schuchardt. Vok. d. Vulgärl.* I, 143 *f.*). Also kann auch li-ttera nicht aus *lip-tera entstanden sein und mit Sanskr. lip-i zusammenhängen.

Ich habe die Behauptung bestritten, dass im Lateinischen cc aus cs entstanden sei. Schweizer giebt zu, dass sich diese Entstehung nicht erweisen lasse (a. O. 303). Meyer sagt, er gäbe nicht viel auf seine früheren Muthmassungen über dieselbe und habe sie in seiner vergleichenden Grammatik nur für vacca und vermuthungsweise für bacca angenommen (a. O. 325. *Vergl. Gr.* 1, 252.). Ich habe darauf hingewiesen, dass

vacca,

wenn es überhaupt mit Sanskr. uksh-an Stier von Wurzel uksh- beträufeln zusammenhängt, nicht von der durch sh erweiterten Wurzelform uk-sh-, sondern von der einfachen vag- herzuleiten ist, dass indessen das Wort möglicher Weise auch von Sanskr. Wurzel rah- vehere herstammen könne (*Krit. Beitr.* S. 26). In neuster Zeit hat Ascoli, der meiner Ansicht beipflichtet, dass im Lateinischen cc nicht aus cs entstehe, vac-ca von Sanskr. Wz. vag- lieben hergeleitet, so dass das Wort „die Liebesheglorige" bedeuten würde (*Z. f. vergl. Spr.* XIII, 159 *f.*). Welche von diesen Ableitungen die richtige ist, wage ich nicht zu entscheiden. Jedenfalls aber kann man aus vac-ca den Uebergang von cs in cc für das Lateinische nicht erweisen. Ich habe somit auch

bac-ca

nicht mit der durch sh- erweiterten Wurzel bhak-sh essen abgeleitet, sondern von der einfachen bhag- in Sanskr. bhag-as portio und Griechisch φάγ-ω (*a. O.*). Ich bin aber seitdem von G. Curtius darauf aufmerksam gemacht worden, dass ja dem Sanskr. bh und dem Griechischen φ im Anlaut Lateinisches f entsprechen müsste. Ich leite daher bac-ca jetzt von Sanskr. Wurzel pač- für pak- mit der Bedeutung maturescere, so dass bac-ca zunächst aus *pac-ca entstanden ist durch Erweichung des p zu b wie in bibere, bua, vini-buas, burrus, Burrus, buxus, buxum, Buxentum, buxis, bustum, comburere, von denen in dem Abschnitt über b die Rede sein wird. Die Sanskritwurzel pač- coquere, maturescere führt verglichen mit Latein. coc-u-s coqu-ere auf eine ursprüngliche Form kak- zurück. Aber, dass auch im Lateinischen das ursprüngliche k derselben in p umschlagen konnte, zeigt pop-ina neben coqu-ina, und der ursprüngliche Wurzelvokal in bac-ca für *pac-ca ist nicht befremdlicher als das a in vacuus, vacivus, vacatio neben den alten Formen vocuus, cocivus, vocatio, wie in valva neben volva, volvulus, volvere (*Krit. Beitr.* S. 321 *f.*), in salvus neben sollus (*a. O.* 313) oder das ā in ignārus neben ignōrare. Nach dieser Erklärung bedeutet *bac-ca für *pac-ca „die reifende" Beere. Auch

bucca,

das im Lateinischen Mund, Kinnbacken von Menschen und Thieren bedeutet, kann ich nach Curtius begründetem Einwurf nicht mehr auf Wurzel bhag- zurückführen. Ich leite das Wort vielmehr jetzt ab von der Wurzel bukk-, von der die Bedeutungen latrare, rudere, gannire, loqui erwähnt werden (*Westerg. Rad. l. Sanscr.* p. 86). Bucca bedeutet hiernach den Mund, insofern er einen Laut oder Ton ausstösst, sowohl den thierischen Laut als die menschliche Rede. Ob aber buc-ca durch Anfügung des Suffixes -ca an die einfache Wurzel buk- oder von der verstärkten Wurzelform bukk- mit dem Suffix a gebildet ist, wird sich schwerlich mit Sicherheit entscheiden lassen, obwohl mir das erstere wahrscheinlicher erscheint. Meine Ansicht, dass

occa, occare

von ὀξύς zu trennen und mit dem Suffix -ca von der Wurzel ac- in ac-er, ac-u-s, oc-ri-s u. a. gebildet sei (*Krit. Beitr.* S. 27) ist eigentlich nicht bestritten worden. H. Weber vermisst aber bei dieser Etymologie die Berücksichtigung von Altnord. egg-ja und Althochd. eg-jan (a. O. 34). J. Schmidt, der meiner Ansicht beitritt, bemerkt dazu richtig, dass Althochd. eg-jan mit Lat. oc-ca in der Wurzel, aber nicht im Suffix verwandt sei (*Wurzel AK*. S. 79), was auch durch eg-unga occatio bestätigt wird. Wenn Weber vermuthungsweise hinwirft, in occare könne cc aus cr hervorgegangen sein, so muss ich diese Vermuthung so lange für grundlos halten, bis irgend ein Beweis dafür gebracht wird, dass dieser Lautwechsel im Bereich der lateinischen Sprache vorkommt. Ich habe

saccus

von Sanskr. Wz. sag-tegere mit dem Suffix -ca abgeleitet (*Krit. Beitr.* S. 27) durch die ganz ohne Beweis hingeworfene Behauptung, saccus sei im Lateinischen ohne Zweifel ein Fremdwort (*Meyer*, a. O. 821), wird meine Erklärung nicht im mindesten widerlegt.

soccus

habe ich ebenfalls von Wurzel sag- decken hergeleitet (a. O.). Seitdem hat Spiegel dieses Wort zusammengestellt mit Altbaktrisch hakha Fusssohle und aus Wurzel sak- anhangen erklärt, von der Sanskr. sakh-i-s, Lat. soc-iu-s stammen. Hiernach würde also soc-cu-s den Schuh als „anhangenden" bezeichnen (*Z. f.*

vergl. Spr. XIII. 372). Ich kann die Zulässigkeit dieser Etymologie nicht bestreiten, halte aber die von mir gefundene Bedeutung von soc-cu-s „der deckende" für passender, weil der Römische Schuh, soc-cu-s eben den ganzen Fuss bedeckte, während die Sandale, sol-ea nur unten an der Fusssohle haftete und den übrigen Theil des Fusses unbedeckt liess. Für meine Ansicht spricht auch, dass Goth. sko-h-s Schuh von der Wurzel skn- tegere ebenfalls „der deckende" bedeutet, wie Schweizer bemerkt (a. O. 303).

Flaccus, floccus
sind von Meyer von Sanskr. Wurzel mlā- welken oder mrakshallhen hergeleitet worden (*Z. f. vergl. Spr.* VI, 222). Ich habe das bestritten, weil im Lateinischen weder anlautendes f aus m noch cc aus cs werden kann (*Krit. Beitr.* S. 27). Für Meyers Aufstellung hat sich neuerdings H. Weber ausgesprochen (a. O. 34). Derselbe sagt, da ich hier ein falsches Citat hätte, so könne er Meyers Nachweis und Gründe für dieselbe nicht finden. An der betreffenden Stelle der kritischen Beiträge steht gedruckt: (a. O.) das ist: am angeführten Orte, und bedeutet natürlich das vorher mehrmals gebrauchte Citat (*Z. f. vergl. Spr.* VI, 222). Ich habe also richtig citiert, und es lag nur an Weber, wenn er sich mittelst dieses richtigen Citates nicht davon überzeugt hat, dass Meyer an der angeführten Stelle keine Nachweise und keine Gründe für seine Ableitung giebt, daher auch jetzt, wie er selbst sagt, auf dieselbe keinen Werth mehr legt. Weber stellt nun gegen mich den Satz auf, dass „der Uebergang eines m vor f in f im Anlaut nur noch nicht nachgewiesen sei, deshalb aber recht gut vorhanden sein könne. Möglicherweise könne doch ml zu bl und dann durch Aspiration des b zu fl geworden sein." Darauf kann ich nur erwiedern, dass ich nur nach den wirklichen und erweislichen Lautübergängen im Lateinischen geforscht habe, nicht nach den möglichen und denkbaren und es jedem überlassen muss, sich alle Möglichkeiten auf diesem Gebiete vorzustellen. Nicht ich habe den Nachweis zu führen, dass der Uebergang eines m vor f in f unmöglich sei, sondern Weber hat mit unwiderleglichen Gründen den Beweis zu führen, dass er im Lateinischen wirklich vorhanden sei, wie ein solcher Beweis jedem obliegt, der einen bisher noch nicht bekannten und anerkannten Lautwechsel zur Anerkennung bringen will. Wer be-

hauptet, muss beweisen, nicht von dem Gegner, der an die Behauptung nicht ohne weiteres glauben will, verlangen, er solle die Unmöglichkeit derselben darthun. Aber nicht einmal die Aspiration eines anlautenden b zu f in frem-ere neben Sanskr. bhram-, Griech. βρέμ-ειν hat Weber erwiesen. Er hat nur behauptet, dass hier βρέμ-ειν „wohl die ältere Lautstufe darstelle" (*N. Jahrb. Bd.* 87, (XX)) und in diesen Worten deutet das Wörtchen „wohl" seinen eigenen Zweifel an der Behauptung an. Wo er dieselbe wiederholt (*Z. f. Gymnasialn.* XIX, 34) giebt der Ausdruck „scheint mir" der Vermuthung Raum, dass es ihm an objectiven Gründen für seine früher nur vermuthungsweise oder zweifelnd ausgesprochene Ansicht fehle. Meine Meinung, dass in flaccus und floccus bb der ursprüngliche Anlaut war, ist von ihm gar nicht widerlegt worden. Also Weber's Einwürfe ändern nichts an der Thatsache, dass die Herleitung jener beiden Wörter von Ws. mlā- oder mraksh- willkürlich und ohne Beweis der Lateinischen Sprache Lautwechsel aufbürdet, die ihr fremd sind.

Ich habe gegen dieselbe, um mich nicht bloss negativ zu verhalten, auf die Wurzelverwandtschaft folgender Wörter hingewiesen: flac-cu-s schlaff, flac-c-ere schlaff, matt werden, flac-c-idu-s, schlaff, welk, frag-escere mürbe, weich, mild, sanft werden, frac-idu-s mulsch, überreif, frac-escere mürbe, mulsch, faulig werden, frac-ere faulig werden, verderben, umschlagen, schmutzig sein, frac-es die mürben, mulschen ausgedrückten Oeldrüsen oder Oeltrebern, der Bodensatz des Oels, dann auch: Mistgauche, Mistpfütze, floc-c-es Weinhefe, floc-cu-s die weiche Wollflocke (*a. O.* 27—30). Niemand hat bestritten, dass die hier erscheinenden Wurzelformen frac-, frag-, flac-, floc- mit ihren Bedeutungen in verschiedenen Wortgestaltungen: „schlaff, mürbe, faulig, schmutzig" zusammengehören. Meyer bestreitet nur meine Annahme, dass in der Wurzelform flac- oder flag- die Bedeutung „biegsam, weich sein" zu Grunde liege (*a. O.* 235) und ich gebe ihm jetzt in Bezug auf das „biegsam sein" Recht. Schweitzer (*a. O.* 300 f.) spricht sich nur gegen meine zweifelnd ausgesprochene Vermuthung aus, dass allen obigen Wortbildungen eine Wurzel bhark-, bhrak- zu Grunde liege, aus der auch Sanskr. Ws. bhragg- frigere, assare entstanden sei (*Krit. Beitr. S.* 29) und zwar des Sinnes und des Lautes wegen. Ich sehe hier erstens nicht ein, was für lautliche Gründe gegen jene Annahme obwalten. Dass im Sanskrit nicht bloss é, sondern auch ǵ aus ursprünglichem k entstehen konnte, ist dadurch erwiesen, dass dieselben Wurzeln mit é und mit ǵ auslauten, z. B. parć-, varć-, marć- neben parǵ-, varǵ-, marǵ-, wo durch den erweichenden Einfluss des vorhergehenden r ć sich zu ǵ gestaltet hat *(a. O.)*. Also kann auch die Wurzelform bhraǵ-, bhraǵǵ- aus bhrać-, bhrać- für bhrak-, bhark- entstanden sein. Wenn ferner Sanskr. bh im Lateinischen regelmässig zu f wird, wenn r überaus häufig zu l und c nicht selten zu g erweicht wird, wenn oftmals Sanskr. a sich im Lateinischen zu o abgeschwächt hat, so sind die vier angegebenen Wurzelformen frac-, frag-, flac-, floc- auch bei strengster Abwägung der Lateinischen Lautgesetze aus einer ursprünglichen Wurzel bhrak-, bhark- lautlich vollständig erklärt. Da nun Lat. frīg-ere rösten mit frāg-escere mürbe werden ebenso gut von derselben Wurzel stammen kann wie flīg-ere schlagen mit flāg-ellum Geissel eines Ursprungs ist, so wage ich gradezu zu behaupten, dass es ein lautliches Bedenken gegen meine Ableitung der hier in Rede stehenden Wortformen nicht giebt. Und was ist denn eigentlich erhebliches von Seiten der Bedeutung einzuwenden? Beim Braten und Rösten ist das Erweichen und Mürbemachen des Fleisches doch der wesentliche Zweck. Wenn nun in der Lateinischen Wurzelgestalt frac-, frag- in frac-es, frac-escere entschieden der Sinn „mürbe sein" hervortritt, ist es da etwa unglaublich, dass im Lateinischen der ursprüngliche Sinn der Wurzel sich gewahrt, hingegen in der Sanskr. Wurzelform bhrag- sich zu dem Begriffe „braten, rösten" ausgeprägt habe. Oder soll etwa das Sanskrit immer und ausnahmslos den ursprünglichen Sinn der Wurzeln bewahrt haben, und eine der verwandten Sprachen, insbesondere das Lateinische dazu niemals fähig gewesen sein, während das Sanskrit jenen Sinn umgebildet hat? Frac-es, floc-c-es von der Wurzel drākh- oder dhrākh- abzuleiten (*Benary, Röm. Lautl. S.* 178), für welche die Bedeutungen arescere, ornare, sufficere angegeben werden (*Westerg. Rad. l. Sanscr. p.* 90), verbietet die Verschiedenheit der Bedeutungen, da „trocken werden" und „mürbe, mulsch, faulig werden" doch ganz verschiedene Dinge sind. Der Wurzel dhrakh- arescere entspricht Althochd. truk-an, Neuhochd. trock-en nach dem Lautverschiebungsgesetz und der Bedeutung. Dass Akkord. dregg Hefe als fester Niederschlag im Gegensatz zu dem flüssigen Nass von derselben Wurzel stammt, ist möglich. Wenn aber Froehde eine Wurzel *dhra- in fraces, floccos annimmt (*Z. f. vergl. Spr.* XIII, 455 f.), so hat er weder die Existenz noch die Bedeutung derselben genügend nachgewiesen, auch das doppelte c in floccos nicht erklärt. Gewiss mit Recht zieht Schweizer zu frac-es, frac-escere, floc-c-es u. a. auch das deutsche brack abgestanden, untauglich, Ausschuss (*Grimm, deutsch. Wörterb.* II, 289) und Althochd. bruoh, bruoch, Mittelhochd. bruoch, Nhd. bruch Morast, Sumpf, feuchte Wiesengegend (*Graff, Althochd. Sprachsch.* III, 277, *Grimm, a. O.* II, 410), deren Bedeutung zu dem Sinne mürbe, mulsch, faulig, schmutzig sein, der in jener Lateinischen Wortfamilie nachgewiesen ist, vortrefflich passt. Diese deutschen Wörter zeigen auch, dass nicht dh sondern bh der ursprüngliche Anlaut ihrer Wurzel war, der im Lateinischen wie gewöhnlich sich zu f gestaltete, im Deutschen sich zu b verschob.

Nach dieser nochmaligen Prüfung muss ich also bei meiner Ansicht verharren, erstens, dass die oben zusammengestellten Wortformen, welche im Lateinischen die Wurzelformen frac-, frag-, flac-, floc- zeigen, aus einer gemeinsamen Wurzelform entsprossen sind, dass diese bhrak-, bhark- war, dass aus derselben auch die Wurzelform bhrag-, bhragg- im Sanskr. hervorgegangen sein kann.

Ich habe weiter bestritten, dass im Lateinischen sc aus cs umgestaltet worden sei, dass also

musca

aus *mucsa entstanden sei und dem Sanskr. maksha entspräche, vielmehr angenommen, dass mus-ca aus *mucs-ca hervorgegangen sei und dem Sanskr. maksh-ika in seinen wesentlichen Bildungselementen entspreche, indem die Wurzelform mak-sh- im Sanskr. durch sh aus einer einfachen auf einen Guttural auslautenden Wurzel weiter gebildet sei, die sich in Ahd. muc-ca Mücke, Kebslar. mucel-a zeige, nämlich die Wurzel mah- caedere, die in Sanskr. makh-a-s Kämpfer, Griech. μάχ-η, μάχ-αιρα, Lat. mac-t-are, mac-ellu-m zu Grunde liege (*Krit. Beitr.* S. 31). Gegen diese Erklärung wirft mir nun Schweizer ein, ich nähme selber für das Lateinische eine ganz fertige Wortform aus dem Sanskrit herüber (a. O. 304). Das soll doch wohl heissen, ich verfiele selbst in die Manier der Etymologie, die ich bei anderen Sprachforschern bekämpft hätte. Aber ich bin ja weit davon entfernt, das hier zu thun. Wenn ich für das Lateinische eine Form *marsica oder *mucsica angesetzt hätte, aus der musca entstanden sei, so könnte davon die Rede sein; aber ich habe ja muc-s-ca als Lateinische Grundform für mus-ca angesetzt, der von vorn herein der Vermittlungsvokal i des Sanskr. maksh-I-ka fehlte, die deshalb ihren gutturalen Laut vor s einbüsste, wie dies in lus-cu-s, mi-sceo, ses-centi, ses-centies u. a. geschehen ist (s. o. S. 38). Habe ich nun aber jemals in Abrede gestellt und vernünftiger Weise in Abrede stellen können, dass Lateinische Wörter und Sanskritwörter sowohl im Suffix als in der Endung zu einander stimmen können? Was ich bekämpft habe und noch bekämpfe ist, dass man blindlings und in offenbarem Widerspruch mit bestimmten Lauteigenthümlichkeiten der Lateinischen Sprache die Lateinischen Suffixe zugleich mit den Wurzeln massenhaft aus dem Sanskrit herholt. Wie man aber eine von mir aufgestellte Etymologie damit widerlegen oder bemängeln will, dass ich im vorliegenden Falle in vollkommenem Einklang mit den Gesetzen der Lateinischen Lautlehre Uebereinstimmung des Suffixes und der Wurzel zwischen dem Lateinischen Wort und dem altindischen Wort ansetze, während man bei andern Etymologien den Nachweis dieser Uebereinstimmung grade als ein Hauptkennzeichen ihrer Richtigkeit ansieht, das begreife ich in der That nicht. Weber sagt gegen meine Zusammenstellung von Sanskr. maksh-Ika und Lat. mus-ca, ein Umstand sei derselben doch entgegen, dass nämlich in mus-ca und den verwandten Wörtern anderer Sprachen ein U-vokal stehe, nur im Sanskr. ein A-vokal. Als ob sich das nicht ebenso gut einwenden liesse, wenn man mit Aufrecht Lat. musca von Sanskr. makshâ ableitet. Oder soll etwa ein ursprüngliches a im Sanskrit im Lateinischen und in den verwandten Sprachen nicht zu u werden können? und soll Lat. mus-ca mit Sanskr. makshâ und maksh-I-kâ gar nichts gemein haben? — Ich kann also dem obigen Einwand Weber's kein Gewicht beimessen. Mein Satz, dass im Lateinischen es nicht zu sc werden könne, ist übrigens direkt von keiner Seite bestritten worden.

Dass im Anlaut von der Lautverbindung sc das c schwinden konnte, beweisen die Wortformen

sirpea, surpiculus, sirpicus

neben scirpus, scirpens, verglichen mit Althochd. scilaf,

scilicet, Nhd. schilf (*Verf. Krit. Beitr. S. 32*). Denselben Wegfall des c hat Kuhn angenommen in

supare, sipare, dissipare, obsipare, insipare

(*a. O.*). Da sip-are ausdrücklich lacere erklärt wird, und Sanskr. Wz. ksip- für skip- ebenfalls lacere bedeutet, also die Bedeutungen sich völlig decken, so ist diese Zusammenstellung sehr einleuchtend. Ich vermag daher keinen Grund abzusehen, weshalb Schweitzer (*a. O.* 304) dieselbe bezweifelt, selbst wenn das Niederdeutsche schippen, schüppen, Oberd. schupfen stossen, in Bewegung bringen, nicht zu Sanskr. Wz. skip- gehören sollte. Gegen die von mir gebilligte Zusammenstellung von

sarpio, sarpo, sarptus, sarmen, sarmentum

mit Althochd. sarf, scarf, Neuhochd. scharf, Griech. ἅρπη (*Verf. a. O.* 32) wendet Weber ein, dass im Griechischen ursprüngliches σκ nicht durch blossen Spiritus asper vertreten sein könne (*a. O.* 35), und in der That ist dafür kein sicheres Beispiel beigebracht worden. Aber daraus folgt nur, dass Griech. ἅρπη von den obigen Lateinischen und Deutschen Wörtern zu trennen ist; dass sarpio aus *scarpio entstanden ist, kann damit nicht in Abrede gestellt werden. Ich habe eine Wurzel skarp- für dieses und die verwandten Wörter angenommen. Dass diese aus der einfachen Wurzel skar- mit p weiter gebildet ist, die sich im Griech. κείρ-ειν, ξυρ-ό-ν findet, wie Weber annimmt, ist mir wegen Ahd. sker-an scheeren, scar und ploh-scar Pflugschar, scar-a Theil, Schaar, Schlachtreihe einleuchtend. Für

sons

habe ich die Herleitung von ksunt- aus ursprünglichem ktant- bestritten (*Krit. Beitr. S.* 33) und mit Lottner das Wort zu Ahd. sunta, Nhd. sünde gezogen, weil im Lateinischen nirgends anlautendes kt zu ks und zu blossem s abgeschwächt sei, schiebt er mir den Beweis zu, dass dies nicht so sein könne. Man könnte ebenso gut behaupten, dass im Lateinischen a in z überginge und, wenn ich Belege dafür verlangte, mir den Beweis dafür zuschieben, dass das nicht so sei. Und wenn Schweitzer weiter einwendet, auch Ahd. kunta werde von Meyer ebenfalls aus ksont- für ktant- hergeleitet, so kann ich nicht umhin, das solange für eine unbegründete und willkührliche Annahme zu halten, als nicht erwiesen ist, dass auch sonst im Althochdeutschen anlautendes s aus ks für kt entstanden ist.

Nachdem in eingehenden Untersuchungen der Beweis dafür geführt ist, dass im Lateinischen wie in den verwandten Sprachen p aus c, k, nicht aber umgekehrt c, k aus p entstanden ist (*Curt. Gr. El. S.* 399. 2. *A. Grassmann, Z. f. vgl. Spr.* IX, 11 *f. Verf. Krit. Beitr. S.* 48), ist neuerdings wieder die Behauptung aufgestellt worden, dass auch p der ursprüngliche Laut gewesen sein könne, der im Lateinischen zu c geworden sei. Dass nicht bloss im Oskischen, Umbrischen, Sabellischen und Volskischen, sondern auch im Lateinischen p aus c hervorgegangen ist, dafür zeugen Epona, popina, lupus, palumba, palumbes, palumbus, palumbes, saepio, praesepe, sapio, trepit, vesper neben equus, Equiria, coquina, Griech. λύκος, columba, Griech. σηκος, sucus, Griech. ὄπος, torqueo, Griech. τρέπω, Lit. vakara-s, Kirchenslav. večerň von ursprünglichem vaskara-s (*vgl. Curt. Gr. El. n.* 89. 628. 633. 566. 2. *A.*).

Die dagegen aufgestellte Behauptung, Epona sei Keltisch, popina, lupus, columba Oskisch (*Schleicher, Compend.* I, *S.* 195. *Anm.*), ist weder durch die Angabe eines Grammatikers, noch sonst irgendwie begründet. In derselben Weise kann man jedes Lateinische Wort, das zu einem einmal angenommenen Schema für die Lateinische Lautlehre nicht passt, beliebig Umbrisch, Oskisch, Sabellisch, Volskisch oder Keltisch nennen. Dieses willkürliche Verfahren ist denn auch, wie sich weiter unten ergeben wird, auf Lateinische Wörter angewandt worden, die f im Inlaut gewahrt haben. Bestritten ist in neuster Zeit, dass in

trepit,

das vertit erklärt wird (*Fest. p.* 307 *M.*), also auch in Griech. τρέπ-ω, das p aus k in torqu-eo für *torc-eo hervorgegangen sei, das sich in Ahd. drah-jan, Angels. thrav-an für *thraliv-an, Nhd. dreh-en (*Schade, Ahd. Wörterb. S.* 65) zu h verschoben hat, und die Behauptung aufgestellt, trep-ere sei eine Causativbildung auf p von der Wurzel tar- (*Weber, Z. f. d. Gymnasialw.*

XIX, 35). Dass die dem Sanskrit eigenthümliche Causativbildung auf -p-ajā-mi sich nicht im Lateinischen in der Gestalt -c-io finde, glaube ich nachgewiesen zu haben (*Krit. Beitr. S.* 46 *f.*). Auch in der Gestalt -p-io, wie man sie erwarten sollte, findet sie sich nicht. Indess stelle ich nicht in Abrede, dass Wurzeln, die in voritalischer Zeit durch p, den Rest einer Wortwurzel, erweitert sind, auch auf die Lateinische Sprache übertragen sind (*vgl. Curt. Gr. Et. S.* 66 *f.* 2. *A. Benfey, Vollst. Gram. d. Sanskr. S.* 75), also die Möglichkeit vorhanden ist, dass in Lat. trep-o, Griech. τρέπ-ω das p dieses Ursprungs sei. Aber zu der Bedeutung dieser Wörter passen die angegebenen Bedeutungen der Sanskr. Wz. tār-, tar-: tralcere, transgredi, superare, perficere, exsequi, assequi, contingere, dimittere, largiri (*Westerg. Rad. l. Sanscr. p.* 75) gar nicht, und es ist nicht ersichtlich, wie aus diesen die Bedeutung „drehen" sich in Lat. trep-ere, Griech. τρέπ-ειν entwickelt haben soll. Da nun auch sonst im Griechischen und Lateinischen k zu p wird, so ist kein Grund vorhanden, diese Wörter von den ganz gleichbedeutenden torquere, Ags. thrah͞v-an für *thrahv-an, Nhd. dreh-en zu trennen und hier denselben Lautwechsel zu bestreiten. Als Beispiel eines Uebergangs von p in c im Lateinischen ist angeführt worden das von Augustus angeblich gerügte

ixi

für ipsi (*Ebel, Z. f. vergl. Spr.* XIV, 37). Sueton erzählt von Augustus, *Oct.* I, 88: Nec ego id notarem, nisi mihi mirum videretur, tradidisse aliquos legato eum consulari successorem dedisse ut rudi et indocto, cuius manu „ixi" pro „ipsi" scriptum animadvertit. Also man erzählte die Anekdote, dass Augustus einen Beamten absetzte, weil er in einem Berichte desselben den Schreibfehler ixi für ipsi fand, indem er einen Menschen, der nicht orthographisch richtig schreiben konnte, für ungebildet, also unfähig für sein Amt hielt. Aus diesem orthographischen Fehler ixi, für den der arme Legat so hart büssen musste, macht Ebel eine in der Sprache des Römischen Volkes gebräuchliche Wortform ixi für ipsi. Auch in

proximus

ist nicht c aus p geworden und pro-c-simu-s nicht aus *prope-simu-s *pro-p-simu-s entstanden (*Ebel a. O.*), sondern anders zu erklären. Wie von den Ortsadverbien anti-, posti-, der älteren Form für ante, poste entstanden aus antid-, postid- in antid-es, postid-es durch Anfügung des Suffixes -co anti-cu-s, anti-quu-s und posti-cu-s gebildet sind, so von pro-pe mit demselben Suffix *pro-pi-cu-s, dessen e sich im Inlaut zu i gestaltete, wie das e von inde, unde, quippe, illice, istice, tute in indidem, undique, quippini, illi-cine, isticine, tutini (*Verf. Ausspr.* I, 272 *Anm.*). Dass das i dieses *pro-pi-cu-s kurz war wie in hosti-cu-s, fameli-cu-s ist aus der Kürze des e von pro-pe zu schliessen. Ebenso ist das Suffix -co an Ortsadverbien getreten in longin-quu-s, propin-quu-s. Für diese habe ich früher die Locativformen long-in-, pro-p-in- für *long-im-, *pro-p-im- angesetzt (*Z. f. vergl. Spr.* V, 122). Aber es ist auch möglich, dass sie aus *longi-cu-s, *pro-pi-cu-s entstanden sind, also von den wirklich vorkommenden Ortsadverbien longe, pro-pe, und dass das n derselben keine etymologische Bedeutung hat, sondern eine blosse phonetische Nasalierung des vorhergehenden i ist wie in quadrin-genti, octin-genti für *quadri-genti, *octi-genti und anderen Wortformen, von denen noch weiter unten in dem Abschnitt über infra, infimus die Rede sein wird. Von *pro-pi-cu-s ward dann eine Superlativform pro-pi-c-simo-gebildet, die den Superlativen maximu-s, oxime, Auximu-m (*Verf. Krit. Beitr.* S. 471) entspricht. Vor den mit c anlauten-den Suffixen fällt nicht selten vorhergehendes i aus, so in cal-x, Ofiu-clu-s, Patul-clu-s (*Verf. Ausspr.* I, 21) und sehr häufig vor anderen Suffixen, die mit g, d, t, m, n, s anlauten (*a. O.* 21—42). So ward aus pro-pi-c-simo- *pro-p-c-simo- und da die Lautfolge pcs im Lateinischen unerträglich war, schwand das p vor folgendem cs. Durch ein ähnliches Schwinden des i vor dem Superlativsuffix -simo für -timo ist medioxumu-s entstanden aus mediocri-sumu-s. Eine Bildung medi-oc-kann hier nicht zu Grunde liegen, da die Adjectiva auf -oc und -ac nur von Verbalstämmen gebildet werden, nicht von Adjectiven oder Substantiven (*vgl. Verf. Krit. Beitr.* S. 523). Als in me-diocri-simo- das i vor s schwand, assimilierte sich, da die Consonantenfolge crs im Lateinischen nicht bestehen konnte, das r dem folgenden s und schwand dann, wie das in tustus, testa, testis, pestis, postulare, supestes, poscere, com-pescere, rusum, susum, prosa geschehen ist (*Verf. Ausspr.*

I, 117 *f. Krit. Beitr. S.* 395 *f.*). Proximu-s und medioxumu-s konnten aus *pró-pi-c-sumu-s, medió-cri-sumu-s nicht entstehen, nachdem das gewöhnliche lateinische Betonungsgesetz bereits zum Durchbruch gekommen war, da nach diesem der Hochton auf die drittletzte Silbe hätte vorrücken müssen, das i derselben also hochtonig gesprochen wäre und nicht hätte schwinden können, während die tieftonigen Silben daneben unversehrt blieben. Jene alten Stammformen hatten vielmehr den Hochton auf der viertletzten Silbe. Als aber das neue Betonungsgesetz anfing in der Lateinischen Sprache zur Geltung zu kommen, ward grade durch den Hochton der viertletzten Silbe der kurze tieftonige Vokal der drittletzten Silbe ausgestossen wie in zahlreichen anderen Wortformen (*vgl. Verf. Ausspr.* II, 333 *f. Krit. Beitr. S.* 580 *f.*). Also proximus ist nicht aus *propsimus entstanden, indem p zu c wurde. Die Lautfolge ps hat sich vielmehr stets unverändert gehalten in den Wortformen capsit, capsa, daps, lapsus, sapsa, forceps, auceps, biceps, anceps, praeceps, clepsit, repsi, saepsi, scripsi, nupsi, glupsi und anderen.

Es ist nicht ersichtlich, ob Meyer bei seiner Behauptung,

colo, inquilinus

seien aus quelo, Griech. πέλω (*a. O.* 326) entstanden, das p des Griechischen Wortes für den ursprünglichen Laut hält. Ich verweise dagegen auf Denfey's einleuchtende Zusammenstellung von colere, col-onia, in-col-a, in-quil-inu-s mit Griech. βουκόλ-ο-ς, Sanskr. gô-kar-a-s Kuhhirt von Sanskr. Wz. kar-machen (*Z. f. vergl. Spr.* VIII, 92), die ich durch Herbeiziehung von kr-ta-m bebauter Acker, a-kr-ta-m unhebauter Acker gestützt habe (*Krit. Beitr. S.* 381). Dass in in-quil-inu-s neben in-col-a, col-o wie in sterquillnium, Quirites, Quirinus das erste i erst durch die assimilierende Kraft des zweiten hervorgerufen ist (*a. O.* 50. *s. oben S.* 52), ist also ebenso sicher, wie dass in den obigen Wortformen k der ursprüngliche Laut war, aus dem das qu in in-quil-inu-s entstanden ist.

Auf proximus kann man sich also nach der oben gegebenen Erklärung dieser Wortform nicht berufen, für die haltlose Behauptung in

quinque und coquo

sei das anlautende qu und c aus dem p entstanden, das Sanskr.

panča und pač-ámi zeigen, indem das p sich dem folgenden qu assimilliert habe (*Ebel, Z. f. vergl. Spr.* XIV, 78), so dass also coc-u-s aus *pec-u-s oder *poc-u-s durch die Mittelstufe *que-qu-u-s oder *quoqu-u-s entstanden wäre. Von einer solchen Assimilation ist im Lateinischen nirgends eine Spur zu finden. Wortformen wie pacare, pacisci, Pacuvius, pecudes, pequdes, pecunia, pequnia, peculatu, pequlatu (*Verf. Ausspr.* I, 34 f.), peccare, pectus, pectere, picus, pica, picis, Picenum, Picentes, Picumnus, poculum, panci u. a. erhalten ihr p unverändert. Und dass auf dem Boden der Lateinischen Sprache c aus qu entstanden, dieses der ältere, jenes der jüngere Laut wäre, statt umgekehrt, ist ein starker Irrthum. Ebenso willkürlich wird angenommen in

aqua

neben Goth. ahv-a, Lett. akv-a sei k, qu aus dem p des Sanskr. áp-as entstanden (*Ebel, a. O.* 78). Um das zu erweisen, werden auch Sanskr. ambha-s Wasser, abhra-m Gewölk, Griech. ὄμβρο-ς und ἀφρό-ς, Lat. imber, amnis und denen verwandte Keltische Bildungen mit jenen Wörtern zusammengeworfen, mit denen sie nichts zu thun haben (*vgl. Curt. Gr. Et. n.* 485. S. 411 f. 2. A.), so dass also Imb-er dieselbe Wurzel enthalten soll wie aqu-a und angeblich ursprüngliches p einerseits in h, φ, f, andrerseits in qu umgelautet sein soll. Auch dafür, dass Gothisches h in ahv-a aus ursprünglichem p entstanden sei, fehlt jeder Beweis. Auch die Zusammengehörigkeit von Lit. up-e Fluss mit Lat. aqu-a ist bestritten (*Curt. a. O. S.* 412. 2. A.) und von Ebel dem gegenüber mit keinem Beweisgrunde gestützt worden. So würde also Sanskr. ap-as mit seinem p vereinzelt stehen, wenn nicht in den Namen Μεσσ-άπ-ιο-ι, Ἀπι-δανό-ς, Ἀπ-ία und dem Namen der Volskerstadt Ap-i-ola eine Form ap-a für aqu-a nachgewiesen worden wäre (*a. O.*), deren p natürlich hier ebenso aus ursprünglichem k entstanden ist wie sonst im Griechischen und Volskischen (*Verf. de Volscor. ling. p.* 13. 15). In dem misslungenen Versuche, das p in Sanskr. panča, pačámi, ápas neben Lat. quinque, coquo, aqua das p als den ursprünglichen Laut darzustellen, tritt ein Symptom der Neigung hervor, dem Sanskrit wo möglich überall die ältere und ursprünglichere Lautgestaltung, anderen Sprachen, insbesondere dem Lateinischen die Entstellungen und Entartungen derselben zuzuschieben. Nun aber sind grade die Gutturalen k und g im Sanskrit so häufig zu den assibilierten Lauten, den sogenannten Palatalen ć und ǵ entartet, wo sie sich im Lateinischen unversehrt erhalten haben. Es ist also doch begreiflich, dass die Lateinische Sprache ihren Gutturalen k in den besprochenen Wortformen festhielt, während das Sanskrit ihn zu p umlauten liess. Dass in Sanskr. pać-âmi neben Lat. coqu-o, coc-u-s der Palatale ć aus dem Gutturalen k entartet sei, wird nicht bestritten, dass dieser aber in dem anlautenden p von paĉ-âmi. Griech. πέπ-ω, Lat. pop-ina zu p entartet sei, ebenso wie in Sauskr. lap-âmi neben Lat. loqu-or, loc-utu-s, soll nicht gelten.

Noch bleibt über meine Auffassung von dem lautlichen Hergange des Umschlagens von qu in p ein Wort zu sagen. Ich habe meine Meinung über den Laut des Lateinischen qu wiederholt und unzweifelhaft dahin ausgesprochen, es sei ein K-laut mit einem halbvokalischen labialen Nachklange, der weder der vollständige Vokal u, noch der Consonant v ist, und habe in sofern qu einen Uebergangslaut genannt zwischen k und p (*Ausspr.* I, 86. *Krit. Beitr.* 48 f.). Daraus habe ich denn gefolgert, dass der labiale Nachklang in qu sich den gutturalen Bestandtheil desselben, den K-laut, in manchen Fällen zu einem labialen Laut, dem P-laut, assimilirt habe, also zum Beispiel *Equona durch die Mittelstufe *Epiiona zu Epona geworden sei. Dagegen macht mir nun Weber den Einwurf, qu sei ein einfacher Laut; das gehe schon daraus hervor, dass es keine Position mache (*Z. f. d. Gymnasialw.* XIX, 36). Als ob ich diesen letzteren Grund nicht sorgsam beachtet und hervorgehoben hätte (*Ausspr.* I, 33). Derselbe nennt qu einen guttural-labialen einfachen Laut. Ob man den von mir in der obigen Weise charakterisirten Laut einen einfachen oder einen zusammengesetzten nennen will, ist ein Wortstreit und für die Sache hier ganz unerheblich. Jedenfalls unterscheidet doch Weber selbst an qu einen gutturalen und einen labialen Bestandtheil desselben, und zwar ist das, wie das Schriftzeichen QV zeigt, ein gutturaler Hauptbestandtheil im Anfang und ein labialer Nebenbestandtheil am Ende. Es heisst weiter, dieser guttural-labiale Laut qu sei ohne Mittelstufe zu p umgeschlagen. Unter Umschlagen der Laute versteht man ihren Uebergang aus einem Organ in das andere. Also ging nach Weber der gutturale Bestandtheil des qu ohne alle Einwirkung des folgenden auf das engste mit ihm verbundenen labialen Lautes in einen labialen über; nach meiner Auffassung übte der auslautende labiale Bestandtheil des qu auf den anlautenden gutturalen denselben assimilirenden Einfluss aus, den so überaus häufig im Lateinischen ein folgender consonantischer Laut auf den vorhergehenden übt, und es gab einmal zwischen *Equona und Epona eine Uebergangsform Epùona, mag dieselbe auch noch so kurze Zeit im Volksmunde erklungen und niemals durch die Schrift ausgedrückt worden sein. Dass der labiale Nachklang des ehemaligen qu dann in den anlautenden Labialen aufging und verschwand, ist begreiflich. Ich habe einen lautlichen Grund angegeben für den Uebergang des qu in p, Weber keinen. Ich muss also seinen Einwürfen gegenüber meine Ansicht von demselben ebenso aufrecht erhalten, wie meine Auffassung von der Entstehung des b in bis, bonum, bellum aus duis, duonum, duellum, von der weiter unten die Rede sein wird.

G.

Wie c so ist auch g zwischen Vokalen im Lateinischen nicht ausgefallen. Man hat diesen Consonantenausfall angenommen in

mona,

das aus Sanskr. mah-ant entstanden sein soll (*Meyer, Vergl. Gr.* II, 87). Das aus gh entstandene h in Sanskr. Wz. mahcrescere, augeri gestaltet sich im Lateinischen zu g in mag-nu-s, mag-is, mag-is-ter wie das h von Wz. dah- urere, mih- effundere, lih- lingere in lig-nu-m, ming-ere, ling-ere. Nur in veh-ere ist h wie in Sanskr. Wz. vah- Vertreter des ursprünglichen gh und in trah-ere, von dem weiter unten die Rede sein wird. Allerdings ist ein aus gh entstandenes g geschwunden in ma-ior, ma-ius, Ma-iu-s Wachsemonat (*Verf. Z. f. vergl. Spr.* III, 277 *f.*) wie in me-io für *mig-io, a-io für *ag-io (*Verf. de l'olseur. ling.* p. 16 *f.*), aber lediglich durch Einfluss des folgenden j oder aus demselben entstandenen i, und wenn magistratus bei Plautus dreisilbig gemessen erscheint, so ist es nicht ma'istratus gesprochen worden, sondern mag'-stratus (*Verf. Ausspr.* I, 111 *f.*). Ebenso ist in v-ia, Osk.

v-io für *veh-io das h von veh-ere durch das folgende am j entstandene i ausgestossen worden (*Curt. Gr. Et. n. 169. 2. A.*). Daraus folgt also nicht, dass im Lateinischen aus gh entstandenes g zwischen zwei beliebigen Vokalen ausfiele. Und selbst, wenn man annehmen wollte, dieselbe Wurzel sei neben der Gestalt m a g- auch in der zweiten Form mah- auf die Lateinische Sprache vererbt worden, was unwahrscheinlich und unerwiesen ist, so müsste man doch erwarten, dass sich dieses h zwischen zwei Vokalen wenigstens in der älteren uns bekannten Zeit der Lateinischen Sprache gehalten hätte in einer Participialform *mah-ont-, aus der mont- entstanden sein soll, wie in den Participialstämmen veh-ent-, trah-ent-, da in diesen das h nicht blosser Hauchlaut war, sondern gutturale Aspirata, wie die Verhärtung desselben zu c in vec-tu-s, trac-tu-s beweist (*Verf. Ausspr.* I. 47). Wenn seit Cicero's Zeitalter vehemens zweisilbig gemessen erscheint (*Lucr.* III, 152. *Hor. Ep.* II, 2, 120) und auch in Handschriften bisweilen vemens geschrieben wird, so zeigt das nur, dass im Lateinischen auch dieses h, wie sonst so oft, sich zu blossem Hauchlaut verflüchtigt hat, also jenes Wort im Volksmunde vielfach *vehmens lautete. Aber der Hauchlaut schwand doch immer nicht ganz aus dem Sprachbewusstsein, wie die überwiegende Schreibweise vehemens zu allen Zeiten zeigt. Also ist das spurlose Verschwinden des aus gh entstandenen g oder h in mont- eine unhaltbare Annahme. Ferner liegen nun andere Erklärungen für mon-s vor. Curtius bringt das Wort zusammen mit mu-n-ire (*Gr. Et. n. 267*). Dieses ist entstanden aus moin-ire (*Verf. Ausspr.* I. 194. 195) von Wz. mû- ligare, vincire (*Westerg. Rad. l. Sanscr.* p. 56. *Weber, Z. f. vergl. Spr.* VI. 318) ebenso wie mu-n-ia, mu-n-us, com-mu-ni-s, im-mu-ni-s, mu-ni-ci-p-lu-m, mu-ru-s neben den alten Formen co-moi-ne-m, moi-ni-ci-p-iei-s, moe-n-ia, in-moe-ni-s, moe-n-ia, Osk. moi-ni-ka-d, Lat. moi-ro-s, moe-ro-s (*Verf. a. O.*). Unmittelbar aus der einfachen Wurzel mû- können diese Wortformen, die oi-, oe- zeigen, nicht entstanden sein (*Curt. Gr. Et. n.* 451. 2. A.), sondern aus der gunirten Form derselben Samkr. mav-, Lat. mov-, wie po-e-na, Gr. πο-ι-νή aus der gesteigerten Form pov- der Wurzel pû- (*a. O. n. 373*) und fov-erint, per-plov-ere, Clov-atia, flov-iu-m, con-flov-unt aus den gesteigerten Formen der Wurzeln fu-, Samkr.

bhû-, plu-, clu-, Sanskr. çru-, flu- (*Verf. Ausspr.* II. 159.
Krit. Beitr. S. 514). Die alten Stammformen mo-i-ni-, mo-i-ro-
der obigen Wörter sind also entstanden aus mov-i-ni-, mov-
i-ro-, und mo-n-us für mov-i-n-os ist eine Bildung wie
fac-i-n-us, vul-n-us. Auch das Gothische ga-ma-i-n-s
erklärt sich auf diese Weise aus der gesteigerten Form mav- der
Wurzel mû-. Das aus oi, oe entstandene u von mu-n-ire
kann nun nicht in Lat. mons zu o geworden sein, da das sonst
nie der Fall ist, und da grade umgekehrt o vor ni, nd, ne im
Lateinischen häufig zu u wird, zum Beispiel in nuntius, Ache-
runtem, frunte, Fruntoni, funte, promuntorium, Septimuntium, Muntani (*Verf. Ausspr.* I, 260 f.). Lautlich
kann hingegen mont- aus mov-ont mit gesteigertem Wurzelvokal von Wz. mû- gebildet sein wie font- aus fov-ont-,
Griech. χευ-οντ- (*Verf. Krit. Beitr.* S. 215) mit Ausfall des v.
Für einen Kunstbau von Menschenhand, der durch Mörtel, Bal-
kenwerk, Klammern u. a. in sich verbunden und verschränkt ist,
passt die Bedeutung „binden, flechten" von Wz. mû- vollkommen,
also für mo-e-ni-a, mu-ru-s. Und wie obligare eigentlich
„anbinden", daher „verpflichten" bedeutet, so konnte auch in Wortformen von der Wz. mû- dieselbe Entwickelung der Bedeutung
stattfinden, das sinnliche „verbinden" zum geistigen „verbindlich
machen, verpflichten" werden. Daher bedeutet munia „Verbindlichkeiten, Pflichten, Obliegenheiten", Osk. moiniko- „mit Verbindlichkeiten versehen", com-munis „zusammen Verbindlichkeiten, Obliegenheiten habend", ebenso Goth. ga-mains, daher
„gemeinsam", im-munis „frei von Verbindlichkeiten, Obliegenheiten", muni-ceps „der Obliegenheiten oder Verpflichtungen
übernimmt". Aber für mons Berg scheint mir die Bedeutung
„der flechtende, bindende" oder „der geflochtene, gebundene",
die sich aus Wz. mû- ergeben würde, nicht passend zu sein.

Wenn somit gegen die Ableitung jenes Wortes von mab-aut-
wie von Wz. mû- bestimmte Gründe vorliegen, so vermag ich
nicht einzusehen, weshalb die alte etymologische Zusammenstellung
von mon-s mit e-min-ere, im-min-ere, pro-min-ere,
men-tu-m Kinn als „hervorragendes" (*Pott, E. F.* II, 225) nicht
richtig sein sollte. Diese Wörter ergeben für das Lateinische eine
Wurzelform men-, die sich im zweiten Gliede der Composita natürlich zu -min- abschwächte.

Diese Wurzelform men- verhält sich lautlich genau so zu mon-(t)-s wie fer- in for-o zu for-(t)-s, indem hier e und o als verschiedene Abschwächungen von ursprünglichem a neben einander stehen (vgl. *Verf. Ausspr.* I, 234 f.). Dass die Bedeutung „der ragende, hervorragende" für den Berg eine treffende Bezeichnung ist, kann niemand in Abrede stellen. Der Umstand, dass jene Wurzel -men für -ma im Bereich des Sanskrit mit dieser Bedeutung noch nicht nachgewiesen ist, kann nicht dazu führen, die so schlagende Uebereinstimmung zwischen mon-s und -min-ere nach Sinn und Laut unbeachtet zu lassen und Pott's Etymologie zu verwerfen. Noch bleibt ein Wort über

promontorium, promuntorium, promunturium

zu sagen. Fleckeisen hat allerdings Recht, dass die durch Handschriften am besten beglaubigte Schreibweise des Wortes promunturium ist (*Fünfzig Artikel S.* 25); aber die Schreibweisen promontorium (*Cic. Verr.* IV, 46, 103. *a. O.* V, 56, 145. *Ov. Ovid. Metam.* XV, 709, *Merk.*) und promuntorium (*Tac. Ann.* XIV, 4. *c. Medic. Suet. Tit.* 17. *Justin.* IV, 1, 16) sind doch zu häufig, als dass man sie als blosse Schreibfehler abweisen könnte. Vielmehr ist die alte Wortform promontorium gewesen. Aus dieser entstand durch Verdunkelung des o zu u vor nt wie in Septimuntium, Muntanus (*s. oben S.* 79) promuntorium. Nun wird aber auch aus a entstandenes o in Lateinischen Suffixen nicht selten zu u verdunkelt. Dies geschieht auch in dem Suffix -tor (-sor), Sanskr. -tar, so zum Beispiel in dem Participialsuffix -tur-o, das von -tor weitergebildet ist, und in den spätlateinischen Formen Vic-tur-ina, oxur-e für Vic-tor-ina, uxor-e (*Verf. Krit. Beitr. S.* 522 f.). Dasselbe ist geschehen in der Form pro-mun-t-ur-iu-m. Da von den Handschriften, in denen diese Schreibweise vorkommt, keine das Alter und den Werth für orthographische Fragen hat wie etwa der Ambrosianus des Plautus, der Bembinus des Terenz, die ältesten Handschriften des Vergilius, des Gaius, Fronto, Cicero de re publica, die Florentiner Pandektenhandschrift u. a., so ist man berechtigt, in promunturium die Form der spätlateinischen Volkssprache anzunehmen. Da ferner oben nachgewiesen ist, dass sich mon-(t)-s mit pro-min-eo nach Laut und Sinn sehr wohl vereinigen lässt, und beide Wörter von einer Wurzel man- stammen, so ist auch die Behauptung unrichtig, pro-mun-t-ur-iu-m sei nur mit pro-mis-eo, aber nicht mit mon-(t)-s verwandt (*Fleckeis. a. O.*). Dass in promunturium das zweite u kurz sei, folgt nicht aus *Ovid.* XVI, 709: Inde legit Capreas promunturiumque Minervae, da hier die Synizese von ſum stattgefunden haben kann, noch ist das erwiesen durch die Herstellung eines Verses *Pacuv.* 94. *Trag. rell. Ribb:* Idae promuntúrium cuius lingua in altum proicit, da diese Lesart nicht sicher ist, und, selbst wenn sie das wäre, kein Grund ersichtlich ist, weshalb hier nicht promunturiūm mit der Synizese gemessen sein sollte wie sequiūs, ambiūnt, nescīo im Plautinischen Dialog und zahlreiche Wortformen bei anderen Römischen Dichtern (*Verf. Krit. Beitr. S.* 7). Sicher konnte also vom Stamme mont- ein Compositum pro-mont- mit der Bedeutung „Vorberg, hervorspringender Berg" gebildet werden wie von stabulum: pro-stibulum, von *pugnaculum: pro-pugnaculum, von nepos: pro-nepos, von avus: pro-avus. Besonderer Erklärung bedarf nun aber das Suffix von pro-mon-t-ur-iu-m. Von den Wörtern auf -tor, welche die handelnde Person bezeichnen, sind mit dem Suffix -io zahlreiche Adjectiva gebildet. Die neutralen Formen derselben sind vielfach zu Substantiven verwandt worden und bezeichnen dann erstens das Werkzeug, zum Beispiel gla-dia-tor-iu-m der Fechterlohn, fac-tor-iu-m Werkzeug zur Oelbereitung, e-munc-tor-iu-m Taschentuch, bei weitem häufiger den Ort, die Werkstätte der handelnden Person. So finden sich adjectivisch gebraucht folgende Bildungen auf -tor-io-: Forum Pis-tor-iu-m, Forum Oli-tor-iu-m, atrium su-tor-iu-m, operculum ambula-tor-iu-m; substantivisch gebraucht in der voraugusteischen und Augusteischen Zeit: quaes-tor-iu-m, prae-tor-iu-m, de-ver-sor-iu-m, Poll-tor-iu-m, Name einer altlatinischen Stadt, benannt von poli-tor agri (*Cat. R. R.* 5); im sogenannten silbernen Zeitalter der Lateinischen Sprache und Litteratur: audi-tor-iu-m, dormi-tor-iu-m, reposi-tor-iu-m; in der spätlateinischen Sprache lusor-iu-m, con-sis-tor-iu-m, cena-tor-iu-m, ora-tor-iu-m, reper-tor-iu-m, re-cep-tor-iu-m, lava-tor-iu-m, endlich im mittelalterlichen Latein lec-tor-iu-m, re-fec-tor-iu-m, re-demp-tor-iu-m, labora-tor-iu-m, ob-serva-tor-iu-m u. a. Aber das Suffix -tor der handelnden Person kann in pro-mun-t-ur-iu-m, wenn dasselbe mit mon-(t)-s zusammenhängt, unmöglich enthalten sein; diese Bildung ist vielmehr anders zu erklären. In terri-tor-iu-m ist das zusammengesetzte Suffix -tor-io an den Nominalstamm terra getreten, also die Bedeutung des Suffixes -tor, das nur an Verbalstämme treten konnte, aus dem Sprachbewusstsein geschwunden. Die Bildung terri-tor-iu-m ist also lediglich der Analogie der oben zusammengestellten Wörter gefolgt, die fast alle Räumlichkeiten bezeichnen. Nach der Analogie der obigen Wörter sind ferner, indem die Sprache die Bedeutung der Endung -tor-io aus dem Bewusstsein verlor, und der Ausgang -orio im Sprachbewusstsein die Geltung eines Suffixes erhielt, gebildet: port-or-iu-m, tect-or-iu-m, tent-or-iu-m. Hier zeigt namentlich der Wegfall des u vom Stamme portu-, dass in der That -or-io an die drei Stämme gefügt ist. Ganz ähnlich vergass die Sprache die Bedeutung des zweiten Compositionsbestandtheiles in vi-ces-imu-s, tri-ces-imu-s, quadra-ges-imu-s, fasste -esimo als ein Suffix und fügte dasselbe an die Ordnungszahlwörter der Hunderte in du-cent-esimu-s, tre-cent-esimu-s, quadrin-gent-esimu-s u. a. (Krit. Beitr. S. 494). Aehnliche Wortbildungen nach der Analogie, die zum Theil Verbildungen und Missbildungen sind, finden sich auch sonst im Lateinischen (a. O. S. 590: Analogie). Also ist auch in pro-mun-t-or-iu-m, pro-mun-t-ur-iu-m jenes Bastardsuffix -or-io an den zusammengesetzten Stamm pro-mon-t- getreten. Dieses fand vor sich ein stammhaftes t; daher erscheint es, als ob das Suffix -tor in pro-mun-t-or-iu-m, port-or-iu-m, tec-t-or-iu-m, ten-t-or-iu-m enthalten wäre. Ich glaube durch Darlegung des Bildungsverhältnisses von men-tu-m, pro-min-eo, mon-(t)-s, pro-mun-t-ur-iu-m zu einander jedenfalls dargethan zu haben, dass in mons weder ein aus gh entstandenes g noch h zwischen zwei Vokalen ausgefallen ist.

Im Folgenden sollen nun einige Nachträge und Berichtigungen gegeben werden zu dem Abschnitt über den Ausfall des g vor folgendem v in meinen Kritischen Beiträgen zur Lateinischen Formenlehre (S. 55 f.). Dass

fruor

neben frug-i, frug-es für *frugr-or von Kuhn richtig mit Goth. bruk-j-an, Nhd. brauch-en zusammengestellt ist, zeigt recht schlagend die Bedeutung von homo frugi. Es heisst darüber, *Cic. Tusc.* III, 8, 16: Qui frugi homines χρησίμους appellant, id est tantummodo utiles; at illud est latius. Ebenso wird *Terent. Eun.* 607: Frugi es von Donat: utilis es erklärt. Im Einklang hiermit übersetzt Ulfilas das Griechische ἀφέλιμο-ς, εὔχρηστος durch Goth. bruk-s (*Ulf. Gabel. u. I. Gloss.* p. 30). In dem Ausdruck homo frugi „ein brauchbarer Mensch" kann frug-i nur als Genitiv der Eigenschaft oder des Werthes betrachtet werden, wie in der entgegengesetzten Bezeichnung homo nihili, ein „Nichtsnutz, Taugenichts" des nihili, *Varr. L. L.* IX, 54: Dictus est nihili qui non hili erat —; de homine dicimus enim „hic homo nihili est" et „huius homunio nihili" et „hunc hominem nihili (*vgl. a. O.* X, 81). Frugi, hili, nihili sind Genitive des Werthes wie nauci, flocci, pensi, pili im Gebrauche der scenischen Dichter und in der Volkssprache. Ob frug-i Genitiv von frug-u-m oder von frugiu-m ist, lässt sich nicht sicher entscheiden. Nach dem Vorgange von res man-cip-i, wo man-cip-i Genitiv von man-cip-iu-m ist, scheint frugi auf frug-iu-m zurückzuführen, so dass also homo frugi „ein Mensch von Brauchbarkeit" bezeichnet.

Ich habe nach Meyers Vorgange

fovere, favere, favus

mit Griech. φώγ-ειν rösten, Sanskr. bhak-ta-s gekocht, Althochdeutsch bach-an, torrere, coquere, Neuhochdeutsch back-en von Sanskr. Wurzel bhag' abgeleitet, für welche Indische Grammatiker die Bedeutung fovere annehmen (*Krit. Beitr. S.* 50 *f.*). Dagegen wendet Schweizer (*a. O.* 305) ein. In der Vedensprache fände sich Wurzel bhag- nur in der Bedeutung „verehren", diese sei also die ursprüngliche. Dieser Einwand scheint von der Voraussetzung auszugehn, in den Hymnen der Veden fänden sich immer die ursprünglichen Bedeutungen der Wörter, es sei nicht möglich, dass sich in denselben bloss die übertragene und vergeistigte Bedeutung eines Wortes erhalten haben könnte, während sich im späteren Sanskrit oder in den verwandten Sprachen die ursprüngliche und sinnliche fände. Aber die Veden sind ja keine Sprachdenkmäler der Indogermanischen Ursprache, sie sind wie die homerischen Gedichte erst lange nach den Sprachtrennungen entstanden. Die Uebertragung der Wortbedeutung von der sinnenfälligen und augenscheinlichen Körperwelt auf das geistige Gebiet ist in den Veden wie in den übrigen ältesten Sprachdenkmälern bereits vollständig ausgebildet. Die Veden so wenig als Homer und Ulfilas haben immer die ursprüngliche oder verhältnissmässig älteste Bedeutung der Wörter erhalten, während die spätere Sprache für die betreffenden Wörter stets nur dieselbe oder eine abgeleitete und übertragene Bedeutung aufwiese. Ganz gewiss kann also ein Wort in den Veden die abgeleitete Bedeutung „verehren" haben, was ja eine „Wärme" des Gefühls voraussetzt, während ein Wort derselben Wurzel im späteren Sanskrit oder in den verwandten Sprachen die Grundbedeutung der Wurzel „wärmen" bewahrt hat, und daher auch „kochen, backen" bedeutet. Dass aber in den Gebeten und religiösen Liedern der alten Inder viel weniger Gelegenheit und Veranlassung war vom „Wärmen, Backen oder Kochen" zu reden als vom „Verehren" der Gottheit, ist ebenso sicher, wie dies in den protestantischen Kirchenliedern der Fall ist. Wenn also Indische Grammatiker für bhag̀- die Bedeutung „wärmen" angeben, so kann ich das nicht für eine grundlose Einbildung oder Erfindung halten, muss vielmehr annehmen, dass sie diese Wurzelbedeutung aus bhak-ta-s „gekocht", aus bhag̀-ana-m „Kochtopf" und vielleicht noch anderen Wortformen derselben Wurzel abstrahiert haben, die uns nicht überliefert und erhalten sind. Dieser Ansicht scheint auch Benfey zu sein, da er die Bedeutung „kochen" bei Wurzel bhag̀- anführt (*Chrestom. Gloss.* S. 217). Es ist also kein Grund vorhanden, weshalb nicht bhak-ta-s „verehrt" zu bhak-ta-s „gekocht" hinsichtlich der Bedeutung sich ebenso verhalten sollte wie Lat. fav-ere „begünstigen, wohlwollen" zu Althochd. bach-an „dörren, kochen" und fov-ere „wärmen", weshalb nicht dort wie hier die Anschauung oder Vorstellung der körperlichen Wärme auf die Wärme des Gefühls übertragen sein soll, in der Verehrung, Gunst, Wohlwollen wurzelt. Grade so bedeutet im Sanskrit ghr̥-na-s eigentlich „Hitze, Gluth, Sonnenschein", dann „warmes Gefühl für andere, Mitleiden (*Boethl. und R. Sanskrw.* II, 891). Ich kann also auch nicht der Behauptung Benfeys und Schweitzers beitreten, bhak-ta-s und bhag̀-ana-m, Griech. φώγ-ειν, Althochd. bach-an, Neuhochd. back-en seien von Wurzel bhrag̀- herzuleiten, da der Ausfall des r in jenen Wortformen garnicht gerechtfertigt ist (*vgl. Curt. Gr. Et.* n, 164, 162, 2, A.). Mir scheint vielmehr hier der Fall vorzuliegen, dass Schweitzer durch seine Vorliebe für die Veden dazu gekommen ist, mir gegenüber ein unhaltbares etymologisches Princip geltend zu machen, das auf eine Reformandung des ganzen übrigen Sanskrit und der verwandten Sprachen durch den Wortschatz und Wortgebrauch jenes einen altindischen Sprachdenkmals hinausläuft. Weshalb ich fov-ere, fav-u-s, fav-illa nicht von Wurzel bhä- Gr. φα- Lat. fa- (*Allgem. Litterztg. Jahrg.* XI, 141) herleiten kann, die in den indogermanischen Sprachen die beiden Bedeutungen „glänzen" und „sprechen" erhalten hat, dafür habe ich meine Gründe bereits angeführt (*Krit. Beitr. a. O.*). Auch

favere

kann ich aus dieser Wurzel nicht erklären. Wörter, die „glänzen, leuchten, hell sein" bedeuten, werden leicht auf die Klarheit und Schärfe des Auffassungs- und Unterscheidungsvermögens übertragen. Eine solche liegt aber in fav-ere nicht. Das Wort steht in seiner Bedeutung dem Sanskr. bhag- verehren viel näher als dem Lateinischen fa-ri, Griech. φά-ος φα-ίν-ειν und dem Griechischen φά-ος φα-ίν-ειν und dem Lateinischen fe-n-es-tra. Und da nun neben fav-ere „begünstigen" fov-ere „wärmen" steht, so muss ich diese beiden Wörter von Sanskr. Wurzel bhag- mit der Grundbedeutung „wärmen" und der abgeleiteten „warm fühlen, verehren" herleiten.

G vor folgendem V ist ferner ausgefallen in

torvus

für *torg-vu-s, das Froehde mit Griech. ταράσσ-ω ταρyαίνω in Verbindung bringt (*Z. f. vergl. Spr.* XIII, 453). Kuhn schlägender zu Sanskr. Wurzel targ- „drohen, hart anfahren" zicht, zu der auch Althochd. draw-a für *drahw-a, Mhd. drouw-e Nhd. droh-e, dräu-e gehört (*a. O.* 454).

Abfall des anlautenden g ist angenommen worden für

veru,

das aus *gves-u entstanden sein soll wegen Zend. gaesh-u, von unsicherer Bedeutung, Kelt. gaes-u-m, das auch in die Griechische und Lateinische Sprache übertragen worden ist, Altnord kēs-ja, Althochd. gēr (*Bückel, Z. f. vergl. Spr.* XII, 438 f.). Diese Zusammenstellung ist aber nicht sicher. Veru wird im prosaischen Sprachgebrauche nur vom Bratspiess gebraucht, nur bei Dichtern in der Bedeutung Speer. Wenn Varro sagt, *L. L.* V, 127 M: Veru a versando, so ist zwar diese Etymologie falsch; aber sie zeigt doch, dass nach Varro's Vorstellung das Drehen eine Hauptsache war bei veru, also „Bratspiess" die ursprüngliche und gewöhnliche Bedeutung des Wortes im Lateinischen. Ver ū-tu-m, Speer, Spiess ist eine Bildung von veru- wie astū-tu-s cornū-tu-s von astu-, cornu-, indem von den Substantivstämmen auf u erst denominative Verba auf -u-o gebildet wurden und von diesen Participien auf -u-to- nach der Analogie von trib u-s, trib-u-o, trib-ū-tu-m (*Verf. Krit. Beitr. S.* 517 *f.*). Ver-ū-tu-m bedeutet also eigentlich ein „mit einem Bratspiess versehenes Ding", dann allgemein ein „zugespitztes Ding." Veru wie verutum werden nie für die regelmässige Kriegswaffe des Römischen Legionärs, für pilum und hasta gebraucht, sondern zur Bezeichnung einer ausländischen, schlechteren Wurf- oder Stosswaffe, zum Beispiel der Sabeller (*Verg. Aen.* VII, 665), der Volsker (*Verg. Georg* II, 106, vgl. tenui veruto, *Sil.* III, 363). Auch das alte Wort verv-ina mit veru-tu-m gleichbedeutend hatte im alten Sprachgebrauche die Bedeutung „Bratspiess", *Fulgent. p.* 304. *Gerl:* Quid sit vervina. Vervina est genus laculi longum quod aliquanti verutum vocant, sicut Cavius Bassus in satyris ait: „Vervina confodiam te, non te nauci facio." Nauci enim pro nihilo dici voluerunt. Nam et Plautus in Bacchide sic ait: „Si ubi machaera est foris, at mihi vervina est domi, qua te ego et illos conficiam ut soricina naenia." Diese ganz abweichend von Fulgentius wiedergegebenen Verse des Plautus lauten bei Fleckeisen, *Bacchid.* 887: Si tibist machaera, at nobis vervinast domi: Qua quidem te faciam, si tu me irritaveris, Confossiorem soricina naenia. An beiden Stellen der älteren Dichter bedeutet vervina „Bratspiess", mit dem in komisch verächtlicher Weise ein Gegner bedroht wird. Bei Bassus ist der Sinn: „Ich will dich mit dem Bratspiess durchbohren, denn ich achte dich nicht einen Pfifferling"; bei Plautus: „Wenn du hier draussen einen Säbel hast, so habe ich zu Hause einen Bratspiess; damit will ich dich spiessen ärger wie eine Maus, die aus dem letzten Loche pfeift." Hier ist an eine Maus gedacht, die der Koch oder der Küchenjunge in der Falle gefangen hat und mit dem Bratspiess todt sticht. Beide Stellen verlieren alle komische Pointe, wenn man unter vervina eine regelmässige Kriegswaffe versteht. Wenn der Grammatiker Fulgentius an der obigen Stelle vervina als iaculum erklärt, so folgt er der Bedeutung, die das Wort zu seiner Zeit im Sprachgebrauche erhalten hatte wie verutum, verstand aber die Stelle des Plautus nicht mehr recht, wie seines Gleichen so häufig. Ich schliesse hieraus also, dass in ver-u, verv-ina die Bedeutung „Bratspiess" die ursprüngliche war. Dann aber erscheint doch Benfeys Ableitung des Wortes von Wurzel bvar- drehen (*Gr. Wurzellex.* II, 295) nach Laut und Sinn passend. In veru ist dann ursprüngliches gh vor v geschwunden, das sich im Lateinischen zu h gestalten konnte wie im Sanskrit oder auch zu g. Weshalb ich in

fervere, fervor, fervidus, formus, fornus, furnus, fornax

einen Ausfall von g nach dem r dieser Wörter nicht annehmen kann, ebenso in

lividus,

wird in dem Abschnitte über f zur Sprache kommen.

Ich habe in Abrede gestellt, dass in

granum

ein v nach g ausgefallen sei und infolge dessen bestritten, dass gra-nu-m mit Goth. kaur-n von derselben Wurzel Sanskrit gar- herzuleiten sei, von der Sanskrit gar-an, Griech. γέρ-ων stammt, vielmehr gra-nu-m von Sanskrit Wurzel ghar- oder gar- conspergere abgeleitet, so dass gra-nu-m „das gestreute" bedeute (*Krit. Beitr.* S. 64). Dagegen ist von Schweizer eingewandt worden, die ursprüngliche Bedeutung von Wurzel gar- sei „zerreiben", die von ghar-, gar- nicht „streuen" sondern „beträufeln" (*a. O.* 306). Dieselben Einwendungen macht auch Weber geltend, wobei er ganz richtig bemerkt, es sei ein falsches etymologisches Princip in den Sanskritwörtern immer die ursprüngliche Bedeutung der Wurzel finden zu wollen; dieselbe könne ebenso gut in den Wörtern verwandter Sprachen sich erhalten haben, während in jenen eine übertragene Bedeutung sich ausbildete (*a. O.* 36). Endlich hat Meyer auf Sanskr. ǵar-ǵar-a-s hingewiesen (*a. O.* 327), dessen Bedeutung „zersetzt, löcherich, gespalten, zersplittert, geborsten, geschlagen" (*Boehtl. u. R. Sanskrw.* III, 54) zeigt, dass in W. ǵar- „gebrechlich werden, sich abnutzen, alt werden, gebrechlich machen, aufreiben, abnutzen, vergehen" (*a. O.* 47) die ursprüngliche Bedeutung „zerreiben" war, die besonders auch in dem Compositum uls-g'ar- „zerreiben, zermalmen" (a. O. 49), deutlich vorliegt. Diese Einwendungen sind so wohl begründet, dass ich meine Ableitung des Lat. gra-nu-m von Wurzel ghar-, gar- conspergere als irrig zurücknehme und die Zusammenstellung des Wortes mit Goth. quair-nu-s, Lit. gir-no-s (*Lottner*, *Z. f. vgl. Spr.* VII, 164. *Grassm. a. O.* IX, 29) von Sanskr. Wurzel gar- zerreiben als richtig anerkennen muss. Im Lat. gra-nu-m steht das r vor dem Wurzelvokal wie in grav-i-s neben Griech. βαρύ-ς Sanskr. guru-s (*Verf. Krit. Beitr. S.* 63), und in gra-men, Goth. gra-s, Ags. groe-s, Altfr. gre-s neben Agls. goer-s, Altfr. ger-s (*Gabel. u. L. Ull. Gloss.* p. 39), Wieter, die schon Graff mit Ahd. gro-ni grün, gro-j-an grünen auf Sanskr. har-i-s grün zurückgeführt hat (*Althochd. Sprachsch.* IV, 298) und die von Wurzel ghar- glänzen stammen (*Meyer, Z. f. vergl. Spr.* VIII, 265. *H. Weber. Etym. Unters. S.* 45). Ebenso haben das r vor dem Wurzelvokal stravi, stratum, sprevi, spretum, crevi, cretum, trivi, tritum, trini neben sterno, sperno, cerno, toro, ter, tertius. Dass aber im Lateinischen gra-nu-m von Wurzel gar- für gar-n v nach g ausgefallen sei, bestreite ich auch jetzt noch, da unmöglich das r die Stellung vor a nach einem aus g entwickelten gv einnehmen konnte.

Pinguis
neben Sanskr. pāg-as Kraft, Griech. πηγ-ός, παχ-ύ-ς, Lat. pang-ere von Wurzel pag-, pak- habe ich in unmittelbare Verbindung gebracht mit der Wurzelform Sanskr. pin'- robustum esse, die auch von pag-, pak- ausgegangen ist (*Krit. Beitr. S.* 66). Meyer macht dagegen geltend, pingui-s verhalte sich zu παχ-ύ-ς wie densu-s zu δασύ-ς hinsichtlich des Nasals und pingui-s erscheine für *pengui-s, weil das Lateinische die Lautfolge en vor Gutturalen meide (*a. O.* 327). Da auch lingo neben Griech. λείχω, Althochd. lekon, linge neben Griech. τέγγω, mingo neben meio für *meglo das i vor ng zeigen, so stimme ich dieser Auffassung bei, zumal es ja meine Grundansicht ist, Wortformen, die sich auf dem Boden jeder einzelnen Sprache vollkommen erklären lassen, nicht ohne Noth aus dem Sanskrit herzuholen.

h.

Das Lateinische Pronomen
hic, haec, hoc

hat Bopp vom Pronominalstamme Sanskr. ka- hergeleitet (*Vergl. Gramm.* II, 211) und auch Lottner stimmt dem bei, indem er sich auf Latein. habere neben Goth habau beruft, wo im Lateinischen anlautendes h aus c hervorgegangen sei (*Z. f. vergl. Spr.* VII, 38). Derselbe äussert jedoch später gegen diese seine Aufstellung selber wieder Zweifel (*a. O.* XI, 202), und mit Recht; denn es giebt, wie sich im Laufe dieser Untersuchung herausstellen wird, kein einziges stichhaltiges Beispiel, dass im Lateinischen anlautendes c, k zu h geworden sei. Denfey führt das Pronomen hic, haec, hoc auf einen Pronominalstamm gha- zurück, den er in der enklitischen Partikel gha, ghā der Veden findet, im späteren Sanskrit ha- (*Vollst. Gram. d. Sanskr.* S. 331). Diese Partikel gha, ghā dient zur Hervorhebung und bedeutet „wenigstens, gewiss." Sie erscheint enklitisch nach Pronominalformen, zum Beispiel in sa-ghā, asja-ghā, imañ-gha, rajañ-gha und ebenso nach Präpositionen, zum Beispiel nach anu, ud, vi, a, pra, und ausserdem nicht selten im Nachsatz eines Bedingungssatzes und Relativsatzes (*Boethl. u. R. Sanskrw.* II, 870). Sie entspricht also genau der Griechischen enklitischen Partikel $\gamma\epsilon$, dorisch $\gamma\alpha$ „wenigstens, ja, eben", die sich wie Vedisch ghā, gha häufig nach Pronominalformen findet wie in $\dot{\epsilon}\gamma\omega$-$\gamma\epsilon$, $\dot{\epsilon}\mu o\iota$-$\gamma\epsilon$, $\sigma\dot{\upsilon}$-$\gamma\epsilon$, $\sigma\acute{\epsilon}$-$\gamma\epsilon$, $\tilde{o}$-$\gamma\epsilon$, $o\tilde{\iota}$-$\gamma\epsilon$, $\tau o\upsilon\tau\omega\nu$-$\gamma\epsilon$, $\tilde{\omega}\varsigma$-$\gamma\epsilon$.
So sind im Lateinischen an Pronominalformen zur Hervorhebung angefügt die Partikeln -ce, -c in hi-ce, illi-ce, isti-ce, ec-ce, si-ce, hi-c, illi-c, isti-c, si-c, tun-c, nun-c (*Verf. Ausspr.* I, 63 *f.* 219. 338. II, 270); -te in tu-te u. a. (*a. O.* 269); -pe in qui-ppe, ipsi-ppe, nem-pe u. a. (*a. O.* 272). Wie nun im Lateinischen die Partikeln -ce, -te ihre hervorhebende, scharf hinweisende Bedeutung daher haben, weil sie von den demonstrativen Pronominalstämmen ka-, ta- stammen, so ist der Schluss gerechtfertigt, dass auch in Sanskr. gha, ghā, später ha, Griech. $\gamma\alpha$, $\gamma\epsilon$, die hervorhebende demonstrative Kraft daher stammt, weil sie von einem alten demonstrativen Pronominalstamme gha-, ghā- stammen. Lautlich konnte von diesem der Lateinische demonstrative Pronominalstamm ho-, ha-

In bi-c, hae-c, ho-c so sicher entstehen wie im späteren
Sanskrit die Partikel ha. Um nun zu zeigen, wie sich die verschiedenen Formen von hi-c, hae-c, ho-c aus diesem Pronominalstamm ho-, ha- gebildet haben, stelle ich dieselben zunächst übersichtlich zusammen:

Singular.

	Masc.	Fem.	Neutr.	
	ohne -ce; mit -ce;	ohne -ce; mit -ce;	ohne -ce;	mit ce.
Nom.	hi-ce,	ha-e-ce,	ho-ce,	
	hi-c,	ha-e-c,	ho-c,	
	he-c,			
Gen.	hu-i-us, ho-i-us-ce,	. . . .		
	hu-is,	ho-i-us-que,		
		hu-i-us-ce,		
		hu-i-us-que,		
Dat.	hu-i	ho-i-ce,	ha-e,	
		ho-i-c,		
		hu-i-c, ...		
Acc.		ho-n-c,	ha-n-ce,	ho-ce,
		ho-c,	ha-n-c,	ho-c.
		hu-n-ce,		
		hu-n-c,		
		hu-c,		
Abl.		ho-ce,	ha-ce,	ho-ce,
		ho-c.	haa-ce,	ho-c,
			ha-c,	Adverb. ho-e,
				ha-c.
			Loc. Adverb. hei-cei,	
			hei-ce,	
			hei-c,	
			hi- hi-c,	
			Loc. Adverb. hi-n-ce,	
			hi-n-c.	

Plur.

Nom.	he-i-s,	he-i-s-ce,	ha-e, ha-e-ce,	ha-e-c,
	he-i,	hi-s-ce,	ha-e-c,	
	hi,	hi-ce,		
Gen.	ho-rum, ho-run-ce, ba-rum,		ho-rum, ho-run-ce,

	ho-run-c,	ha-run-c,	ho-ruu-c,
Dat. hi-s,	hi-s-ce,	. . . .	
	hi-bus, ...		
Acc. ho-s,	ho-s-ce, ha-s, ha-s-ce, .		ha-i-ce,
			ha-e-ce,
			ha-e-c,
Abl. hi-s,	he-i-s-ce, ...		
	hi-s-ce.		

Die Nachweise für diese Formen sind zu finden *Momms. C. Inscr. Lat.* p. 381. 2. 3. *Fabretti, Gloss. Italic.* p. 600. *Forcellin. Lex.* II, 409. I. 420. Ueber den Nom. Plur. Fem. ha-e-c bei Plautus, Terentius, Vergilius, Livius, Cicero vgl. *Fleckeis. Beitr. z. Lat. Gramm. Rhein. Mus. N. F.* VII, 271 *f.* Ueber die falsche Schreibweise der obigen Formen mit -cce und über den zeitweiligen Wechsel von -ce und -c vgl. *Ritschl, Mon. epigr. tria, Epigr. Soran.* p. 16. *Verf. Ausspr.* I, 67. Ueber die Genitivform huis vgl. *Lachm. Lucr.* p. 27. 16. *Verf. Ausspr.* II, 162. Die späten Formen hu-i und hi vgl. *Schuchardt, Vokalism. d. Vulgärlat.* I, 128, die Accusativform hu-c, *a. O.* 107; ho-c für das adverbiale hu-c auch spätlateinisch wieder, *Orell. n.* 4394. *Bullet. d. J. archeol.* 1861. *p.* 36; auch das locative Adverbium hei-c noch spätlateinisch, *J. R. Neapol. Mo. n.* 767. 1471. 5002. Der Dat. Sing. Fem. ha-e, *Cat. R. R.* 14, nach H. Keil handschriftlich gewährleistet durch die Lesart berei für bae rei, vgl. Dat. Sing. Fem. sola-e für soli, *Prisc.* VI, 694. II., una-e für uni, *Cat. R. R.* 19 neben Dat. Sing. Masc. uno für uni, *Varr. R. R.* I, 18.

Es ist für den vorliegenden Zweck förderlich, hier zur Vergleichung auch die Formen des relativen Pronomens qui, quae, quod übersichtlich zusammenzustellen, die sich aus den Stammformen co-, ca- ursprünglich ka-, kā- in derselben Weise gebildet haben wie hi-c, hae-c, ho-c von ho-, ha-, ursprünglich gha-, ghā-.

	Sing.			
	Masc.		Fem.	Neutr.
Nom.	que-i,	que-i-que,	qua,	quo-d,
	que,		qua-e,	
	qui,		qui,	
	qui-s,	qui-s-que,	qui-s,	qui-d,

Gen.	quo-i-u-s, quo-i-us-que,		
	cu-iu-s,		
	cu-is,		
Dat.	quo-i-ei, quo-i-ei-que,		
	quo-i,		
	cu-i,		
Acc.	que-m,		
Acc. Conj.	quo-m, -quo-m-que,	qua-m,	quo-d,
	cu-m, -cu-m-que,		
	quo-n-dam, -cu-n-que,		
	quo-n-iam		
Abl.	quō,	quā,	quō.

                                                                                            Conj. quo-que,
                                                                                            Adv. quī,
                                                                                            Loc. Adv. -cu-n-de
                                                                                                 (In ali-cu-n-de).
                                                                                           Loc. Adv. -cu-bi
                                                                                           (In ali-cu-bi).

                                            Plur.

Nom.	que-s,	qua-e,	qua-e,
	quei,		qua,
	qui,		
Gen.	quo-rum,	qua-rum,	quo-rum,
Dat.	qui-bus,		
	que-is,		
	qui-s,		
Acc.	quo-s,	qua-s,	qua-i,
			qua-e,
			qua.
Abl.	qui-bus,		
	que-is,		
	qui-s,		

    Die Nachweise finden sich *Momms. C. Inscr. Lat.* p. 592. 593. *Forc. Lex.* III, 578. Ueber qui-s und qui als Nom. Sing. Fem. vgl. *Pompej, Lindem.* p. 249: Apud maiores nostros indeferenter invenimus hoc pronomen et „quis vir" et „quis mulier." — „Qui mulier" habemus et in Ennio et in Pacuvio; auch spätlateinisch qui für qui-s, *Bullet. d. J. archeol.* 1862, p. 82. und für den Nom. Sing. Fem. qua-e, *Renier, J. Rom. d. l'Alger.*

n. 1764. Gen. quo-i-us findet sich auch noch in der Kaiserzeit. *Or.* 4830. *J. R. Neapol. No.* 6482; ebenso Dat. quo-i *a. O.* 3196. Ueber cu-ta vgl. *Larhm. Lucr. p.* 27. 160. *Verf. Ausspr.* II, 182. Man vergleiche hierzu noch die Formen des Umbrisch-Oskischen Pronominalstammes po-, pa- entstanden aus ka-, kä:

Sing.

	Masc.	Fem.	Neutr.
Nom.	U. po-i, O. pi-s,	U. -pu, O. po-d,	
		U. -po, pi-d.	
	U. po-ei, Volsc. pi-s,		
	U. po-e, U. pi-s-i,		
Gen.	O. pi-eis,		
Dat.	U. pu-sme, O. pi-ei,		
Acc.	O. pi-m, O. pa-m, O. Conj. po-d, U. pi-r-i.		
		U. pe-r-e,	
	O. Conj. po-n, Sab. pi-m, O. Conj. pa-m,		
	pa-n,		
		Loc. Adv. U. pu-fe,	
		Loc. Adv. O. pu-f.	

Plur.

	Masc.	Fem.	Neutr.
Nom.	U. pu-r-e,		
	pu-r-i,		
	O. po-s,	O. pa-s,	O. pa-i,
			O. pa-ei,
Gen.			O. pa-e,
Dat.			
Acc.		U. pa-f-e.	
Abl.			

(*A. K. Umbr. Sprd.* I, 137. 138. *Momms. Unterit. Dial. S.* 290) *f. Kirchhof, Stadtr. v. Bant. S.* 9. 10. *Verf. Z. f. vgl. Spr.* VI, 28. VII, 34. XI, 403. XIII, 169. *d. Volscor. ling. p.* 13. 15. 23. Sabell. pi-m, *Verf. Z. f. vgl. Spr.* X, 5, 26.)

Ich habe schon früher darauf hingewiesen, dass eine Anzahl der vorstehenden Pronominalformen der Stämme ito-ita, quo-qua, po-pa erweitert sind durch Anfügung eines ı, das dem Griechischen ί in αὐτοσ-ί, οὑ-τωσ-ί, τουτον-ί entspricht (*Krit. Beitr. S.* 541—545) einer Localform vom demonstrativen Pronominalstamme ι- (*Pott, E. F.* II, 162). Diese Ansicht soll hier der oben besprochenen Phrase vom Wörterzerhacken gegenüber noch berichtigt, näher begründet und weiter ausgeführt werden. Jenes I erscheint zunächst in den Umbrischen Formen Nom. Sing. Masc. po-i, po-ei, po-ei- = qui, Nom. Plur. Masc. pu-r-i für *pu-s-i = Osk. po-s, Lat. qui, Acc. Plur. Fem. pa-f-e = qua-s, Nom. Sing. Masc. pi-s-i = quicumque, pi-r-i, pe-r-e = quodcumque (*A. K. Umbr. Sprd.* 1, 137. 138). Dass also auch im Lateinischen der Nom. Sing., Masc. que-i, qui, que, dessen langer Vokal eī, ī, ē nicht aus dem kurzen i des Sanskr. Pronominalstammes kī-, abgeschwächt aus ka- entstanden sein kann, aus quo-i zu erklären ist, das durch Anfügung des demonstrativen i an den einfachen Relativstamm entstanden ist wie die Umbrischen Formen po-i, po-ei, po-e, liegt auf der Hand. Der Diphthong oi von quo-i hat sich, wie gewöhnlich, so auch in que-i, qui, que zu ei, i, e getrübt (*Verf. Ausspr.* I, 202 *f.*). Die durch i erweiterte zusammengesetzte Stammform quo-ī zeigt sich unversehrt erhalten zunächst in den Formen des Dat. Sing. Masc. quo-i-ei, quo-i-ei-que, deren i vor der Dativendung ei garnicht anders erklärt werden kann. Aus quo-i-ei *quo-ī-ī entstanden durch Verschmelzung von i-i zu ī die Formen quo-ī, cu-ī. Die Annahme, dass quo-i eine Dativbildung vom einfachen Stamme quo- wäre neben quo-i-ei vom erweiterten Stamme quo-i-, ist möglich, wird aber unglaublich durch die Analogie der sogleich zu besprechenden Formen des Gen. Sing. desselben Pronominalstammes. Die Stammform quo-ī- hat sich nämlich ferner erhalten in der Genitivform quo-ī-us, die mit langem i gemessen erscheint in dem Saturnischen Verse der Grabschrift des Scipio Barbatus: Quoius fōrma virtutei parisuma fūit (*Verf. Krit. Beitr.* S. 544 *f.*) wie illī-ius, istī-ius*).

---

*) Bücheler will in parisuma das i kurz messen (*Neue Jahrb.* 1863. S. 336) und behauptet irrig, dasselbe sei nichts gewesen als ein kurzer Bindevokal und -sumo Superlativendung. Sicher ist, dass parisuma nur die alte Schreibweise ohne doppelte Schreibung der Consonanten ist für parissuma. Diese Wortform enthält aber das doppelte Steigerungssuffix -is-sumo, dessen -is die aus -ios, -ius zusammengezogene Form des Comparativsuffixes ist, die sich in soll-is-timu-s, sin-is-timu-s, sin-is-ter, mag-is-ter, min-is-ter, mag-is, sat-is, nim-is u. a. zeigt (*Verf. Z. f. vergl. Spr.* III. 277 *f.*). Das lange i von parisuma vor doppelt gesprochenem s kann also unmöglich kurz gemessen sein.

An den erweiterten Stamm quo-ī- ist in dieser Form die Genitivendung -us getreten wie in Caesar-us, Castor-us, patr-us, Cerer-us, Vener-us, Honor-us, homin-us, nomin-us, praevarication-us, part-us für *parti-us (vgl. parti-m, parti-um, a. O. S. 545). Aus quo-ī-us sind durch Kürzung des Vokals ī die Formen quo-i-us, cu-i-us hervorgegangen wie aus illī-i-us, alter-ī-us: illi-i-us, alter-ius, und cu-i-us ist durch Vokalverschmelzung weiter zu cu-is gekürzt worden, wie hu-i-us, e-i-us zu ho-is, e-is (a. O. 545). Diese Verschmelzung von quo-ī-us zu quo-ī-us, cu-i-us, cu-is zeigt, dass auch quo-i-ei zu quo-ī, cu-ī und zum einsilbig genossenen cuī geworden ist, wie oben angenommen ist.

Die Oskischen Formen pi-eis, Dat. pi-ei, können von einem erweiterten Stamme po-ī- nicht wohl abgeleitet werden, da sich im Oskischen der Diphthong oi nicht zu ī getrübt haben würde; sie gehen also von dem Stamme Osk. Umbr. Volsk. Sab. pi- aus, der sich im Nom. Sing. Osk. Umbr. Volsk. pi-s im Acc. Sing. Osk. Sab. pi-m zeigt, dem Lateinischen qui- entspricht in Lat. qui-s, que-m, que-s, qui-bus und dem altindischen ki- im Sanskr. ki-s, ki-m abgeschwächt aus ka-.

Wie nun im Nom. Sing. Masc. que-ī, quī, quē aus dem erweiterten Relativstamme quo-i-, so sind die entsprechenden Nominativformen hī-ce, hī-c, hē-c unzweifelhaft aus dem durch demonstratives ī erweiterten Demonstrativstamme ho-ī- geworden. Daraus folgt, dass auch die Formen des Gen. Sing. ho-i-us-ce, hu-i-us aus *ho-ī-us entstanden sind wie quo-ī-us, cu-i-us aus quo-ī-us und die Formen des Dat. Sing. ho-i-ce, ho-i-c, ho-i-e aus *ho-i-ei, *ho-ī-ī wie quo-i, cu-ī aus quo-i-ei. Nach der Analogie von quo-i-us, ho-i-us sind dann die Genitive der Pronomina und Pronominaladjectiva e-i-us, ist-i-us, ips-i-us, ill-i-us, utr-i-us, alter-i-us, neutr-i-us, ull-i-us, null-i-us, al-i-us, un-i-us, sol-i-us, tot-i-us und nach der Analogie von quo-i-ei, quo-i, *ho-i-ei-, ho-i-(c) die dazugehörigen Dative auf ei, i jener Wörter gebildet (*Verf. a. O.* 543 f.).

Für gleichen Ursprungs wie das hier besprochene demonstrative i der erweiterten Stämme quo-i-, po-i-, ho-i- habe ich auch das i erklärt in den Formen des Nom. Acc. Neutr. Plur.: qua-i, qua-e, neben der alten Form des Nom. Acc.

Plur. Neutr. qua, Osk. pa-i, pa-ei, pa-e und in ha-i-ce, ha-e-ce, ha-e-c (a. O. 542). Hier bietet sich indessen ein anderer Weg der Erklärung dar, der mir jetzt als der richtige erscheint, nämlich dass das i dieser Casusformen eine alte neutrale Endung ist. Diese versuche ich hier näher zu begründen. Ich glaube nachgewiesen zu haben, dass in dem langen ā der Zahlwörter quadrā-gintā, quinquā-gintā, septuā--gintā, octo-gintā, nonā-gintā sich eine alte Endung ā des Nom. Acc. Plur. Neutr. erhalten hat (a. O. 509, vgl. Bopp, vergl. Gram. I. 416. 2. A.). Aehnlich hat sich nun in dem inlautenden und auslautenden ī von

vīgintī

die alte neutrale Casusendung ī des Nom. Acc. Dual. Neutr. erhalten, die in den Sanskritischen Dualformen wie hṛd-ī, çiras-ī, ġjotish-ī, jagush-ī, naman-ī u. s. erscheint (vgl. Benfey, Vollst. Sanskrgr. S. 302 f.). An die auf i und u auslautenden neutralen Stämme trat dieses neutrale i des Duals im Sanskrit mittels eines eingefügten n, zum Beispiel in vari-n-ī, paçu-n-ī (Benfey, a. O. 303. Bopp. a. O.) dasselbe n, das sich auch in anderen Casusbildungen vokalisch auslautender Stämme im Sanskrit zeigt. Bei Stämmen, die auf a auslauteten, ist das dualische ī mit diesem a im Sanskrit, Zend und Altslavischen zu e geworden, so zum Beispiel in der Dualform Sanskr. çatē „zwei hundert" vom Stamme çata- für kata- kanta-, Lat. cento-. Dasselbe ist geschehen in der Altbaktrischen Form dujē hasanhrē „zwei tausend" (Bopp, a. O. vgl. I, 538 f.). Das Lateinische hat das lange dualische ī von vī-gintī gewahrt, wie es meist die alte Länge der neutralen Pluralendung ā gewahrt hat, und sich erst bei späteren Dichtern die Messungen trigintā, quadragintā, septuagintā finden. Vī-gintī entstand zunächst aus den beiden Dualformen der Zahlwörter dvī und centī, dies letztere aber aus decen-tī, so dass also vī-gin-tī für dvī-decen-tī „zwei Zehner" bedeutet (Bopp, vergl. Gram. II, 86. 2. A.). Entweder an die ursprünglichen Stammformen der beiden Zahlwörter dva- und dakan-ta- oder an die Lateinisch gewordenen duo- und decen-to- trat das dualische ī und verschmolz mit dem auslautenden Stammvokal a oder o zu ī oder absorbierte denselben. Die Griechische Sprache hat in der Dorischen Form εἴ-κατι, Homer. Att. εἴ-κοσι für δϝεί-κατι, die Stammform δυα- ὀ/ί- mit dem dualischen τ zu δ/ίι- gestaltet und die Vokallänge hier gewahrt. In dem zweiten Bestandtheil -κατί, -κοσί aber den auslautenden Vokal gekürzt. Ebenso hat das Griechische die Länge des α der Endung des Nom. Acc. Plur. Neutr. inlautend gewahrt in τριά-κοντά, πεντή-κοντά, ἑξή-κοντά u. a., auslautend im zweiten Bestandtheil dieser zusammengesetzten Zahlwörter zu ά gekürzt. In τεσσαρά-κοντά sind beide α gekürzt worden, wie auch in τριά-κοντά nach der Messung der späteren Epiker. Das Sanskrit hat in seiner Form vin-çatī neben Griech. εἴ-κατι, Lat. vi-gintī beide dualische τ gekürzt, wie es in den Zahlwörtern für die nach zwanzig folgenden Zehner die gekürzten und geschwächten Suffixformen -tī und -t zeigt an Stelle der Lateinischen -tā, Griech. -τά. Das Lateinische hat hier wie mehrfach in den Zahlwörtern die alterthümlichsten Formen gewahrt. Im Gothischen tvai-tig-ju-s ist nur das dualische τ des ersten Wortbestandtheiles tva-i- kenntlich geblieben.

Also die Lateinische Sprache hat in dem Zahlwort vi-gintī ein altes neutrales τ des Duals erhalten. Gewiss wird man es hiernach begreiflich finden, wenn sich im Lateinischen auch ein altes i des Neutr. Plur. fände, wie im Nom. Acc. Plur. der Sanskritformen hṛnd-i, çirans-i, ğjotiñsh-i, jaguñsh-i, nāmān-i, jarījañs-i und mit n angefügt in danā-n-i, varī-n-i, mādū-n-i, pāçū-n-i (*Benfey*, a. O. S. 305. 306. *Bopp*, a. O. I, 462 f.) und der Pronominalformen tā-n-i, étā-n-i, ijā-n-i, ānū-n-i, kā-n-i, jā-n-i, imā-n-i, amū-n-i (*Benfey*, a. O. S. 335, vgl. Tab. zu § 766—778. *Bopp*, a. O. II, 141. 151. 173). Vergleicht man nun mit diesen Sanskritischen Pronominalformen die Lateinischen Formen des Nom. Acc. Plur. ha-i-ce, ha-e-ce, ha-e-c, quā-i, qua-e, Osk. pa-i, pa-e, so wird man zu dem Schluss geführt, dass das i in diesen Lateinischen Formen dasselbe neutrale i ist, wie in jenen Sanskritformen, dass dieses im Lateinischen, das eine Einfügung von n zwischen vokalischen Auslaut des Stammes und vokalischen Anlaut des Suffixes in der Casusbildung überhaupt nicht kennt, unmittelbar an die Pronominalstämme ha-, qua-, pa- trat, während im Sanskrit jenes zwischen Pronominalstamm und das Kasussuffix i eingefügte n erscheint. Die altlateinische Form des Nom. Acc. Plur. qua-neben qua-i ist dieselbe, wie die neutralen Pronominalformen es, ista, illa, Griech. τά, ã, Sanskr. tā, tjā und die entsprechenden auf a auslautenden Bildungen im Altbaktrischen, Gothischen und Slavischen (*Bopp, a. O.* II, 141. 151. 2. *A.*), deren a der gewöhnlichen Endung des Nom. Acc. Plur. neutraler Nominalstämme entspricht.

Bei den Formen des Nom. Sing. Fem. ha-e-ce, ha-e-c und qua-e, deren e aus i abgeschwächt ist, bleibt es zweifelhaft, ob dieses I das demonstrative i ist, das an die femininen Stämme hā-, quā- trat, wie es an die masculinen ho-, quo- getreten ist, oder ob das I eine alte feminine Endung ist, von der noch weiter unten die Rede sein wird, die an die alten maskulinen Stämme hā-, quā- trat zur Bildung der femininen Formen. Die Analogie der maskulinen Formen spricht doch wohl für die erstere Auffassung.

Die Formen des Nom. Plur. Fem. ha-e-ce, ha-e-c, ha-e und qua-e, deren e ebenfalls aus i abgeschwächt ist, entsprechen natürlich den Griechischen Pronominalformen α-ί, α-ῖ, αὑ-τα-ί, αὑ ται-ί und den gewöhnlichen Griechischen und Lateinischen Pluralformen femininer Nominalstämme auf -ā-i, -a-e, während die Oskische Form des Nom. Plur. Fem. pā-s den Sanskritischen Pronominalformen tā-s, etā-s, tjā-s, jā-s, kā-s, imā-s entspricht (*Benfey, a. O. Tab.* zu § 776—778) und der Form des Nom. Plur. Fem. auf -ā-s von femininen auf ā auslautenden Nominalstämmen im Oskischen und in verwandten Sprachen. Die Lateinischen Formen des Nom. Plur. Fem. qua-e und ha-e stehen neben Osk. pā-s wie die Lateinischen Formen des Nom. Plur. Masc. quei, qui für *quo-i, hei, hi für *ho-i, Griech. o-ί, o-ῖ, το-ί, οὑ-το ι, αὑ-το-ί, Sanskr. tė, jė, kė, für *ta-i, *ja-i, *ka-i neben Osk. Nom. Plur. Masc. pō-s, Umbr. pū-r., wie überhaupt die Lateinischen Formen des Nom. Plur. Masc. von O-stämmen auf -i für -o-i- Griech. -o-ι neben den entsprechenden Formen derselben Stämme im Oskischen und Umbrischen auf -ō-s, -ō-r, Sanskr. -ā-s.

Nach der vorstehenden Untersuchung ist also ein demonstratives I an die Stämme ho-, quo-, po- getreten, im Nom. Sing. Masc. quei, que, qui, Umbr. po-i. po-ei, po-e und ebenso wahrscheinlich auch im Nom. Sing. Fem. ha-e-ce, ha-e-c, qua-e; desgleichen im Gen. Sing. quo-i-us, cu-i-us und im

Dat. Sing. quo-i-ei, quo-i, cu-i. Ein altes neutrales i des Plurals haben die Formen des Nom. Acc. Plur. Neutr. erhalten, ha-i-ce, ha-e-ce, ha-e-c, qua-e, Osk. pa-i, pa-e. Ein masculines und feminines i des Plurals von Pronominalstämmen und Nominalstämmen zeigen die Formen des Nom. Plur. Masc. hei, hi, quei, que, qui und des Nom. Plur. Fem. ha-e-ce, ha-e-c, ha-e, qua-e.

Dasselbe gilt nun von den entsprechenden Formen derjenigen Lateinischen Pronomina, welche zum Theil dieselbe Flexion zeigen wie hi-c und qui, also i-s, iste, ipse, ille und für die Adjectiva, die wie diese flectiert werden, also im Genitiv -i-us, im Dativ -i bilden.

Die Pluralformen des Nominativs he-i-s, he-i-s-ce, hi-s-ce entsprechen wie i-ei-s, e-i-s, e-i-s-dem, i-s-dem von i-s (*Verf. Krit. Beitr. S.* 529) den zahlreichen Formen des Nom. Plur. auf -ei-s und den minder zahlreichen auf -i-s, -e-s von O-stämmen im Altlateinischen (*vgl. Verf. Ausspr.* I. 220 f. 222). Das Verhältniss derselben zu den entsprechenden Formen auf -ei und -i kann erst durch eine eingehende Untersuchung der ganzen Deklination im Lateinischen und in den verwandten italischen Dialekten sicher bestimmt werden, bleibt also hier für jetzt noch dahin gestellt.

Das nur einmal vorkommende hi-bus ist wahrscheinlich nur eine Bildung nach der Analogie von qui-bus, das ich oben zu dem Stamme qui- gezogen habe, obwohl beide auch durch Abschwächung des o zu i aus *quo-bus, *ho-bus entstanden sein können.

Eine Lautverschiebung des anlautenden c, k zu h, wie sie den Germanischen Sprachen eigen ist, hat man auch für das Lateinische angenommen in

habere,

das Lottner wegen des Gothischen hab-an mit Lat. cap-ere Lett. kamp-t nehmen zusammenstellt (*Z. f. vergl. Spr.* VII, 38. 180. XI, 203). Abgesehen davon, dass eine Verschiebung des c zu h dem Lateinischen sonst völlig fremd ist, spricht gegen diese Zusammenstellung erstens die Unwahrscheinlichkeit der Annahme, dass in hab-ere das anlautende c zu h geworden, in cap-ere unversehrt geblieben sein sollte; zweitens die grundverschiedene Bedeutung von hab-ere, hab-itare und von cap-ere; drittens ist dabei die Frage ausser Acht gelassen, ob denn nicht das h in Goth. hab-an hier möglicher Weise unverschoben geblieben sein, das heisst einem ursprünglichen gh entsprechen könnte, da ja auch g und k in manchen Fällen dem Gesetz der germanischen Consonantenverschiebung nicht gefolgt sind. Die Ansicht Lottners hat daher auch keine Zustimmung gefunden. Die Vermuthung Walthers, in Lat. hab-ere habe eine Verschiebung der Aspiration vom inlautenden auf den anlautenden Consonanten stattgefunden (Z. f. vergl. Spr. XII, 380), entbehrt für das Lateinische jeder Begründung (Grassm., Z. f. vergl. Spr. XII, 114 f. 117 f. Verf. Krit. Beitr. S. 126). Dass dieselbe auch in hordeum neben κριθή nicht stattgefunden hat, wird noch weiter unten zur Sprache kommen. Meyer geht von der richtigen Voraussetzung aus, dass das anlautende h in hab-ere neben dem Gothischen hab-an nicht ohne eine besondere Veranlassung aus k entstanden sein könne (Z. f. vergl. Spr. VII, 289), leitet hab-ere „besitzen, haben" und hab-it-are „wohnen" von einem causalen Verbum Sanskr. *ksha-p-ajā-mi der Sanskr. Wz. kschi- „weilen, sich aufhalten, wohnen, ruhig und ungestört verweilen", das er neben kshēp-ajā-mi von derselben Wurzel ansetzt, wie la-p-ajā-mi, rā-p-ajā-mi, smā-p-ajé neben den Wurzelformen lī-, rī-, smi- erscheinen (a. O. 280). Lat. hab-ere verhält sich nach ihm hinsichtlich seines Anlautes zu Sanskr. ksha-p-ajā-mi wie Lat. humu-s, Griech. χαμα í zu Sanskr. kshamā- neben ksham Erdboden, Erde, Dorf (vgl. Boethl. u. R. Sanskrw. II, 543, 532, 534), Goth. ha-b-an zu demselben wie Goth. halm-s, „Flecken, Dorf", Nhd. heim-ath zu Sanskr. kshēma-s „wohnlich, behaglich, Ruhe und Sicherheit gewährend, Aufenthalt, Rast, ruhiges Verweilen, Ruhe, Friede, Sicherheit" (a. O. II, 576). Bis hierher bin ich mit Meyer einverstanden. Dass im Lateinischen Wurzeln durch ein mit p anlautendes Suffix weiter gebildet sind, dafür sind da-p-s, volu-pe, volu-p, cle-p-ere neben δα-ί-ς, Sanskr. dā-ja-m portio, vol-o und oc-cul-o, wie mir scheint, sichere Belege (vgl. Curt. Gr. Et. S. 59, 2, A.). Dass auch auf dem Gebiete der Germanischen Sprachen solche Bildungen vorkommen, beweist Goth. hli-f-an, hli-f-tu-s neben Lat. cle-p-ere, Griech. κλέ-πτ-ειν, κλο-π-ή, κλέ-πτη-ς. Ob in Goth. hro-p-j-an eine ähnliche Bildung im Verhältniss zu Sanskr. Wz. çru- vorliegt, wie Meyer annimmt (a. O. 281), ist mir deshalb zweifelhaft, weil nach dieser Annahme dasselbe p hier unverschoben erscheinen würde, das in Goth. bil-f-an zu f verschoben ist. Das für ha-b-eo augenommene *ksha-p-ajā-mi setzt eine Wurzelform ksha- voraus. Diese ist erwiesen durch Sanskr. ksha-ma-s „geduldig, ertragend, aushaltend, Widerstand leistend, tüchtig, vermögend" (*Boethl. u. R. Sanskrw.* II, 533), ksha-mā „Geduld, Widerstand" und ksha-mā Erde (*a. O.* 534), ksha-m- „sich gedulden, sich ruhig verhalten, ertragen" (*a. O.* 531), ksha-m „Erde, Erdboden", indem die Erde als Bild der Geduld aufgefasst wird, wie Boethlingk und Roth annehmen (*a. O.* 533), und kshā-s „Wohnstatt, Sitz" (*a. O.* 539). Es erhellt, dass die Grundbedeutung dieser Wurzel ksha- „aushalten, dauerhaft sein, fest sein" ist, die zur Bezeichnung des „festen Erdbodens, des Festlandes, des festen, dauerhaften, sicheren Wohnsitzes, der ausharrenden Festigkeit und Geduld im Leide" verwandt ist. Auch die Wurzelform ksha-p- „Enthaltsamkeit üben" (*a. O.* 530) ist eine Weiterbildung mittelst -p von Wz. ksha-, da zur Enthaltsamkeit Festigkeit und Ausdauer gehört. Die Bedeutung dieser Wurzel liegt klar vor in Lat. hu-mu-s, Griech. χα-μα-ί, Goth. hai-m-s Dorf, Flecken, hai-m-oth-li Feld, Acker, Sanskr. kshā-ma-s sicherer Aufenthalt, wohnliche Stätte.

Das b von ha-b-ere ist erweicht aus p, ein Lautwechsel, für den weiter unten die Beispiele zur Sprache kommen werden. Dass ha-p- die italische Form der Wurzel war, zeigen die Oskischen Formen des Conj. Perf. hi-p-id = ha-b-uerit, pruht-p-id = probi-b-uerit (*Kirchh. Stadtr. v. Bant.* S. 37. *Verf. Z. f. vergl. Spr.* XI, 263. 371). Die hierher also habe ich Meyers Etymologie bestätigen und näher begründen können. In der lautlichen Erklärung des Lateinischen h von ha-b-ere, Goth. ha-b-an aus dem ksh der Wurzelformen ksha-, ksha-m, ksha-p, kshī- geht derselbe aber fehl. Er behauptet nämlich im Lat. ha-b-ere sei von dem Anlaut ksh das k durch den Einfluss des folgenden Zischlautes aspiriert worden und dann dieser weggefallen. Nun zeigen aber vec-si, trac-si neben veb-o, tra-ho, wie fern ein solcher Lautwechsel der Lateinischen Sprache lag. Im Gothischen ha-b-an soll von ksh das sh abgefallen, dann k zu h verschoben sein. Aber dass dieser Lautwandel dem Gothischen fremd war, zeigt Goth. vahs-jan neben

Sanskr. Wz. raksh-, uksh- (*Curt. Gr. Et. S.* 63. n. 159), das beweist, dass von Sanskr. ksh im Gothischen das k sich zu h verschob, der Zischlaut aber blieb. Es ist jetzt anerkannt, dass der Laut ksh im Sanskrit aus einfachen Gutturalen entstanden ist (*Curt. Gr. Et. S.* 27 f. 2. *A. Benfey, Vollst. Gram. d. Sanskr. S.* 74). Er ist aus k entwickelt in Sanskr. ak-sh-a-m, Lat. oc-ulu-s (*Curt. Gr. Et.* n. 627. 2. *A.*) in der Wurzelform mok-sh- neben muč- (*Benfey, a. O.*), in der Wurzelform nak-sh- adire, amplecti, abtinere neben Lat. nanc-isri, nac-tu-s; aus g in der Wurzelform jak-sh- colere, venerari neben Wz. jag- sacrificare (*a. O.*), bhik-sh- petere neben bhag- colere (*a. O.* 75), uk-sh-, rak-sh-, Goth. vah-s-jan, Griech. αὔξ-άνειν neben Griech. ὑγ-ιή-ς, Sanskr. ug-ra-s, ōǵ-a-s, Lat. veg-ere, aug-ere (*Curt. a. O. S.* 63. n. 159); aus gh in der Wurzelform dhik-sh- accendere neben dhah- urere (*Benfey, a. O.*) für dhagh-. Hieraus ist zu folgern, dass ksh ebenso aus ursprünglichem gh entstanden ist in ksha-mů, ksha-m Erde neben Griech. χα-μα-ί, χθώ-ν, Lat. hu-mu-s, wie schon Curtius aus diesen Wortformen richtig auf ursprünglich anlautendes gh geschlossen hat. Man wird also für das Lateinische ha-b-ere hiernach auf eine Wurzelform ha-p- für gha-p- geführt, die sich im Sanskrit zu ksha-p- gestaltete. Ebenso weist aber auch Goth. hai-m-s neben Sanskr. kshē-ma-s, Griech. χα-μα-ί, Latein. hu-mu-s, Sanskr. ksha-må- auf die einfache Wurzelform gha- für ksha- zurück. Im Goth. schwanken bisweilen h und g. So stehen alh, juhiza neben alguu, juggs (*Grimm. Deutsche Gram.* I. 69). Auch dafür, dass anlautendes h im Gothischen aus gh geworden ist, lassen sich Beispiele beibringen. H. Weber leitet Griech. χαίρ-ω, χάρ-μα, χαρ-όπο-ς von Sanskr. Wz. ghar- splendere, lucere und eben daher γέλ-α Sonnenglanz, γελ-είν glänzen, Γελ-όοντ-ες die Glänzenden, γελ-ᾶν glänzen, lachen (*Etym. Forsch.* I, 38. 40. 43. 44). Zu diesen Wörtern kümmt in der Bedeutung vollkommen Goth. hla-s fröhlich, ἱλαρός, Altn. hlae-z-t, Ags. glae-d (*Gabel. u. L. Ulfil. Gloss.* p. 64), Goth. hla-h-jan, γελᾶν, Altn. hlae-a. hla-tr, Altn. hla-h-an, Ags. hli-h-an, Ahd. hla-hh-an, Altfr. hla-k-a, Nhd. la-ch-en (*n. O. S.* 63). Da nun auch sonst ursprüngliches r sich in den Germanischen Sprachen zu l erweicht, zum Beispiel in Goth. vil-jan, Altn. vil-ja, Ags. vil-la, vil-n-ian, Ahd.

wel-lan, Alts. will-ian, Altfr. wel-la, wil-la, Nhd. wollen, neben Griech. βούλ-εσθαι, Latein. vel-le, vol-o von Sanskr. Wz. var- (*Curt. Gr. Et. n.* 635. 2. A), so können auch Goth. hla-n, hla-h-jan u. a. wie Griech. γελ-άν u. a. von Wz ghar- ausgegangen sein. Von derselben stammen Sanskr. ghr-ni-s, ghr-na-s Sonnenschein, 'ghra-ns, Sonnenschein, Helle (*Boethl. u. R. Sanskrw.* II, 891. 890) und zu diesen Bildungen stimmt sehr gut Goth. hrai-n-s, καθαρός, κόσμιος (*Gabel. u. L. Ulfil. Gloss. p.* 66). Es scheint mir daher vorzuziehn, dieses Wort mit hla-n und hla-j-an zur Wurzel ghar- zu ziehen, als zu der von Weber angesetzten Wurzel kar- (*a. O.* 35. 36). Jedenfalls konnte also das anlautende h von Goth. hai-m-s und ha-b-an einem ursprünglichen gh entsprechen, aus dem sich im Sanskrit ksh in kshê-ma-s und ksha-p-ajâ-mi entwickelte. Also man wird auf eine ursprüngliche Wurzelgestalt gha- geführt, aus der Lat. und Goth. ha- und hab- für hap-, Sanskr. ksha-, kshi- hervorgegangen ist. Im Gothischen ha-b-an neben Altnordischem ha-f-a, Osk. hi-p-id steht b aus f verschoben wie in Goth. ab-u b, uh-uh neben af, uf u. a. (*Grimm, Deutsche Gramm.* I, 55) und in Goth. hauh-ith neben Altn. höf-ud, Ags. heaf-od, Lat. cap-ut (*a. O.* I, 589. *Gabel. u. L. Ulfil. Gloss. p.* 59).

Nun vergleiche man Sanskr. ksha-ti-s „Verletzung, Beschädigung, Schaden, Nachtheil, Verwundung" (*Boethl. u. R. Sanskrw.* II, 525) ksha-ta-s „verwundet, verletzt, zerstört" (*a. O.*) und die Wurzelform kshan- „verwunden, tödten" (*a. O.* 529) mit ghâ-ti-s „Schlag, Verwundung" (*a. O.* II, 886) ghâ-ta-s „tödtend, Schlag, Tödtung, Beschädigung, Zugrunderichtung", ghâ-s „schlagend, tödtend" und „Schlag" (*a. O.* 869), so erhellt, dass auch diesen Wortbildungen eine Wurzel gha- zu Grunde lag, die sich zu ksha-n- ausgebildet hat und deren Grundbedeutung „schlagen" war. Zu dieser gehört auch Sanskr. gha-na-s, das erstens „Keule" bedeutet, zweitens „zusammengeschlagen, fest, hart, compact, zusammengefasst, ununterbrochen, ganz, voll", drittens „Masse, Klumpen" und endlich „das ganze Vermögen" (*a. O.* 877), Bedeutungen, die sich alle aus dem Begriff des „Schlagens" entwickelt haben. Wie oben nachgewiesen ist, dass in der Wurzelform ksha- für gha- und den von ihr abgeleiteten Wurzelformen und Wortbildungen die Bedeutung „anhalten, dauerhaft sein, fest sein" zu Grunde liegt, so zeigt sich dieselbe auch in gha-na-s „fest, hart, compact". Hiernach scheint mir die Bedeutungsentwickelung in den hier besprochenen Bildungen folgende zu sein. Die Grundbedeutung der ursprünglichen Wurzel gha- „schlagen" konnte einmal ein „auseinanderschlagen, zerschlagen" sein, und hieraus entwickelte sich die Bedeutung „verletzen, schädigen, verwunden, tödten" in den Wurzelformen gha-, ksha-, kshi- mit dem Causativum ksha-p-ajā-mi (a. O. 544. 545). Andrerseits konnte die Grundbedeutung „schlagen" in Wz. gha- als „zusammenschlagen" specialisiert werden; daher stammt der Sinn „fest sein, dicht sein, hart sein, dauerhaft sein, aushalten" in der Wurzelform gha- von gha-na-s „zusammengeschlagen, fest, hart, compact", in ksha- von ksha-mā Erde, Erdboden, in kshi- von kshē-ma-s sicherer Aufenthalt, in ha- von Griech. χη-μα-ί, Goth. hai-m-s Flecken, Dorf, hai-m-oth-li Feld, Acker, Lat. hu-mu-s Erdboden, und in der mit p erweiterten Wurzelform ha-p- mit der Grundbedeutung „fest halten" in Lat. ha-b-ere halten, besitzen, ha-b-i-t-are wohnen und in Goth. ha-b-an.

Ich glaube also nachgewiesen zu haben, dass in Lat. ha-b-ere das anlautende b aus ursprünglichem gh entstanden ist und auf dieser Lautstufe stehen blieb in Altnord. ha-f-a, Althd. ha-b-an, dass in diesen Wörtern, verglichen mit Osk. hi-p-id = ha-h-uerit, b und f aus p entstanden ist, dem Anlaut eines die Wurzel ha- für gha- erweiternden Suffixes, und dass das b in Ahd. ha-b-an wie auch sonst für f eingetreten ist.

Die dem Lateinischen völlig fremde Uebertragung der Aspiration vom Inlaut auf den Anlaut (vgl. Krit. Beitr. S. 226) ist auch angenommen worden in

hordeum, fordeum

neben Ahd. gersta, Griech. κριθή (Legerlotz, Z. f. vergl. Spr. VII, 68), während Pott die umgekehrte Verschiebung der Aspiration vom Anlaut auf den Inlaut für das Griechische Wort annahm, worauf Ahd. gersta hinweist (E. F. I, 143). Curtius setzt für das Lateinische und Deutsche Wort eine Wurzel gardh- an und trennt beide von Griech. κριθή (Gr. Et. n. 76. 2. A.) und dieser Ansicht habe ich beigestimmt (Krit. Beitr. S. 213. 222). Dagegen geht H. Weber von der Schreibweise ordeum für hordeum aus, die er für die allein richtige erklärt, und bringt das Wort mit Lat. orior, arista zusammen (*Et. Forsch.* p. 17 f.), trennt hingegen Griech. κριθή und Ahd. gersta von hordeum und leitet dieselben von einer Wurzel kar- ab, wahrscheinlich derselbe, die er in einer Anzahl anderer Wortformen findet mit der Bedeutung „glänzen" (*a. O.* 34 f.). Bei dieser Etymologie also geht Weber von der Schreibweise`ordeum aus, die nur ein späterer Grammatiker aufführt, während nach dem Zeugniss besserer Grammatiker, wie nach dem übereinstimmenden Zeugniss der guten Handschriften wie der Inschriften hordeum die richtige Lesart ist. Und könnte darüber noch irgend ein Zweifel obwalten, so würde derselbe durch die Nebenform fordeum beseitigt (*Verf. Ausspr.* I, 50. 49. 48). Ohne diese zu beachten stützt Weber seine Etymologie auf die falsche Schreibweise ordeum, die aus einer Zeit stammt, wo das anlautende h in der Lateinischen Sprache nicht mehr oder doch nicht mehr deutlich gesprochen und gehört wurde und infolge dessen nicht selten in der Schrift weggelassen wurde, wo es etymologisch berechtigt war, hingegen geschrieben wurde, wo es nicht hin gehörte. II. Weber befolgt hier dasselbe Verfahren, nach dem er die schlechte Schreibweise secius für setius als Grundlage für eine Etymologie dieses Wortes gebilligt hat.

Es ist klar, dass for-d-eu-m, hor-d-eu-m zunächst ausgegangen ist von einem Nominalstamme for-da-, hor-da-. Diesen leite ich mit Ahd. gers-ta von der Sanskr. Wz. gharsh- „reiben, zerreiben" her (*Boethl. u. R. Sanskrw.* II, 883). Man kann nicht annehmen, dass in gers-ta das s ein bloss eingeschobener Laut wäre, etwa wie in kun-s-t, brun-s-t, gun-s-t u. a., da sich kein Beispiel findet, wo ein solches s zwischen r und t eingefügt wäre (*Grimm, Deutsche Gramm.* II, 209). Daher kann gers-ta nicht zu Sanskr. har-i-s grün gehören und zu Wz. ghar- glänzen, wie Christ angenommen hat (*Griech. Lautl.* S. 106). Die Wurzel ghars- „reiben, zerreiben" hat sich also in dem Althochdeutschen Wort vollkommen kenntlich in der Gestalt gers- erhalten, in der das g wie häufig auf der Lautstufe des Gothischen stehen geblieben ist (*Grimm, a. O.* I, 179. 182). Im Lateinischen hor-d-eu-m, for-d-eu-m ist wie gewöhnlich ursprüngliches gh zu h verflüchtigt oder in den labiodentalen Hauchlaut f umgeschlagen; so entstanden aus ghars- die Wurzelformen hors- und fars-. Als an diese das Suffix -da trat, musste das s zwischen r und d schwinden, so dass aus *hors-d-eu-m, *fors-d-eu-m: hor-d-eu-m, for-d-eu-m wurde. Im Griechischen κρι-θή gestaltete sich die Wurzel ghars- zunächst zu χερσ- in χερσ-δα-, dann fiel das σ zwischen ρ und δ aus, also entstand χερ-δα- entsprechend dem Lateinischen Stamme hor-da-, for-da-. Aus diesem ward durch Umstellung des r χρι-δα-, χρι-δη-, wie neben cerno, scirpus: κρίνω, γρίφος (*Verf. Ausspr.* I, 92). In χρι-δη- ist das ι zum Ersatz der durch die Umstellung des r geschwundenen Positionslänge gefügt wie in γρίφος (*vgl. Lottner, Z. f. vgl. Spr.* VII, 68) und aus dieser Form durch Uebertragung der Aspiration vom Anlaut auf den Inlaut κρῖ-θή geworden, wie schon Pott angenommen hat (*vgl. Christ, Griech. Lautl. S.* 105 *f*.).

Hordeum, nach Plinius die mürbeste, am wenigsten Unfällen der Witterung ausgesetzte Halmfrucht, die seit den ältesten Zeiten als Nahrungsmittel gebraucht wurde (*H. N.* XVIII, 7, 10), ward sowohl zum Brotbacken als zum Futter für das Zugvieh so allgemein benutzt, dass hordeum auch zur Bezeichnung von Getreide im allgemeinen diente. Ebenso ist bei den Griechen seit den ältesten Zeiten die Gerste als Futter für das Vieh wie zum Backen und Brauen benutzt worden, desgleichen bei den Germanen. Hor-d-eu-m, κρῖ-θή, gers-ta ist vom „zerreiben" benannt worden wie far, farr-eu-s und far-ina von Wz. gharsh- „zerreiben" (*Krit. Beitr. S.* 200) und wie gra-nu-m, Goth. kaur-n, Nhd. kor-n von Wz. gar- zerreiben (*s. oben S.* 87). Ebenso ist tri-ti-cu-m, verglichen mit tri-tu-s, tri-tura, vom „zerreiben" benannt, wie schon Varro wusste, *L. L.* V, 106: Triticum quod tritum e spicis. Da das liebe Brot auch bei den alten, Ackerbau treibenden Völkern schon eine Hauptsache war, so ist es begreiflich, dass sie verschiedene Getreidearten vom Zerreiben benannten, wodurch dieselben für das Brotbacken und Brauen brauchbar wurden.

III. Dentale.

T.

Dass tr im Anlaut Lateinischer Wörter aus dr entstanden sei, habe ich in Abrede gestellt für amp-truare, redamptruare, truneus, trux, truculentus, trucidare (*Krit. Beitr. S. 144*). Ich bestreite diese Verhärtung des d im Anlaute zu t jetzt auch für

trahere.

Schon Gabelentz und Loebe haben dieses Wort zusammengestellt mit Goth. drag-an ziehen, Ahd. trag-an, Nhd. trag-en *Ulfil. Gloss. p. 18*. Meyer hat dann diese Wörter von Sanskr. Wz. drägh- abgeleitet *Z. f. vgl. Spr. VI, 223*). Ich muss zunächst die Zusammengehörigkeit von Lat. trah-ere und Goth. drag-an bestreiten aus lautlichen Gründen trotz aller Aehnlichkeit der Bedeutung. Dem Lateinischen t entspricht nach dem Consonantenverschiebungsgesetz Gothisches th. Mag nun für dieses th im Gothischen auch sonst nicht selten d eintreten, so findet dies doch nicht statt im Auslaut und namentlich im Anlaut vor r (*Grimm, Deutsche Gramm. 1, 62 f. 586 f.*). Neben Lat. tres, Griech. τρέχειν, Lat. tergere steht Goth. threis, Altn. thrir, Goth. thragjan, Altn. therra. Der Wurzelform tri- in Lat. tri-bu-lu-m „Dreschflegel", das wie tri-tu-s, tri-tura, tritti-cu-m von ter-ere stammt, entspricht die Wurzelform thri-, thre-, in Goth. thri-sk-an, Altn. thre-sk-i-a, Nhd. dreseh-en (*Gabel. u. L. a. O. p. 86*), deren sk jedenfalls nicht zur einfachen Wurzel gehört (*Gabel. u. L. a. O. Gramm. S. 121, § 153b. S. 119, §. 150g.*). Also muss man von dem anlautenden t in trah-ere jedenfalls auf ein anlautendes th für das im Gothischen entsprechende Wort schliessen, und die Zusammenstellung jenes Verbum mit dem Goth. drag-an ist lautlich nicht gerechtfertigt. Ebenso wenig ist die Ableitung von Sanskr. Wz. drâgh- richtig. Nach Boethlingk und Roth bedeutet dieselbe „vermögen, lang machen, sich ausstrengen, müde werden, quälen, plagen, herumirren" *Sanskrc.* III, 802. Keine dieser Bedeutungen würde man im Lateinischen durch trahere wiedergeben, auch nicht „lang machen" extendere. Ferner, wie Lateinisches t sonst nie aus ursprünglichem d entsteht, so ist es auch in trahere nicht aus d verhärtet. Im Inlaut zeigen quadraginta, quadragies, quadrans, quadratus, quadriduo u. a., dass r ein vorhergehendes t zu d erweichen konnte. Wie soll sich nun wohl im Anlaut die umgekehrte lautliche Erscheinung erklären, dass d vor r zu t verhärtet wird? Meyer's Angabe, im Lateinischen sei durch Einfluss der inlautenden Aspirata eine anlautende Media zur Tenuis verhärtet, ist, wenn man von dem in Frage stehenden trahere absieht, dessen Etymologie erst erwiesen werden soll, durch keine einzige Lateinische Wortform gestützt. Es ist dies nur einer der Fälle, wo derselbe zu gleicher Zeit eine neue Etymologie und ein neues Lateinisches Lautgesetz entdeckt zu haben vermeint. Jenes angebliche Lautgesetz ist der Lateinischen Sprache ebenso fremd als die willkürlich angenommene Verschiebung der Aspiration von dem Inlaut auf den Anlaut. Man könnte vielleicht vermuthen, dass in Sanskr. Wz. drâgh- das d sich aus t verschoben hätte. Aber für den Anlaut sind dafür aus dem Sanskrit keine Beispiele beigebracht worden, sondern nur für den Inlaut (*Benfey, Vollst. Sanskrgr.* S. 131. *Meyer, Z. f. vgl. Spr.* VI, 200 *f.*). Trah-ere ist also weder mit Goth. drag-an noch mit Sanskr. Wz. drâgh- verwandt, führt vielmehr auf eine Wurzelform tragh- zurück. Da ursprüngliches gh im Gothischen durch g wie durch h vertreten sein kann (s. obrn S. 102), so verbinde ich demnach trah-ere mit Goth. threih-an, Alth. threng-la, Alts. thring-an, Ags. thring-an, Abd. dring-an, drang-on, Nhd. dräng-en (*Cfft. Gabel. u. L. Gloss.* p. 25). Im Lateinischen trah-ere wie in den Germanischen Wörtern liegt die Bedeutung „gewaltsam bewegen". Im Lateinischen tritt diese besonders hervor an Stellen wie *Sall. Jug.* 45: Sibi quisque ducere, trahere rapere; *a. O. Cat.* 21: Omnibus modis pecuniam trabunt, vexant. *Plaut. Pers.* III, 3, 6: Procax, rapax, trahax. Bei trahere

denkt man sich die bewegende Kraft vor, bei „drängen" hinter
dem bewegten Gegenstand, „dringen" bedeutet intransitiv „sich
mit Anstrengung bewegen". Also auch in trahere ist das anlautende t vor r nicht aus d entstanden.

Der Wechsel der Anlautsgruppen st, sp, sk in verwandten Wörtern der indogermanischen Sprachen, insbesondere
des Griechischen und Lateinischen ist in neuerer Zeit mehrfach
besprochen worden (*Meyer, Vergl. Gramm.* I, 87 *f. Curtius, Gr.
Et. S.* 626 *f.* 629 *f.* 2. *A. Christ, Griech. Lautl. S.* 114 *f.* 146). Auf
Grund dessen soll hier untersucht werden, in wie fern ein Wechsel
dieser Consonantengruppen für das Lateinische mit Sicherheit angenommen werden kann. Ich habe früher bestritten, dass st im
Lateinischen aus sp hervorgegangen sei (*Krit. Beitr.
S.* 81. 112), sehe mich aber veranlasst, auf Grund einer neuen
Prüfung der Sache diesen Widerspruch aufzugeben und jenen
Lautwechsel in einer Anzahl von Fällen anzuerkennen. Ich
scheide zu dem Zwecke von diesen zunächst eine Anzahl von Lateinischen Wortformen aus, deren anlautendes sp ursprünglich
ist. Dass

spica, spiculum

nichts mit $\sigma\tau\acute{\alpha}\chi\upsilon\varsigma$ zu thun hat, wie Meyer angenommen (*a. O.*
I, 188), hat schon Curtius gesehen, indem er jene Lateinischen
Wörter mit Griech. $\sigma\pi\acute{\iota}\text{-}\zeta\varepsilon\iota\nu$ dehnen von einer Wurzel spi-
herzuleiten geneigt war (*Gr. Et.* II, 264. 1. *A.*). Dies wird bestätigt
durch Altn. spio-t hasta, Ags. spie-to, Ahd. spio-z, speo-z,
Nhd. spie-ss, Ahd. spi-zi, Nhd. spi-tz (*Graff, Althochd.
Sprachsch.* VI, 365 *f. Schade, Altd. Wörterb. S.* 558). In den germanischen Wortformen ist die Wurzel durch ein mit t anlautendes
Suffix weiter gebildet. Nach dem Consonantenverschiebungsgesetz
entspricht demselben ein δ in $\sigma\pi\acute{\iota}\text{-}\zeta\text{-}\omega$ für $\sigma\pi\acute{\iota}\text{-}\delta j\text{-}\omega$. In Lat.
spi-ca, spi-culu-m ist dieselbe Wurzel durch die Suffixe -ca
und -culo weiter gebildet. Dass die Wurzelform spi- auf eine
ältere spa- zurückzuführen ist, wird sich weiter unten ergeben.
Ich muss ferner Curtius beistimmen, wenn er in

spatium

neben Griech. $\sigma\pi\acute{\alpha}\text{-}\delta\text{-}\iota o\text{-}\nu$, $\sigma\pi\acute{\alpha}\text{-}\omega$, Goth. Ahd. spi-nn-an,
Ahd. spa-nn-an, Kirchensl. spe-ti coercere das sp für den
ursprünglichen Laut ansieht, so dass Griech. $\sigma\tau\acute{\alpha}\text{-}\delta\text{-}\iota o\text{-}\nu$ erst aus
$\sigma\pi\acute{\alpha}\text{-}\delta\text{-}\iota o\text{-}\nu$ geworden ist und wie spa-t-iu-m einen „aus-

gespannten, ausgebreiteten" oder „langgezogenen" Raum bedeutet (*Gr. Et. n.* 354. S. 627. 2. A. *vgl. Pott, E. F.* 1, 200). Die Wurzel spa- dieser Wortformen, auf deren Verzweigung ich hier näher eingehen muss, finde ich auch in Ahd. spa-n-an suggerere, agitare, invitare, hortari, spa-n-l-an, spa-n-on, spe-n-on sollicitare, allicere, invitare, spa-n-st illecebrae, suggestio (*Graff, Althochd. Spr.* VI, 348 f. *Schade, Altd. Wörterb.* S. 554, 556), die ein geistiges „Anziehen, Heranziehen" bedeuten; ferner in Altn. spe-n-a arripere, spe-ni mammula, papula, spa-na uber, in sofern an der Brustwarze und dem Euter „gezogen" und gesogen wird (*a. O.*). Im Sanskrit entspricht diesen Altnordischen Wörtern sta-na-s mamma (*Bopp, Gloss.* p. 194), wo sp zu st geworden ist wie in sthīv-a- neben Lat. spu-o (*s. u.* spuo). Mit Ahd. spe-n-on allicere und Altn. spe-nn-a stelle ich daher Sanskr. Wz. stē-n- furari zusammen und stē-n-a-s für (*Westerg. Rad. l. Sanscr.* p. 198). Von der mit n erweiterten Stammform spa-n-, die in den angeführten Germanischen Verbalformen erscheint, stammt Griech. σπά-ν-ιο-ς, σπα-ν-ία, in denen aus der Vorstellung des „langgezogenen", die in Ahd. spi-ni-an am deutlichsten hervortritt, die Bedeutung „dünn, spärlich, Mangel" entstanden ist. Das anlautende s von σπα-ν-ία ist geschwunden in ἠ-πα-ν-ία und zum Ersatz das vorgesetzte a gedehnt; anlautendes s ist ausgefallen und α zu ε geschwächt in πε-ν-ία, πέ-ν-η-ς, πέι-ν-α für πε-ν-ja (*Curt. a. O.*) und mit Vokalverlängerung oder Vokalsteigerung pe-n-uria (*Verf. Krit. Beitr.* S. 458). Was das Suffix des letzteren Wortes anbetrifft, das ich unerklärt gelassen habe, so ist pe-n-ur-ia zunächst geworden aus pe-n-os-ia für pe-n-os-ia mit Verdunkelung des o zu u (*vgl. Krit. Beitr.* S. 522) und dieses ist eine Bildung wie gl-or-ia für clov-os-ia (*a. O. S.* 53. 379). In pa-nnu-s neben spi-nn-au, eigentlich „Gespinnst" ist ebenfalls das anlautende s vor p geschwunden (*a. O. S.* 457).

Im Umbrischen der Tafeln von Iguvium erscheint ein feminines Nomen

spantim, spanti,

das unzweifelhaft einen „abgegränzten Raum" bezeichnet nach dem Zusammenhange der Stellen, wo es vorkommt (*A. K. Umbr. Sprd.* II, 373). Ich schliesse also, dass spa-n-ti von der mit n erweiterten Wurzelform spa-n- mit dem Suffix -ti gebildet ist,

also mit spa-tiu-m genau richtig übersetzt wird an folgenden
Stellen der Iguvischen Tafeln:

III, 32. 33: Tuva tefra spantimar prusekatu,
    Duo —a ad spatium prosecato.
III, 34. 35: Etrama spanti tuva tefra prusekatu,
    Ad alterum spatium duo —a prosecato
IV, 2: Tertiama spanti triia tefra prusekatu,
    Ad tertium spatium tria —a prosecato.

Spa-n-ti- bezeichnet also wie lat. spa-tiu-m einen „lang-
hingezogenen, langgestreckten, ausgedehnten" Raum. Im Althochdeutschen bezeichnet spa-n einen kleinen Speer als „langgedehn-
tes, längliches" Werkzeug (*Graff. Althochd. Sprach.* VI, 338); von
der einfachen Wurzel spa- stammt Griech. σπά-θη, Romanisch
spa-da Schwert (*Diez, Etymol. Wörterb. d. Rom. Spr. I, 389*).
Die erweiterte Wurzelform spa-n mit Ablautung des Wurzelvokals a zu o und dem Suffix -da zeigt sich in

   sponda,

das die Seitenbalken oder Seitenbretter der Bettstelle bezeichnet,
insofern dieselben an der langen Seite der Bettstelle „sich ausdehnen" oder „ausgespannt sind". Das Neuhochdeutsche spi-n-de
bedeutet ebenfalls eigentlich ein „ausgespanntes Brettergerüst",
daher einen Schrank. Im Griechischen bezeichnet σπο-ν-δ-ύλη
ein Faden „spinnendes" Insekt, im Neuhochdeutschen spi-n-d-el
das „spinnende" Ding am Spinnrade.

Pandere, pandus, Pandus, Panda, Empanda
habe ich früher aus pant-do- von Wz. pat in pat-ere erklärt
(*Krit. Beitr. S.* 115). Allein der Nasal bleibt doch bei dieser
Etymologie auffallend. Ich gebe jetzt der einfacheren Erklärung
den Vorzug, dass pa-n-du-s, pa-n-d-ere durch Schwinden
des anlautenden s vor p aus *spa-n-du-s, *spa-n-d-ere
entstanden sind, wie das anlautende s von parcus, parcere,
picus, pica, pituita, penuria, pollet, pellere, pollen,
polenta, pius, populare, palpare, palpitare, palpebra,
pannus vor folgendem p weggefallen ist (*Verf. Krit. Beitr. S.* 457 *f.*).
*Spa-n-du-s ist dieselbe Bildung wie das eben besprochene
spo-n-da von der Wurzelform spa-n- In Ahd. spa-nn-an,
Umbr. spa-n-ti Raum als „ausgespannter, ausgedehnter, ausge-
breiteter". Hierzu stimmt die Bedeutung von pa-n-d-u-s „aus-

geleitet" und pa-n-d-ere „ausbreiten" offenbar viel besser als zu pat-ere offen sein. Das Verbum

spondere

ist abgeleitet worden mit Sanskr. chand-a-s Lust und chad-ajā-mi, mache mich gefällig von Wz. skand- (*Meyer, Vergl. Gramm.* II, 30. *Schweitzer, Z. f. vergl. Spr.* XIV, 147). Die Bedeutung jener Sanskritwörter liegt nun aber in spoud-ere nach Römischem Sprachgebrauch durchaus nicht. Spondere bedeutet in der Rechtssprache „eine Rechtsverbindlichkeit eingehen", wie sie durch contractus, pactum, stipulatio, fideiussio, pax, matrimonium eingegangen wird. Sponsor ist derjenige, der sich für einen andern „verbindlich macht", sponsores in foedere sind die Gewährsmänner, die sich verbindlich machen für den Bundesvertrag; ex sponsu agere ist gleichbedeutend mit ex stipulatu agere, auf Grund einer Rechtsverbindlichkeit zur Zahlung einer Summe vor Gericht verhandeln oder verfahren; sponsio bedeutet im weiteren Sinne so viel wie stipulatio, obligatio, im engeren juristischen Sinne die gerichtliche Wette, das heisst die von einer Partei der andern gegenüber vor dem Prätor eingegangene „Rechtsverbindlichkeit", im Fall sie verliert, eine bestimmte Summe zu zahlen (*Fr. L. v. Keller, Der Römische Civilprocess*, S. 99 f. 2. A.); daher bedeutet denn auch sponsio solches Wettgeld selbst. Daher stammen die Ausdrücke der Rechtssprache sponsionem facere, sponsione provocare, sponsione lacessere, sponsione se defendere, ex sponsu agere, und facere pacem per sponsionem bedeutet Frieden schliessen mittelst Rechtsverbindlichkeit gewisser Personen, auf deren Gewährleistung hin; nomina eorum qui spoponderunt sind die Namen derjenigen, welche Gewähr geleistet haben. Auch sponsa bedeutet nicht amata sondern pacta, promissa in matrimonium, die „rechtsverbindlich angesagte Frau" und erst daher Braut. Den Römern galt die Ehe als ein Rechtsverhältniss und nicht als Sakrament oder als ewiger Bund gleichgestimmter Seelen, und mit Romanliebe befassten sich diese praktischen und thatkräftigen Menschen sehr wenig.

Auch in

sponte, spontis,

liegt die Bedeutung „aus Lust, gern" keineswegs; es bedeutet immer nur „Antrieb". *Cels.* I, 1: Sanus homo qui et bene valet et suae spontis est; hier bedeutet qui — suae spontis est: der seinem eigenen Willenstrieb folgt, seiner mächtig, selbständig, sui iuris ist. Antrieb, Willenstrieb bedeutet das Wort auch in Verbindung mit Genitiven wie sponte litigatorum, incolarum, ducum, dei, deorum. Wenn mea, tua, sua sponte etwas ähnliches wie „gern, freiwillig" bedeuten, so liegt das nur in den beigefügten possessiven Pronominalformen. Sponte allein mit Auslassung derselben gehört dem Sprachgebrauch der Dichter und der nachaugusteischen Prosaiker an.

Ich halte daher die Ableitung der Wörter spo-n-d-ere und spo-n-te von Sanskr. chand-a-s, ćbad-a-jāmi für verfehlt, leite dieselben vielmehr mit spo-n-da, Umbr. spa-n-ti-, Ahd. spa-nn-an, spa-n-an von der mit n erweiterten Wurzelform spa-n-. Im Deutschen sind „spinnen" und „spannen" vielfach im Sprachgebrauch auf das geistige Gebiet übertragen in Ausdrücken wie „Pläne spinnen, Verhältnisse anspinnen, nichts ist so fein gesponnen, geistige Spannung, Anspannung, Abspannung, gespannte Aufmerksamkeit". Im Lateinischen sind tendere, intendere, attendere, contendere ebenso auf das geistige Gebiet übertragen weit und breit in der Sprache gebräuchlich. Wie spo-n-da ein „ausgespanntes" Brett, $\sigma\pi o\text{-}\nu\text{-}\delta\text{-}\dot{\nu}\lambda\eta$ ein „spinnendes" oder eingesponnenes Insekt, so kann ein Nominalstamm spo-n-do- jedenfalls etwas geistig „angespanntes, angesponnenes, beabsichtigtes, vorgenommenes" bedeuten wie intentum, intentio, und das von demselben abgeleitete denominative Verbum spo-n-d-ere „etwas geistig angespanntes oder angesponnenes machen", intentum agere, daher insbesondere „ein Rechtsverhältnis anspinnen, eine Rechtsverbindlichkeit eingehen oder schliessen". So bedeutet contendere eigentlich „anspannen", dann contendere in iudicio cum aliquo „einen Rechtshandel mit Jemandem anbinden" oder ausfechten. Da die Erfüllung der Rechtsverbindlichkeit der Zukunft angehört, so konnte spondere natürlich zu der Bedeutung „angeloben, versprechen" kommen wie obligare, pacisci sich verbindlich machen, sich verpflichten zu demselben Sinne gelangen.

Der Nominalstamm spo-n-ti-, nur erhalten im Abl. spo-n-te und im Gen. spo-n-ti-s, entspricht in der Form seiner Bildung am nächsten dem Umbrischen spa-n-ti- und dem Althochdeutschen spa-n-s-t, dessen n eingeschoben ist wie in bru-n-s-t, ku-n-s-t, gu-n-s-t u. a. Auch in der Bedeutung stimmt Lat. spo-n-te, spo-n-ti-s genau zu Ahd. spa-n-s-t und ga-spa-n-s-t, die Wortformen beider Sprachen bedeuten „Antrieb, Anreiz", animi intentio.

Für das Althochdeutsche spa-n-an werden auch die Bedeutungen suggerere, insinuare, favere, für spa-n-s-t, ga-spa-n-s-t suggestio angeführt (*Graff, Althochd. Spr. VI, 339, 341, 342*). Aus der Grundbedeutung „strecken, ziehen" in der Wurzel spa-, spa-n- ist in diesen Wörtern die Bedeutung „hinstrecken, hinreichen, darreichen" entstanden. Diese Bedeutung von Ahd. spa-n-an erscheint in Griech. σπέ-ν-δ-ειν „darreichen, darbringen" den Göttern, insbesondere Trankopfer, das sich in der Form nahe an Lat. spo-n-da, spo-n-d-ere anschliesst, und σπο-ν-δα-ί das „dargereichte" Trankopfer, daher „Bündniss", das mit demselben besiegelt wird.

Die Bedeutungen der besprochenen Wörter haben sich also folgendermassen entwickelt. Die ursprüngliche Bedeutung der Wurzel spa- „strecken, ziehen" erscheint in σπά-ω, σπα-σ-μό-ς, Altn. spe-ni Brustwarze, spa-na Euter, Sanskr. sta-na-s; die Bedeutung „lang ziehen" in Ahd. spa-n Speer, spi-nn-an spinnen, Griech. σπο-ν-δ-ύλη spinnendes Insekt, Nhd. spi-n-d-el, und daher „dünn, spärlich, mangelhaft machen" in Griech. σπά-ν-ι-ς, σπα-ν-ί-α, σπά-ν-ιο-ς, πέ-ν-ία, πέι-να, pe-n-ur-ia; die Bedeutung „ausziehen, ausstrecken, ausbreiten" in Griech. σπά-δ-ιο-ν, στά-δ-ιο-ν, Lat. spa-t-iu-m, Umbr. spa-n-tl-, Lat. pa-n-dere, pa-n-du-s, Pa-n-du-s, Pa-n-da, Em-pa-n-da, Lat. spo-n-da, Nhd. spi-n-de; die Bedeutung „straff ziehen, anspannen, anstrengen" in Ahd. spa-n-an, Kelsd. spp-ll coercere, Lat. spo-n-d-ere Rechtsverbindlichkeit anknüpfen oder eingehen, spo-n-te, spo-n-ti-s Willensregung, Antrieb, Ahd. spa-n-s-t Antrieb, Anreiz; die Bedeutung „an sich ziehen, an sich nehmen" in Ahd. spa-n-an, spa-n-on, spe-n-on allicere, Altn. spe-nn-on arripere, Sanskr. sta-na-s Dieb; die Bedeutung „hinstrecken, darreichen" in Ahd. spa-n-an, spa-n-s-t, Griech. σπέ-ν-δ-ειν, σπο-ν-δα-ί.

Wenn nun Lat. spl-enlu-m, spl-ea, Altn. spiu-t Spiess, Ahd. spl-al, Nhd. spl-tz neben Griech. σπί-ζ-ειν dehnen

„langgestreckte Dinge" bezeichnen wie Ahd. spa-n Speer, spa-na Spange, Griech. σπά-θη, Roman. spa-da, so ist klar, dass sich die Wurzelform spi- in jenen zur Wurzel spa- in diesen Wörtern verhält wie die oben besprochenen Wurzeln Sanskr. ski- zu ska- wie Wzl. pī- trinken zu pā- trinken (*Curt. Gr. Et. n.* 371. 2. *A.*). Dass in Lat.

specere, spectare, specus, specula, speculum, verglichen mit Sanskr. spaç-a-s Späher, paç-jā-mi video, Ahd. speh-on, speh-a, speh-ari, sp der ursprüngliche Anlaut war, und im Griechischen σκέπ-τυ-μαι, σκοπ-ή, σκόπ-ο-ς Umstellung des κ und π stattgefunden hat (*Curt. Gr. Et. n.* 111. 2. *A.*), ist auch mir einleuchtend. Ursprüngliches sp ist ferner erhalten in

spuere, spuma,

verglichen mit pi-tu-i-ta, Griech. πτύ-ω, Ahd. spiuv-an, spi-unga, Nhd. spei-en (*Graff, Althochd. Spr.* VI, 364 f. *Schade, Altd. Wörterb. S.* 658), Lit. spiau-j-u Speichel, Kchslav. pljuv-q (*Curt. a. O. n.* 382. *Walther, Z. f. vgl. Spr.* XII. 400), während Sanskr. sthiv-ā-mi sp zu st umgelautet hat wie Sanskr. sta-na-s neben Altn. spa-na-s Brustwarze, stena-s Dieb neben Altn. spa-nn-an arripere.

Im Folgenden sind nun die Fälle in Betracht zu ziehen, in denen anlautendes st Lateinischer Wörter aus sp hervorgegangen ist. Walther stellt

consternare, exsternare

zusammen mit Griech. πτύρ-ειν „scheu machen", das er aus *σπυρ-ειν entstehen lässt (*a. O.*). Con-ster-n-are erscheint im Sprachgebrauch in der Bedeutung „aufstacheln, aufreizen, zum Beispiel zum Aufruhr, scheu machen, erschrecken, in Verwirrung setzen" zum Beispiel durch Geschrei oder durch Geschosse. Ex-ster-n-are wird für gleichbedeutend mit con-ster-n-are erklärt, *Non. p.* 74 G: Exsternavit ut consternavit id est „dementem fecit", Catulus: „A misera, assiduis quam luctibus exsternavit Spinosas Erycina ferens in pectore curas!" Mit ster-n-ere ausbreiten, hinstrecken, con-ster-n-ere belegen, bedecken mit, auf dem Boden ausbreiten, haben con-ster-n-are und ex-ster-n-are in der Bedeutung nichts gemein. Walther's Zusammenstellung findet ihre Bestätigung durch die Althochdeutschen Wörter spor-o calcar, spor-n-an, spur-n-an calcìrare, bi-spur-n-an offendere, far-spur-n-au offendere, spur-n-ida offenso, scandalum, spir-n-eda scandalum (*Graff, Althochd. Spr.* VI, 357 *f.*). Wortformen, in denen die Grundbedeutung „aufreizen, anstacheln, aufstacheln" ersichtlich ist wie in con ster-n-are, ex-ster-n-are. Im Lateinischen ist hier also die Wurzelform ster- durch Umschlag eines anlautenden sp in st entstanden, im Griechischen πτύρ-ειν ist das anlautende σ abgefallen und zu π das verstärkende τ hinzugetreten wie in πτόλ-ι-ς, πτόλε-μο-ς, im Althochdeutschen haben die Wurzelformen spor-, spur-, spir- das anlautende sp unversehrt erhalten. Wie -ster-n-are zu πτύρ-ειν verhält sich in Bezug auf den Anlaut

sternuere

zu πτάρ-νυ-σθαι (*Walther*, a. O.). Bekanntlich ist das Niesen eine Nervenerschütterung, die aus einem kribbelnden Nervenreiz in der Nase entsteht. Daraus schliesse ich, dass in jenen Wörtern, welche „niesen" bedeuten, die Bedeutung „anreizen, anstacheln, erschüttern" zu Grunde liegt wie in -ster-n-a-re und πτύρ-ειν, dass also diese mit ster-n-u-ere, πτάρ νυ-σθαι verwandt sind. Die Nervenerschütterung eines Niesenden hat viel Aehnliches mit der Nervenerschütterung eines schreckhaft zusammenfahrenden Menschen. Man darf also schliessen, dass alle diese Wörter von einer gemeinsamen Wurzel spar- abstammen. Eine solche findet sich in Sanskr. Wz. sphur-, spharmicare, tremulum, crispantem esse, vibrari, pruire (*Westerg. Rad. l. Sanscr.* p. 247) entstanden aus spar- (*vgl. Krit. Beitr. S.* 309, 319). In dieser Wurzel ist die Bedeutung „hin und her bewegen, schwingen, schüttern, zittern" die ursprüngliche, aus der die verzweigte „aufregen, aufreizen, erschüttern, erschrecken, scheu machen" in -ster-n-are und πτύρ-ειν hervorgegangen ist, aus der sich auch ster-nu-ere, πτάρ-νυ-σθαι als „Reiz, Erschütterung der Nerven" erklärt. Nach den bisher gefundenen Beispielen des Umschlags von anlautendem sp in st muss ich auch meine früher gegebene Zusammenstellung von

studere

mit Griech. στεῦ-το (*Krit. Beitr. S.* 112) als irrig zurücknehmen und die Verwandtschaft des Wortes mit σπευδ-ειν (*Pott, E. F.* I, 230. *Curt. Gr. Et. S.* 627. 2. *A. Walther, Z. f.*

vgl. Spr. XII, 409) anerkennen. Dass sp auch hier der ursprüngliche Anlaut war, dafür sprechen die Althochdeutschen Wortformen spuo-an, spu-on succedere, bene procedere, spuo-t provectus, celeritas, spuo-ti celer, spuo-t-on accelerare, spuo-t-ig velox, efficax u. a. (*Graff, Althochd. Spr.* VI, 317 *f.*), auf die schon Kuhn hingewiesen hat (*Z. f. vgl. Spr.* III, 324). In stu-d-ere wie in σπευ-δ-ειν gehört das d dem Suffix an, wie Ahd. spu-on zeigt, und stu-d-ere ist ein denominatives Verbum vom Nominalstamme stu-do- wie Ahd. spuo-t-on von spuo-ti.

Stinguere, exstinguere
ersticken, verlöschen sind von Meyer zusammengestellt mit Griech. πνίγ-ειν ersticken (*Vergl. Gramm.* I, 188. *Walther, a. O.*), so dass also beide Wörter von der Wurzelform sping- ausgegangen wären. Wegen der Germanischen Wortform Ahd. stigg-an stossen, bi-stiggu-an anstossen, anprellen, ar-stich-an ersticken, die in Form und Bedeutung zu Lat. stingu-ere stimmen, habe ich bisher jene Zusammenstellung mit Curtius für unrichtig gehalten (*Krit. Beitr.* S. 67. *Curt. Gr. Et.* S. 630. 2. *A.*). Dass stingu-ere, ex-stingu-ere, die in Verbindung mit Objecten als colorem, ignem, radios sollis erscheinen, von di-stinguere zu trennen sind, das zu Griech. στίζ-ειν, στιγ-μή, Sanskr. tig-ma-s stechend, teg-aja-mi schärfen, Goth. stigg-an, Ahd. sting-an stechen u. a. gehört, ist von Curtius mit Recht geltend gemacht worden (*a. O.* I, n. 266). Dass aber πνίγ-ω mit πνί-ω, πνεῦ-μα in Verbindung stehe und von der Grundvorstellung „ich mache schnaufen" ausgehe (*a. O. n.* 370. S. 630), dafür finde ich keinen genügenden Anhaltepunkt in der Bedeutung, und von Seiten der Form erregt das γ von πνίγ-ω entschieden Bedenken gegen diese Vermuthung. Da nun im Lateinischen auch sonst anlautendes sp in st übergeht, da im Griechischen anlautendes σ vor π abfällt, da im Deutschen st neben Griech. ψ für σπ und Slav. sk erscheint (*s. unten* sturnus), wahrscheinlich auch in Goth. ste-l-an, Ahd. ste-l-an, sta-la verglichen mit Sanskr. Wz. stu-p- furari, stê-na-s Dieb und mit Altn. spe-nn-a an sich reissen, Ahd. spa-n-ian, spa-n-on, spon-on allicere, das anlautende st aus sp hervorgegangen ist, so steht kein lautliches Bedenken im Wege, weshalb nicht bei der völligen Uebereinstimmung in der Bedeutung Ahd. stigg-an,

ar-stich-an, Nhd. er-stick-en, Lat. stingu-ere, ex-stingu-ere, Griech. στίγ-ειν aus einer gemeinsamen Wurzel spig-, sping- hervorgegangen sein sollen. Ich stimme also der Ansicht von Meyer und Walther bei *).

Abfall des anlautenden s vor t hat in nicht wenigen lateinischen Wortformen stattgefunden, so in temetum, temulentus, tegere, tegula, toga, tondere, tonus, tonare, tonitrus, tonitru, tonitruum, taurus, tueri, tergere, torpere, turdus, turba, turbo, turma, tibia, truncus (*Verf. Krit. Beitr. S.* 435—442). Es ist also kein Grund vorhanden zu bezweifeln, dass

turgeo

mit Abfall des anlautenden s aus *sturg-eo und dieses aus *spurg-eo entstanden sei, mithin dem Griech. σπαργ-άω entspreche (*Meyer, Vergl. Gr.* I, 188. *Curt. Gr. Et. S.* 630. 2. *A.*).

Trux

habe ich herzuleiten versucht von Sanskr. Wz. tarh-, trahinterficere, occidere (*Krit. Beitr. S.* 148). Schweizer wendet mit Recht dagegen ein, ich habe das Verhältniss des c in dem Lateinischen Worte zu dem h jener Sanskritwurzel nicht bestimmt (*a. a. O. S.* 308). Zwar erscheint auch im Sanskr. hṛd neben Lat. cor, Griech. καρδ-ία im Sanskrit h statt des ursprünglichen k,

---

*) Walther setzt eine Lateinische Verbalform strictare für *strictare an, die er mit Griech. κλάσσειν zusammenstellt (*Z. f. vergl. Spr.* XII, 409). Mit der handschriftlichen Gewähr eines Wortes strictare oder strictare sieht es nun aber sehr schwach aus. Dasselbe erscheint allerdings im Müller'schen Text des Varro, *L. L.* VII, 65, in der Form strictare. An dieser Stelle wird ein Vers des Plautus citirt, in dem ein Nomen strictabillae vorkommt, das von Varro erklärt wird, a. O.: Strictabillas a strictilandos strictare ab eo qui stiolt negre. Für die zu erklärende Wortform giebt nun aber die Florentiner Handschrift, die von hervorragender, fast ausschliesslicher Wichtigkeit für Varro ist, die Lesart scriticabillas und für strictilando, strictare bieten andere Handschriften die Lesarten scrutillando, seltare, Lesarten, welche darauf hindeuten, dass die idr in Rede stehenden Wortformen mit se anlauteten. Dasselbe Vers des Plautus, den Varro an der angeführten Stelle citirt, findet sich bei *Gellius* III, 3, 6 mit der Schreibweise stritivillae und bei *Nonius* p. 115 Gerl. lautet das Wort striciivella». Bei dieser Unsicherheit der handschriftlichen Ueberlieferung ist es rathsam, die vorstehenden Wortformen in der hier geführten Untersuchung aus dem Spiele zu lassen.

das wahrscheinlich erst in k h überging; aber im Auslaut der Wurzeln ist sonst Sanskr. h für g h stets durch Lat. g oder h vertreten. Ueberdiess passt auch die Bedeutung „tödten" nicht besonders zu trux. Walther hat trux mit Griech. σπαράσσω zusammengestellt, so dass es also aus *sprux entstanden wäre (Z. f. vgl. Spr. XII, 409). Das ist zwar lautlich möglich; aber die Verschiedenheit der Bedeutung beider Wörter spricht vernehmlich dagegen. Σπαράσσω bedeutet „zerreissen, zerfleischen, auseinander zerren, zupfen"; trux findet sich vielfach verbunden mit vultus, facies, adspectus, oculi und bedeutet dann „rauh, trotzig, wild" von Aussehen. Es bezeichnet keineswegs an sich etwas hässliches, wie die truces et caerulei oculi zeigen, die Tacitus von den Germanen erwähnt. Auch wo trux nicht vom Aussehen, sondern von anderen Dingen oder Beziehungen gesagt wird, bedeutet es „rauh, trotzig, wild, hart, streng", aber niemals „zerreissend, zerfleischend" oder etwas dem ähnliches. Trucidare muss hierbei ganz aus dem Spiele bleiben, wie weiter unten erhellen wird. Ich verbinde daher trux mit Ahd. strab- rigidus (*Graff*, Althochd. Spr. VI, 790. *Schade*, Altd. Wörterb. S. 570) und mit storch-an-en, ga-storch-an-en obrigere, ar-storch-an-en gelidum fieri (*Graff*, a. O. VI, 721. *Schade*, a. O. S. 569), so dass truc-s für *struc-s insbesondere den „starren, harten" Ausdruck in Augen, Gesicht und Mienen bezeichnet. Mit storch-an-en habe ich auch torp-ere zusammengestellt (s. oben S. 71. vgl. Krit. Beitr. S. 438). Es fragt sich nun, wie

trucidare

zu erklären ist, wenn die von mir früher versuchte Erklärung für das Wort wie für trux (a. O.) unhaltbar ist. Trucidare bedeutet keineswegs dasselbe wie Griech. σπαράσσειν: laniare, dilaniare, lacerare, dilacerare, dirumpere, divellere, auch nicht vexare. Nach dem Lateinischen Sprachgebrauch ist der eigentliche Sinn des Wortes „abschlachten wie der Metzger das Vieh". Diese Bedeutung liegt aber von trux „starr, hart, wild, trotzig" doch weit ab. Wie sollte ferner trucidare aus trux entstanden sein? Nach der Analogie von form-id-o, form-id-are (*Verf.* Krit. Beitr. S. 171) könnte man vielleicht annehmen, vom Stamme truc- sei ein Verbum *truc-ēre oder *truc-ire gebildet und von diesem eine Adjectivform truc-i-do-, von der truc-i-d-are ein Denominativum wäre. Aber auf diese Weise gelangt man für ein solches Verbum zu einer Bedeutung „hart, wild, trotzig machen", aber nicht zu „abschlachten". Daraus ist zu folgern, dass tru-cid-are von trux zu trennen und ein Compositum ist. Ich habe trunc-u-s „Stummel", dessen Verwandtschaft mit Griech. στελεχ-νό-ς für *στλεχ-νό-ς schon die älteren Lexicographen angenommen haben, nicht erst L. Meyer, mit Nhd. strunk, Ahd. struch, Nhd. strauch zusammengestellt (*Krit. Beitr. S.* 147. 439). Da das n in trunc-u-s, trunc-are kein etymologisch wesentlicher Bestandtheil ist, so ist man läutlich berechtigt, den Wortbestandtheil truc- in tru-cid-are unmittelbar mit trunc- in jenen Wörtern zusammenzustellen. Ein Verbum truc-id-are könnte allerdings vom Stamme trunco-, truco- gebildet sein wie form-id-are vom Nominalstamme formo- (*Verf. Krit. Beitr. S.* 171) und den Sinn „verstümmelt machen" erhalten. Die gewöhnliche Bedeutung „schlachten, abschlachten, hinschlachten, niedermetzeln" in tru-cid-are setzt aber doch die Vorstellung des „Schneidens, Hauens" sehr bestimmt voraus. Ich glaube daher, dass das denominative Verbum tru-cid-are zunächst gebildet ist vom zusammengesetzten Nominalstamme tru-cid-a-. Dieser aber entstand aus truci-cid-a-, wie lapi-cid-a aus *lapidi-cid-a, wie homi-cida aus *homini-cida, wie sangui-sug-a, stipend-iu-m, cor-dol-iu-m, veni-fic-iu-m aus *sanguiisug-a, *stipi-pend-iu-m, *cordi-dol-iu-m, *venenific-iu-m, indem in diesen Compositen die Wiederholung mehrerer gleich oder ähnlich lautender Silben mit dem Vokal i durch Ausstossung der letzten Silbe des ersten Compositionsgliedes vermieden wurde. Tru-cid-are für *truci-cid-are bedeutet also „einen Stummel schneiden, hauen, zum Stummel hauen, schneiden", daher „verstümmeln, niederhauen, schlachten, abschlachten".

Weiter fragt sich nun, ob auf dem Gebiete der Lateinischen Sprache nicht auch st aus sc, sk hervorgegangen sein kann. Dass

stercus

nicht mit Griech. σκώρ, sondern mit Nhd. dreck zusammengehört (*Verf. Krit. Beitr. S.* 81), hat schon vor mir Meyer geselten (*Z. f. vgl. Spr.* VIII, 303. *Götting. Gel. Anz.* 1859, S. 469. 1864, S. 380), was ich hier nachzutragen nicht versäumen will. Für

sturnus

Ahd. star-a, Ags. stear-n, Griech. ψάρ für *σπαρ, Böhm. škor-ec nimmt Curtius das sk der Slavischen Wortform als den ursprünglichen Anlaut an (*Gr. Et.* I, n. 521. vgl. S. 633, 2. A.). Da diese Wörter doch unzweifelhaft wurzelverwandt sind, da im Lateinischen anlautendes st aus sp entsteht, p aber aus c, k umschlagen konnte, so wüsste ich nicht, was von Seiten der Lateinischen Lautlehre gegen Curtius' Auffassung einzuwenden wäre. Ist aber dieselbe richtig, so wird man auch die Zusammenstellung von

talpa

für *stalpa und Griech. σπάλαξ, σπάλοψ Maulwurf (*Curt. Gr. Et.* I. n. 106. S. 626. 2. A.) nicht bestreiten können, also das anlautende t, zunächst entstanden aus st, als Rest der ursprünglichen Anlautsgruppe sk auffassen müssen. Hingegen kann ich der Vermuthung von Curtius nicht beistimmen,

talla

carpae putamen gehe auf Wz. skal- in Nhd. schal-e zurück (*a. O.* S. 630. 2. A.). Neben talla und talia (*Fest.* p.359. M.) stehen im Lateinischen talea und talcola „Setzreis, Pfropfreis" und inter-taliare „einschneiden", von dem es bei Nonius heisst, p.281 G: Taleas scissiones lignorum vel praeseguinas Varro dicit de lle rustica lib. I: (nam etiamnunc rustica voce Intertallare dicitur dividere vel excidere ramum) „ex utraque parte aequabiliter praecisum, quas alii clavolas alii taleas appellant" (*vgl. Varr. R. R.* I, 40). Bei den Feldmessern bedeutet taliatum: scissum und taliatura: scissura, und von talea stammt Span. talla, Ital. taglia, Franz. taille „Schnitt, Einschnitt" (*Diez, Etym. Wörterb. d. Romm. Spr.* I, 405). Ich schliesse daraus, dass auch talla eigentlich „Schnitzel" bedeutet und aus talia entstanden ist, indem sich lj zu ll assimilierte (*Verf. Krit. Beitr.* S. 307 f.). Lateinisches sp für sk erscheint ferner in

spollum

neben Griech. σκῦ-λο-ν von Sanskr. Wz. sku- tegere (*Curt. Gr. Et.* n. 138. S. 626. 2. A.).

Die vorstehende Untersuchung hat also ergeben, dass st aus sp entstanden ist in consternare, exsternare, sternuere, stindere, stinguere, exstinguere und von dem so entstandenen st auch noch das s abfiel in turgere, dass st aus sk hervorgegangen ist in sturnus und dass von dem st dieses Ursprungs das s schwand in talpa. Für den Uebergang von sc in sp hat sich spolium als Beleg gefunden. Niemals aber ist st zu sp oder sk geworden, und das hat seinen guten Grund. Der Uebergang von sp und sc in st ist eine theilweise Assimilation der Laute, indem der dentale Zischlaut s sich in einer Anzahl von Fällen den ihm folgenden labialen oder gutturalen Laut zum dentalen t assimilierte. Dass sich auch für ein Umschlagen eines sp in sc für das Lateinische kein Beispiel gefunden, hat ebenfalls seinen guten Grund, da c im Lateinischen niemals aus p hervorgegangen ist (s. oben S. 71 f.). Uebrigens ist diese Assimilation von anlautendem sp und sc zu st ein verhältnissmässig seltener Lautwechsel geblieben. Die Lateinische Sprache besitzt in runder Summe angegeben etwa drittehalb hundert Wortformen mit dem Anlaute sc, etwa ebenso viele, die auf st anlauten und etwa einige zwanzig bis dreissig weniger mit dem Anlaut sp. Auch das Schwinden des anlautenden s vor t, c und p (*Verf. Krit. Beitr, S*. 435 *f.* 442 *f.* 457 *f.*) ist nicht häufig im Verhältniss zu der Anzahl von Wortformen, in denen die Anlautsgruppen sc, sp, st gewahrt sind.

Die Behauptung, dass im Lateinischen von der Anlautsgruppe st das t geschwunden sei, und Ebel's Annahme, dass

signum

aus *stig-nu-m entstanden sei, habe ich schon früher bestritten (*Krit. Beitr. S.* 82). Derselbe hat seitdem jene Etymologie selber aufgegeben und ohne Notiz zu nehmen von meiner Erklärung, eine neue Ableitung des Wortes versucht (*Z. f. vgl. Spr*. XIV, 156). Er sieht nämlich in sig-nu-m das Sanskr. saṅ-gñā Erkenntniss, Erkennungszeichen, Zeichen. Sig-nu-m soll also aus *sin-gnu-m entstanden sein, indem das sin- dasselbe Wort sei wie in Lat. sin-guli, sin-cerus, sim-plex, das -gnu-m aber dasselbe wie das -gnu-s in beni-gnu-s, mali-gnu-s, in dem Ebel mit Benfey (*Z. f. vgl. Spr*. VIII, 75) eine Nominalbildung von Sanskr. Wz. g̃ñā-, Lat. gnō- in co-gno-scere, ad-gno-scere, l-gno-scere annimmt. Dass diese Annahme falsch ist, zeigen eine Anzahl von Compositen, deren zweiter Bestandtheil -gnu-s, -gna ist. So zuerst bi-gna, das erklärt wird, *Fest.* p. 33 *M*: Bignae geminae dicuntur, quia bis una die natae sunt. Es erhellt also, dass das Wort hier „zwiegeboren" bedeutet und der zweite Bestandtheil desselben -gn-a desselben Ursprungs ist wie das -gen-a in Indi-gen-a, von dem es sich nur durch Einbusse des Wurzelvokals e unterscheidet, also mit gen-ui, gen-s, gen-us u. a. von Wz. gan- stammt. Privi-gn-u-s ist privi genitus eines einzelnen Kind (*Verf. Z. f. vgl. Spr.* III, 284. V, 453). Selbst Ebel erklärt hier den zweiten Bestandtheil des Compositum -gn-u-s für gen-itu-s, während er das privi unrichtig mit Sanskr. pur-va-s zusammenbringt (*a. O.* V, 439). Das -gn-u-s ist hier nur durch den Ausfall des Wurzelvokals verschieden von dem -gen-o-s in oeni-gen-o-s (*Fest.* p. 195 *M.*). Und so findet sich denn in einer Inschrift auch in der That die Form privigeno (*Renier, I. Rom. de l'Algér.* n. 710). Abie-gn-u-s, als Adjectivum zu trabs, scobs u. a. gesetzt, bedeutet „von der Fichte entsprossen", enthält also dasselbe -gn-u-s wie privi-gn-u-s. Deni-gn-u-s ward von Verrius Flaccus erklärt, *Fest.* p. 33 *M*: Denignus ex bono et gignendo. Es ist nicht der mindeste Grund vorhanden, in beni-gn-u-s, mali-gn-u-s das -gn-u-s für etwas anderes zu halten als in pri-vi-gn-u-s, abie-gn-u-s und das -gn-a in bi-gn-a. Jene Wörter bezeichnen niemals im Lateinischen „Gutes erkennend, Böses erkennend" oder „gut erkennend, schlecht erkennend". Beni-gn-u-s bedeutet eigentlich „von einem Guten gezeugt", mali-gn-u-s „von einem Schlechten gezeugt", daher „von gutem Stamm, von schlechtem Stamm", dann von der Geburt auf den Charakter übertragen „gutartig, bösartig, gutgesinnt, bösgesinnt". Also durch diese beiden Wörter erhält die Annahme, in sig-nu-m sei ein -gnu-s von Wz. gnā-, Lat. gnō- vorhanden, keine Stütze, sie wird somit unhaltbar und damit auch die ganze auf dieselbe gebaute Etymologie Ebel's hinfällig. Ich sehe also keinen Grund, meine Zusammenstellung von sig-nu-m mit Lat. sag-us, sag-ax, sag-ire, seg-ni-s, Goth. in-sak-an anzeigen, in-sah-t-s Anzeige (*a. O.*) irgend in Zweifel zu ziehen. Denn von derselben keine Notiz nehmen heisst nicht sie widerlegen.

Alle Annahmen, die darauf hinauslaufen, dass im Lateinischen das t von den auf -nt auslautenden Stämmen abfiele, entbehren der Begründung. Die Lateinische Sprache wahrt das auslautende -nt ihrer Participialstämme fester als das Sanskrit und das Griechische. Es kennt nicht den regelmässigen Wegfall des n derselben in bestimmten Casusformen wie das Sanskrit, sondern zeigt zum Beispiel tund-ent-is, tund-ent-i, tund-ent-es, tund-ent-ium neben Sanskr. tud-at-as, tud-at-ê, tud-at-as, tud-at-âm; es kennt nicht Entstellungen der Femininformen regelmässiger Participien wie die Griechischen auf -ασ-α, -εισ-α, -ουσ-α für -αντ-jα, -εντ-jα, -οντ-jα, wenn sich auch in Namen Spuren ähnlicher Assibilation gefunden haben (*Verf. Krit. Beitr.* S. 469 *f.*). Die Lateinische Sprache hat nicht solche abgestumpfte Nominativformen von Participialstämmen auf -nt wie Sanskr. tud-an, Griech. φέρ-ων, sondern sie wahrt in tund-en(t)-s, fer-en(t)-s u. s. das s des Nominativs. Selbst wenn also auch im Sanskrit bis zur evidenten Gewissheit erwiesen worden wäre, dass jedes Suffix -an, -van, -man aus -ant, -vant, -mant entstanden wäre, was ganz und gar nicht der Fall ist (*vgl. Pott, E. F.* II, 535. 2. *A.*), so dürfte man eine solche specielle Verderbniss des Sanskrit doch nicht so ohne weiteres auch für die Lateinische Sprache annehmen, die in ihren Participialformen den sprechenden Beweis liefert, dass sie im Auslaut der Stämme das -nt zäher festhält als das Sanskrit. Nichts desto weniger ist der Abfall des t solcher Stämme auch in neuster Zeit wieder behauptet worden für das Suffix -men neben -mento.

Schon früher habe ich mich gegen die Ansicht von Aufrecht ausgesprochen, die Lateinischen Suffixe -men und -men-to seien beide aus Sanskr. -mant entstanden, jenes durch Abstumpfung, indem es das auslautende t einbüsste, dieses durch Erweiterung mittelst des Suffixes o, und der Ansicht von Bopp, Pott und Schleicher beigepflichtet, dass das Suffix -men mit Lat. -mon, -min, Griech. -μον, -μεν, Sanskr. -man von -mant zu trennen, und -men-to eine Weiterbildung von -men auf dem Boden der Lateinischen Sprache sei (*Krit. Beitr.* S. 552 *f.*). Die Aufrecht'sche Ansicht hat Meyer in neuster Zeit wieder vorgebracht in seiner Weise ohne Widerlegung der entgegengesetzten Ansicht und ohne Beweise, man müsste denn dafür Zusammenstellungen auseben wie Griech. κρίμα, Lat. crimen, Griech. στρῶμα, Lat. stramen oder gar des Mittelhochdeutschen Compositum gruo-mat, Neuhochd. grum-met mit gra-men (*Vergl. Gramm.* II, 266 *f.*). In gruo-mat sieht derselbe nämlich auch das Suffix -mant, während das -mat nichts anderes ist als das Althochdeutsche -mât „Gemähtes" (*Schade, Altd. Wörterb.* S. 380) und noch heut zu Tage grum-met nicht „Gras" bedeutet, sondern „gemähtes" Gras oder Heu, gewöhnlich die „Nachmahd" desselben.

Dass nun aber das Suffix -men-to in der That erst auf dem Boden der Lateinischen Sprache aus -men weiter gebildet ist durch angefügtes -to, soll die nachfolgende Untersuchung eingehender, als dies bisher geschehen, darlegen.

Wortformen auf -men, denen keine auf -men-to zur Seite stehen, sind aus der älteren und der sogenannten klassischen Periode der Lateinischen Sprache und Litteratur folgende:

ag-men,	nu-men,	suf-fla-men,
sag-men,	colu-men,	alu-men,
ab-leg-men,	no-men,	bitu-men,
ful(g)-men,	prae-no-men,	acu-men,
ex-a(g)-men,	o-men,	volu-men,
fla(g)-men,	ab-do-men,	statu-men,
su(g)-men,	cri-men,	cacu-men,
lu(c)-men,	dis-cri-men,	fora-men,
sub-te(x)-men,	peti-men,	sola-men,
dis-cer(p)-men,	speci-men,	pula-men,
ver-men,	fle-men,	certa-men,
ger-men,	se-men,	curva-men,
ter-men,	fe-men,	gesta-men,
cul-men,	sta-men,	voca-men,
ru-men,	gra-men,	farci-men.

Unter diesen Wörtern sind etwa zwei Drittel von einfachen auf einen Consonanten oder Vokal ausgehenden Verbalstämmen ohne Vermittelungsvokal zwischen denselben und dem Suffix -men gebildet, so dass vor demselben mehrfach der auslautende Consonant des Verbalstammes schwand, ein Drittel derselben ist von Verbalstämmen gebildet, welche die Ableitungsvokale û, â, î zeigen.

In der späteren Sprache finden sich nur wenige Wortformen auf -men ausser den oben zusammengestellten, denen keine ältere oder gleichzeitige auf -men-to zur Seite ständen. Solche sind ferrû-men, ef-fa-men, nuta-men, af-fa-men, prae-fa-men, seda-men.

Nominalformen auf -men-to, denen keine auf -men zur Seite stehen, sind schon aus der älteren und klassischen Zeit der Sprache:

pig-men-tu-m, ele-men-tu-m,
mag-men-tu-m, ali-men-tu-m,
co-ag-men-tu-m, de-tri-men-tu-m,
ru-men-tu-m, inter-tri-men-tu-m,
lu-men-tu-m, re-tri-men-tu-m,
ter-men-tu-m, vexi-men-tu-m,
fer-men-tu-m, sepi-men-tu-m,
pul-men-tu-m, blandi-men-tu-m,
lo-men-tu-m, ex-peri-men-tu-m,
fo-men-tu-m, axa-men-tu-m,
ad-ju-men-tu-m, ind-igita-men-tu-m,
a-men-tu-m, luta-men-tu-m,
in-stru-men-tu-m, purga-men-tu-m,
com-ple-men-tu-m, paluda-men-tu-m,
cre-men-tu-m, tempera-men-tu-m,
in-cre-men-tu-m, in-rita-men-tu-m,
e-molu-men-tu-m, ferra-men-tu-m,
monu-men-tu-m, sternuta-men-tu-m.
lugu-men-tu-m,

Unter diesen Wörtern ist die Mehrzahl von einfachen Verben, die Minderzahl von denominativen Verben gebildet.

Aus der späteren Zeit der Lateinischen Sprache sind solche Nominalformen auf -men-to, denen keine auf -men zur Seite stehen:

pag-men-tu-m, con-cre-men-tu-m,
strig-men-tu-m, ex-cre-men-tu-m,
de-strig-men-tu-m, de-cre-men-tu-m,
o-men-tu-m, in-tri-men-tu-m,
stru-men-tu-m, ludi-men-tu-m,
in-du-men-tu-m, bira-men-tu-m,
sternu-men-tu-m, spissa-men-tu-m.
im-ple-men-tu-m,

— 127 —

Aus der älteren und klassischen Zeit der Sprache sind hier 45 Wörter auf -men, 37 auf -men-to zusammengestellt, aus der späteren 6 auf -men, 15 auf -men-to, von denen den Bildungen auf -men keine auf -men-to, denen auf -men-to keine auf -men gleichzeitig zur Seite standen. Diese Zahlen beweisen wenigstens so viel, dass in der älteren Zeit der Lateinischen Sprache die Bildungen auf -men überwogen, in der späteren Zeit nach Augustus die Zahl der Wortformen auf -men-to zugenommen hat. Auch in der Bedeutung tritt doch zwischen beiden Wortbildungen ein Unterschied hervor. Die auf -men-to bezeichnen meist Werkzeuge, Geräthschaften oder Hilfsmittel namentlich für die Geschäfte der Hauswirthschaft, des Ackerbaues und des Handwerks, während die Wörter auf -men meist nur das Begabtsein oder Versehensein eines Gegenstandes oder Wesens mit dem in der Verbalwurzel ausgedrückten Thätigkeitsbegriff ausdrücken wie ag-men, fla-men, lu-men, ful-men, ru-men, nu-men, no-men, vi-men, se-men, sta-men u. a. Mit dem Suffix -men-to erscheint eine genauere Ausprägung des Wortsinnes zu dem Begriff des Werkzeuges oder Mittels verbunden, als das bei dem Suffix -men der Fall ist.

Gross ist nun die Zahl der Nominalformen, die mit den Suffixen -men und -men-to, von demselben Verbalstämmen gebildet, neben einander bestehen sowohl in ein und demselben Zeitalter als zu verschiedenen Zeiten der Lateinischen Sprache. Schon in der Zeit vor Cicero und Augustus erscheinen neben einander

   suf-fi-men und suf-fi-men-tu-m,
   docu-men docu-men-tu-m,
   leg-men leg-men-tu-m,
   mo-men mo-men-tu-m,
   pro-pag-men ante-pag-men-tu-m,
   fru-men fru-men-tu-m,
   moli-men moli-men-tu-m,
   li-men Li-men-t-inu-s,
   flu-men Flu-men-t-ana (porta).

Ebenso stehen in der klassischen Zeit neben einander:

   tegu-men und tegu-men-tu-m,
   tegi-men in-tegu-men-tu-m,
   frag-men frag-men-tu-m,

muni-men und muni-men-tu-m,
nutri-men nutri-men-ts-m,
co-gno-men co-gno-men-tu-m,
ob-lecta-men ob-lecta-men-tu-m,
leva-men leva-men-tu-m,
vela-men vela-men-tu-m,
firma-men firma-men-tu-m,
funda-men funda-men-tu-m.

In späterer Zeit erscheinen neben einander:
albu-men und albu-men-tu-m,
in-volu-men in-volu-men-tu-m,
sedi-men sedi-men-tu-m,
fig-men fig-men-tu-m,
erasna-men erasna-men-tu-m.

In verschiedenen Zeitaltern der Lateinischen Sprache stehen neben einander, so dass die Formen der älteren Zeit meist auch in der klassischen und der späteren Zeit erhalten bleiben:

älter,	klassisch,	später,
fla-men,		fla-men-tu-m,
aug-men,		aug-men-tu-m,
vi-men,		vi-men-tu-m,
legu-men,		legu-men-tu-m,
sar-men,	sar-men-tu-m,	
tor-men,	tor-men-tu-m,	
regi-men,		regi-men-tu-m,
	fulci-men,	fulci-men-tu-m,
stra-men-tu-m,	stra-men,	
sub-stra-men-tu-m,	sub-stra-men,	
pro-pag-men,		pag-men-tu-m,
seg-men,	seg-men-tu-m,	
prae-seg-men,		
	medica-men,	medica-men-tu-m,
	sola-men,	sola-men-tu-m,
	cona-men,	cona-men-tu-m,
	lusita-men,	lusita-men-tu-m,
dura-men,		dura-men-tu-m,
	canta-men,	in-canta-men-tu-m,

	liqua-men,	liqua-men-tu-m,
	liga-men,	liga-men-tu-m,
de-lecta-men-		de-lecta-men,
tu-m,		
spira-men,	spira-men-tu-m,	
corona-men-tu-m,		corona-men,
salsa-men-tu-m,		salsa-men,
orna-men-tum,		orna-men,
funda-men-tu-m,	funda-men,	
pulpa-men-tu-m,	pulpa-men.	

Aus dieser Zusammenstellung ergiebt sich, dass in über zwei Drittheilen dieser Wortformen die Bildung auf -men im Sprachgebrauche hier ist als die Wortform auf -men-to.

Aus den Italischen Dialekten sind uns nur wenige Beispiele von Nominalbildungen auf -men erhalten. So finden sich im Umbrischen

no-men, u-men

(*A. K. Umbr. Sprd.* I, 102), während im Oskischen, Sabellischen und Volskischen sich keine derartige Wortform erhalten hat und die Suffixform -men-to den Sprachdenkmälern der Italischen Dialekte überhaupt fremd ist.

So viel erhellt also aus der bisher geführten Untersuchung, dass in der älteren Sprachperiode die Bildungen auf -men entschieden überwogen, namentlich solche, in denen dieses Suffix ohne Vermittlungsvokal an einfache Verbalwurzeln gefügt erscheint, dass hingegen in der späteren Sprache die Bildungen auf -men-to immer mehr überhand nehmen, namentlich solche, die von Verben der A-conjugation gebildet sind, während den Italischen Dialekten diese Suffixform fremd ist.

Dass aber die ältere Lateinische Sprache ein Suffix *-ment für -mant nicht zu -men verstümmelt haben würde, dafür ist die Weise, wie sie auf -ντ auslautende Stämme von Griechischen Namen behandelt, ein schlagender Beweis. Aus den Stämmen Ταραντ-, Ἀκραγαντ-, Σιποντ-, Πυξουντ- bildet sie die latinisirten Namensformen Tarent-u-m, Agrigent-u-m, Sipont-u-m, Buxent-u-m für *Puxont-u-m; sie wirft nicht das auslautende t der Griechischen Stämme ab, sondern sie erweitert dieselben durch das Suffix -o. Wäre nun

also *-ment für -mant das Suffix, aus dem -men und -men-to
entstanden sind, dann würde jene Form entweder unverändert geblieben sein, wie zahlreiche andere auf -nt auslautende Wortstämme im Lateinischen, oder sie wäre wie die Stämme jener
Griechischen Namen durch o erweitert von vorn herein in der
Gestalt *-ment-o in der Sprache aufgetreten, und diese würde
sich in der älteren wie in der späteren Zeit unversehrt erhalten
haben. Der Abfall eines t von dem Suffix -mant, *-ment
würde also mit bestimmten Thatsachen der Lateinischen Lautlehre und Wortbildungslehre in Widerspruch stehen.

Nun kennt die ältere Sprache aber neben den Nominalbildungen auf -men-to auch solche auf

-men-ta,

so neben:

la-men-tu-m	la-men-ta, *Pacuv. Non. p.* 91. *G.*
ar-men-tu-m	ar-men-ta, *Enn. Fest. p.* 4. *M. Non. p.* 129. *G.*
cae-men-tu-m	cae-men-ta, *Enn. Non. p.* 129. *G.*
ful-men-tu-m	ful-men-ta, *Plaut. Trin.* 720. *Cat. R. R.* 14.
of-feru-men-tu-m	of-feru-men-ta, *Plaut. Rud.* 753.
ra-men-tu-m	ra-men-ta, *Plaut. Rud.* 1016. *Bacchid.* 513. *vgl. Non. p.* 151. *G.*

Diesen schliesst sich in der Form des Suffixes der Name

Car-men-ta

an, der, von car-men Spruch, Formel gebildet, eine Göttin als
„Spruchbegabte" bezeichnet. Hier ist also ein augenfälliger Beweis dafür, dass das Suffix -men durch das Suffix -ta weiter
gebildet wurde. Die Suffixform

-men-ti

zeigt sich in

Car-men-ti-s, se-men-ti-s,

Wortformen, in denen das feminine Suffix -ti an Wortstämme
mit dem Suffix -men getreten ist.

Also das Suffix -men-to ist nichts anderes als die Weiterbildung des Suffixes -men, Sanskr. -man mit -to auf speciell
Lateinischem Boden. So allein erklärt es sich, dass die Nominalformen auf -men-to in der späteren Zeit der Sprache immer

häufiger werden, dass sie hingegen den italischen Dialekten fremd sind ebenso wie dem Griechischen und den übrigen verwandten Sprachen. Dass das Suffix -to auch von vorhandenen Nomen neue Nominalformen bildete, zeigen die Wortformen robus-tu-s, onus-tu-s, augus-tu-s, aug-us-tu-s, vet-us-tu-s, sceles-tu-s, fu nes-tu-s, in-temp-es-tu-s, moles-tu-s, modes-tu-s, hones-tu-s u. a. Die neutrale Bildung -men-to wurde im Sprachgebrauch substantivisch ausgeprägt, wie die neutralen Formen der Suffixe -cro, -bro, -clo, -bulo, -ar-lo, -tor-lo, denen masculine und feminine Adjectivformen derselben Suffixe zur Seite stehen wie die femininen Formen -men-ta und -men-ti neben der neutralen -men-to.

So wenig wie für die Suffixe -men, -mon, -min ist für das Suffix -en in poll-en, iuven-i-s u. a. die Annahme, dass dasselbe ein auslautendes t eingebüsst habe, haltbar und kann nicht dadurch haltbar werden, wenn man sie ohne Beweisgründe immer wieder von Neuem vorbringt (*vgl. Meyer, Vergl. Gram.* II, 242).

Wenn so nicht einmal der Abfall des t von den auf -nt auslautenden Stämmen im Lateinischen erweislich ist, so entbehrt vollends die willkürliche Annahme, dass von dem Suffix -ont, -ent im Lateinischen das nt ganz geschwunden und ein blosser Vokal übrig geblieben sei, jeder Begründung. So sollen die Wortformen

-dic u-s, -fic u-s, -vol u-s

als zweiter Bestandtheil zusammengesetzter Adjectiva, weil sich daneben die Comparativformen -dic-ent-ior, -fic-ent-ior, -vol-ent-ior finden, „wenigstens theilweise" aus -die-ont-, -fic-ont-, -vol-ont- entstanden, also das Suffix Sanskr. -ant im Lateinischen zu o geworden sein (*Benfey, Gr. u. Occ.* I, 273. *Meyer, Vergl. Gramm.* II, 151). Dass jene Comparativformen aber von den Participien des Präsens -dic-en(t)-s, -fic-en(t)-s, -vol-en(t)-s gebildet sind, zeigt deutlich das lange i in male-dic-ent-ior, das zu male-dic-en-s (*Plaut. Pers.* 410) gehört, neben dem kurzen ĭ in male-dic-u-s, ein Umstand, in dem selbst Meyer einen Gegengrund gegen Benfey's Behauptung zugestehen muss (*a. O.*). So gehört magni-fic-ent-ior doch offenbar zu magni-fic-en(t)-ter dem Adverbium von *magni-fic-en(t)-s und bene-vol-ent-ior zu bene-vol-en(t)-s, das bei Plautus häufig vorkommt. Und pi-ent-issimu-s ist vom Participialstamme pi-ent- gebildet, der einem denominativen von pio- abgeleiteten Verbum *pi-ē-re „fromm sein" angehörte. Von zusammengesetzten Adjectiven, deren zweiter Bestandtheil ein einfaches Adjectiv ist, das mit dem Suffix o von der Verbalwurzel gebildet ist, waren überhaupt Steigerungsformen nicht im Gebrauch; so zum Beispiel von magni-loquu-s, multi-fidu-s, multi-bibu-s, multi-finu-s, multi-genu-s, multi-iugu-s, multi-loquu-s, multi-sonu-s, multi-vagu-s, multi-vidu-s, alti-iugu-s, alti-sonu-s, alti-tonu-s, alti-vagu-s, dulci-loquu-s, dulci-sonu-s, clari-sonu-s, clari-vidu-s, terri-loquu-s, terri-sonu-s, horri-sonu-s. Dasselbe gilt für die Adjectiva, deren zweites Compositionsglied -dicu-s, -ficu-s, -volu-s ist. Die Sprache half sich also, indem sie einen Comparativ und Superlativ für dieselben dem Particip. Praes. der ihnen entsprechenden Verba entnahm.

Ganz willkürlich ist ferner die Annahme, dass

mag-nu-s

auf mag-ant zurückzuführen sei (*Meyer, a. O.* II, 179. 194', statt es für eine alte Participialbildung zu fassen von Sanskr. Wz. mah- für magh-, die den ganz gleich gebildeten Wortformen sa-nu-s, va-nu-s, ple-nu-s, dig-nu-s u. a. entspricht.

Wenn endlich Meyer auch in neuester Zeit wieder hat drucken lassen, dass das Suffix -ant im Lateinischen zu blossem a verstümmelt sei (*a. O.* II, 151) oder zu blossem e und i (*a. O.* 164. 165. 187), -vant zu -vo, -va, -vi (*a. O.* 244. 246—250) und zu u (*a. O.* 252. 243 , -mant zu -ma (*a. O.* 205), ja dass auch in den Suffixen von anser, uber, passer, iecur, femur, ebur, iubar, tuber, accipiter, cadaver, papaver die Suffixe -ant, -mant und -vant steckten (*a. O.* 126—132. 231), so sind das alles nur Symptome der krankhaften Sucht nach jenen Suffixen -ant, -vant, -mant, die sich weder um die Lateinische Lautlehre noch um erhobenen Einspruch kümmert, die man also ihres Weges gehen lassen muss.

D.

Bei der Durchführung des Satzes, dass kein einziges sicheres Beispiel beigebracht sei, durch welches die Verschiebung eines inlautenden t zu d im Lateinischen nachgewiesen wäre, ausser vor folgendem r in quadraginta, quadringenti, quadragiens, quadratus (*Krit. Beitr. S.* 82 *f.*), habe ich die Bildung des Lateinischen Gerundivsuffixes

-ondo, -undo, -endo

einer eingehenden Erörterung unterzogen und nach Widerlegung anderer Erklärungen meine Ansicht dahin ausgesprochen, dasselbe sei zusammengesetzt aus den beiden Lateinischen Suffixen -on, wie es sich in ger-on-, mand-on-, praed-on- (für prae-hend-on-), conu-bib-on- u. s. zeigt, und dem Suffix -do, mit dem Verbaladjectiva wie palli-du-s, frigi-du-s, algi-du-s, tepi-du-s, cali-du-s, frigi-du-s und zahlreiche andere gebildet sind (*a. O.* 120 *f.*). Wenn ich hier noch einmal auf diesen Gegenstand zurückkomme, so geschieht dies erstens, weil seitdem wieder eine neue Ansicht über das Gerundium hervorgetreten ist, die ich für irrig halten muss, zweitens, weil ich die Einwürfe, die gegen meine Erklärung gemacht worden sind, nicht für stichhaltig ansehen kann, drittens, weil ich durch verwandte Bildungen aus dem Sanskrit seither eine neue Stütze für meine Auffassung des Lateinischen Gerundiums gewonnen zu haben glaube. Jene neue Ansicht über dasselbe ist folgende.

Pott hat in dem zusammengesetzten Suffix -un-do als ersten Bestandtheil die Infinitivendung Sanskr. -ana, Goth. -au erklärt, den zweiten für das Suffix -do in palli-du-s, frigi-du-s u. a. (*E. F.* II, 239). Er sagt weiter an der betreffenden Stelle: Man könnte sogar scherzhafter Weise die Lateinischen Formen für einen Infinitiv mit zu (Goth. du, *Grimm* III. *p.* 254) ausgeben, woran natürlich so wenig im Ernste geglaubt werden kann, als wollte man Nhd. müssen in ende suchen." In der zweiten Auflage der Etymologischen Forschungen sagt Pott, II, 517: „Man könnte im Scherz die Lat. Gerundia als aus einem Inf. mit Goth. du (unser zu) *Grimm*, III, 254 bestehend ausgeben. Das würde nicht grade durch die Nachstellung der Präp. uomöglich gemacht." Er fährt dann fort, jene Annahme würde den Uebergang aus der Starrheit der Präposition in einen flüssigen Nominalbegriff erheischen, und erörtert weiter, dass der Begriff der Nothwendigkeit nicht ursprünglich im Gerundium liege und dass in dem zweiten Bestandtheile desselben -do der Stamm des Griechischen ϑεῖναι, des deutschen thun liege (a. O. 518 f. 520). Jenen „scherzhaften" Einfall Pott's nimmt Schröder ernsthaft und sucht in dem -do des Suffixes -un-do neben -un Sanskr. -ana, Goth. -an die Gothische Präposition du, Ahn. to, to, Ags. to, Ahd. zuo, ze, Griech. -δε in οἴκόν-δε, Irisch do, du, Poln. do, Lett da nachzuweisen, die wie ein auf n anlautender Nominalstamm flectiert worden sei (Z. f. vergl. Spr. XIV, 354 f. 359 f.).

Ich frage zuerst, woher die Existenz einer Präposition *du auf dem Boden der Lateinischen Sprache sich ergeben soll, die dem Sanskrit und Zend ganz fremd ist, wenn man von dem in Frage stehenden Gerundivsuffix -un-do absieht. Diese soll sich in der altlateinischen Präposition endo, indu erhalten haben, die in Verbindungen wie endo procinctu, foro, manu, caelo, mari u. a. wie in den Compositen endo-clusus, endo-coeptus, endo-gredi, endo-iacito, endo-itium, endo-munitus, endo-pedire, endo-perator, endo-ploratu u. a. in dieser Form endo oder in der späteren indu (a. O. 359) völlig gleichbedeutend mit in, in- erscheint und nirgends eine Spur von der Bedeutung „zu" oder „hinzu" erkennen lässt. Nirgends liegt ein Beweis vor, dass das -do von en-do und Griech. ἐν ὅν-ν, ἐν-δο ῖ nicht Casusformen des Suffixes -do sein könnten, das im Lateinischen wie im Griechischen so überaus häufig ist (Verf. Krit. Beitr. Ind. p. 594). Dass aber dieses Suffix -do in flori-du-s, horri-du-s u. a. ebenfalls von der Präposition du gebildet sei (Schröder a. O. 364), ist eine willkührliche Behauptung, so lange nicht der strenge Beweis geführt ist, dass dasselbe weder von einem Verbalstamme, noch von einem Pronominalstamme unmittelbar ausgegangen sei, irrig auch deshalb, weil auch das Sanskrit das Suffix -da, Lat. -do kennt, wie sich weiter unten herausstellen wird, dem jene Präposition du oder *da ganz fremd ist. Wenn in anti-ca, posti-ca das Suffix -ca, in pri-mu-s, de-mu-m: -mo, in ex-teru-s, intra, con-tro u. a. das Comparativsuffix Latein. -tero, Sanskr. -tara, in in-tus, sub-tus das Adverbialsuffix -tus an Präpositionen gefügt sind und so andere Suffixe im Lateinischen wie in anderen Sprachen an Präpositionen treten, die auch an Verbalstämme, Nominalstämme und Pronominalstämme gefügt sind, so ist kein Grund ersichtlich, weshalb nicht das Suffix -do in en-do, mag dasselbe nun pronominalen oder verbalen Ursprungs sein, an die Präposition en, in herangetreten sein soll, wie an Verbalstämme und Nominalstämme. Abgesehen also von der Präposition endo und dem Gerundivsuffix -undo, das eben erst erklärt werden soll, ist im Lateinischen nirgends eine Spur von einer Präposition du vorhanden.

Wenn Schröder ferner, um glaublich zu machen, dass solches du an das Nomen, zu dem es gehört, angehängt sei, behauptet, die Präpositionen seien ursprünglich gewiss mehr nachgestellt als vorgestellt (a. O. 358), so steht das im Widerspruch mit augenfälligen sprachlichen Thatsachen. Von der ganzen Menge Lateinischer Präpositionen werden nur tenus und versus, in seltenen Fällen cum, de und per ihrer Casusform vom Nomen nachgestellt. Im Umbrischen stehen ehe, eh, hondra, hutra, kum, com, co, post, pos, pus, postin, posti, pustin, pusti, pre, sei, super, subra, traf, trahaf, tra, traha, oeslmei vor dem Nomen, nur af, per, tu, to, karu nach demselben (A. K. Umbr. Sprachd. 1, 153 f.). Jede Seite des Homer legt dafür Zeugniss ab, wie viel öfter auch im Altgriechischen die Präpositionen vor als nach dem Nomen stehen, zu dem sie gehören. Dasselbe gilt vom Deutschen und von anderen Sprachen. Die Behauptung, dass im ältesten Sanskrit die Präpositionen ebenso oft vorgestellt als nachgestellt worden seien, entbehrt jedes Nachweises. Die Annahme, alle Casussuffixe seien nachgestellte Präpositionen, ist eine Hypothese, die, selbst wenn sie erwiesen wäre, für die vorliegende Frage, in der es sich um eigentliche als selbständige Wörter auftretende Präpositionen handelt, die hinter Casusformen zugehöriger Nomina stehen, keine beweisende Kraft haben würde.

Am allerwenigsten ist nun in Lateinischer Wortbildung und Composition erhört, dass an eine Casusendung oder einen Wortstamm mit nachgestellter und angefügter Präposition, das s der Nominativendung getreten und der so entstandene Lautcomplex wie ein Adjectivum der zweiten Deklination flectiert worden wäre, wie Schröder für die Gerundivendung -un-du-s annimmt, oder mit anderen Worten, dass eine nachgestellte Präposition ohne hinzugetretenes Suffix die Flexionsfähigkeit eines Nomen erhalten hätte. Da sich für einen solchen Hergang bei Präpositionen keine Spur im Lateinischen oder in den Italischen Dialekten auffinden lässt, so sucht Schröder nun andere eigentlich undeklinierbare Wörter auf, die angeblich Flexionsfähigkeit gewonnen haben sollen. Zu welchen grundlosen Aufstellungen er bei diesen Bestrebungen gelangt, dafür führe ich hier nur einige Beispiele an.

Reciprocus

soll aus reque proque so entstanden sein, dass diese Wörter zu einem Compositum verwuchsen, dann aber die Conjunction que wie ein Nomen flectiert sei (a. O. 355, Pott, E. F. II, 156). Auf diese Weise könnte nach Lateinischen Lautgesetzen requiproquus entstehen, aber nicht reciprocus, da im Lateinischen häufig qu aus c, niemals c aus qu entstanden ist, wenn man von der schlechten Orthographie der späteren Zeit absieht. So ist das zwiefache qu entstanden in quisque, quamquam, quoque, quiuque, quisquiliae ($\kappa o \sigma \kappa v \lambda \mu a \tau a$), das dreifache in quelquomque, quaequomque, quodquomque, quoquomque, quosquomque, während in den Formen culus, cul, quicumque u. a. sich das ursprüngliche c (k) erhalten hat. Die Conjunction -que hat niemals die Gestalt -ce angenommen, nur wo sie das auslautende e einbüsste wie in ne-c, a-c erscheint c, weil qu am Wortende nicht gesprochen und geschrieben wurde. Reciprocus ist also anders zu erklären. Der zweite Bestandtheil desselben ist ein Adjectivstamm pro-co-, gebildet von der Präposition pro mit dem Suffix -co wie anti-co- posti-co- von anti-, posti-. Dieser Adjectivstamm erscheint weiter gebildet in pro-cu-l, das den Endvokal des Stammes nach l einbüsste, wie famul- statt famulu-s, exsul, praesul, consul, simul. Pro-cu-lo- ist von prō gebildet, das in prō-festus, prō-fanus, prō-fugus, prō-fundus, prō-pago, prō-pe, prō-perare, Prō-pertius, prō-plius, prō-tervus vorliegt, wie sin-gu-lo- für sin-cu-lo- von sin-, demselben Wort wie sim- in simplex, sem- in semper, Sanskr. sam (Pott. E. F. II, 324). Pro-cu-l- bedeutet ursprünglich „vorwärts", dann „weg, fort, weit" wie das Ahd. Adverbium for-tb. Niuk for-t von der Präposition fora, for, vor eigentlich „vorwärts", dann „weiter weg, fortan" bedeutet (*Schade, Ahd. Wörterb. S. 142*). Der Albanische Königsname Prö-ca, Prö-ca-s ist von prö mit demselben Suffix -ca, -co gebildet wie prö-cu-l und bedeutet „der Hervorragende", daher „Fürst, Herrscher" wie Ahd. fur-ist, Superlativ zu furi, eigentlich der „vorderste", daher „Herrscher, Fürst" (*a. O. 154*). Von pro-cu-l- oder von pro-co- weiter gebildet sind die Römischen Namen Prö-cu-lu-s, Prö-cu-l-ei-u-s. Eine ebensolche Bildung wie pro-co-, anti-co-, posti-co-, sin-co- In singu-lu-s von pro, posti, anti, sim- ist auch das re-ci- in re-ci-pro-cu-s von re-, indem das auslautende i dieses ersten Compositionsbestandtheiles aus o abgeschwächt ist, wie das auslautende o von O-stämmen gewöhnlich, wenn dieselben erstes Glied eines Compositum werden. Reciprocu-s bedeutet also „rückwärts und vorwärts" und ist ein Compositum wie su-ove-taur-ilia „Schwein-, Schaaf- und Stieropfer", dessen Glieder mit Nominativbedeutung an einander gereiht oder neben einander geordnet sind, so dass man bei ihrer Uebersetzung das Bindewort „und" zwischen dieselben stellen kann.

Um ferner für seine unhaltbare Ansicht über das Gerundium eine Stütze zu gewinnen, stellt Schröder Potts zweifelnd ausgesprochene Meinung als ausgemachte Thatsache hin, custos sei aus einem alten Ablativ *custod entstanden und wie ein Wortstamm flectiert worden; *custod aber sei ein Compositum von der Präposition cum und dem Ablativ -sto-d eines Nomen von der Wurzel sta-, so dass es eigentlich „durch Zusammenstehen" oder „durch den Zusammenstehenden" bedeute, und custos den Sinn habe „zusammenstehend mit dem Schutzbefohlenen" (*Pott, E. F. II, 837. 2. A.*). Wo ist wohl sonst im Lateinischen eine Spur eines solchen alten, auf d auslautenden Ablativs zu finden, der als Nominalstamm flectiert wäre. Die Entstehung von proconsul aus pro consule kann man doch nicht als Beleg dafür anführen. Hier fiel ja das auslautende e des Ablativs consule ab, oder für die Ablativform trat die Nominativform ein, und nach dem Schwinden des Ablativcharakters ward das zum Compositum verwachsene proconsul flectiert. Und ebenso entstand propraetor aus pro praetore. In custo(d)-s hingegen soll das volle Ablativsuffix -ō-d geblieben und trotzdem diese Casusform als Nominalstamm behandelt worden sein. Curtius leitet das cus- in cus-to-d-her von demselben Verbalstamme wie Griech. κεύθ-ειν, Ags. hydan, Ahd. hnot-jan (*Ueber die Spuren einer Lateinischen U-conjugation. Abh. d. k. Sächs. Gesellsch. d. Wissensch.* 1861, S. 280); von diesem sei eine Participialform cus-to- für cud-to- gebildet, und von dieser weiter ein ausser Gebrauch gekommenes Verbum *cus-to-ere hüten, bewachen. Zu diesem verhalte sich cus-t-o-d- wie merc-ē-d-, her-ē-d- zu den veralteten Verben *merc-ere, *her-ē-re (*vgl. Verf. Krit. Beitr. S.* 111). Diese Erklärung entspricht allen Anforderungen der Lateinischen Lautlehre und Wortbildungslehre und ist in der Bedeutung vollkommen zutreffend.

Ueber die Unhaltbarkeit der Ableitung des Lat. corvu-s, Sanskr. carava-s vom Interrogativstamme ka- und dem Nominalstamme vara Stimme, so dass corvu-s bedeute „was für eine (schlechte) Stimme habend!" (*Pott, E. F.* II, 442. 2. A.), die Schröder als eine ausgemachte Sache hinstellt, verweise ich auf Curtius Widerlegung derselben (*Gr. Et. n.* 69. 2. A.).

Was soll man ferner zu der Behauptung Schröders sagen, im Lateinischen sei das Suffix -ter insonderheit zur Substantivierung adverbieller und präpositioneller Formen verwandt worden, so zum Beispiel in mini-ter und magis-ter. Er wusste also nicht oder verschwieg es in seiner Noth nach Stützen für seine haltlose Hypothese über das Gerundium, dass das -ter hier das Comparativsuffix Lat. -tero Sanskr. -tara ist, das mit dem Comparativsuffix -is für -ius verbunden das zusammengesetzte Steigerungssuffix -istero gab, das im Oskischen min-stre-is mit der Bedeutung minoris zu -stro gekürzt ist (*Verf. Z. f. vgl. Spr.* III, 251 f., 264 f., 277 f., 282 f., *vgl. Pott, E. F.* II, 554. 2. A.). Ich kann nach diesen Proben willkührlicher und irriger Behauptungen über Lateinische Wortbildungen die Ableitung des Adjectivs sequ-es-ter von secus statt vom Participialstamme sequ-ent-, die Erklärung von ar-bi-ter „der zu zweien" von ad-alter: ad ollam ille, das soll doch wohl heissen „zu jener jener" und nicht „zum Topf jener" und manches ähnliche auf sich beruhen lassen.

In Uebereinstimmung mit Pott habe ich die Ansicht ausgesprochen, dass in dem Gerundivsuffix -undo der Begriff der

Nothwendigkeit ursprünglich nicht liegt (*Krit. Beitr.* S. 172). Sec-un-du-s, ori-undu-s, lab-unda (*lll. r.* 570. *Trag. Lat. rel. Ribb.* p. 179) bedeuten thatsächlich nichts anderes als „folgend, entstehend, gleitend", rot-undu-s „radförmig seiend", „rund seiend." Dagegen behauptet Schröder, um sein -du zu retten, sec-undu-s bedeute einen „der zu folgen habe" (*a. O.* 369). Die Römer sollen also mit ventus secundus einen Wind „der zu folgen hat" bezeichnet haben, nicht einen Wind, der den Segeln folgt, sie sollen, wenn sie das Wort secundus in dem Sinne „der zweite" brauchten, nicht den gemeint haben, der thatsächlich auf den ersten folgt, sondern den, der zu folgen hat, der moralisch oder physisch dazu genöthigt oder verpflichtet ist. Und hiernach heisst es weiter *a. O.*), ähnlich verhalte es sich „gewiss auch mit oriundus." Dieses Wort soll also jemand bedeuten, „der zu entstehen, der herzustammen hat", also der dazu geeignet, genöthigt oder verpflichtet ist. Das „gewiss" hat hier ungefähr den Werth wie „offenbar" in der Redeweise mancher Gelehrten, die dieses Wort bewusst oder unbewusst als Trumpf darauf setzen, wenn sie andern etwas aufreden wollen, was sie nicht beweisen können. Mit derartigen Gewissheiten und Offenbarungen ist aber der Sprachforschung nicht gedient, die Beweise, nicht Offenbarungsglauben verlangt. Die Götternamen Ad-fer-enda, De-fer-unda, Ad-ol-enda, Com-mol-enda, Co-luqu-enda bezeichnen Gottheiten, welche die Thätigkeiten üben, die in den Verben ausgedrückt sind, von denen die Namen gebildet sind nach der auf Varro zurückzuführenden Angabe der alten Erklärer (*Verf. Krit. Beitr.* S. 125. 126). Dagegen erklärt Schröder Commol-enda, Co-luqu-enda als Personen, die zu zermalmen, zu zerschneiden haben. Auf diese Weise kann man jeden Götternamen, der die einfache Thätigkeit, die Wesensbethätigung eines geahnten geistigen Wesens ausdrückt, so umdeuten, dass er die Geneigtheit zu der Thätigkeit ausdrückt; denn jede einem Wesen als dauernde Eigenschaft beigelegte Thätigkeit schliesst natürlich auch die Voraussetzung in sich, dass dasselbe für eine solche geeignet ist und sie vermöge einer inneren Nothwendigkeit übt. So kann man Luc-tu-s umdeuten als „die zu leuchten hat" Luc-etlu-s „der zu leuchten hat", Lup-ercu-s „der Wölfe abzuwehren hat" und ebenso mit jedem beliebigen Götternamen verfahren. Auch die Gerundivbildungen auf -b-undu-s und -c-undu-s, drücken die einfache Thätigkeit des Verbum, von dem sie gebildet sind, als Eigenschaft aus. Aber nach Schröder soll mori-b-undu-s nicht bedeuten „ein sterbender", sondern „ein zum status moriendi hinneigender." Auch hier ist das Wörtchen „zu" und der Begriff „hinneigen" lediglich eingeschmuggelt dem irrigen Glauben an die Präposition du im Gerundivsuffix zu Liebe. Dieser Glaube beruht aber nach dem Gesagten auf einem „scherzhaften" Einfall Potts, nicht auf sprachlichen Gründen.

Ich komme nun auf den zweiten Punkt, den ich hier zu besprechen habe, auf die Einwendungen, die gegen meine Erklärung des Suffixes -nu-do aus -ou-do erhoben worden sind. Schröder behauptet, dieselbe entbehre in phonologischer Hinsicht jeder Begründung (a. O. 352), verstosse also gegen die Lautgesetze der Lateinischen Sprache. Diesen Einwurf habe ich in dem vorliegenden Falle nicht für möglich gehalten. Und was wird als Grund dafür angegeben? Ich hätte die ursprüngliche Länge des u in -un-do für -on-do nicht nachgewiesen. Das klingt so, als ob es sich von selbst verstünde, dass das u des Gerundivsuffixes nothwendig kurz sein müsste. Aus der Messung der Lateinischen Dichter lässt sich wegen der auf u folgenden Consonanten nd oder der sogenannten Positionslänge der Silbe für die Quantität des Vokals u natürlich kein Kriterium hernehmen. Da aber das Suffix -ŏn von ger-ŏn-, err-ōn-, mand-ōn-, das ich in -on-do, -un-do finde, dasselbe ist wie -īn, da eben dasselbe im Griechischen neben -ωv die Formen -αν, -ον, -εν, -ιν, im Gothischen die Gestalten -an, -in, im Sanskrit -an und -in zeigt (*Bopp, Vergl. Gr.* III, 387—390, *Verf. Krit. Beitr.*, S. 125), so ist klar, dass dem Lateinischen Suffix -ŏn, -ĭn in der Weiterbildung -on-do, -un-do die Form -ōn, -īn zur Seite stehen konnte ebenso wohl wie -ŏn, -ĭn. Es bedurfte mithin keines Beweises, dass das u in -un-do lang sei. Wo steckt nun also der Verstoss gegen die Lateinische Lautlehre, der mir in den Schuh geschoben wird? Die Behauptung, meine Ansicht über das Gerundium entbehre in phonologischer Hinsicht jeder Begründung, klingt so vornehm, so sicher, als läge ihr eine tiefe Kenntniss der Lateinischen Lautverhältnisse zu Grunde, und doch ist sie bei Lichte besehen weiter nichts, als eine hochtrabende polemische Redewendung mit einem hinfälligen Scheingrund maskiert. Ich habe aus zahlreichen sprachlichen Thatsachen den Nachweis geführt, dass aus der ältesten Form des Gerundivsuffixes -ondo durch die gewöhnliche Verdunkelung des altlateinischen o zu u vor nt, nd, ns, nc, nch (*Ausspr.* II. 491, *Register*) -undo entstanden ist und aus dieser Form -endo durch Abschwächung des u zu e vor nt, nd, II u. a. (*a. O.* 481). Dagegen behauptet Schröder, -endo sei die alte Form und diese sei durch Verdunkelung des e vor folgendem n zu u in -undo verwandelt worden, wie e zu u geworden sei in euntis neben iens und in der Endung der 3. Pers. Plur. -unt, die aus -ent umgelautet sein soll. Also der Participialstamm e-unt- verglichen mit Griech. ι-οντ- soll nicht aus altlateinischem i-ont- entstanden sein durch Verdunkelung des aus a entstandenen o zu u, die Endung der 3. Pers. Plur. -unt soll nicht auf demselben Wege aus der altlateinischen Endung -onti, -ont, Griech. -οντι ursprünglich -anti entstanden sein. Und das wird frisch weg behauptet, ohne dass meine ausführliche Beweisführung für diesen Lautwandel (*a. O.* I, 260 *f.*) auch nur erwähnt wird. Einem solchen Verfahren gegenüber genügt es, auf die von mir gegebenen Nachweise zu verweisen, dass e im Lateinischen niemals zu u verdunkelt wird ausser in wenigen Fällen, wie documentum, monumentum neben docere, monere vor folgendem Labial m in Folge der Lautverwandtschaft des Vokals u mit den Lippenlauten (*a. O.* 252 *f.*). Meine Ansicht, dass aus -ondo, -undo, und aus dieser Form -endo entstand, ist also phonologisch vollkommen begründet. Die Sache steht vielmehr so, dass Schröder, ohne von Lautgesetzen, die ich eingehend nachgewiesen habe, und die seitdem von niemand bezweifelt worden sind, Kenntniss zu haben oder Kenntniss zu nehmen, mich mit willkührlichen und grundlosen Behauptungen über angebliche Lautwechsel der Lateinischen Sprache meistert, um meine Ansicht über das Gerundium bei Seite zu schieben und für sein wunderliches Phänomen einer nachgestellten und als Nomen flectierten Präposition du- im Lateinischen Gerundivsuffix Platz zu erobern. Wenn er dabei endlich schreibt, ich leite das -do desselben von Sanskr. Wz. dha-, Griech. θε- ab und dagegen polemisiert (*a. O. S.* 252), so hat er nicht einmal gelesen, dass ich das grade Gegentheil davon gesagt habe, nämlich dass jenem Suffix -do der Gerundivendung und anderen mit d anlautenden Suffixen im Lateinischen und Griechischen „nicht die Verbalwurzel dhā-

zu Grunde liegen" könne, weil sich Sanskr. dh im Griechischen zu ϑ hätte gestalten müssen (*Krit. Beitr. S.* 141).

Ich wende mich von einer solchen Polemik, die sich selber todt macht, zu einem bedeutenderen Gegner, gegen den ich schon mehrfach meine Ansichten über einzelne Punkte der Lateinischen Formenlehre zu verfechten gehabt habe, während ich in allen Hauptfragen der Sprachforschung mit ihm vollkommen einverstanden bin, gegen G. Curtius. Derselbe wendet gegen meine Erklärung des Gerundivsuffixes erstens ein, dass das Suffix -on seiner Bedeutung nach nicht für dasselbe passe, indem er sagt: „Das Suffix -ōn hat am häufigsten ampliative Kraft und dient dazu, Personen zu bezeichnen, die den Hang zu etwas haben (*Abh. d. Sächs. Ges. d. Wissensch.* 1861. *S.* 278). Dagegen ist zu sagen, dass die Suffixgestalt -on ebenso wenig wie seine Geschwister Lat. -ṅ, Griech. -ων, -αν, -εν, -ιν, Goth. -an, -in Sanskr. -an ursprünglich den Sinn hatten „mit einem grossen Dinge begabt oder versehen." Namen wie Nas-o, Front-o, Labr-o, Ped-o haben erst im Römischen Sprachgebrauch die Bedeutung „Grossnase" u. a. erhalten. Daher fehlt es denn nicht an solchen mit dem Suffix -ōn von Nominalstämmen gebildeten Wörtern, die keine Spur von ampliativem Sinn aufweisen. In dem Namen

Juno

trat die Endung -on an den Stamm Juna-. Vergleicht man diesen mit Djov-e, Jov-is, Ju-piter, so erhellt, dass seine alte Form *Djou-na war. Mit dem Suffix -na ist in dieser entweder die Benennung des zugehörigen weiblichen Wesens von dem Wortstamme Djov- des männlichen Gottesnamens gebildet wie reg-ina, gall-ina durch die Suffixform -ina von den Stämmen reg-, gallo-, so dass *Diou-na Frau des *Dlou-s oder *Djov-i-s, Frau des Himmelsgottes bedeutet, oder von dem Stamme djov-, der Himmel bedeutete wie divo- in der Verbindung sub divo und Iov- in der Verbindung sub Jove, so dass *Dlou-na „die himmlische" bedeutete. Welche von beiden Auffassungen auch die richtigere sein mag, das an den Wortstamm *Dlou-na, Ju-na getretene Suffix -ōn zeigt in Ju-n-on- jedenfalls nicht die ampliative Bedeutung wie in Nas-on-, Labe-on- u. a.

Spino.

Name der Gottheit eines Baches der Römischen Feldmark, der in alten Gebeten der Augurn angerufen wurde und des Baches selbst (*Cic. Nat. D.* III, 50, 52. *Ambrosch, Religionsbücher der Römer*, S. 46) mit dem Suffix -on von spi-na abgeleitet, bezeichnet nicht ein Wesen oder Ding, „das einen grossen Dorn hat", sondern „mit Dornen versehen, dornbewachsen, dornig" und war ursprünglich die Benennung des Baches, den die Einbildungskraft des Aberglaubens zum Gott gestaltete. So riefen eben jene Priester den Tiber als Gott an mit dem Namen Serra „Säge" und Coluber „Schlange", weil er sich im Zickzack dahinschlängelte (*Ambrosch, a. O.*). Im Latein der Präuestiner bedeutete

nefrones,

dasselbe wie Griech. $\nu\epsilon\varphi\rho o$-i: Hoden, Nieren (*Fest. p.* 162 *M.*) und das Suffix -on jenes Wortes lässt keine Spur einer amplifikativen Bedeutung erkennen. Dass das Suffix -on, wenn es an Verbalstämme tritt, mehrfach dazu dient, Personen zu bezeichnen, die einen Hang zu etwas haben, ist unbestreitbar. Aber in runc-on-, lig-on-, stol-on- ist das ebenso wenig der Fall, wie in Griech. $\varkappa\lambda\nu$-$\vartheta\omega\nu$, $\alpha\iota\vartheta$-$\omega\nu$, $\epsilon\iota\rho$-$\omega\nu$. Das Sabinische Wort ner-on bedeutet fortis (*Sueton. Tib.* 1) $\alpha\nu\delta\rho\epsilon\iota o\varsigma$ (*Lyd. d. mens.* IV, 42. *de mag.* I, 23) und ist von der Wurzel nar- gebildet wie Sanskr. nar-a-s, nr-tama-s u. a. (*Curt. Gr. Et. n.* 422, 2. *A.*), Umbr. ner-u-s, ner-f, Osk. ner-um, Wörter, die eigentlich „die tapferen", daher principes, optimates oder patricii bedeuten (*Verf. Z. f. vergl. Spr.* V, 116 *f.*). Also auch in ner-on bezeichnet das Suffix -on nicht den Hang zu etwas. Mithin braucht diese Bedeutung auch nicht in dem -on des Grundsuffixes -on-do, -un-do gelegen zu haben und der von Curtius von der Bedeutung des Suffixes -on hergenommene Grund gegen meine Erklärung desselben hat keine beweisende Kraft.

Zweitens wendet Curtius ein, nach meiner Erklärung komme für ed-un-da-s die Bedeutung „einen Fresser gebend" heraus, die unpassend sei. Ich habe allerdings die Möglichkeit hingestellt, dass das Suffix -do von der Wurzel dâ- stammen könne, aber dabei hervorgehoben, dass dasselbe dann nicht die eigentliche Bedeutung „geben" behalten haben könne, wie Curtius es darstellt, vielmehr darauf hingewiesen, dass dare in Verbindungen wie saltum dare, ruinam dare u. a. eine Bedeutung erhalten habe, die wir durch „thun" übersetzen müssen, wie ja auch im Deutschen „es giebt" von seiner ursprünglichen Bedeutung ganz abgewichen ist und den Sinn „es besteht, es ist da" erhalten hat (*Krit. Beitr. S.* 141). Ich könnte also, wenn ich die Abstammung des Suffixes -do vom Gerundium von Wz. dâ- als erwiesen ansähe, auf Curtius Einwand mit Fug und Recht erwiedern, ed-un-du-s bedeute „als Esser thuend, sich gebärdend." Aber ich habe ja ausdrücklich gesagt, ich wolle über den Ursprung der mit d anlautenden Suffixe kein abgeschlossenes und absprechendes Urtheil gefällt haben (*a. O.* 142). Ich habe das mit voller Ueberlegung deshalb gesagt, weil ja auch der Ursprung der Suffixe -ta, -ka, -ma, -na, -ra, -la und vieler anderer wie auch der schon oben besprochenen Wurzeldeterminative, um mit Curtius zu reden, keineswegs von der Sprachforschung schon ergründet ist, weil nicht festgestellt ist, aus welcher bestimmten Wurzel jedes derselben herzuleiten ist. Und doch operirt die Sprachforschung mit diesen wie mit sicheren und anerkannten Factoren. Niemand wird zum Beispiel die Erklärung, fa-ma sei von Wz. fa-, ursprünglich bha- mit dem Suffix -ma gebildet, aus dem Grunde für untauglich oder unzulänglich ansehen, weil noch nicht fest steht, welche Wurzelbedeutung das -ma ursprünglich gehabt hat. Was für ein Grund ist nun eigentlich vorhanden, dem Lateinischen Suffix -do, das auch im Griechischen und, wie sich weiter unten ergeben wird, im Sanskrit erscheint, dasselbe Recht einzuräumen, das jenen Suffixen zusteht, es als ein ursprüngliches Suffix gelten zu lassen, da es nach bestimmten Lautgesetzen aus -ta, -tja, -tva, oder -ja nicht entstanden sein kann, wie ich nachgewiesen zu haben glaube (*Krit. Beitr. S.* 83 f. 120 f.). Wenn man die Erklärung gelten lässt, in flor-ent- bedeute das Suffix -ent, dass ein Wesen mit der Eigenschaft des Blühens versehen ist, ohne die ursprüngliche Bedeutung des Participialsuffixes -ant, die es als selbständiges Wort hatte, aus seiner Wurzel oder aus seinen Wurzelbestandtheilen sicher erweisen zu können, so ist kein Grund vorhanden, weshalb man sich für flor-idu-s nicht mit derselben oder einer ähnlichen Erklärung begnügen dürfe, ohne die Wurzel und Wurzelbedeutung des Suffixes -do unzweifelhaft erweisen zu können, weshalb man nicht auch hier abwarten dürfe, bis die Forschung den letzten Räthseln der Sprachwissenschaft näher getreten sein wird, die sie schwerlich jemals vollständig lösen wird. Und wenn für err-on-eu-s die Erklärung vorläufig genügt, das Suffix -eo bezeichne in diesem Worte, dass einem Wesen, zum Beispiel einem Sclaven oder einem Hunde die Eigenschaft eines err-on, eines Umherirrenden, beiwohne, weshalb soll für ed-un-du-s nicht die Erklärung einstweilen genügen, das Suffix -do drücke aus, dass einer Person oder einem Dinge die Eigenschaft eines Essers oder Fressers beiwohnt. Das kommt freilich wieder auf ein essendes oder fressendes Wesen hinaus, so dass der Unterschied zwischen der ursprünglichen Bedeutung von e-don- und ed-un-du-s kaum bemerklich bleibt. Aber man vergleiche docu-men, teg-men, mo-men, moll-men u. a. mit docu-men-tu-m, teg-men-tu-m, mo-men-tu-m, moll-men-tu-m u. a. (s. oben S. 127 f.). Da ist ein Unterschied im Sprachgebrauch zwischen den Formen auf -men und denen auf -men-to nicht mehr erkennlich, oder doch nur leise fühlbar, obwohl das Suffix -to ursprünglich wie jedes andere seine bestimmte Bedeutung gehabt hat.

Curtius bestreitet nun ferner, dass an ein Adjectivum auf -on das Suffix -do angefügt worden sei, namentlich dass das vom Stamme rubi-co- mit dem Suffix -on weiter gebildete rubi-c-on-, erhalten in dem Flussnamen Rubi-c-on in dieser Weise zu rubi-c-un-du-s erweitert werde, und dass das Suffix -un-do auch an Nominalstämme trete (a. O. 279). Ich glaube für beides den Beweis führen zu können. Neben einander stehen die Lateinischen Götternamen Lar-a, Lar, der Etrurische Lar-au und der Lateinische Lar-un-da. Aus jener Etrurischen Form habe ich gefolgert, dass es eine derselben entsprechende Lateinische Form Lar-on gegeben hat, aus der durch Anfügung des Suffixes -do Lar-un-da entstand. Diese Folgerung ist von Curtius nicht in Zweifel gezogen worden. Es stehen ferner neben einander die Lateinischen Formen

nefr-on-es, ne-fr-un-d-in-es, nebr-un-d-in-es

Fest. p. 162. M: Pro nefrendibus alii nefrundines intelligunt, quos usus recens dicit vel renes vel testiculos, quos Lanuvini appellant nebrundines. Graeci νεφρούς, Praenestini nefrones. Hieraus erhellt zunächst, dass von dem Nominalstamme nefro-, Griech. νεφρο- im Pränestinischen Lateinisch nefr-on- gebildet ist. Von diesem kann die Form nefr-ond-inus nicht weiter gebildet sein mittelst des fertigen Suffixes -d-on, da dieses nur abstracte Nomina von Verben bildet (*Verf. Krit. Beitr. S.* 107). Vielmehr entstand durch Anfügung des Suffixes -do an den Stamm nefr-on-do-, wie in pecu-da dasselbe an den Nominalstamm pecu- getreten ist (*a. O.* 109), wie turbi-du-s, soll-du-s, gell-du-s, rabi-du-s u. s. von den Stämmen turba-, solo-, gelu-, rabie- (*a. O.* 99), wo keine Spur auf ein zwischen beiden Bildungen liegendes Verbum der E-conjugation weist. Aus dem Stamme nefr-un-do- ist mit dem Suffix -on, -in nefrun-d-in-es gebildet wie ar-un-d-on-, hir-un-d-on-, hir-u-d-on-, test-u-d-on- von den Stämmen ar-un-do-, hir-un-do-, hir-u-do-, test-u-do- (*a. O.* 129). Man könnte dagegen den Einwand erheben, neben nefr-on- könne ja vom Stamme nefro- ein denominatives Verbum gebildet sein, etwa *nefr-o-ere und von diesem die Gerundivform nefr-undo-, die dann zu nefr-und-on- weiter gebildet sei. Dagegen ist zu sagen, dass man mittelst dieses künstlichen Umweges der Erklärung jedes secundäre Nomen, das nach bisher allgemein anerkannter Auffassung von einem anderen einfacheren Nomen unmittelbar durch ein Suffix gebildet ist, so entstehen lassen kann, dass von diesem einfacheren Nomen zunächst ein denominatives Verbum der A-, E-, O- oder U-conjugation abgeleitet sei, welches der Sprache abhanden gekommen, und von diesem Verbum erst jenes secundäre Nomen. Man kann so zu dem Satze gelangen, Nomen wird überhaupt nicht von Nomen gebildet ohne Vermittelung eines denominativen Verbum. Curtius befindet sich daher auf einer abschüssigen Bahn, wenn er rot-un-du-s nicht von rota „rundes Ding", daher „Rad" durch -on + do herleitet, wie ich thue, sondern von einem angenommenen Verbum rot-o-ere (*a. O.* 278), fa-c-un-du-s, fe-c-un-du-s, vere-c-un-du-s, in-c-un-du-s, ira-c-un-du-s nicht unmittelbar von den Nominalstämmen fa-co-, fe-co- u. s. w., sondern von vorausgesetzten denominativen Verben einer O-conjugation *fa-c-o-ere, *fe-c-o-ere u. s. w. Wo in einer Wortform kein Vokal oder sonstiges lautliches Element vorhanden ist, das auf ein solches Denominativum der A-, E-, O- oder U-conjugation unzweifelhaft hinweist wie zum Beispiel in conāni-ā-tu-s, frutic-ē-tu-m, aegr-ō-tu-s, arg-ū-tu-s, kann man nicht beliebig solche Denominativa annehmen, ohne den Boden sprachlicher Thatsachen zu verlassen. Für rot-un-du-s, fac-un-du-s u. a. aber ist ein Lautbestandtheil nicht ersichtlich, der auf ein denominatives Verbum einer O-conjugation führte, da ja auch reg-un-du-s, scrib-un-du-s u. a. die Suffixform -un-do zeigen, bei denen von einem solchen Verbum nicht die Rede sein kann. Ausserdem spricht gegen Curtius Auffassung der in Rede stehenden Wortformen noch folgender Grund. Diejenige Wortform, aus der am sichersten auf eine ehemalige, der Griechischen entsprechende Lateinische O-conjugation geschlossen werden kann, ist unter allen von Curtius behandelten aegr-ŏ-tu-s (a. O. 274), und diese zeigt die Form eines passiven Particips. Daraus ist zu schliessen, dass *aegr-ŏ-ere „krank machen" und aegr-ŏ-tu-s „krank gemacht" bedeutete, dass die Verba jener Lateinischen O-conjugation wie die entsprechenden Griechischen causative Bedeutung hatten. Ist das richtig, dann müsste rot-un-du-s „rund machend" bedeuten oder „rund zu machen", rubi-c-undu-s „röthlich machend" oder „zu machen", fec-undu-s „fruchtbar machend" oder „zu machen", vere-c-undu-s „scheuen machend" oder „zu machen" ira-c-undu-s „zornig machend" oder „zu machen", wenn sie von causativen Verben der O-conjugation wie *rot-o-ere, *fec-o-ere u. s. w. herkämen. Ich kann also Curtius Annahme von verloren gegangenen Verben der O-conjugation, aus denen die Endungen -un-do und -c-un-do- der in Rede stehenden Wörter hervorgegangen seien, nicht beistimmen, muss vielmehr bei meiner Ansicht verharren, einmal, dass auch Nominalbildungen auf -on durch das Suffix -do weiter gebildet sind, zweitens, dass das zusammengesetzte Suffix -on-do, -un-do an Nominalstämme trat wie an Verbalstämme ebenso wie das einfache -on und wie das einfache -do.

Wenn ich bisher die irrige Ansicht Schröders über den Ursprung des Lateinischen Gerundium widerlegt und die Einwürfe bekämpft habe, die gegen meine Ansicht von demselben erhoben worden sind, so sollen nun weitere positive Beweise für die Richtigkeit derselben beigebracht werden.

Der Suffixform -un-do gleich gebildet ist im Griechischen, wie ich gezeigt zu haben glaube, das Suffix -ιν-δα, -ιν-δη-ν in den Spielnamen φυγ-ίν-δα, φρυγ-ίν-δα, μυ-ίν-δα, ληκ-ίν-δα, φαιν-ίν-δα, χρυστ-ίν-δα, στρεπτιν-δα, ψηλαφ-ίν-δα, κυβιστ-ίν-δα, ἱλαυστ-ίν-δα, ἑφετ-ίν-δα, δρακετ-ίν-δα, βασιλ-ίν-δα, ὀστρακ-ίν-δα, χαλκ-ίν-δα, πλουτ-ίν-δη-ν, ἁριστ-ίν-δην (*Krit. Beitr.* S. 139 f.). Da hier die Suffixe -ιν-δα, -ιν-δη-ν am häufigsten zwar an Verbalstämme getreten sind, aber auch mehrfach an Nominalstämme, so ist das eine Bestätigung für die Richtigkeit meiner Ansicht, dass das Lateinische Suffix -un-do nicht bloss an Verbalstämme trat, sondern nach der Analogie dieser auch an Nominalstämme, wie in Lar-un-da, rot-un-du-s, fa-c-un-du-s, vere-c-un-dus, in-c-un-du-s u. a.

Dem Gerundivsuffix -un-do im Lateinischen und dem Suffix -ιν-δα, -ιν-δη-ν im Griechischen entspricht im Sanskrit ein Suffix -aṇ-da in Bildungen, über die ich A. Kuhn schätzbare Belege und Nachweise verdanke. Solche sind:

gar-aṇ-da-s gebrechlich, altersschwach von Wz. gar- gebrechlich werden, morsch werden, sich abnutzen, alt werden (*Boehtl. u. R. Sanskrw.* III, 51. 47).

çaj-aṇ-da-s schlafend von Wz. çi- liegen, ruhen, schlafen (*Pott. E. F.* II, 453 f. *Westerg. Rad. l. Sanscr.* p. 40).

bhar-aṇ-da-s Herr, Gebieter, Herrscher als „nährender" von Wz. bhar- erhalten, nähren (*Wilson, Dict. Sanscr.* p. 342. *Westerg. a. O.* p. 64) von der auch bhar-tṛ. Nährer, Herrscher, König stammt (*Benfey, Chrest. Gloss.* p. 218).

sar-aṇ-da-s Landstreicher, Katze, Vogel (*Wilson, a. O.* p. 906) von Wz. sar- gehen, sich bewegen, fliessen (*Westerg. a. O.* p. 67) von der auch Wind, Wolke, Fluss und Wagen benannt sind (*Benfey, a. O.* p. 351).

kar-aṇ-da-s Schwert von Wz. kar- verletzen, tödten (*Boehtl. u. R. a. O.* II, 108. 103). Für dasselbe Wort werden auch die Bedeutungen Bienenkorb, eine Art Ente, eine Pflanze angeführt; von welcher Wurzel kar- bleibt dahingestellt.

var-aṇ-da-s Säulengang, Halle, Veranda u. s. (*Wilson, a. O.* p. 735) von Wz. var- bedecken (*Pott, a. O. Westerg. a. O.* 65).

tar-aṇ-da-s Floss, Schiff von Wz. tar- über ein Gewässer setzen, überschiffen (*Wilson, a. O.* p. 368. *Pott, a. O. Boehtl. u. R. a. O.* III, 256 f. 266).

vish-aṇ-da-s Faser im Stengel der Wasserlilie (*Pott, a. O.*) von Wz. vish- durchdringen, durchgehen (*Westerg. a. O.* p. 296).

Ebensolche Bildungen sind çham-aṇ-da-s vaterloses Kind,

Mensch ohne Verwandte (*Boethl. u. R. a. O.* II, 1082), chem-aṇ-ḍa-s vaterloses Kind (*a. O.* 1100), phēr-aṇ-ḍa-s Schakal, pākh-aṇ-ḍa-s, pāsh-aṇ-ḍa-s Ketzer (*Pott, a. O.*), dhal-aṇ-ḍa-s eine nachtliche Pflanze (*a. O. Boethl. u. R. a. O.* III, 891), çikh-aṇ-ḍa-s Pfauenschweif, Haarlocke (*Pott, a. O.*), Vat-aṇ-ḍa-s, Name eines Heiligen (*Kuhn, Uǵǵaval.*).

Die Form -uṇ-ḍa für -aṇ-ḍa zeigen bhōr-uṇ-ḍa-s neben bhēr-aṇ-ḍas abgeleitet von bhiru-s furchtbar von Wz. bhi- fürchten (*a. O. Bopp. Gloss.* p. 126) und mar-uṇ-ḍā- Frau mit hoher Stirn (*Pott, a. O.*).

Da die Cerebralen oder Kopflaute im Sanskrit nicht ursprünglich waren (*Bopp, Krit. Gram. d. Sanskr.* p. 15. *Benfey, Vollst. Gram. d. Sanskr.* p. 20. *Oppert, Gram. Sanscr.* p. 7), so ist auch das Suffix -aṇ-ḍa aus -an-da entstanden. Pott hatte früher angenommen, dass dieses -au-da aus -an-ta hervorgegangen sei (*a. O.*), hat sich aber neuerdings entschieden gegen den Uebergang von nt in nd überhaupt ausgesprochen (*E. F.* II, 495. 496. 538. 2. *A.*), kann desselben also auch für das Sanskrit nicht mehr annehmen. Es fragt sich, ob von anderer Seite die Verschiebung des t zu d innerhalb des Sanskrit behauptet und erwiesen worden ist. Erweichung eines t durch folgendes r ist nachgewiesen an den Beispielen handra neben hantra, tandravāja neben tantravāja und in der Suffixform -drī neben -trī (*Benfey, vollst. Gram. d. Sanskr.* p. 133. *Z. f. vergl. Spr.* II, 226. *Meyer, a. O.* 291). Das ist also dieselbe Erweichung des t zu d durch folgendes r wie im Lateinischen quadratus, quadraginta u. a. Auch vor j nimmt Benfey dieselbe Erweichung von t zu d an in dem Suffix dja von ava-dja, beruft sich aber zum Beweise dafür nur auf die Suffixform -drī für -trī (*Gr.* 237. *Z. a. O.*). Da nun aber jenes -dja ebenso aus diva- Tag entstanden sein kann, wie Benfey selbst das für -djus und -djas nachweist (*Gr.* 236 *f.*), so ist die Erweichung des t durch folgendes j zu d hiermit nicht erwiesen. Dass sonst im Sanskrit abgesehen von den sogenannten Wohllautsgesetzen t zu d würde, dafür ist kein Beleg gegeben. Dass dies nach vorhergehendem n geschehe innerhalb des Sanskrit, ist auch von Benfey und Meyer nicht einmal behauptet worden (*a. O.*). Daraus folgt also, dass in den Bildungen auf -aṇ-ḍa das Sanskrit dasselbe ursprüngliche Suffix -da besass, das in den Griechischen auf -ιν-δα, ιν δη-ν, in den Lateinischen auf -un-do enthalten ist. Da in diesen keine Spur darauf führt, dass nach n ein Vokal geschwunden sei, so liegt keine Veranlassung vor, den ersten Bestandtheil des Suffixes -an-da von der Infinitivendung -ana herzuleiten; es ist vielmehr dasselbe -an wie in rág-an König, takṣh-an Zimmermann u. a.

Das zusammengesetzte Suffix -aṇ-ḍa ist in der Mehrzahl der vorliegenden Fälle an die Verbalwurzel getreten. Aber bhē-r-aṇ-ḍa-s neben bhī-rṇ-s von Wz. bhī- beweist, dass jenes Suffix auch an Nominalstämme trat. Damit erhält meine oben dargelegte Ansicht wieder eine neue Stütze, dass das Suffix -un-do in rot-un-du-s, Lar-un-da, nefr-un-d-iu-us, rubi-c-un-du-s, fa-c-un-du-s, fe-c-un-du-s, iu-c-un-du-s u. a. ebenfalls an Nominalstämme getreten ist, wie auch -ιν-δα und -ιν-δη-ν in einer Anzahl der oben angeführten Griechischen Spielnamen.

Man vergleiche nun die Bedeutungen der vorstehenden Sanskritbildungen mit den entsprechenden Lateinischen. Çaj-aṇ-ḍa-s bedeutet „schlafend", gar-aṇ-ḍa-s „alternd", bhar-aṇ-ḍa-s den Herrn als „nährend", sar-aṇ-ḍa-s den Landstreicher als „gehenden", kar-aṇ-ḍa-s das Schwert als „verletzendes", var-aṇ-ḍa-s die Halle als „deckende", tar-aṇ-ḍa-s das Floss oder Schiff als „übersetzendes, überschreitendes" wie im Lateinischen ortun-du-s „der entstehende", sec-un-du-s „der folgende", lab-un-du-s „der gleitende", Adfer-en-da, „die Herbeibringende, Conmol-en-da „die Mahlende" bedeutet Es bestätigt sich also durch die Uebereinstimmung der Bedeutung zwischen den Lateinischen Bildungen auf -un-do mit den Sanskritischen auf -aṇ-ḍa, -un-ḍa, was ich früher allein vom Boden des Lateinischen aus geschlossen habe, dass der Begriff der Nothwendigkeit in dem Lateinischen Gerundivsuffix ursprünglich nicht liegt, sondern erst allmählich im Sprachgebrauch durch den Wort- und Gedankenzusammenhang hineingekommen ist. Pott, der zu demselben Ergebnisse kommt, bemerkt dazu, *Etym. Forsch.* II, 518. 2. A: „Solcherlei untergeordnete Nebenbedeutungen sind nicht immer ausdrücklich mit bezeichnet, sondern oft bloss vom Sprachgebrauch lediglich postulirt" und weist darauf hin, dass auch in der Endung der Griechischen Verbaladjektiva auf -ro die Nebenbeziehung der Möglichkeit sich erst im Griechischen Sprachgebrauche entwickelt habe, während dieselbe in den gleich gebildeten Lateinischen Verbaladjectiven auf -to nicht vorhanden sei, also zum Beispiel in Griech. λεκ-τό-ς neben Lat. lec-tu-s. Schoemann, dessen irrige Behauptungen über die Etymologie des -do im Gerundivsuffixe -u u-do ich hier deshalb bei Seite lasse, weil sie ohne Kenntniss oder Berücksichtigung von Ergebnissen neuerer Forschungen auf diesem Gebiete mit willkührlichem Belieben hingestellt sind (*die Lehre von den Redetheilen*, S. 56), kommt trotzdem ebenfalls zu der Ansicht, dass der Begriff der Nothwendigkeit dem Lateinischen Gerundium ursprünglich nicht beiwohne, wenn er sagt, a. O. S. 57: „Im Gerundium ist das Subject die Thätigkeit mit dem Nebenbegriff der Tendenz zur Verwirklichung." Dieser Ansicht folgt auch Kraut, der, ohne wesentlich neues über das Gerundium beizubringen, den wohlbegründeten Vorschlag macht, doch die unsinnigen Benennungen Gerundium und Gerundivum aus der Lateinischen Grammatik zu beseitigen und dafür Adjectivum verbale zu sagen (*Zur Lehre vom Gerundium. Progr. Heilbronn.* 1862. S. 10 *f.*).

Für die Bedeutungsentwickelung des Gerundium ist das Sanskr. bhē-r-aṇ-ḍas „furchtbar", timendus zu beachten. Hier erscheint die Bedeutung des Suffixes -aṇ-ḍa, die in kar-aṇ-ḍas verletzend, var-aṇ-ḍas bedeckend activ ist, in die passive umgeschlagen. Das ist ein neuer Beleg für die Richtigkeit der Ansicht, dass das Lateinische Gerundivsuffix an sich weder eine active noch eine passive Bedeutung hatte (*Pott, E. F.* II, 504 *f.* 2. A. *Verf. Krit. Beitr.* S. 136 *f.*). Zu demselben Ergebniss ist auch Schömann trotz seines verunglückten etymologischen Erklärungsversuches des Suffixes -un-do gelangt, indem er vom Supinum und Gerundium sagt, a. O. S. 60: „Beide drücken zunächst nur die Thätigkeit als eine verwirklichte oder zu verwirklichende aus, und ob der dabei angegebene Gegenstand der ausübende oder der erleidende sei, ist nur aus der Beschaffenheit der Thätigkeit und des Gegenstandes zu erkennen." Diese Worte treffen in der That den Nagel auf den Kopf. Im Sanskr. bhē-r-aṇ-ḍa-s furchtbar, timendus tritt neben der passiven Ausprägung der Bedeutung auch der Sinn der zu verwirklichenden Thätigkeit hervor, also zusammen diejenige Wortbedeutung, die im Gerundium auf dem Boden der Lateinischen Sprache und der verwandten Dialekte so weite Verbreitung gefunden hat und noch heute im Italienischen Satzbau eine Rolle spielt.

Die Bedeutung der zu verwirklichenden Thätigkeit erscheint im Sanskrit ausgedrückt in den Adjectiv- oder Participialformen mit dem Suffix -an-ija. Pott sieht in dem ersten Bestandtheil desselben das Suffix -ana (E. F. II, 495. 2. A.). Ich sehe auch hier nicht ein, weshalb man das Schwinden eines Vokals a annehmen soll, weshalb nicht in -an-ija wie in -aṇ-da dasselbe Suffix -an vorhanden sein soll wie in rāg-an, taksh-an u. a. Wenn also Lat. reh-en-du-s und Sanskr. vah-an-ija-s sich in der Bedeutung genau entsprechen (A. K. Umbr. Sprachd. I, 148), so liegt das nicht darin, dass die beiden Doppelsuffixe Lat. -en-do und Sanskr. -an-ija in ihren beiden Bestandtheilen identisch wären, und berechtigt nicht zu der Annahme eines sonst im älteren und klassischen Lateinisch unerhörten Ueberganges von j in d (Curt. Griech. Etym. S. 590 f. 2. A.), sondern darin, dass der erste Bestandtheil -en, -an in beiden Doppelsuffixen derselbe ist. Dintzer findet dieses -an auch in dem Participialsuffix -an-t, also durch ein mit t anlautendes Suffix erweitert (Lat. Wortbild. u. Compos. S. 84) und dafür spricht die Uebereinstimmung der Bedeutung solcher neben einander stehenden Wortstämme wie rag-ant- und rāg-an-, die sich nur dadurch unterscheiden, dass jenes den Herrschenden in der Gegenwart bezeichnet, dieses den Herrschenden abgesehen von aller Zeit, jenes Participium, dieses Substantivum ist. Wenn Pott das -an in den Suffixformen -aṇ-ḍa, -an-ija, an-t vom Sanskr. ana ille herleitet (E. F. II, 535 f. 2. A.), so ist das wohl möglich, aber ein Beweis dafür nicht beigebracht. Ich habe schon oben gesagt, dass ich über die ursprüngliche Bedeutung der meisten Suffixe, da sie noch selbständige Wörter waren, kein sicheres und abgeschlossenes Urtheil habe.

Folgendes ist also das Ergebniss meiner wiederholten Untersuchungen über das Lateinische Gerundium.

Das mit dem Suffix -on-do, -un-do, -en-do von Verbalstämmen gebildete Nomen benennen die Lateinischen Grammatiker sehr verschieden, nämlich: Participiale (Prisc. VIII, p. 409. H.). Participialis modus (Diomed. I, p. 342. K.), Participium futuri (Pompej. Com. Art. Don. p. 361. 362. 366. L.), Adverbium Charis. II, p. 169. K.), Supinum (Charis. II, p. 169. 171. K. Prisc. de XII vers. Aen. X, 189. p. 505. K.), Gerundi modus (Diom. I, p. 336. K. Macrob. De diff. et societ. p. 749. Z. Pomp. Com. Art. Don. p. 265. 275. L.), Verbum gerundi (Cledon. p. 1873. P.

Serv. *A. Gr. p.* 510, *Verg. Mar. Mai, Class. auct.* V, *p.* 146), Gerundium (*Prisc.* VIII, 409. *H.*), Modus gerundivus (*Serg. A.S. Don. p.* 1188. *P.*). Prisciaus vorherrschender Autorität im Mittelalter ist es zuzuschreiben, dass die unklare Benennung Gerundium zur Geltung gelangt ist. Die Scheidung zwischen Gerundium und Gerundivum ist erst von Neueren erfunden, ebenso die Benennungen Participium Futuri Passivi, die das Wesen der Sache gar nicht, und Participium necessitatis, die es nur zum Theil berührt. Das Lateinische Suffix -on-do, -un-do, -en-do, entspricht der Griechischen Form -εν-δο- der Sanskritischen -an-da, -un-da. Die Bestandtheile desselben sind das Suffix Lat. -on, Griech. -εν, Sanskr. -an, das sich in Lat. lig-on, cunc-on-, Griech. ῥιζ-εν-, Sanskr. rag-an, laksh-an zeigt, und das Suffix Lat. -do in den Adjectiven wie frigi-du-s, Griech. -δο, Sanskr. -da, dessen Ursprung von einer verbalen oder pronominalen, einer prädicativen oder demonstrativen Wurzel da- dahingestellt bleibt. Das Lateinische Suffix -un-do trat meist an Verbalstämme, aber nach deren Analogie auch an Nominalstämme ebenso wie im Griechischen -εν-δα, -εν-δη-ν, im Sanskr. -an-da, -un-da. Dieses Suffix drückt ursprünglich nur aus, dass an dem Wesen, welches das mit demselben gebildete Nomen bezeichnet, sich die in der Verbalwurzel bezeichnete Thätigkeit äussert, abgesehen von aller Zeit. Diese Thätigkeit erscheint dann im Sprachgebrauche zwiefach ausgeprägt als eine sich verwirklichende oder noch zu verwirklichende, als eine wirkliche und eine nothwendige und daher als eine bestehende oder bevorstehende. Ob die Bedeutung des Gerundium benannten Nomens sich activ oder passiv ausprägt, das heisst das durch dasselbe bezeichnete Wesen sich anstehend oder erleidend verhält, ist nur aus der Beschaffenheit der Thätigkeit und des Wesens ersichtlich, wie sie im Wort- und Gedankenzusammenhange aufgefasst wird. Der Form nach im Zusammenhange der Rede ist der Gebrauch des Verbalnomens auf -un-do ein dreifacher, einmal ein substantivischer in dem Sinne der Verbalsubstantiva auf -ti-on (*Verf. Krit. Beitr. S.* 131 *f.*), zweitens ein verbaler (*a. O.* 133 *f.*), drittens ein adjectivischer, den auch der Umbrische und Oskische Dialekt aufweisen (*a. O.* 134 *f.*).

Ohne den von mir geführten Beweis, dass inlautendes t im Lateinischen ausser vor r sich niemals zu d verschoben habe,

zu mindesten zu berücksichtigen, hat Meyer auch neuerdings die
Behauptungen wiederholt, das d in den Stämmen gland-, froud-,
leud- sei aus t verschoben und das d der Stämme hered-,
merced-, cupped- lapid-, capid-, cassid-, cuspid- sei
der Rest von -nt (*Vergl. Gram.* II, 102. 103). Gegen die
Manier, irrthümliche Ansichten unter Verschweigung von Gegenbeweisen immer wieder abdrucken zu lassen, habe ich mich bereits im Vorwort dieser Schrift ausgesprochen. Von neuem gegen
dieselbe hier Beweise antreten zu wollen, wäre ein zweckloses
Beginnen, mit dem ich mich natürlich nicht befassen werde.
Niemand hat seit dem Erscheinen meiner Kritischen Beiträge einen
sicheren Beleg dafür beigebracht, dass inlautendes t in der Lateinischen Sprache der älteren und der klassischen Zeit ausser vor
r sich zu d verschoben hätte *).

Bei Gelegenheit des Nachweises, dass auch anlautendes t
nicht zu d geworden ist, habe ich die enklitischen Auffügungen
-dem, -de, -dam, -do, -dum
und die Conjunctionen
iam, dum
einer neuen Untersuchung unterzogen und bin im Anschluss an
Pott's Ansicht zu dem Ergebniss gelangt, dass diese Wörter Casusformen vom Nominalstamme diu- und dessen Nebenformen diu-,
dia- sind, die alle vom Sanskr. divâ- Tag, ausgegangen sind
(*Krit. Beitr.* 497—505). Diese ganze Untersuchung fertigt Meyer
in seiner gewohnten Weise mit der Redewendung ab, „eine Fülle
unsicherer Muthmassungen, die wenig interessieren" (*Götl. Gel.
Anz.* 1864. S. 334 *f*.), ohne auch hier nur die leiseste Andeu-
tung eines Gegenbeweises zu geben. Nun hat aber diese Untersuchung doch wenigstens einen Sprachforscher in so weit interes-
siert, dass er sie einer eingehenden Prüfung unterzogen und durch
diese meine obige Ansicht zu widerlegen versucht hat, nämlich
H. Weber (*Z. f. d. Gymnasialw.* XIX, 37 *f*.). Da ich nun die-

---

*) Die von Schuchardt, *der Vokalismus des Vulgärlateins*, S. 126 f., aus
Handschriften beigebrachten Beispiele, wo d für t geschrieben ist, können, wo
es nicht blosse Schreibfehler sind, höchstens beweisen, dass sich schon in der
spätlateinischen Volkssprache Ansätze zu der Erweichung des t zu d zeigen,
die sich zum Theil in den Romanischen Sprachen findet. In Donada (*Garrucci,
Graff. Pomp.* XVI, 5) vermag ich das zweite d lediglich für einen Schreibfehler anzusehen, entstanden aus dem ersten d.

sein Gegner nicht berücksichtigen und seinen Einwürfen gegenüber meine Ansicht als irrig ansehen kann, so verlangt die Achtung vor denselben, dass ich meine Gründe dafür darlege, damit ich, wenn ich später in den Fall kommen sollte, mich auf jene meine Ansicht und die Beweisführung für dieselbe berufen zu müssen, mir nicht selber den Vorwurf zuziehe, mich über Gegengründe leichtfertig hinweggesetzt, sie vertuscht oder verschwiegen zu haben. Weber ist zunächst nicht einverstanden mit meiner Erklärung von

donicum, donec.

Ich habe das do- dieser Wortformen für dasselbe erklärt wie das -do in quan-do, ali-quan-do und das -dâ in Sanskr. ka-dâ, ja-dâ, t-dâ, ta-dâ, sa-da, eka-dâ, anja-da, sarva-da, und das -ni, -ne jener Wortformen für die Negation, so dass do-ni-cum eigentlich bedeute „den Tag nicht wann", daher „so lange bis, bis" (*Krit. Beitr.* S. 501 *f.*). Dagegen wirft Weber ein, die Bedeutung der Negation könne in dem -ni-, -ne- nicht liegen, es sei eine gezwungene Erklärung aus dem Zeitpunkt „wo etwas nicht sei" die Bedeutung „bis" herzuleiten; das -ni in do-ni-cum sei vielmehr desselben Ursprungs wie das -ni in de-ni-que. Diesen Einwurf erkenne ich als richtig an und werde auf Grund desselben das -ni, -ne anders erklären. Zweitens sagt Weber, ich hätte die Frage ganz unbeantwortet gelassen, weshalb in do-ni-cum die Form -ni erscheine, nicht -ne. Ich verweise dem gegenüber auf das Schwanken zwischen ne, nei, ni (*Verf. Ausspr.* I, 230) und auf die Formen illi-ci-ne, isti-ci-ne, indi-dem, undi-que, tuti-n neben ille, iste, inde, unde, tute (a. O. 271 *Anm.*).

In dem do- von do-ni-cum, do-ne-c, quan-do sieht Weber nicht eine Nominalform entstanden aus -djâ für -divâ-, sondern einen Pronominalstamm da-. Aber einen solchen Pronominalstamm aufstellen heisst noch nicht ihn beglaubigen und beweisen (*vgl. Pott, E. F.* I, 261) und dass der Nachweis desselben Weber nicht gelungen ist, wird weiter unten zur Sprache kommen. Statt nun aber auch den für seine Auffassung unentbehrlichen Nachweis zu geben, was denn jenes -dô für eine Form sei von dem angeblichen Pronominalstamme da-, sagt er, die Bildung von -dô bleibe weiter zu untersuchen und näher zu begründen. Da ich eine Erklärung, welche die Wurzel eines Wortes nicht als in der Sprache wirklich vorhanden nachweist und auch die Form des Wortes unerklärt lässt, nicht als genügend anzusehen vermag, so kann ich derselben auch nicht zustimmen. Hingegen gebe ich Weber Recht darin, dass der Bestandtheil -ni in do-ni-cum die Locativform des Suffixes -no ist wie in de-ni-que. Von der Stammform dius- Tag, die in per-dius, inter-dius erscheint, ist mit dem Suffix -no diur-nu-s gebildet, von der Stammform dies-, der Sanskr. divas- entspricht, ebenso ho-dier-nu-s. Dasselbe Suffix -no zeigt sich in nundi-nu-m für *novem-di-nu-m Zeit von neun Tagen an die vokalisch auslautende Stammform die- getreten, deren ie zu i verschmolz wie in siem, sis, sit für siem, sies, siet; dann kürzte sich das i wie in scripsi-mus neben scripsi u. a. Dasselbe Suffix -no ist auch an die Stammform -dō getreten, die nach meiner Erklärung aus -djō, -djā für -dirā entstanden ist, die Grundform, von der auch das enklitische -dam und die Conjunction iam für *diam ausgegangen ist. Wie -di-no- und diur-no- "den Zeitraum eines Tages" daher nun-di-nu-m "den Zeitraum von neun Tagen" bezeichnen, so bedeutet also do-no- in do-ni-cum ebenfalls "den Zeitraum eines Tages" und do-ni-cum "in dem Zeitraum eines Tages wann." In dem -dō von quan-do, aliquan-do ist nicht die nackte Stammform erhalten, sondern wie das -dā von Sanskr. ka-dā u. a. ein Abkömmling der ursprünglichen Instrumentalform dirā "am Tage." Also bedeutet quan-dō für *quam-dō "irgend wann zu einem Tage, wann einmal", ali-quan-dō: "anders-wann zu irgend einem Tage", daher "irgend ein andermal und mit Verblassen der Bedeutung von ali- "irgend einmal." Weber bringt mit seinem angenommenen Pronominalstamme da- für quan-do die Bedeutung "wann-dann" oder "wann-da" heraus. Dass diese passender oder zutreffender für den Sinn wäre, den das Wort thatsächlich im Sprachgebrauche hat, als meine Erklärung, wird man wohl nicht behaupten können. Ich habe in

pri-dem

neben pri-die das -dem für die Accusativform diem erklärt, die ihr i eingebüsst habe, so dass pri-dem bedeute "vorher dem Tage nach" dann allgemeiner "vorher der Zeit nach." Dagegen wirft Weber folgendes ein. Da er nicht bestreiten kann, dass der Ausfall des i nach Consonanten vor folgendem Vokal in Lateinischen etwas ganz gewöhnliches ist (vergl. *Verf. Ausspr.* II, 147 f.), so sagt er, derselbe „müsse" hier nicht nothwendig stattgefunden haben. Ich habe darauf nur zu erwidern, man hat hier die vollste Berechtigung, diesen Ausfall anzunehmen wegen der Uebereinstimmung von pri-dem und pri-die in Laut und Bedeutung. Bei solcher Uebereinstimmung wird kein Sprachforscher Bedenken tragen, einen Lautwechsel, der in hundert Fällen nachgewiesen ist, auch im hundert und ersten Falle anzunehmen. Inter-diu bedeutet „bei Tage", -dius in nu-dius „Tag", Inter-dum „unter der Weile, unter einer Weile, bisweilen", man e-dum „bleib eine Weile", dum „der Weile, während"; daraus schliesse ich, dass dum für diom eigentlich „den Tag" oder „einen Tag" bedeutet „und daher mit Verallgemeinerung des Zeitbegriffs „die Zeit, die Weile" oder „eine Zeit, eine Weile", dass also in dum das i ebenso ausgefallen ist wie in zahlreichen ähnlichen Fällen (*Krit. Beitr.* S. 560). Ganz denselben Schluss mache ich in Bezug auf pri-dem neben pri-die, also dass sich pri-dem zu pri-die verhält wie inter-dum zu inter-diu. Die Evidenz des Ausfalls eines i ist hier so gross, wie sie für irgend einen auch sonst feststehenden Lautwechsel bei einer aufgestellten Etymologie nur sein kann. Auf Webers Frage also „muss es denn so sein", dass hier i geschwunden sei, kann ich nur sagen, eine physische Nothwendigkeit liegt nicht vor, wohl aber eine Nöthigung für den Geist des Sprachforschers, der die Sache ohne vorgefasste Meinung ansieht. Zweitens wendet Weber gegen meine Erklärung von pri-dem aus *pri-diem ein, diem enthalte nichts deiktisches, es könne wohl „einen Tag", aber nicht „den Tag" bezeichnen. Diesen Einwurf könnte man sich gefallen lassen in einer Sprache, die den Gebrauch des bestimmten Artikels ausgebildet hat, die daneben etwa noch einen unbestimmten Artikel oder sogenannten Theilungsartikel aufweist. Da nun aber der Lateinischen Sprache grade der Gebrauch des bestimmten Artikels fremd ist, da es lediglich vom Wort- und Gedankenzusammenhang in der Rede abhängt, ob dies „der Tag" oder „ein Tag", homo „der Mensch" oder „ein Mensch" bedeutet, so ist unzweifelhaft, dass auch -dem für diem ebensowohl „den Tag" als „einen Tag" bedeuten kann, je nach dem Gedanken- und Wortzusammenhange, in dem es ausgesprochen wird. Webers Einwand ist daher ohne Bedeutung und wahrlich nicht geeignet, wie es heisst, meine Erklärung „im Princip zu zerstören." Derselbe behauptet ferner, «dem könne nicht von der Bedeutung „den Tag, die Zeit" zu dem Sinne „grade, just, eben, selber" gelangen; denn din habe niemals diese Bedeutung entwickelt. So gewiss Weber weiss, dass Wortformen eines und desselben Stammes nicht immer eine und dieselbe Bedeutung haben, sondern sich zu verschiedenen Bedeutungen ausprägen, so gewiss ist dieser Einwand nichtig. Auf derselben Stufe steht der gegen mich erhobene Vorwurf der Inconsequenz, dass ich de-ni-que mit de-mu-m von der Präposition de, hingegen das -de von in-de von die herleite. Als ob es eine consequente Methode in der Sprachforschung gäbe, nach der man für gleich oder ähnlich lautende Wörter auch immer gleiche Abstammung annehmen müsse, eine consequente Methode, nach der man zum Beispiel verpflichtet wäre, den Namen von Cöln an der Spree statt von einem Slavischen Worte vom Lateinischen Colonia abzuleiten, weil der Name von Cöln am Rhein daher stammt, oder sal-i-re „salzen" und sal-i-re „springen", weil sie ganz gleich klingen, von derselben Wurzel herzuleiten. Ich habe de-ni-que und de-mu-m von der Präposition de abgeleitet, weil die so gewonnene Bedeutung zu dem Sinne, den diese Wörter im Sprachgebrauche thatsächlich haben, sehr gut passt, hingegen die Ableitung von die durchaus keinen passenden Sinn gäbe. Ferner wird mir von Weber eingeworfen, Wörter mit ursprünglich lokaler Bedeutung erhielten wohl temporale Bedeutung, aber nicht umgekehrt; ich nähme falsch den Uebergang von temporaler Bedeutung in lokale an bei meiner Erklärung von -dem, so zum Beispiel in utrobi-dem. Hier wird mir etwas aufgebürdet, was ich nicht angenommen und gesagt habe. Ich erkläre ibi-dem „daselbst an dem Tage, daselbst damals, daselbst eben" (Ausspr. II, 283. Krit. Beitr. S, 498); also der Begriff „den Tag" ist nach meiner Erklärung zu dem Begriff „damals" verallgemeinert und das zeitlich hinweisende „damals" zu einem allgemeiner hinweisenden und hervorhebenden „eben, just grade" verblasst. So wenig diese deutschen Wörter lokale Adverbien sind, so wenig habe ich also in ibi-dem oder utrobi-dem Uebergang einer temporalen Bedeutung in eine lokale angenommen. Ich habe mich ferner bei meiner Erklärung von in-de ausdrücklich gegen eine solche Unterstellung verwahrt (Ausspr. a. O.). Man höre nun,

was Weber gegen diese vorbringt. Ich erkläre das i-u- von
i-u-de „von da." Darauf sagt Weber kurz und kategorisch:
„keineswegs bedeutet in- das, sondern nur „da," als ob das eine
ausgemachte Sache wäre. Ich habe darauf hingewiesen, dass in
ill-im, ist-im, utr-im-que, h-in-c, ill-in-c, ist-in-c,
utr-in-de, utr-in-secus, altr-in-secus, intr-in-secus,
extr-in-secus das Suffix -im, -in den Anfangspunkt von wo
an, das „woher" bezeichnet (Z. f. vgl. Spr. V. 120 f.). Wie
also h-in-c vom Pronominalstamme ho- „von hier," ill-im,
ill-in-c vom Pronominalstamme illo- „von dort" bedeuten, so
das in- in in-de für *i-in-, *i-im vom Pronominalstamm i „von
da." Webers obige, ohne alle Beweise hingeworfene Behauptung
ist demnach irrig. Ich erkläre also in-de „von da damals" daher „von da eben, von da nun", so dass das -de von dem Begriff der zeitlichen Hervorhebung zu dem Begriff einer allgemeinen hervorhebenden Hinweisung verblasst ist. Ich nehme also
auch hier nichts weniger als den Uebergang von der temporalen
Bedeutung in die lokale an. Was soll man ferner zu dem Einwurf Webers sagen, wenn in- mit de für die zusammengesetzt
sei, dann müsse es ursprünglich temporal gewesen sein, „denn
wie wäre man sonst darauf gekommen, es mit die zusammenzu-
setzen?" Als ob man garnicht hätte darauf kommen können, an
ein Wort mit örtlicher Bedeutung ein zweites mit zeitlicher enklitisch anzufügen. Als ob das Ortsadverbium Inter ursprünglich
temporale Bedeutung gehabt haben müsse, weil es in Inter-
dum mit dem temporalen -dum zusammengefügt erscheint. Ich
habe gesagt, in in-di-dem, nu-di-que sei das ursprüngliche
-die zu -di gestaltet, weil auslautender Vokal des ersten Wortbestandtheiles in der Wortfuge der Composita sich häufig zu i
gestalte (Ausspr. II. 283 f.). Das legt mir Weber so aus, als
meinte ich, es habe einmal ein *in-die-que, *nu-die-que
gegeben, was weder in jenen Worten liegt noch jemals von mir
behauptet worden ist. Es ist auch mir nicht verborgen geblieben, was Weber gegen mich aus Licht zu stellen meint, dass
in-di-dem, un-di-que von den Formen in-de, nu-de ausgegangen sind. Ich habe ja ausdrücklich gesagt, dass in-di-
dem, un-di-que sich zu in-de, un-de verhält wie illi-ci-ne,
isti-ci-ne, tu-ti-n, serviri-ne, facili-ne zu ille, iste,
tu-te, servire, facile, indem das auslautende e dieser Wort-

formen im Inlaut, wenn dieselben erstes Glied eines Compositum wurden, zu ĭ würde (*Ausspr.* I, 272, *Anm.*). Diese Stelle kann Weber nicht gelesen oder nicht im Gedächtniss behalten haben, wie ihm dies mit einer anderen Stelle begegnet ist, indem er behauptet, bei meiner Vermuthung in ἐν-θα könne -θα aus -δα hervorgegangen sein, hätte ich nicht angegeben, wie das θ aus δ entstanden sei, während ich doch Griech. ξανθ-ός neben Lat. cand-ere und Sanskr. Wz. skand- als Beleg für diesen Uebergang anführe. Ich darf wohl so gut wie jeder andere den Anspruch erheben, dass, wenn man meine Ansichten widerlegen will, man nicht Dinge, die ich ausdrücklich gesagt habe, übersieht oder verschweigt, hingegen Behauptungen, die ich nirgends ausgesprochen, mir unterstellt. Das also sind Webers Einwürfe, mit denen er auf speciell Lateinischem Gebiet meine Ansicht über die in Rede stehenden Wortformen zu zerstören meint. Ich folge ihm nun weiter auf das Gebiet der verwandten Sprachen.

Ich bin der von Pott, Ahrens, Curtius, Meyer, Legerlotz und Christ vertretenen Ansicht beigetreten, dass Griech. δή-ν, δά-ν, δοά-ν für δϜα-ν auf Griechischem Sprachboden aus *διϜα-ν entstanden sind und diese Form aus einer ursprünglichen Accusativform *diva-m desselben Stammes wie divá „bei Tage" (*Krit. Beitr.* S. 499). Ich habe ebenso der daraus hervorgegangenen Ansicht von Pott, Legerlotz und Ahrens zugestimmt, dass auch δή und -δη in ῆ-δη, ἐπει-δή auf denselben Nominalstamm diva- zurückzuführen sei, zumal ῆ-δη mit Sanskr. a-djā „diesen Tag, heute, jetzt" in Form und Bedeutung übereinstimmt (*a. O.*). Dagegen fragt Weber: „Woher kann C. irgend ein Beispiel bringen, dass im Griechischen das j spurlos nach d ausgefallen sei"? Auf eine so zuversichtlich in dem Glauben, dass sie nicht beantwortet werden könne, an mich gerichtete Frage, sehe ich mich also genöthigt, Beispiele für das Schwinden des j nach d anzuführen, die andere längst beigebracht haben. Thatsache ist zunächst, dass ursprüngliches dj im Anlaut und Inlaut Griechischer Wörter zu ζ geworden ist, zum Beispiel in Ζεύ-ς für *Δjευ-ς verglichen mit Sanskr. djāu-s (*Curt. Gr. Et.* S. 513, 2. A.). Wenn nun neben Ζεύ-ς die böotisch-lakonische Form Δεύ-ς steht und neben Ζῆ-να die kretische Form Δῆ-να (*a. O.* 517), so möchte ich wohl wissen, mit welchen Gründen Weber bestreiten will, dass in diesen mit δ anlautenden Formen das j nach δ geschwunden sei, und zwar wie der Augenschein zeigt, spurlos. Im Griechischen ist διά zu ζά geworden, in Lesbisch-äolischen Formen wie ζά-νυκτός, ζά-βατος, ζά-δηλος, aber auch in anderen Griechischen Formen wie ζα-πληθής, ζα-φεγγής, ζά-πυρος, ζά-θεος, ζά-κοτος, ζα-τρεφής (a. O. 189). Neben diesem ζα- für δια- steht nun ein völlig gleichbedeutendes δα- in δα-φοινά-ς, δά-σκιος. Soll Curtius hier etwa geirrt haben, wenn er das δα- aus δja- durch Wegfall des j erklärte (a. O. 192)? Ich werde also so lange Webers Meinung, j könne nach δ im Griechischen nicht wegfallen, für einen Irrthum ansehen, bis derselbe den Beweis führt, dass die besprochenen Griechischen Formen nothwendig anders erklärt werden müssen.

Weber behauptet ferner, im Sanskrit könne ein v nicht ausfallen. Von Sanskr. gau-s lautet der Instrum. gáv-â, der Dat. gav-ê, der Genit. gav-as, der Locat. gav-i, der Nom. Plur. gáv-as. Daneben stehen die Form des Acc. Sing. gã-m und der Acc. Plur. gã-s neben gãv-as (*Boethl. u. R. Sanskrw.* II, 789). Diese einsilbigen Formen kann man doch nicht anders erklären, als dass hier das v der ursprünglichen Formen gav-am, gav-as schwand und die beiden a zu einem langen a verschmolzen. Und wie will man die Accusativform djãm neben div-am und djau-s (*Boethl. u. R. a. O.* III, 617) anders erklären, als dass sie aus *djav-am durch Schwinden des v und Verschmelzung von a-a zu ã entstand? Wollte man sie aus div-am mit Ausfall des v erklären, so würde die Verlängerung des a in djã-m nicht begründet sein. In diesen Fällen ist also inlautendes v im Sanskrit geschwunden. Auch dafür, dass inlautendes j in dieser Sprache ausfallen konnte, lassen sich Belege beibringen. An den Stamm strî-, strî- treten vokalisch anlautende Casussuffixe unter Vermittelung eines j, das sich aus dem auslautenden î des Stammes entwickelte (*Bopp, Krit. Gram. d. Sanskr.* S. 27), so im Instrum. strî-j-â, Dat. strî-j-ai, Ablat. Gen. strî-j-âs, Loc. strî-j-âm, Nom. Plur. strî-j-as. Diesen Casusformen stehen zur Seite der Acc. Sing. strî-m neben strî-j-am und der Acc. Plur. strî-s neben strî-j-as (*Bopp, a. O.* S. 88, *Oppert, Gram. Sanscr.* p. 51). Dass hier strî-j-am, strî-j-as als die ursprünglicheren Formen anzusehen sind, wird bestätigt durch die Form des Acc. Sing. bhī-j-am u. Acc. Plur. bhī-j-as vom Stamme bhī- (*Bopp a. O.* 63. *Oppert*, *a. O.* 50). Accusativformen wie agni-m, çroni-m, darf man nicht gegen jene Ansicht anführen, da die einsilbigen vokalischen Stämme sich auch sonst durch Besonderheiten in der Deklination von den mehrsilbigen unterscheiden. Aus strī-j-am, strī-j-as konnte aber strī-m, strī-s nur entstehen, indem das j schwand und das i mit dem folgenden a, nachdem sich dasselbe zu i assimiliert hatte, zu ī verschmolz, also in diesen Fällen der Halbvokal ausfiel und die zusammentreffenden Vokale contrahiert würden wie in gō-m, gā-s, djñ-m. Das Sanskrit bildet verbale Desiderativa auf -sa neben Nominaldesiderativen auf -sja, z. B. čī-kship-sā-mi „wünsche zu werfen" neben açva-sjā-mi „wünsche den Hengst" (*Bopp, a. O. S.* 265. *Vergl. Gram.* III, 130. *vgl.* 129. 2. *A.*). Da -sa in diesen Desiderativbildungen „wünschen" bedeutet und -sja ebenfalls, so ist Bopp's Ansicht einleuchtend, dass in jener Form j nach s geschwunden ist. Also j konnte auch im Sanskrit schwinden, sowohl zwischen Vokalen als nach einem Consonanten. Da nun anja-dā „zu einer anderen Zeit, eines Tages" bedeutet (*Boethl. u. Roth. Sanskrw.* 1, 267) und im Sanskrit sowohl v wie j schwinden konnte, so konnte auch eine Instrumentalform divā mit Schwinden des v erst zu -djā und dann mit Ausfall des j in anja-dā zu -dā werden. Mithin bedeutete anja-dā eigentlich „an einem anderen Tage", was zu dem Sinne, den das Wort im Sprachgebrauche hat, vortrefflich passt, und ta-dā „an dem Tage", daher „zu der Zeit, alsdann, dann", ja-dā „an welchem Tage", daher „zu welcher Zeit, wann, als, sobald", sarva-dā „den ganzen Tag", daher „die ganze Zeit, immer" u. a. (*Verf. Krit. Beitr. S.* 501). Da ferner a-dja „heute" bedeutet (*Boethl. u. R. Sanskrw.* 1, 133), so ist -dja entweder durch Kürzung des a aus -djā für divā entstanden, oder, wenn man sich gegen diese Kürzung sträubt, vom Stamme divan-„Tag" mit Schwinden des n ausgegangen; also bedeutet a-dja wörtlich übersetzt „diesen Tag", daher „heute", wie Bopp gelehrt hat (*Vergl. Gram.* II. 170. 2. *A.*). Auch Boethlingk und Roth sehen in dem -dja von a-dja die Casusform eines Wortes, das „Tag" bedeutet, wollen dieselbe aber aus einer Locativform djavi von dju- herleiten (*Sanskrw.* 1, 133) ohne das Schwinden der Silbe vi zu erklären. Was Weber gegen diese Erklärungen der besprochenen Wortformen auf -dâ und -dja gesagt hat, zerfällt mit seiner unrichtigen Behauptung, im Sanskrit könne r und j nicht schwinden. Nun vergleiche man, wie er selber diese Formen zu erklären versucht hat. Anja-dâ soll entstanden sein aus der neutralen Form anjad; an diese soll ein â getreten sein, das „wann, da, ein andermal" bedeute, so dass für anja-dâ der Sinn „ein anderes wann, ein anderes da" herauskommt. Dass dieser passender wäre für die thatsächliche Bedeutung des Wortes im Sprachgebrauche als der oben nachgewiesene „an einem andern Tage, ein andermal", wird wohl niemand behaupten können. Ebenso sollen ta-dâ, ja-dâ und die übrigen auf dasselbe -dâ ausgehenden Wörter gebildet sein. Wo nun aber, wenn man von diesen absieht, sich sonst im Sanskrit ein Suffix -â mit der von Weber angenommenen Bedeutung findet, davon sagt derselbe garnichts. Mithin wäre seine Erklärung, selbst wenn ihr keine andere gegenüberstände, mindestens eine nicht begründete. A-dja lässt er vollends ganz unerklärt, weil er, wie er sagt, um das zu thun „weiter ausholen müsste." Bis das geschehen ist, bis Weber Bopp's Erklärung mit vollwichtigen Beweisen widerlegt und eine andere mit unwidersprechlichen Gründen erwiesen hat, kann ich nur fortfahren mit Bopp, Hoefflingk und Roth in a-dja die ursprüngliche Bedeutung „an diesem Tage" zu sehen. Ich bin bis hierher Schritt für Schritt den Gegengründen Webers gegen Pott's und meine Erklärung der enklitischen Wortformen -do, -dem, -de, -dam, -dum gefolgt und glaube gezeigt zu haben, dass dieselben unhaltbar sind. Es bleibt noch übrig, die von ihm aufgestellte Etymologie dieser Wortformen zu prüfen.

Weber behauptet in allen diesen Bildungen, also auch in Griech. δήν, δάν, δοάν, δή, ή-δη, wie in Sanskr. a-dja, ta-dâ, sa-dâ, ka-dâ, ja-dâ, eka-dâ, anja-dâ, sarva-dâ stecke ein Pronominalstamm da-. Wenn er diesen nachweisen wollte, so musste er andere Wortformen beibringen als die hier in Frage stehenden, in denen ein solcher Pronominalstamm so unzweifelhaft erkennbar wäre, dass jede andere Erklärung abgeschnitten wäre, und, nachdem er so das Vorhandensein des angeblichen Pronominalstammes da- nachgewiesen, zweitens beweisen, dass derselbe auch in den vorstehenden Wortformen anzunehmen sein müsse. Diesen methodischen und einzig richtigen Weg der Beweisführung schlägt Weber aber nicht ein. Er beruft

sich vielmehr, um die Existenz eines Pronominalstammes da- zu
erhärten, auch auf Griech. ὁή.. das ja eben von mir und anderen auf Sanskr. -djā für dívā zurückgeführt worden ist, also
doch mindestens noch fraglich und bestritten ist. Er setzt also
hier als erwiesen an, was erst erwiesen werden soll. Natürlich
stehen mit ὁή auch ὁή-τα und ὁα ί im engsten Zusammenhang, sind also als sichere Belege für das Vorhandensein eines
Pronominalstammes da- nicht zu verwenden. Dieser soll ferner
enthalten sein in dem -δε von ὅ-δε, τοιόσ-δε, τοοσδ-δε.
Aber dieses -δε lässt verschiedene Erklärungen zu. Entweder
es ist dasselbe Wort wie die Gegensatzpartikel δέ, in der Pott
die Zweizahl findet, also einen Verwandten von δύο, δισ-, Lat.
dis. (E. F. II. 137. 132. vgl. I. 94. 128. 135) und ὅ-δε bedeutet eigentlich „dieser besondere" im Gegensatz zu einem anderen
gedacht, oder das -δε von ὅ-δε ist mit dem -dem von i-dem
verwandt, und dann gehört es in das Bereich der Wörter, deren
wahre Abstammung Weber abweichend von mir erst erweisen
will. Er kann es also nicht als sicheres Beweismittel für einen
Pronominalstamm da- hier anführen; sonst dreht sich seine Beweisführung im Kreise. Dieser Pronominalstamm soll ferner enthalten sein in dem -δε von οἴκόν-δε u. a. und da die Richtung bezeichnen. Wie ein blosser demonstrativer Pronominalstamm die Richtung, das „wohin" bezeichnen soll, eine Beziehung, die sonst durch Casusformen oder Präpositionen oder beides ausgedrückt wird, ist durchaus nicht einleuchtend. Pott hat
dieses -δε längst zusammengestellt mit der Gothischen Präposition du, Nhd. zu (E. F. I, 261), die Schröder zu seiner irrigen
Ansicht über das Gerundium verleitet hat. In οἴκόν-δε ist
also die Richtung ausgedrückt durch den Accusativ οἴκον und
diese Beziehung genauer ausgeprägt durch die hinzugefügte Präposition -δε, wie Präpositionen überhaupt vielfach Ortsadverbien
sind, welche nur die in den Casussuffixen schon liegenden Raum-
beziehungen noch schärfer ausprägen. Diese Erklärung Pott's ist
so passend, dass sie niemand unberücksichtigt und unwiderlegt
lassen darf, der behauptet, das in Rede stehende -δε sei nichts
als ein demonstratives Pronomen. Diese Präposition δε-, Goth.
du, Nhd. zu kann aber an sich nicht das Vorhandensein eines
Pronominalstammes da- erweisen, da Präpositionen nicht bloss
von Pronominalstämmen, sondern auch von Verbalstämmen und

von Nominalstämmen gebildet sind. Ich will hier über ὅ ς, ὅ-δε, οἶκόν-δε noch kein abgeschlossenes Urtheil ausgesprochen haben, ich wollte nur zeigen, dass durch alles, was Weber über dieselben sagt, das Vorhandensein eines ursprünglichen, selbständigen Pronominalstammes da- keineswegs erwiesen ist.

Wenn derselbe weiter aus a-dja, um nur nicht der Pott'schen Ansicht beizustimmen, dem Sanskrit einen zusammengesetzten Pronominalstamm d-ja- zuspricht, bestehend aus dem angenommenen Demonstrativpronomen da- und dem relativen ja- nach der Analogie von s-ja-, t-ja-, der den Sanskritanern, so viel ich weiss, bis jetzt unbekannt geblieben ist, ohne für denselben irgend einen Beleg aus dem Sanskrit beizubringen, ohne die Bedeutungsentwickelung von a-dja aus dem vorgeblichen Compositum *a-da-ja „der — der — welcher" oder „da — da — wo" nachzuweisen, so kann ich das nur als eine willkührliche und unerwiesene Behauptung ansehen.

Endlich soll die Existenz eines selbständigen Pronominalstammes da- noch folgen aus dem neutralen -d des Nom. Acc. Sing. der Sanskritformen ka-d, i-d, anja-d und der Lateinischen quo-d, i-d, istu-d, illu-d. Erstens basirt diese Annahme, wie es scheint, auf der stillschweigenden Voraussetzung, dass in allen Casussuffixen Pronominalstämme steckten, was ich als erwiesen nicht anzusehen vermag. Aber zweitens kommt dann doch noch in Frage, ob das d jener neutralen Formen nicht aus t entstanden sei. In den Schriftdenkmälern des Sanskrit sind jene Formen mit auslautendem t geschrieben: ka-t, ta-t, anja-t. Das beweist an sich allerdings nicht, dass hier t der ursprüngliche Laut war, da dieselben Schriftstücke überhaupt nicht die Media im Auslaute aufweisen, ganz gewiss aber auch nicht, dass d der ursprüngliche Laut war. Im Lateinischen bieten Inschriften und Handschriften der besten Zeit die Schreibweisen it, quit, quitquit, aliquit, quot-que, illut, aliut für id, quid, quidquid u. s. w. (*Verf. Ausspr.* I, 72). Da nun auch sonst auslautendes t im Lateinischen zu d erweicht wird, niemals aber der umgekehrte Lautwechsel eintritt (*a. O.* 72 f.), so habe ich schon früher geschlossen, dass t im Lateinischen der etymologisch ursprüngliche Laut jener neutralen Formen war und ebenso in den Sanskritformen ta-t, ka-t, anja-t u. a. (*a. O.*). Gegen diese Ansicht hat Meyer hingewiesen auf das Gothische tha-ta und aus dem t des Suffixes -ta gefolgert nach dem Lautverschiebungsgesetz, dass dasselbe aus ursprünglichem d entstanden sein müsse (*Gotting. Gel. Anz.* 1859. S. 923). Dieser Einwand wird aber dadurch beseitigt, dass im Gothischen zahlreiche, mit ursprünglichem t anlautende Suffixe dieses t unverschoben bewahrt haben (*Grimm, Deutsche Gram.* II, 211 f. 223). Also kann auch im Gothischen tha-ta das t des Suffixes -ta ursprünglich sein, und der aus dem Lateinischen entnommene Beweis, dass in den angeführten neutralen Wortformen das t der etymologisch ursprüngliche Laut war, der sich im Sanskrit wie im Lateinischen auslautend zu d erweicht, tritt in volle Kraft. Aus diesem d also einen selbständigen Pronominalstamm da- zu folgern ist irrig.

Es erhellt also aus dem Gesagten, dass überhaupt die Stützen, die Weber für diese seine Hypothese vorgebracht hat, hinfällig sind, dass ein solcher Pronominalstamm nicht nachgewiesen ist.

Aber selbst wenn das der Fall wäre, so würde ich noch weit entfernt sein, denselben in den hier in Rede stehenden Wortformen anzuerkennen. Die Bedeutung „Tag" hat sich in dem -dja von a-dja „heute" Ahd. hiu-tu, hiu-to, hiu-ta wie in dem -da von anja-da „an einer anderen Zeit, eines Tages" unverwischt im Sprachgebrauch des Sanskrit erhalten; sie ist für ta-dá, sa-dá, ja-dá, ka-dá so passend und einleuchtend, wie nur eine Bedeutung sein kann. Was gewinnt man denn eigentlich für die Bedeutung von ta-dá, wenn man es wirklich fertig bringt, es als eine Verbindung zweier bloss hinweisenden, nichts aussagenden Wörtchen mit einem Scheine von Wahrheit hinzustellen, und was gewinnt man, wenn man a-dja gar als einen Complex zweier Demonstrativa und eines Relativum ausgiebt, das auch wieder auf ein ursprüngliches Demonstrativum hinausläuft? In δήν, δάν, δοάν „eine Weile, eine Zeit lang" wie in Latein. ma n e-dum „warte eine Weile", Inter-dum „unter der Weile", dum „der Weile" ist doch der Sinn „Weile, Zeitabschnitt" aus der Bedeutung „Tag" wahrlich in einleuchtender Weise erklärt. Bezeichnen doch die Römischen Dichter mit dies so häufig die Zeit im allgemeinen ebenso mit Wörtern wie hora und saeculum, die ebenfalls einen bestimmten Zeitabschnitt bedeuten. Wer kann dem gegenüber die Behauptung glaublich finden, δήν habe ursprünglich nichts anderes als τήν bedeutet, dum nichts anderes als tum, Indem diese Wörter von einem demonstrativen Pronominalstamm da- abzuleiten seien? Und dieser Hypothese zu Liebe soll prî-dem von prî-die losgerissen werden, es soll nicht wie dieses bedeuten „den Tag vorher, die Zeit vorher" und so den Sinn „längst" erhalten haben, sondern das -dem soll nichts anderes bedeuten als das -tem von i-tem. Ich habe gesagt -dem ist von der Bedeutung „den Tag, die Zeit" zu der adverbialen „grade, just, eben" gelangt. Die Hervorhebung der Zeitbeziehung an der Vorstellung oder dem Dinge, zu dessen Wort das -dem gesetzt ist, ward zu einer bloss begrifflichen schärferen Hervorhebung des durch dasselbe bezeichneten Wesens. Dieser Bedeutungsübergang ist doch nicht schwieriger als wenn im Italienischen andare via und im Deutschen „weggehen" der Begriff der Substantiva via und Weg, des Pfades, den man betritt, sich verwischt und umgestaltet hat zu dem Sinn des Adverbium „fort, abseits." So ist im Französischen on die Bedeutung homo zu dem Sinne des unbestimmten Pronomens rí·s abgeschwächt und verblasst grade so wie das Substantivum „Mann" im Neuhochdeutschen den Sinn des unbestimmten Pronomens „man" erhalten hat. So sind die Ablativformen causa und gratia zu Präpositionen mit der Bedeutung „wegen" geworden. Auch für -dam in quon-dam und die Conjunction iam wird doch durch die Herleitung von djam mit dem Sinne „Tag", daher „Zeit" eine treffendere Bedeutung gewonnen, als wenn man das -dam für ein blosses Demonstrativpronomen ausgiebt, das mit tam gleichbedeutend wäre, und von iam ganz trennt. Etwas demonstratives lässt sich zuletzt in jede Wortbedeutung hineindemonstrieren. Das Bestreben, alle möglichen Suffixformen und Wortbestandtheile als demonstrative Pronominalstämme darzustellen, führt zu einer Gleichmacherei der Wortbedeutungen, die thatsächlich im Sprachgebrauche als wesentlich verschieden auftreten, eine Gleichmacherei, die mit der Sucht nach den Suffixen -sot, -rant, -mant das Verwischen wesentlicher Unterschiede gemein hat.

Nachdem ich somit alles, was Weber über die Erklärung der enklitischen Bildungen -dam, -do, -dum, -dem, -de wie über do-ni-cum, do-ne-c, dum, iam gesagt hat, sorgsam nach allen Seiten erwogen habe, komme ich zu dem Schlusse, dass seine Einwände gegen die von Pott und mir gegebene Erklärung derselben theils unerheblich sind, theils auf irrigen Behauptungen beruhen, dass seine Hypothese von dem Vorhandensein eines ursprünglichen Pronominalstammes da- unerwiesen ist, dass selbst ein möglicher Nachweis für die Existenz desselben jene Erklärung noch keineswegs widerlegen würde. Was neuerdings von Cuno wieder vorgebracht ist über die Entstehung der besprochenen Wortformen vom Pronominalstamm ta- (*Beitr. z. vgl. Spr.* IV, 224), ist so willkührlich ohne Beweis und ohne Kenntnissnahme von dem gegenwärtigen Stande der Frage hingeworfen, dass ich mich berechtigt glaube, es zu übergehen.

IV. Labiale.

P.

Dass anlautendes p vor folgendem r abgefallen sei, habe ich bestritten, unter andern die Annahme, dass

rogare

dasselbe Wort sei wie procare. Ich habe dasselbe zusammengestellt mit Griech. ὀ-ρέγ-ειν, Sanskr. r̥g-u-s grade, recht, Führer, Goth. rak-jan recken, Nhd. reg-en, auf-reg-en, an-reg-en, so dass populum rogare eigentlich bedeute „das Volk anregen" und legem rogare „ein Gesetz anregen" (*Krit. Beitr. S. 93*). Wenn Meyer das „begrifflich ganz ungerechtfertigt" nennt (*a. O.* 317), so vermag ich darin nichts mehr zu sehen als eine der ihm geläufigen Redewendungen, von denen ich oben eine Auswahl zusammengestellt habe. Neuerdings hat Walther es ebenso unglaublich gefunden wie ich, dass rogare aus procare durch Abfall des anlautenden p und Erweichung des c zu g entstanden sei, und wie ich dasselbe mit ὀ-ρέγ-ομαι von Sanskr. Wz. rag- hergeleitet. Aber er legt die Bedeutung „darreichen, darbieten" für rogare zu Grunde und meint, dieses sei ein Causativum, das eigentlich bedeute „sich darreichen, bieten, geben lassen", daher rogare legem „sich ein Gesetz geben lassen" und rogare populum „machen, dass das Volk darreicht" (*Quaestion. Etymol. Freienw.* 1864 p. 4 *f.*). Ich habe gegen diese Bedeutungsentwickelung, obwohl sie Schweitzer für „unanfechtbar" erklärt (*Z. f. vergl. Spr.* XIV, 437), einzuwenden einmal, dass die Bedeutung „darreichen" nicht die Grundbedeutung der hier in Frage kommenden Wortsippe ist, dann, dass die Bedeutung „geben lassen" dem Sinne, den rogare im Sprachgebrauche thatsächlich hat, fern liegt. Für die Wurzel rag-

werden angegeben die Bedeutungen „sich strecken, erstrecken verlangen nach" (*Boethl. u. R. Sanskr.* I, 5280), aber nicht „darbieten"; daher rg-u-s „grade aus, recht, richtig" *a. O.* I, 1043). Im Griechischen ist die Grundbedeutung von ὀ-ρέγ-ειν, ὀ-ρέγ-εσθαι „strecken, ausstrecken, langen nach etwas", dann auf das geistige Gebiet übertragen „trachten, streben, verlangen nach etwas"; die Bedeutung „darbieten, darreichen" ist erst eine abgeleitete und seltenere. Im Gothischen bedeutet rik-an „recken, richten, aufrichten", rak-jan „recken, strecken", rah-t-on „richten, erstrecken" (*Gabel. u. L. Ulfil. Gloss.* p. 150, 148). Der Sinn darbieten ist diesen Gothischen Wörtern fremd. Im Althochdeutschen bedeutet reg-en „strecken, regen", auf das geistige Gebiet übertragen „anregen", reich-an „langen, sich erstrecken", dann auch „darbieten, darreichen" (*Schade, Ahd. Wörterb.* S. 473, 472). Auch in den Lateinischen Wörtern reg-ere, rec-tu-s, e-rig-ere, cor-rig-ere, di-rig-ere, per-g-ere für *per-rig-ere ist die Bedeutung „strecken, richten, aufrichten, grade machen" die ursprüngliche, durch Zusammensetzung mit Präpositionen verschieden modifiziert und auf das geistige Gebiet übertragen. Auch in por-rig-ere hat -rig-ere nur die Bedeutung „strecken", und lediglich aus der Präposition por- erwächst die Bedeutung „darbieten". Neben reg-ere steht rog-u-s wie neben pend-ere: pond-us, neben teg-ere: tog-a und bedeutet den Scheiterhaufen als „aufgerichteten". Also rog-a-re vom Nominalstamme rogo- zu trennen und zu dessen Erklärung ein Sanskritisches Causale raǵ-ajā-mi herbeizuholen, in dem Verbum nicht die ursprüngliche Bedeutung „strecken, richten, regen" zu suchen, die allen verwandten Wörtern gemeinsam ist und insbesondere in den angeführten Lateinischen Wörtern hervortritt, sondern die seltene und abgeleitete „darbieten", die dann zum blossen „gehen, gehen lassen" verblasst sein soll, das ist ein Umweg und Irrweg, den Walther einschlägt, keine Verbesserung, sondern eine Verschlechterung meiner Erklärung von rog-a-re. Ich verharre daher bei dieser meiner Erklärung, dass rog-a-re ein denominatives Verbum ist vom Nominalstamme rog-o- und eigentlich bedeutet „aufgerichtet machen" und auf das geistige Gebiet übertragen wie Sanskr. Wz. raǵ-, Griech. ὀρέγ εσθαι, Goth. reg-en, Lat. e-rig-ere u. s. „aufregen, anregen", daher dann „beantragen, heischen, fordern, fragen, bitten". Rogare populum bedeutet also „das Volk in Aufregung versetzen, anregen", daher „heischen vom Volk, beantragen beim Volk" und rogare legem „ein Gesetz in Anregung bringen", daher „beantragen", wie ich das im Wesentlichen schon früher gesagt habe. Ich habe die Aufstellung bekämpft, die nur in Kompositen vorkommende Präposition

red-, re-

sei aus Sanskr. prati entstanden, erstens, weil anlautendes p vor r nicht abfalle, zweitens, weil red- nicht „gegen heran, drauf los", sondern „zurück, hinweg von" bedeute, drittens, weil Sanskr. prati nicht diese letztere Bedeutung habe, sondern nur jene des Griechischen πρός (*Krit. Beitr. S.* 87 *f.*). Nichts desto weniger sagt Schweitzer, ich hätte jene Annahme „nicht mit Erfolg bekämpft" (*Z. f. vergl. Spr.* XIII, 307). Dieser Gelehrte wird doch sicherlich mit mir wenigstens darin übereinstimmen, dass man, um einen bisher noch nicht beobachteten Lautwandel zu erweisen, wenigstens ein ganz sicheres und unantastbares Beispiel für denselben beibringen müsse. Das einzige Beispiel aber, das für den Abfall eines anlautenden p vor r vorgebracht ist, ist rogare. Da das aber kein p eingebüsst hat, was Schweitzer selbst als „unanfechtbar" bezeichnet, so fällt damit die einzige lautliche Stütze, die für die obige Erklärung verwandt worden ist. Wenn die einzige Stütze einer Hypothese fällt, so muss doch auch diese selbst fallen. Wie kann man also behaupten, ich hätte dieselbe „ohne Erfolg" bekämpft? Wenn Schweitzer versichert, prati bedeute im Sanskrit wirklich bisweilen „zurück", so kann erstens der Mangel eines lautlichen Beweises für den Abfall eines anlautenden p vor r durch diese Versicherung nicht ersetzt werden, zweitens muss ich derselben noch einmal die Gegenbemerkung entgegenstellen, dass prati- in Compositen nur daher im Wortzusammenhange bisweilen scheinbar die Bedeutung „zurück" erhalten hat, weil es eigentlich bedeutet „heran an den Standpunkt des Redenden", daher denn auch „zurück, rückwärts" von dem entgegengesetzten. So sagen wir Deutsche oft „hin und her" in der Bedeutung „hin und zurück", „Hinweg" und „Herweg" für „Hinweg" und „Rückweg". So ist auch prati-patha- eigentlich der „Herweg" und daher „Rückweg", so ist in prati-kram- der Sinn „zurückweichen" entstanden. Benfey führt in seiner vollständigen Sanskritgrammatik für p r a t i die Bedeutungen „gegen, anstatt" an (S. 345), in dem Glossar zur Chrestomathie „entgegen, gegen, zu, bezüglich, für, anstatt, hintereinander, ein wenig" (S. 201); er erwähnt die Bedeutung „zurück" garnicht. Ich muss also annehmen, dass dieser Kenner des Sanskrit dieselbe als wirkliche Wortbedeutung von p r a t i nicht kennt oder anerkennt. Dass die Behauptung, red- bedeute im Lateinischen auch „heran, entgegen" auf willkührlicher Ausdeutung gewisser Composita beruht, glaube ich nachgewiesen zu haben. Ich gebe mich daher der Hoffnung hin, dass ich nicht ganz ohne Erfolg die Zusammengehörigkeit von Lat. red- und Sanskr. p r a t i bekämpft habe. Freilich ist es schlimm, dass ich nicht mit Sicherheit angeben kann, welches Ursprungs red- sei. Eine Vermuthung darüber auszusprechen, enthalte ich mich aus dem Grunde, weil ich in neuster Zeit wiederholt die Erfahrung gemacht habe, dass, was ich beiläufig zweifelnd oder fragend hingestellt und als blosse Vermuthung ausdrücklich bezeichnet hatte, mir so herumgedreht worden ist, als sei das meine fertige, abgeschlossene Ansicht, als seien das Hauptstützen meiner Beweisführung.

B.

Ich habe angenommen,

bis, bonum, bellum

sei aus *dvis, *dvonum, *dvellum entstanden, indem das v sich das vorhergehende d zu b assimilierte und dann schwand wie der K-laut des Lateinischen qu durch den halbvokalischen labialen Nachklang u (v) zu p assimiliert wurde und dieser dann wegfiel (*Krit. Beitr.* S. 63. 166. s. o. S. 76). Mein Grund dafür war, weil v, wenn es vor sich d eingebüsst hat, unverändert bleibt, so zum Beispiel in vi-ginti für *dvi-ginti, suavis für *suadvis neben suadere. Dagegen wirft Weber ein (a. O. 36), es könne ja in der voritalischen, Gräkoitalischen Zeit v zu b geworden sein, wie im Griechischen. Das ist ein Einwurf der bedenklichsten Art. Erstens nämlich muss man jetzt anfangen, von der Gräkoitalischen Periode mit der grössten Vorsicht zu sprechen, seitdem sich immermehr Aehnlichkeiten in Wortbildung, Deklination und Conjugation herausstellen zwischen dem Lateinischen nebst seinen Schwesterdialekten und dem keltischen (vgl. *Schleicher, Beitr. z. vgl. Spr.* I, 437 f. *Stokes, a. O.* II, 103 f. III, 65 f. *Lottner, a. O.* II, 311. *Becker, a. O.* III, 335 f. 405 f. IV, 129 f. *Cuno, a. O.* IV, 217 f. *G. Flechia, di un 'iscrizione Celtica, Torin.* 1864. p. 6. 7. *Fabretti, Reale Academ. delle scienze di Torin.* 20. d. marz. 1864. p. 3 f.). Zweitens, wenn man sich einmal auf Lautwechsel der Gräkoitalischen Periode beruft, so kann man mit demselben Rechte auch seine Beweisführung auf beliebig angenommene Lautwechsel der Urzeit stützen. Durch dieses Verfahren aber kann man mit der Lautlehre der einzelnen Sprachen schalten und walten, wie man will. Weber wendet ferner ein, nach meiner Ansicht müsse doch einmal eine Form *bvis bestanden haben; aber die Lautverbindung b v sei sonst im Lateinischen unerhört. Mit demselben Rechte könnte man behaupten, pol sei nicht aus Pollux durch Ausstossung des u entstanden, es müsse ja sonst einmal eine Form *Pol'x bestanden haben; die Lautverbindung o l x sei aber im Lateinischen unerhört. Es ist ja eine bekannte Thatsache, dass Sprachen im Verlaufe der Zeit, wenn sie altern, auch verweichlichen, dass sie Lautverbindungen, die sie in früherer Zeit ertrugen, durch Assimilation und Ausstossung von Lauten beseitigten. So ertrug zum Beispiel das Altlateinische noch die Lautverbindung s m in Casmena, osmen, dusmo, triresmos u. a., die in der Sprache der klassischen Zeit sich nicht mehr findet (*Verf. Krit. Beitr.* S. 430). So hat die Lateinische Sprache die Anlautgruppen s r, s l, s m, s f, s n einmal gehabt (a. O. Ind. S. 604), aber im Laufe der Zeit eingebüsst, da ihr dieselben unbequem wurden. So ist zwischen Pollux und pol einmal *Pol'x gesprochen worden, bis dem Römischen Munde die Lautverbindung l x lästig wurde. So ist man berechtigt, zwischen *dris und bis eine Zwischenstufe *bvis anzunehmen, bis das labiale v schwand oder mit dem vorhergehenden Labial sich völlig assimilierte und zu b wurde. Weber's Einwand hätte nur Gewicht, wenn jede Consonantengruppe, die in dem Bestand der Wörter einer Sprache nicht mehr vorhanden ist, auch niemals vorhanden gewesen wäre. Also muss ich meine Ansicht über die Entstehung des anlautenden b der obigen Wörter aus dv durch die Mittelstufe bv nach wie vor für richtig halten, wie ich oben meine Meinung von dem Uebergang des qu (qv) durch die Mittelstufe pv zu p gerechtfertigt zu

haben glaube. Der Abfall des d vor v in viginti ist der ältere
Lautwechsel, da die entsprechenden Zahlwörter im Griechischen
und Sanskrit ihn ebenfalls aufweisen; die Wandelung des dv von
*dvis zu dem b von bis erfolgte später auf dem Boden der La-
teinischen Sprache. Nach meiner Ansicht wird ein Grund ersichtlich, weshalb bis mit b anlautete, viginti mit v, nach
Weber's Anstellung keiner. Aus ganz denselben Gründen halte
ich daher auch meine früher ausgesprochene Ansicht aufrecht,
dass in bos, bitere, boere, bovare, reboare, bovinari
das anlautende b entstanden ist, indem sich ursprünglich anlautendes g zu gv entwickelte, dann der halbvokalische labiale Nachklang v des g das gv zu bv assimilierte und v mit b zu b ver-
wuchs oder schwand (a. O. 63. 205). So ist das b aus gv
entstanden auch in

bulla, bullire,

die Walther ableitet von ǵval- flammen, brennen, glühen (Z. f.
vgl. Spr. XII, 416. Boethl. u. R. Sanskrw. III, 169). Diese Wurzel
ist ohne Zweifel verwandt mit Wz. ǵvar- fiebern, von der ǵvar-
ajā-mi versetze in Fieberhitze und ǵvar-a-s aufgeregt, leiden-
schaftlich flammen (a. O. 167 f.) gebildet sind. Bul-la für bul-ja
(vgl. Verf. Krit. Beitr. S. 307 f.) bedeutet also die Blase des
kochenden Wassers als „heisse, siedende" und dann auf Dinge
von ähnlicher Gestalt übertragen auch „Buckel, Kapsel". Bull-
i-re ist wie bull-a-re ein Denominativum das „Blasen werfen",
daher denn wieder „sieden, kochen" bedeutet. Ein aus gv entstandenes b ist auch in

plumbum

anzunehmen, dessen Zusammengehörigkeit mit Ahd. bli, Gen.
bliw-es unzweifelhaft ist. Walther stellt das Wort mit Nhd.
bleich zusammen (Z. f. vgl. Spr. XII, 404), also auch mit Ahd.
blich-en blass werden, erbleichen, so dass also bliw- aus
blihw- entstanden ist und das Blei als das „bleiche" Metall bezeichnet. So benennt arg-entu-m, Osk. arag-eta-d, Griech.
ἄργ-υρο-ς, Sanskr. rag̀-ata-m das Silber als „weiss glän-
zendes" Metall (Curt. Gr. Et. I, n. 121. 2. A.) und aur-u-m
für *aus-u-m stammt wie aur-ora, Aus-ter, Aus-eli, na-
tu-m, Samskr. ush-a-s leuchtend u. s. (a. O. I, n. 610. 612.
613). Ahd. us-il-var gelblich, fahl, Mhd. us-el glühende Asche
Schade, Hd. Wörterb. S. 679, von Samskr. Wz. us- brennen,

bezeichnet also das Gold als „brandgelbes" (*Aufr. Z. f. vgl. Spr.* IV, 257. *Lottner, a. O.* VII, 25. 180). Walther's Erklärung von plumbu-m ist also nach Laut und Bedeutung gerechtfertigt. Auch das Griechische μόλυβο-ς μόλιβο-ς mit Lat. plumbu-m, Ahd. blî, Geu. blîw-es für desselben Stammes zu halten, scheint mir aus lautlichen Gründen nicht möglich. Geht man nämlich von einer Grundform mluva- für diese Wörter aus (*Curt. Gr. Et.* I, n. 552. 2. *A.*), so fehlt es an Belegen für den Uebergang des anlautenden ml in pl, bl für das Lateinische und Althochdeutsche und für die Verhärtung des Lateinischen v im Inlaut zu b. Noch weniger ist es möglich, eine mit p anlautende Grundform auch für μόλυβο-ς anzunehmen, da der Uebergang der dem Griechischen geläufigen Anlautsgruppe πλ in die ihm fremde μλ, die dann wieder durch Einschiebung eines o beseitigt worden sein soll, ganz unglaublich ist. Durch die Vergleichung von μύρμηξ und formica, von σμαραγεῖν und σφαραγεῖν (*Walther, u. O.*) wird derselbe natürlich nicht erwiesen. Ich gelange daher zu dem Schlusse, dass μόλυβο ς von Lat. plumbu-m, Ahd. blî zu trennen ist. Dieser Ansicht ist auch Pictet, der das Wort von Sanskr. mala- Schmutz herleitet, woher Sanskr. babu-mala- das Blei als „sehr schmutziges" bezeichnet (*Z. f. vergl. Spr.* V, 323. *Anm. vgl. Roethl. u. R. Sanskrw.* IV, 54). Da die Benennungen für Gold, Silber, Eisen in den Indogermanischen Sprachen verschieden sind, so ist kein Grund vorhanden, weshalb nicht Italiker und Germanen das Blei mit einem anderen Worte bezeichnet haben sollten als Griechen und Inder. Demnach ist für Lat. plumbo- Ahd. pliw- als die Grundform plagva- anzusehen. Das gv derselben gestaltete sich in der besprochenen Weise zu b; das a schwächte sich vor diesen labialen Consonanten zu dem labialen Vokal u ab und dieser ward dann nasaliert wie der Vokal in ambi- neben Sanskr. abhi, ambo neben Sanskr. ubhau, nimbu-a neben nebula, Sanskr. nabha-s (*Curt. Gr. Et.* I, n. 402. 2. *A.*), imber neben Sanskr. abhra-m (*a. O.* n. 485), -cumbere nehen cubare.

Zu den Beispielen, in denen inlautendes b durch die Mittelstufe f aus ursprünglichem dh entstanden ist, will Froehde auch
lubere
stellen, das er von Sanskr. Wz. judh- kämpfen ableitet (*Z. f.*

vgl. Spr. XIV, 453). Da mir aber nicht einleuchtet, wie aus der Bedeutung „kämpfen" der Sinn „befehlen" erwachsen soll, was auch Froehde Bedenken erregt, so sehe ich keinen Grund, von meiner früher gegebenen Erklärung von **iubere** (*Krit. Beitr.* S. 421) abzugehen.

Die Erweichung eines ursprünglichen p zu b ist im Lateinischen häufiger, als dies bisher angenommen worden ist (*Verf. Auspr.* I, 59 *f.*) und zwar sowohl im Anlaut als im Inlaut. Anlautendes b ist aus p entstanden in

buxus, buxum, Buxentum

neben Griech. πύξος und in

buxis

neben **pyxis**, Griech. πυξίς; ferner in der altlateinischen Form

Bruges

für **Phryges** (*Quintil.* I, 4); in

burrus

„roth" neben πυρρός eigentlich „feuerfarben" (*Fest. p.* 31. *M. Curt. Gr. Et.* I, n. 385. 2. *A.*) und in

Burrus

für **Pyrrhus** bei Ennius (*Enn. poes. rel. Vahl. p.* 30. *Quintil.* I, 4), wie in den auch sonst vorkommenden Eigennamen **Barrus, Burra,** und in **Byrrias** (*Terent. Scaur. p.* 2252. *P.*) neben dem pompejanischen Familiennamen **Purreius** (*Bullet. d. I. archeol.* 1865, *p.* 182). Ebenso ist anlautendes p zu b erweicht in

bibere

neben **potus, potio, potor, poculum, potare** von Sanskr. Wz. pā-, pī- trinken (*Curt. Gr. Et.* n. 371. 2. *A.*) wie in Sanskr. pi-ba-mi das inlautende b. Zu der Wurzelform pā- -pō- gehört auch

bua

Trank, potio und der zweite Bestandtheil -bua in

vinibua,

das Lucilius für **vinolentus** brauchte (*Non. p.* 57. *G.*). Diese Wurzelform bu- ist auch enthalten in

exbures, exburae;

quae exbiberunt, quasi epotae (*Fest. p.* 79. *M.*) und in

imbuere

(*Curt. a. O. n.* 317. 2. *A.*). In der Wurzelform bu- dieser Wörter ist das anlautende p der lateinischen Wurzelform pō-, Sanskr. pā-

zu h erweicht und das aus ursprünglichem â entstandene ô zu û verdunkelt worden, wie nicht selten im Lateinischen (*Verf. Krit. Beitr. S.* 519—523). Es kann hiernach lautlich kein Bedenken haben, auch in

bustum und comburere

Erweichung des anlautenden p zu b anzunehmen. Die Ableitung des einfachen -bur-ere von einem angenommenen *ab-ur-ere (*Pott, E. F.* I, 162. *Z. f. vgl. Spr.* V, 243) kann ich nicht für richtig ansehen, weil der Abfall des anlautenden a von der Präposition ab im Lateinischen nirgends erweislich ist. Ich leite die vorstehenden Wörter daher ab von Sanskr. Wz. prush- urere ardere (*Westerg. Rad. l. Sanscr. p.* 290). Es ist nachgewiesen, dass in zahlreichen Fällen der Consonant r im Inlaut der Wurzel umgestellt wird und im Lateinischen gern hinter den Wurzelvokal tritt (*Verf. Ausspr.* I, 92). Wie also Trasumenus zu Tarsumenus (*Verf. Z. f. vgl. Spr.* III, 276), Etruscus zu *Eturscus ward, eho es sich zu Tuscus gestaltete (*a. O.* 274), so konnte sicher die Sanskr. Wz. prush- für prus- durch Umstellung des r im Lateinischen zu purs- werden. Nun assimilierte sich aber im Lateinischen nicht selten r folgendem s, so in russum, prossum, Sassina, dossum, dossuarius, dossenus für rursum, prorsum, Sarsina, dorsum, *dorsuarius, *dorsenus (*Verf. Ausspr.* I, 117) und dann schwand mehrfach das eine s ganz, so in rusum, susum, prosa, adrosem (adversarium, hostem, *Fest. p.* 25 *M.*). In derselben Weise konnte aus der Wurzelform purs- auf Lateinischem Sprachboden puss- und pus- werden in einem Verbum *pus-ere und in der Participialform *pus-tu-m, die also zunächst aus *purs-tu-m entstanden ist, wie tos-tu-m aus *tors-tu-m von Sanskr. Wz. tarsh-, trash- (*Curt. Gr. Et. n.* 241. 2. *A.*) und tes-ti-s aus *ters-ti-s von Sanskr. Wz. tras- (*s. o. S.* 40). In der Verbalform *pus-ere sank dann wie gewöhnlich s zwischen Vokalen zu r und in *pur-ere, *pus-tu-m erweichte sich anlautendes p vor folgendem u zu b wie in burrus, Burrus, buxus, buxis, bua, vinibuas, imbuo, exbures. So konnte also nach bestimmten Lateinischen Lautwechseln -bur-ere und bus-tu-m aus *-prus-ere und *prus-tu-m aus Sanskr. Wz. prush- brennen entstehen.

Vor folgendem a ist anlautendes p zu b erweicht in

balatium

für palatium, *Terent. Scaur.* 2252: Graeci *Πυρρίαν* nostri
Byrriam et quem Pyrrum antiqui Burrum, palatium: [ba-
latium, item Publicolam: Boblicolam. Dass an dieser
Stelle die im Text von Putschius fehlende Form balatium zu
ergänzen ist, lehrt der Zusammenhang.

Für die Erweichung eines p zu b im Inlaut habe ich schon
früher angeführt

carbasus

neben Griech. *κάρπασος* (*Ausspr.* I, 59); ferner die Formen
poublicus, publicus, Publicola, Boblicola
neben den älteren poplico, poplicus, Popilcola (*a. O.* 60)
und po-pulu-s, Griech. *πολύ-ς*, Sanskr. pulu-s, puru-s
von Wz. par- (*Curt. Gr. Et. n.* 366. 375. 2. *A.*); ebenso in

scabillum, scabres

neben scapillum scapres (*Verf. a. O.*). Hierher gehört auch
das oben besprochene

habere

neben Osk. hipust und pru-hipust (*s. oben S.* 99 *f.*).

Glubere

abschälen, wie Griech. *γλύφειν* einschneiden, *γλάφειν* auf-
kratzen, ausschnitzen, aushöhlen sind längst zusammengestellt mit
scalpere schneiden, kratzen und sculpere schnitzen (*Pott, E.
F.* I, 140). *Meyer, Vergl. Gramm.* I, 368). Da im Lateinischen
auch sonst anlautendes s vor c abfällt, c sich zu g, b zu p erweicht und l bald vor, bald nach dem Wurzelvokal steht, so vermag ich nicht einzusehen, weshalb glub-ere und sculp-ere,
scalp-ere nicht bei der genauen Uebereinstimmung ihrer Bedeutung von derselben Wurzel skalp- stammen sollten. Was
Walther als Grund dagegen anführt, dass das Lateinische mit
dem Griechischen eine unursprüngliche Aspiration der Tenuis
nicht gemein hat (*Z. f. vgl. Spr.* XII, 981), ist an sich ein ganz
richtiger Satz, passt aber nicht auf den vorliegenden Fall, da es
sich ja in glubere nicht um Aspiration des p handelt, sondern
um Erweichung desselben zu b. Nachdem in der Wurzel scalp-
das l vor den Wurzelvokal getreten war, ward der Anlaut der
Form sklap- durch Abfall des s erleichtert und durch Erweichung des k zu g bequemer gemacht. Im Griechischen *γλύ-*

φειν und γλάφειν ist eben dasselbe im Anlaut geschehen, im Inlaut aber das ursprüngliche π zu φ aspiriert. Ist das richtig, so folgt von selbst, dass auch in Lat.

glaber

neben Griech. γλαφυρός, γλάφειν das b aus ursprünglichem p erweicht ist (*Meyer, a. O.*), welches diese Griechischen Wörter zu φ aspirierten.

Dass in der spätlateinischen Volkssprache die Erweichung des anlautenden und inlautenden p zu b weiter um sich griff, zeigen Schreibweisen wie bublicae, Batroclus, Barthicus, Bardalis, bis, ambisto, obbrobrium, Abrilio, Ilesbectus, Calburnia, Crisbinus u. a. (*Schuchardt, Ausspr. d. Vulgärlat.* I, 124 f.). Nur muss man sich hüten, nicht jede solche Schreibweise für eine im Volksmunde wirklich gesprochene Wortform zu halten. Die Italienischen Formen publico, pio, Aprile, rispetto beweisen zur Genüge, dass auch im Spätlateinischen diese Wörter mit dem Laut p gesprochen wurden. Vielmehr hatte die Erweichung des p zu b nur in so weit in manchen Wortformen um sich gegriffen, dass ungebildete Schreiber nicht mehr recht wussten, wo sie p und wo b schreiben sollten und das letztere auch da schrieben, wo noch p gesprochen wurde. Auch die Aehnlichkeit der Buchstabenformen P und B gab natürlich zu Schreibfehlern leicht Veranlassung.

Ich habe bestritten, dass v in der älteren und in der klassischen Zeit der Lateinischen Sprache zu b geworden sei (*Krit. Beitr. S.* 157 f.). Neuerdings hat Schuchardt versucht, für die Verwechselung von b und v, die der spätlateinischen Volkssprache eigen ist, schon aus jenen Zeiten Beispiele beizubringen; aber diese Beispiele sind nicht stichhaltig. Allerdings findet sich in der lex Julia geschrieben triumphavit, wo der Zusammenhang triumphabit erforderte (*Ritschl, Prisc. Lat. Mon. T.* XXXII, 63); aber hier verschrieb sich der Steinmetz, indem er statt der Futurform die Perfectform setzte, während sonst nirgends in diesem ausführlichen Sprachdenkmal v für b geschrieben ist. Daher hat denn auch Mommsen diesen Schreibfehler corrigiert und dafür triumpbabit geschrieben (*C. Inscr. Lat. M.* I n. 206, 63). Oder will Schuchardt etwa behaupten, in der Sprache der gebildeten Römer zur Zeit Cäsars, wie sie jenes Gesetz darstellt, hätte die Perfectform triumphavit und die Futurform triumphabit gleich geklungen? Die zweite Form, die derselbe aufführt, ist libertar(us) (a. O. 1063) mit dem Zusatz „jünger als die Republik". Der Zusatz hätte lauten müssen „aus später Zeit". Mommsen weist darauf hin, dass sich in der angeführten Inschrift neben Soloecismen und Verderbnissen der späteren Zeit Reste älterer Schreibweise finden und sagt von derselben: tamen recepi, ut documento esset aliquoties vetustiora redire vel aetate posteriore in ipsis plebei sermonis sordibus. Aus diesen Worten folgt, dass Mommsen diese Inschrift für späten Ursprungs hält. Auf unsicheren Texten beruhen und unsicheren Datums sind die Schreibweisen Salbio, obe, Imbitatoris, die Schuchardt für die ältere Kaiserzeit vorbringt (a. O.). Das älteste von ihm angeführte Beispiel der Schreibweise b für v, das einigermassen sicher steht, ist Nerba aus der Zeit des Trajan; alle übrigen (a. O.) sind später. Schreibweisen wie Fovli neben Fabii, Sevini neben Sabini in Handschriften des Festus und des Plinius, auf die sich Schuchardt beruft, können natürlich nicht beweisen, dass v in der älteren und klassischen Zeit der Sprache in b überging, da schon in den ältesten und besten Handschriften Lateinischer Schriftsteller aus dem fünften Jahrhundert sich derselbe regellose Wechsel zwischen den Schreibweisen v und b findet, wie in den spätlateinischen Inschriften dieses Zeitalters, ein Wechsel, der darin seinen Grund hatte, dass in der späten Volkssprache der Laut des b dem des v ähnlich wurde, aber doch natürlich nicht beweist, dass Schriftsteller wie Verrius Flaccus, den Festus excerpierte, und Plinius so sprachen und schrieben.

Indessen giebt es einzelne Wortformen, wo unter bestimmten lautlichen Einflüssen ein v sich zu b gestaltet hat schon in der älteren Zeit der Lateinischen Sprache. Als einen solchen Ausnahmefall habe ich schon früher die Perfectformen

ferbui, efferbui, deferbui, conferbui

hingestellt, indem hier durch den Einfluss des folgenden aus u entstandenen u vorhergehendes v zu b gestaltet sei (*Krit. Beitr.* S. 165). Ich werde weiter unten auf diese Formen noch einmal zurückkommen. Ausserdem giebt es eine Anzahl von Wörtern, wo durch den assimilierenden Einfluss des b einer benachbarten Silbe v zu b geworden ist. Dies ist geschehen in den Wortformen

bubile, bubulus, bubulinus, bubulcus,

deren Wurzelform: nub- aus bov- in bov-is, bov-ille entstanden ist; ebenso in dem Namen

Dubetii

von Spielen, die der Rinder halber gefeiert wurden (*Plin. H. N.* XVIII, 3, 3) und in

Dubetani

Name von Einwohnern einer alten Stadt in Latium, die *Bub-etu-m gelautet (*a. O.* III, 5, 9) und wie Bov-illae und Bov-ianu-m „Ochsenstadt" bedeutet haben muss, eine Wortbildung wie rub-e-tu-m, frutic-etu-m, dumic-etu-m, carie-etu-m, salic-etu-m, ae-etu-m, quere-etu-m, iunc-etu-m, aspr-etu-m, vepr-etu-m, citr-etu-m, dum-etu-m, fim-etu-m, sabul-etu-m, aeseul-etu-m, coryl-etu-m, arundin-etu-m, vimin-etu-m, ros-etu-m (*Verf. Ausspr.* I, 21). Ebenso ist das inlautende v zu b geworden in

Dubona

Name der Rindergöttin wie Ep-ona der Pferdegöttin und in

Dubularius (vicus)

Name eines Stadtviertels von Rom. Da also in diesen Wortformen, in denen inlautendes v zu b geworden ist, die vorhergehende Silbe mit b anlautete, so muss dieses von Einfluss auf diesen Lautwechsel gewesen sein; es hat das v der folgenden Silbe sich zu b assimiliert, so dass also aus bov-ile zuerst *bob-ile wurde. Dann aber assimilierte sich der Labial b das vorhergehende o zum labialen Vokal u. So ist auch in publicus, Publicola verglichen mit populus, poplico, Popilcola das u erst durch Einfluss des aus p erweichten folgenden b aus o umgelautet. Dass b auf den labialen Laut einer benachbarten Silbe einen assimilierenden Einfluss üben konnte, zeigt auch die Form Bobilcola neben Publicola, Popilcola, wo erst das inlautende p zu b erweicht wurde, dann das anlautende.

Wenn also in den besprochenen Wörtern ein v durch den Einfluss eines folgenden u und durch den assimilierenden Einfluss eines b der vorhergehenden Silbe zu b geworden ist, so folgt daraus keineswegs, dass im älteren und klassischen Latein jedes beliebige v zu b unlautete. Wenn also Meyer, ohne auch nur den Versuch eines Beweises für diesen Lautwechsel zu machen, unbekümmert darum, was gegen denselben gesagt worden ist, das Suffix -bro, -bra, -bri, -ber aus Sanskr. -vara erklärt

Vergl. Gram. II, 231. 234 *f.* 236), so brauche ich gegen dieses Verfahren hier nichts weiter zu sagen, nachdem ich dasselbe bereits oben charakterisiert habe. Da dieses Suffix -vara nach Meyers Glauben auch aus -vant entstanden ist, so gelangt er damit zu dem Ergebnis, dass in dem -bili von ama-bili-s das beliebte Suffix -vant ebensowohl verpuppt sei wie in dem u von pec-u. Ich habe nach dem Vorgange anderer die Suffixformen, -bro, -bra, -bri, -ber, -bulo, -bili wie Abd. -bari, Nbd. -bar aus Sanskr. Wz. bhar- hergeleitet (*Krit. Beitr.* S. 169 *f.* 359 *f.*), die in den Wörtern, an die sie gefügt sind, die Bedeutung „bringend, schaffend" oder „an sich tragend, begabt mit" bezeichneten. Von der Nichtigkeit der Unterstellung, als könnten diese Suffixe immer nur die Grundbedeutung „tragen" der Wz. bhar- haben, ist schon oben die Rede gewesen.

Ich habe den Uebergang des m in b und des b in m für die Lateinische Sprache in Abrede gestellt (*Krit. Beitr.* S. 247 *f.*). Schuchardt meint für die spätlateinische Vulgärsprache aus Schreibweisen von Handschriften und einzelnen Inschriften eine ganze Anzahl von Beispielen beigebracht zu haben für den Uebergang des b in m (*Vokalism. d. Vulgärlat.* S. 181 *f.*). Aber diese angeblichen Beispiele sind zum grossen Theil blosse Schreibfehler durch besondere Umstände hervorgerufen, oder der Uebergang des b in m ist zwar anzunehmen, aber durch Assimilation bewirkt. Dieser Uebergang soll schon für das Altlateinische sich ergeben aus der Schreibweise Melerpanta (*C. Inscr. Lat. N.* I, 1 n. 60) für Bellerophontes. Mommsen bemerkt zu derselben mit Recht: Ceterum vocabulum barbare corruptum est ad exemplum Catamiti pro Ganymede et similium. So wenig man aus solchen Verdrehungen und Verderbnissen undeutlich verstandener ausländischer Namen im Römischen Volksmunde wie Catamitus für Ganymedes (*Fest.* p. 44. *M.*), Melo für Nilo (*a. O.* p. 124), Thetim für Thetin (*Varro, R. R.* III, 9, 19. *L. L.* VII, 87. *not. O. Muell.*) folgern darf, dass im Lateinischen etwa n zu t, oder t zu l geworden sei, ebenso wenig kann aus der verderbten Form Mellerpanta eines ausländischen Namens der Uebergang des b in m für das Lateinische erwiesen werden. Dasselbe gilt von der Schreibweise Alcimides (Mur. 1203, 10). Auch die Form promuscis neben proboscis beweist jenen Uebergang nicht, da schon im Griechischen neben προβοσκίς die dialektische, wahrscheinlich Makedonische Nebenform προμοσκίς, bestand, die mit Pyrrhus Elephanten nach Italien kam (*Schmitz, Rhein. Mus.* 1866, S. 142). Die handschriftlichen Schreibweisen **sumiacente, sumditam** kann man nicht für gesprochene Wortformen der späten Vulgärsprache halten wegen Romanischer Formen wie Ital. **subbietto, subbiezione, suddito, suddividere, suddivisione** u. a., sondern nur für Schreibfehler nach der Analogie von **summitere, summovere** u. a. Auch die Schreibweise **cimo** für **cibo** kann ich wegen des Italienischen **cibo** nur für einen Schreibfehler ansehen. Wenn sich ferner **glomus** für **globus** geschrieben findet, so beruht dieser Schreibfehler auf einer Verwechselung der beiden Wörter **globus** und **glomus**, welche die Aehnlichkeit ihrer Bedeutung noch erleichterte. Auch die Schreibweisen **radicimus** und **convallimus** für **radicibus** und **convallibus** kann man nicht für Formen der spätlateinischen Vulgärsprache ansehen, da sich keine Spur in den Romanischen Sprachen findet, dass sich das Suffix -bus zu -mus gestaltet hätte. Unkundigen Schreibern, welche den Text des Schriftstellers, den sie abschrieben, nicht verstanden, lief die Form des Suffixes der ersten Pers. Plur. -mus in die Feder, statt der Endung des Dat. Abl. Plur. -bus. Ebenso konnten zu dem Schreibfehler **tames** für **tabes** die Wörter **contaminare, intaminatus** Veranlassung geben. **Amnegaverunt** für **abnegaverunt** ist durch theilweise Assimilation des b an das folgende n entstanden, wie **Samnium** aus *Sabnium verglichen mit Sabini, Osk. Safinim (*Verf. Z. f. vergl. Spr.* XI, 408 *f.*), und die Römische Form des Namens **Dumnorix** aus der Gallischen Dubnorex auf Münzen der Haeduer (*Napoléon* III, *Histoire d. Jul. César* II, 561). **Mormo** für **morbo** kann reiner Schreibfehler sein, indem das zweite m durch das erste hervorgerufen ist; es kann aber auch schon eine spätlateinische Form sein, in der wie im Span. **muermo**, Portug. **mormo** das inlautende b dem anlautenden m assimilirt ward. Daraus folgt natürlich nicht, dass jedes beliebige m auch ohne Einwirkung der Assimilation zu b ward. Von allen Schreibweisen, die Schuchardt anführt, könnte höchstens **cumito** in den Glossen von St. Gallen für **cubito** verglichen mit Ital. **gomito** als eine sprachliche Form des siebenten Jahrhunderts nach Christus gelten; aber lateinisch kann man sprachliche Formen schwerlich noch nennen, die zwei Jahrhunderte nach dem Verfall des weströmischen Reiches auftauchen. Ebenso unhaltbar ist die Aufstellung desselben Gelehrten, v sei in der spätlateinischen Vulgärsprache zu m geworden. Wenn Handschriften v für m geschrieben haben in den Schreibweisen formus, aestimam, umidus, famis, mox, armis, mel für forvus, aestivus, uvidus, favis, vox, arvis, vel, so sind das sicher nur Schreibfehler, die Abschreibern in die Feder kamen, infolge der ihnen vorschwebenden Wortformen formus, aestimat, umidus, famis, mox, armis, mel. Die Schreibweisen inmenti, promentus statt inventi, proventus kann man wegen Ital. inventi, provento u. a. ebenfalls nicht für gesprochene Wortformen der spätlateinischen Vulgärsprache halten, sondern nur für Schreibfehler, die sehr leicht entstanden aus der Aehnlichkeit der Schriftzüge NV und NM. Auch possessima für possessiva kann ich wegen Ital. possessivo u. a. nur für einen Schreibfehler ansehen. Also nicht einmal für die spätlateinische Volkssprache ist der Uebergang eines b oder v in m nachweislich, ausser wo Assimilation wirksam war, geschweige denn für frühere Epochen der Lateinischen Sprache. Ich habe ebenso bestritten, dass im Lateinischen b aus m entstände (a. O.) und kann die dagegen erhobenen Einwände nicht für stichhaltig erachten. Nicht einmal für die spätlateinische Volkssprache ist dieser Lautwechsel erweislich. Wenn sich in canibus, invenibus b statt m geschrieben findet (Schuchardt, a. O. 183), so sind das keine spätlateinischen Wortformen, da das Suffix der ersten Pers. Plur. -mus in den Romanischen Sprachen nie zu b wird, sondern entweder unversehrt bleibt, wie im Ital. abbiá-mo, siá-mo, Franz. so-mmes oder sich nach Ausfall des Suffixvokals folgendem s zu n assimiliert, wie in Franz. avo-ns; jene Schreibweisen sind vielmehr reine Schreibfehler, zu denen die Abschreiber durch die Wortformen canibus, iuvenibus verleitet wurden. So ist auch v für m geschrieben in pulventari, vyrtus oder virtus (Schuchardt, a. O.) lediglich durch Schreibfehler, zu denen die Wörter pulvis und virtus den Anlass gaben, und ganz unerwiesen ist die Annahme, dass in Mavors das v aus m umgelautet sei (a. O.), da -vors anderen Ursprungs sein kann wie das -mers der Form Ma-mers und das -mar der Form Mar-mar im Arvallliede. Ich habe daher die Formen

dubenus, dubius
von dem gleichbedeutenden dominus getrennt (*Krit. Beitr.* S. 249). Dagegen wirft Schweitzer ein, ich nähme hier denselben Uebergang des dh der Wurzel dha- in f an, den ich für famulus bestritte (*Z. f. vgl. Spr.* XIII, 310). Zugegeben, dass die Wurzelform dadh- nichts anderes ist, als die reduplicierte Wurzel dhā-, wie auch Boethlingk und Roth annehmen, so habe ich bei der Erörterung über famulus (a. O. 184 von der einfachen Wurzel dhā- gesprochen und es unglaublich gefunden, dass dieselbe neben der Form do-, di- im Lateinischen auch die Gestalt fa- angenommen haben sollte. Von der reduplicierten Wurzelform dadh- ist garnicht die Rede gewesen. Dass dieselbe in einem Nomen oder in der Präsensform eines Verbum die Gestalt ded- oder did- erhalten hätte, ist nicht nachweisbar, also auch kein Grund vorhanden, weshalb das dh derselben im Inlaut der Lateinischen Wörter dub-iu-s, dub-enu-s nicht durch die Mittelstufe f zu h geworden sein könnte. Nichts desto weniger bin ich über den Ursprung dieser beiden Wortformen jetzt zu einer anderen Ansicht gelangt, als ich früher gehegt, indem ich sie für Keltischen oder Gallischen Ursprungs halte. Auf neuerdings gefundenen Münzen der Haeduer liest man die Aufschriften: Ar. Anorbo-Dubnorex und: Ar. Dubnorex-Dubnocov (*Napoléon* III. *Hist. d. Jul. César*, II, 561), in denen sich, wie schon oben erwähnt ist, die Gallische Namensform Dubno-rex erhalten hat, aus der die Römische Dumno-rix entstanden ist. Der erste Bestandtheil dieses Compositum Dub-no- entspricht dem hier in Rede stehenden dub-e-no- mit der Bedeutung „Herr". Gallische Wörter in die Lateinische Sprache übertragen sind: betulla, essedum, rheda, petoritum, lancea, materes, gaesum, galbus, Galba (*Verf. Krit. Beitr.* S. 210 f.), manuus, cislum (*Diefenbach, Celt.* I, 70). Die Aehnlichkeit von Dub-no-, dub-e-no-, dub-io- berechtigt demnach zu dem Schluss, dass auch die beiden letzteren Wortformen Gallischen Ursprungs sind. Ich habe bestritten, dass

lubar

aus Sanskr. iuvas oder iuvan entstanden sei und dieses Wort von iuba abgeleitet, zu dem es sich verhalte, wie bust-ar zu busto-, calc-ar zu calc-. Das erklärt Meyer für unbrauchbar, weil calc-ar ein langes, lub-ar ein kurzes a in der Endsilbe habe (*Götting. Gel. Anz.* 1864, p. 330). Aber die Suffixform -ar zeigt ja auch ein kurzes a in bacc-ăr-e, Caes-Ar-e, und -ări erscheint mit kurzem ă in hil-ări-s neben -āri in zahlreichen Adjectivbildungen. Die Suffixformen -Ar, -Ari stehen neben -ōri wie -In, -mIn, -měn, neben -ōn, -mōn. Wie Meyers Ansicht über lub-ar beschaffen ist, sieht man am besten daraus, dass er einmal sagt, das Wort schlösse sich an Sanskr. juv-an an *Vergl. Gram.* I, 86, dann wieder, es gehöre unmittelbar zu Sanskr. dju-mant- und dju-mna- *a. O.* II, 132. 231. 271). Ob er hiernach in iub-ar das Suffix -mant oder -vant findet, oder ob er diese beiden Suffixe für identisch hält, wage ich nicht zu entscheiden. Jedenfalls kümmert er sich auch hier nicht um die Frage, ob denn sonst im Lateinischen m und v zu b werden. Auf das willkührlich aus dju-mant- abgeleitete lub-ar beruft er sich dann aber wieder, um zu beweisen, dass in hi-ber-nu-s das b aus dem m von χειμ-ερ-ινό-ς umgelautet sei (*a. O.* 271). Meine Erklärung von hi-ber-nu-s '*Krit. Beitr.* S. 249) fertigt er mit der Uebersetzung des Suffixes -ber durch „tragend" ab (*Götting. Gel. Anz.* 1864, S. 331), von deren Verkehrtheit schon oben die Rede gewesen ist.

In neuster Zeit ist die Behauptung aufgestellt worden, dass im Lateinischen t durch die Mittelstufen th und f zu b geworden, namentlich in dieser Weise das Suffix

-brn, -bra

in manchen Wörtern aus -trn, -tra entstanden sei (*Ebel, Z. f. Vergl. Spr.* XIV, 77 f. *Meyer, Vergl. Gram.* II, 240 f. *Kuhn, Z. f. vergl. Spr.* XIV, 215 f.). Diese Ansicht ist insbesondere von Kuhn mit Gelehrsamkeit verfochten worden. Da ich trotzdem dieselbe nicht für begründet erachten kann, so werde ich der Beweisführung, auf die sie gestützt ist, hier Schritt vor Schritt folgen. Kuhn vergleicht Lat. cri-bru-m mit Irisch criathur, Kelt. cre-tara, Ags. hri-ddra, woraus Indogerm. cri-tra- zu folgern sei; ferner Latein. tere-bra mit Kelt. tara-ter, Gall. tara-tru-m, Griech. τέρε-τρο-ν, Lat. fla-bru-m mit Ahd. pla-tara, Nhd. bla-tter, Lat. palpe-bra mit palpe-tra. An sich folgt aus dieser Zusammenstellung nicht, dass unter den vorstehenden Wörtern die Lateinischen und nicht Lateinischen auch im Suffix identisch sind; im Gegentheil da b und t völlig verschiedene Laute sind, auch im Lateinischen nach unserer bisherigen Kenntniss b niemals aus t hervorgegangen ist, so muss man, wenn nicht schlagende Gründe dagegen sprechen, schliessen, dass in palpe-tra neben palpe-bra, Kelt. tara-ter neben Lat. terebra die Suffixform -tra, -ter von -bra ebenso wesentlich verschieden sei wie in nata-till-s, sec-till-s, solu-till-s neben nata-bili-s, seca-bili-s, solu-bili-s das Suffix -tili von -bili. Gleichheit oder Aehnlichkeit der Bedeutung jener Lateinischen und nicht Lateinischen Wörter allein kann nicht als Beweis gelten, dass ihre Suffixe identisch sind, da sie ja durch die Gleichheit des wurzelhaften Bestandes derselben und durch ähnliche Bedeutung zweier etymologisch verschiedener Suffixe -tro und -bro hervorgerufen sein kann. Also müsste der lautliche Beweis geführt werden, dass abgesehen von den in Frage stehenden Suffixen, b auch sonst im Lateinischen aus t hervorgegangen sei. Wie ist der nun beigebracht? Kuhn sagt, das Suffix -bro sei entstanden aus der Form -thro, das ist Griech. -θρο, das sich oft für -τρο findet; so sei Lat. rub-ro- aus ruf-ro- und dieses aus ruth-ro- gleich Griech. *ἐ-ρυθ-ρο-* Sanskr. rudh-ira- geworden. Die Richtigkeit dieser Zusammenstellung bestreite ich aus folgenden Gründen. Erstens, diese Beweisführung wäre nur stichhaltig, wenn das betreffende Wort im Sanskrit *rut-ira-s lautete, sie wird hinfällig, weil es rudh-ira-s lautet. Das Lateinische f, das sich im Inlaute gewöhnlich zu b gestaltet, ist nur aus den Media-Aspiraten bh, dh, gh entstanden, nicht aus den Tenuis-Aspiraten ph, th, ch oder aus den Tenuis p, t, c. Im Lat. ruf-u-s, Umbr. ruf-ru ist die ursprüngliche Media-Aspirata dh von rudh-ira-s in den labiodentalen Hauchlaut f umgeschlagen, in Griech. *ἐ-ρυθ-ρός*, zur Tenuis-Aspirata θ gestaltet, also keineswegs f aus der Tenuis-Aspirata th hervorgegangen. Zweitens ist es unglaublich, dass in dem vorliegenden Falle ursprüngliches t zu th aspiriert worden sei, da das Lateinische eine unursprüngliche Aspiration der Tenuis mit dem Griechischen sonst nicht gemein hat. Die Aspiration der Tenuis war der Lateinischen Sprache fremd. Daher wurden bei der Aufnahme Griechischer Wörter in die altlateinische Sprache die Griechischen Aspiraten φ, χ, θ zu p, c, t gestaltet und erst seit Cicero's Zeit für dieselben ph, ch, th geschrieben (*Ritschl, Prisc. Latin. mon. epigr. p. 123. 124*). Von einheimischen Tenuis-Aspiraten, was jene Griechischen Laute jedenfalls einmal gewesen sind, zeigt sich im Altlateinischen keine Spur. Also durch die Vergleichung von ru-ber, Griech. ἐ-ρυθ-ρός, Sanskr. rudh-ira-s ist weder erwiesen, dass das Suffix -tro, Sanskr. -tra im Lateinischen sich zu -thro gestalten konnte, indem das t aspirirt wurde, noch dass aus dem angeblichen -thro: -fro werden konnte, indem angeblich die Tenuis-Aspirata zu dem labio-dentalen Hauchlaut f umschlug, der sonst nur aus den Media-Aspiraten entstanden ist. Daraus folgt, dass auch ein aus -fro, -fra hervorgegangenes -bro, -bra nicht aus ursprünglichem -tro, -tra abgeleitet werden kann.

Dagegen, dass -bro aus -fero entstanden sei und von Sanskr. Wz. bhar- stamme, wirft Kuhn ein: Warum bildet das Lateinische in Mulci-ber, candela-ber für *Mulci-fer, *candela-fer das f in b um, behielt dagegen das f in signi-fer, pesti-fer, aquili-fer u. a. bei? Ich antworte, weil jene beiden Wörter nicht mehr als Composita gefühlt wurden, weil das -fer in ihnen von der Bedeutung eines ursprünglichen Compositionsgliedes zu der eines Suffixes herabgesunken war, während pesti-fer u. a. die Geltung von Compositen behalten haben und -fer seine Bedeutung als Compositionsglied gewahrt hat. In jenen Wörtern sank also das f wie gewöhnlich im Inlaut einfacher, mit einem Suffix gebildeter Wortformen zu b, in pesti-fer u. a. blieb das f erhalten wie überhaupt in Compositen, wo es der anlautende Consonant des zweiten Compositionsgliedes war, also wie in con-fabulor, in-fero, con-ficio, suf-foco, refugium, ne-fas, in-fans, in-famis, bene-ficium, artifex, fe-fello u. a.

Ich muss also aus dem Gesagten folgern: das Lateinische Suffix -bro kann lautlich nicht aus ursprünglichem -tro entstanden sein; es ist vielmehr aus -fero regelrecht umgebildet und stammt von Sanskr. Wz. bhar- (*vergl. Verf. Ausspr. S.* 351 *f.*); es hat sich von der ursprünglichen Bedeutung „tragend" vielfach zu den beiden Bedeutungen „bringend, schaffend" und „an sich tragend, versehen mit" ausgeprägt. Daher bedeutet candela-ber „Kerzen tragend", Mulci-ber „Schmelzung bringend oder schaffend", cele-ber „Ruhm an sich tragend, mit Ruhm versehen."

Wenn ich somit die Entstehung eines Lateinischen b aus t, eines Suffixes -bro aus -tro nicht bloss für unerwiesen, sondern auch für unglaublich halten muss, so kann ich auch nicht umhin, allen Folgerungen, die auf diese Annahmen gebaut sind, zu widersprechen. Auch die Suffixformen -bulo, -bili können aus den angeführten Gründen nicht aus -tero, -tara entstanden sein (*Kuhn*, a. O. 219) und die blossen Zusammenstellungen von Lat. sta-bulu-m mit Abd. sta-dal, von Umbr. sta-fli mit Sanskr. sthā-tṛ können das nicht erweisen. Noch unglaublicher erscheint hiernach die weitere Annahme, dass von der Anlautgruppe st das s abfallen und das t dann zu f werden konnte, zumal da sonst in zahlreichen, schon oben besprochenen Wortformen das t nach Abfall des anlautenden s unversehrt blieb (*s. oben S.* 118). Oder soll etwa st sich zu sf dissimilieren, während sich, wie oben besprochen ist (*S.* 115 *f.* 120 *f.*), sp und sc mehrfach zu st assimilieren? Aber der Abfall des anlautenden s in fallo, fungus, funda, fides Saiten (*Verf. Ausspr.* I, 117) und das gänzliche Fehlen der Lautverbindung sf im Lateinischen zeigt ja, dass die Sprache dieselbe entschieden mied. Mithin widerspricht es bestimmten Lateinischen Lautgesetzen anzunehmen, dass fluo aus *struo, frutis aus *strutis entstanden und mit Abd. struol, strut verwandt sei, dass fraus desselben Ursprungs sei wie Abd. striudan und faber aus dhātar hervorgegangen sei (*Kuhn*, a. O. S. 225—231). Damit zerfällt auch die Behauptung, dass

tenebrae

aus Sanskr. tamisra- für *tamistra dunkel, dunkele Nacht entstanden sei (*Ebel, Z. f. vgl. Spr.* XIV, 77. *Kuhn*, a. O. XV, 238 *f.*). Ebel will beweisen, dass Lateinisches b für f auch aus ursprünglichem t entstanden sei. Für diesen Lautwechsel kann auch er kein sicheres Beispiel beibringen. Er nimmt also von vorn herein an, dass Lat. ten-e-brae und Sanskr. tam-is-ra- von derselben Wurzelform mit demselben Suffix gebildet sein müssten. Woraus soll nun dieses „muss" folgen? Angeblich, weil sich jene Wortformen garnicht anders erklären liessen als durch ein im Lateinischen eingeschobenes oder im Sanskrit verloren gegangenes t. Aber ein eingeschobenes t giebt es sonst nicht im Lateinischen. Und wenn im Sanskrit tam-is-ra- wirklich aus *tam-is-tra- entstanden ist, was noch nicht erwiesen ist, woraus folgt denn von vorn herein das „muss", dass der Bestandtheil -is-ra für -is-tra jenes Indischen Wortes und die Endung -e-bra-e von ten-e-bra-e genau dieselben Suffixe seien, selbst wenn man annehmen wollte, dass Lateinische ten- sei genau dieselbe Wurzel wie Sanskr. tam-! Aber auch für diese Annahme giebt es von vorn herein gar kein „muss." Dieselben einfachen vokalisch auslautenden Wurzeln sind ja in den Indogermanischen Sprachen mit m weiter gebildet und mit n *Benfey, Vollst. Gram. d. Sanskr. S.* 76. *Curt. Gr. Et.* G3. 2. A.. Also kann ta-m-ta Sanskr. ta-m-is-ra- sich verhalten zu te-n- in Lat. te-n-e-b-ra-e wie die Wurzelform Sanskr. ga-m- zu Lat. ve-n- für gve-n- in ve-n-ire. Das heisst jene beiden Wurzelformen können aus der einfachen Wurzel ta- verschieden weiter gebildet sein wie diese von ga-. Von der ganzen von vorn herein angenommenen Nothwendigkeit also, dass Sanskr. ta-m-is-ra- und Lat. te-n-e-bra-e in Wurzel und Suffix identisch wären, bleibt nichts übrig, als eine Wahrscheinlichkeit, dass beide von der einfachen Wurzel ta- stammen, auf die man durch die Uebereinstimmung ihrer Bedeutungen geführt wird *Verf. Krit. Beitr. S.* 263;. Dieser willkührlichen Annahme zu Liebe werden nun dem Lateinischen folgende Lautwechsel aufgebürdet: erstens soll inlautendes n zwischen Vokalen zu n geworden sein, wofür es kein haltbares Beispiel giebt (*a. O.* 257), zweitens soll f aus einer angeblich Lateinischen Tenuisaspirata th umgelautet, drittens diese aus t entstanden sein, was oben widerlegt ist. Aus welcher Wurzelform und Wurzelbedeutung sich der Sinn „Dunkel, Finsterniss" in Sanskr. tamisra und Lat. tenebrae entwickelt habe, davon schweigt Ebel. Ich habe, von Sanskr. ta nu-s Körper ausgehend, als Grundbedeutung jener Wörter „hüllend" angegeben (*a. O.* 263); aber weder für die Wurzelform tan- noch für tam- ist diese sicher erweislich (*vgl. Boethl. u. R. Sanskrw.* III, 214. 250). Boethlingk und Roth führen eine Wurzelform tam- an mit der Bedeutung „stocken, unbeweglich, starr, hart werden" (*a. O.* III, 251). Ta-ti-s von der Wurzelform ta- bedeutet „Schaar, dichte Masse" (*a. O.* III, 202). Die Lateinische Wurzelform ten- in ten-ere hat die Bedeutung „halten, festhalten." Da nun „dicht, starr, unbeweglich, fest" sich unmittelbar berührende Begriffe sind, die von der Vorstellung der Ausdehnung, Ausbreitung in Wz. tan- verschieden sind, so ist man berechtigt, aus Sanskr. ta-ti-s eine ursprüngliche und einfache Wurzel ta- anzunehmen, in der die Bedeutung „dicht, unbeweglich sein oder werden" zu Grunde liegt, und die einerseits zu ta-m, andrerseits zu ta-n weiter gebildet ist. Wir sagen „dichte" Finsterniss, „stockfinster", „stockdunkel", Lateinische Dichter crassae, densae, quietae tenebrae. So kann auch in te-n-e-bra-e von der mit n erweiterten Wurzelform ta-n- die Bedeutung „Dichtheit, Starrheit, Unbeweglichkeit an sich tragend" enthalten sein und Sanskr. ta-m-as, ta-m-is-ra-, Altslav. tl-m-a Finsterniss (*Kuhn, Z. f. vergl. Spr.* XV, 234, von der mit m erweiterten Wurzelform ta-m- mit anderen Suffixen als jenes Lateinische Wort gebildet, bedeuteten ebenfalls die Finsterniss als „dichte, starre, unbewegliche." Jene willkührliche und unbegründete Identificierung von Lat. te-n-e-bra-e und Sanskr. ta-m-is-ra- ist ein neuer augenfälliger Beleg dafür, wie das Bestreben, die ganzen Lateinischen Wörter mit ihren Suffixen aus dem Sanskrit herzuholen, selbst ohne dass man deren Wurzel erklärt, dazu geführt hat, der Lateinischen Sprache Lautwechsel aufzubürden, die ihr völlig fremd gewesen sind. Irrig ist nun natürlich auch die Herleitung von

consobrinus

aus *consostrinus durch die angeblichen Mittelstufen *consostbrinus, *consosfrinus. Vergleicht man Goth. svis-tar, Sanskr. svas-r und Lat. sor-or, so ist klar, dass *svas-tar die gemeinsame Grundform dieser Wörter war. Im Lateinischen wurde aus derselben zunächst *sos-tor, dann durch Assimilation des t an das vorhergehende s *sos-sor und durch Schwinden des einen der beiden s sos-or wie aus haus-tu-m durch die Mittelstufe haus-su-m: haus-u-m geworden ist (*vgl. Verf. Krit. Beitr.* S. 417); endlich ward aus sos-or durch die gewöhnliche Trübung des s zwischen Vokalen zu r sor-or. An sor-or ist das Suffix -bri für -bro getreten wie an mulier in mulie-bri-s. Vergleicht man quattuor, quattor, quater, quartus, so ist klar, dass in dem letzten Wort die Silbe -or vor dem Suffix -to geschwunden ist, indem sich der Vokal u erst zu e schwächte, wovon noch weiter unten die Rede sein wird. Ebenso ward durch Schwinden der Silbe -or nach Antreten des Suffixes -bri aus *sor-or-bri-: *sor-bri-. Wie aber aus *mulier-bri-s, *fer-bri-s durch Schwinden des r vor folgendem br mulie-bri-s, fe-bri-s geworden sind (*Verf. Krit. Beitr.* S. 204. 394), so ist aus *sor-bri-: -so-bri- entstanden. Von dieser Stammform ist dann mit dem Suffix -no, -so-bri-nu-s und das Compositum con-so-bri-nu-s gebildet worden. Mulie-bri-s bedeutet eigentlich „Weib an sich tragend" daher „weiblich" und „weibisch" wie Nhd. wunder-bar, eigentlich „Wunder an sich tragend" daher „wunderbar, wundersam." So bedeutet -so-bri- für *soror-bri- eigentlich „Schwester an sich tragend" daher „schwesterlich", -so-bri-nu-s „schwesterliches Kind" und con-so-bri-nu-s „mitschwesterliches Kind", daher „Geschwisterkind, Vetter."

Von dem irrigen Glauben ausgehend, dass consobrinus „ganz sicher" aus *consostrinus entstanden sei, dass t im Lateinischen zu b geworden sei, ist nun J. Schmidt noch einen Schritt weiter gegangen und hat versucht, die Wörter

februus, hibernus, inferus, infimus

aus angeblichen Grundformen *festruus, *himesternus, *insterus, *inistimus herzuleiten (Z. f. vgl. Spr. XV, 163 f.). Wenn das richtig ist, was ich gegen die angenommene Entstehung von b und f aus t gesagt habe, so erledigen sich diese noch weiter gehenden Behauptungen von selbst. Es wäre überflüssig, die Gegengründe gegen dieselben hier noch einmal zu wiederholen. Ich will hier nur noch darauf hinweisen, mit welchen Einwänden J. Schmidt bei dieser Gelegenheit abweichende Ansichten über die Bildung der vorstehenden Wortformen zu beseitigen meint. Bopp leitet Inferus, infimus von Sanskr. adharas, adhamas ab und ich habe zur Bestätigung dieser Ansicht die Form iferos angeführt (Krit. Beitr. S. 198 f.), die bestätigt, dass in jenen Lateinischen Wortformen der Nasal kein ursprünglicher etymologischer Bestandtheil ist, sondern lediglich ein auf Lateinischem Sprachboden hinzugetretener phonetischer dem l nachklingender Laut. Das meint J. Schmidt mit der Bemerkung zu widerlegen, aus den Schreibweisen coventionid, coiux folge nicht die spätere Entstehung des n in contio, coniux. Als ob ich das jemals ausgesprochen oder mir eingebildet hätte. Aber J. Schmidt wird doch nicht in Abrede stellen wollen, dass in ambo, nimbus, imber verglichen mit Sanskr. ubhau, nabhas, abhiras der Nasal der Lateinischen Wörter ein hinzugetretenes, bloss phonetisches Element ist. Oder will er etwa in cumbere neben cubare, in den Plautinischen Formen corrumpta, corrumptus, disrumptus, corrumptor (Fr. Schultz, De obsoletis contugationum Plautinarum formis, Progr. Konitz. 1864. p. 4) neben corruptus, diruptus, corruptor, in quadringenti, octingenti, thensaurus, Sancus, sanctus, anguis, sanguis, nanctus, cinctus, pollinctus, vinctus, mingere, fingere, pingere, pinguis, exstinguo, exstinctus und zahlreichen anderen nasalierten Wortformen den Nasal für einen ursprünglichen und etymologisch bedeutsamen Lautbestandtheil erklären? Das wäre ebenso neu als falsch. Mithin hat jener Gelehrte gegen Bopps Ableitung der Lateinischen Wortformen inferus, infimus von Sanskr. adharas, adhamas, die nach Laut und Bedeutung gleich treffend ist, keinen stichhaltigen Einwand vorgebracht. Ich leite i-mu-s ab von infi-mu-s oder vielmehr von der nicht nasalierten Form ifi-mu-s, indem das f sich zu h verflüchtigte, dieses schwand und dann i-i zu ī verschmolz, wie mi aus mi-hi, *mi-fi ursprünglich *ma-bhjam entstanden ist. Das nennt J. Schmidt eine „gewaltsame" Ableitung. Was ist denn daran gewaltsam? Doch nicht der der Lateinischen Sprache unzweifelhaft eigene, auch für den vorliegenden Fall angenommene Lautwandel. Oder ist die Erklärung der Bedeutung gewaltsam? Aber imus und infimus bedeuten ja beide „der unterste." Dagegen soll es weniger gewaltsam sein, imus aus dem angeblichen *inistimus abzuleiten, so dass das Wort nicht weniger als den Lautcomplex -nisti eingebüsst hätte; weniger gewaltsam, zu behaupten, t werde im Lateinischen zu f, st sei erst zu sf dissimilirt, dann sei das s abgefallen und endlich auch noch das f geschwunden. So verwirft J. Schmidt eine nach Laut und Bedeutung vollkommen gerechtfertigte Erklärung mit haltlosen Einwendungen, um der Annahme von Lautübergängen im Lateinischen weiter nachzugehen, die sich als irrig erwiesen hat. Mit der sorgfältigen Beachtung der Lautverhältnisse, die derselbe in seiner Schrift über die Wurzel AK- bewährt hat, steht dieses Verfahren nicht im Einklang.

F.

Der nicht bloss von mir aufgestellten, sondern allgemein anerkannten Ansicht, dass ursprüngliches bh sich auf dem Boden der Italischen Sprachen zu dem labiodentalen Hauchlaute f gestaltete, dieser aber durch Schwinden des labialen Lautelementes zu

— 104 —

h verflüchtigen oder im Inlaut durch Wegfall des Hauchlautes zu
b trüben konnte (*Verf. Krit. Beitr. S.* 166), ist neuerdings widersprochen worden in einer eingehenden Erörterung von Crain
(*Bemerkungen zur Lateinischen Lautl. S.* 7 *f.*). Obwohl diese
von dem mehrfach bewiesenen Scharfsinne des Verfassers Zeugniss ablegt, so scheitert doch die Beweisführung desselben an
unhaltbaren Behauptungen a priori über die Lautbeschaffenheit
der Media-Aspirata bh und des Lateinischen f, wie an der Nichtbeachtung oder gewaltsamen Beseitigung von sprachlichen Thatsachen, die für die vorliegende Frage von entscheidender Wichtigkeit sind. Ich erachte es um so nothwendiger, Crains Behauptungen mit einer eingehenden Widerlegung entgegen zu treten, weil dieselben in die Beurtheilung Lateinischer Conjugations-
und Deklinationssuffixe Verwirrung zu bringen drohen.

Crain behauptet also zunächst, dass für ursprüngliches bh
im Lateinischen sich nie inlautendes f finde. Dieser Behauptung
stelle ich zunächst diejenigen sprachlichen Thatsachen entgegen,
die sie zu widerlegen geeignet sind. Neben Lateinisch

scrofa

steht Griech. $\gamma\varrho o\mu\varphi$-$\acute{a}$-$\varsigma$ Sau, Goth. grab-an von einer Wurzel scrabh- graben (*Curt. Gr. Etym. S.* 633. *n.* 138. *2. A.*).
Von derselben Wurzel stammen scrob-i-s, scrob-s entsprechend Goth. grob-a, Nhd. grub-e. Diese Wurzel ist auch enthalten in Griech. $\gamma\varrho\acute{a}\varphi$-$\omega$, $\gamma\varrho\acute{o}\varphi$-$\omega$, wie in Lat. scrib-o
(*Lottner, Z. f. vgl. Spr.* VII, 173. *Curt. a. O. n.* 149). Osk. scrifta-s = scrip-ta-e (*Kirchh. Stadtr. v. Bant. S.* 35. Umbr. screhto-r = scrip-ti (*A. K. Umbr. Sprd.* II, 82 *f.*), die also neben Goth.
grab-an das Eingraben oder Einkratzen der Schrift bezeichnen.
Neben ursprünglichem bh der genannten Wurzel steht hier Griech.
φ, Lat. f und b. Osk. f. Umbr. h. Ebenso steht im Lateinischen
inlautendes f und b neben einander in

rufus, Rufus, Rufull (*Fest. p.* 261. *M.*), Rufinus, Rufellus, rufescere, rufare, Rufri, Rufrium, Rufrenus, Umbr. rufru

neben rub-er, rub-eo, rub-u-s, rub-icundu-s, Rub-icon,
ro-b-igo, Rob-ilia (*I. R. Neap. Moms. n.* 1233. 1234), hervorgegangen aus ursprünglichem dh in Sanskr. rudh-ira-s (*Verf.*

Krit. Beitr. S. 199). Ferner erscheint im Lateinischen neben einander f und h in

sifilus

Prisc. 1, 46. *H.* neben sib-ilu-s. Es ist also Thatsache, dass sich in drei Lateinischen Wortformen inlautendes f neben b zeigt, in der ersten derselben aus bh hervorgegangen, in der zweiten aus dh, in der dritten unbekannten Ursprungs. Um diese sprachlichen Thatsachen zu beseitigen, die sich mit seiner theoretischen Ansicht nicht vereinigen lassen, stellt Crain die Behauptung auf, die Wörter scrofa, rufus, sifilus seien den italischen Dialektformen entlehnt *(a. O. S. 9.*. Diese Behauptung ist willkührlich und grundlos. In derselben Weise sind, wie schon oben gezeigt ist, die Lateinischen Wörter Epona, popina, palumbus u. a. für Oskische Wortformen erklärt worden (S. 71). Durch dieses Verfahren kann man jede Lateinische Form beliebig für entlehnt aus italischen Dialekten ausgeben und sich damit Thatsachen vom Halse schaffen, die sich einer lautlichen Theorie nicht fügen wollen. Durch eine ebenso willkührliche Annahme sucht Crain auch

inferus, infimus

neben Sanskr. adh-ara-s, adh-ama-s zu Gunsten seiner Theorie zu beseitigen. Schon oben ist davon die Rede gewesen, dass die Lateinischen auf f anlautenden Wörter in der Zusammensetzung ihr f wahren, sowohl wenn sie mit einer Präposition zusammengesetzt sind, als wenn sie redupliciert, das heisst mit sich selbst zusammengesetzt sind (S. 188). Zu dieser Lautregel giebt Crain den Zusatz, auch bei Weiterbildung eines Wortstammes durch Steigerungssuffixe werde inlautendes f nicht zu b (a. O. S. 8). Er will beweisen, dass im Inlaut Lateinischer Wörter sich f nicht finde. Man hält ihm scrofa, sifilus, rufus u. a. entgegen. Das sind Oskische Wörter, heisst es, ohne irgend einen Beweis. Man führt inferus, infimus an; da macht sich Crain aus eben diesen Wörtern, um die es sich handelt, und zwar aus diesen allein, eine angebliche allgemeine Regel, dass Wörter mit Steigerungssuffixen anlautendes f nicht zu b sinken liessen, für die sonst im Bereiche der Lateinischen Sprache keine Spur zu entdecken ist. Diese vermeintliche Regel hat auch nicht die mindeste innere Berechtigung, da die Steigerungssuffixe wie andere Suffixe von einfacheren Nominalstämmen abgeleitete Nomina bilden. Ausserdem findet sich nun aber inlautendes f in anderen

13 *

Lateinischen Wörtern, die Crain nicht gekannt oder berücksichtigt hat. So in

tofus

Tufstein und tof-osu-s, tof-inu-s, tof-icu-s, tof-accu-s, Griech. τόφ-ο-ς Tufstein, τοφ-ίων Tufsteinbruch. Ich leite diese Wörter von Sanskr. Wz. stabh- immobilem reddere in stabh-nô-mi (*Westerg. Rad. l. Sanscr.* p. 222), so dass tuf-s mit Abfall des anlautenden s vor t (s. oben S. 118) den Tufstein als „unbeweglich oder fest" gewordenen Stein bezeichnet, da der in Italien weit verbreitete Tufstein nichts anderes ist als fest gewordene vulkanische Schlacken (*W. Abecken, Mittelitalien*, S. 44 f.). Neben einander stehen ferner im Lateinischen die Formen

nefrones, nefrundines,

nebr-un-d-in-es und Griech. νεφρ-ο-ί, von deren Bildung schon oben die Rede gewesen ist (S. 143. 145.).

Inlautendes f zeigen auch die Namen:

Alfius (*I. R. Neap. Moms.* p. 414) neben Albius.

Orfitus (a. O. p. 450.) neben orbus.

Safinius, Safinia (a. O. 436) neben Sabinia.

Mefanus, Meflanus (*Orell.* n. 664).

Waren diese auch nicht Lateinischen Ursprungs, so bestätigen sie doch das schon gewonnene Ergebniss, dass inlautendes f sich auch im Römischen Volksmunde hielt, während es sich in den Namensformen Sabinus, Fabaris, Stabiae, Tibur, Tiberis, wie weiter unten gezeigt werden wird, zu b verschob.

Es ist also eine unzweifelhaft fest stehende Thatsache, dass sich f im Inlaut einfacher Lateinischer Wörter auch erhalten hat, während es in denselben oder in gleichstämmigen Wörtern zu b gestaltet erscheint, und Oskischem f, Umbrischem f und b, Griechischem φ, ursprünglichem bh oder dh an dieser Stelle entspricht.

Obgleich schon durch diesen Nachweis den ferneren Behauptungen Crain's der Boden entzogen ist, so folge ich demselben doch noch weiter. Er behauptet also zweitens, der labiodentale Hauchlaut f sei erst nach der Trennung der Italischen Grundsprache in ihre Dialekte entstanden (a. O. S. 7), also bis zu dieser Trennung sei noch die alte Media-Aspirata bh auf dem gemeinsamen Italischen Sprachboden heimisch gewesen (*vergl. a. O.* S. 8.). Das soll folgen aus der Lateinischen Form media neben der Oskischen mefiai. Aus diesen Wortformen folgt aber weiter nichts, als dass ursprüngliches d h auf Italischem Sprachboden entweder mit Einbusse des Hauchlautes zu d ward, oder mit Wahrung des Hauchlautes und mit Umlautung des dentalen Bestandtheiles in einen labiodentalen zu f ward. Beides konnte ja natürlich ebenso gut auf gemeinsamem Italischen Sprachboden vor der Trennung der Dialekte geschehen, medio- und mefio- auf demselben ebenso neben einander erscheinen, wie zum Beispiel ti-bi und mi-hi oder holus und folus, hostis und fostis, hordus und fordus u. a. (*Verf. Ausspr.* I, 48).

Für den Bestand der ursprünglichen Media-Aspirata bh in der Italischen Muttersprache vor der Spaltung derselben in Dialekte ist also aus Lat. medio- neben Osk. mefio- gar kein Kriterium zu entnehmen. Schlagende Gründe sprechen vielmehr gegen eine solche Annahme. Selbst die ältesten Italischen Alphabete, die noch zwei Buchstaben für verschiedene Zischlaute aufweisen, haben von einem Zeichen für eine Media-Aspirata ebenso wenig eine Spur erhalten wie die ältesten Griechischen Alphabete. Wohl aber haben das gemeine Etrurische, das Campanisch-Etrurische und das Samnitisch-Oskische Alphabet, sämmtlich dem Altgriechischen Alphabete der Gräber von Caere und Colle und des Thongefässes von Bomarzo entstammt, ein von allen Buchstaben des Griechischen Mutteralphabets verschiedenes gemeinsames Schriftzeichen 8 an der Stelle desjenigen consonantischen Lautes, den das Lateinische aus dem Dorischen von Cumae hervorgegangene Alphabet mit dem Zeichen F bezeichnet und das eben daher entsprungene Faliskische mit dem Buchstaben ⋀ (*vgl. Verf. Alphabet. Pauly, Realencyclopädie,* 1, 802 *f. Mommsen, Monatsber. d. Akadem. d. Wissensch. z. Berl.* 1860. *S.* 452 *f.*). In der ältesten Schrift der Etrusker, Umbrer, Osker, Samniten, Latiner und Falisker erscheint also ein eigenthümlich Italisches entweder neu erfundenes oder anders als in der Griechischen Schrift verwandtes Schriftzeichen an der Stelle der geschriebenen Wortformen, wo im Lateinischen das Schriftzeichen für den labiodentalen Hauchlaut f seinen Platz hat. So steht 8 in den Oskischen Wörtern fumelo, feihoss, facIud, fefacust, Fluusai, Frentrei, fructatiuf, fortis, fust und in den Umbrischen fameŗia, feitu, fakust, fust, felluf, fertu, frater, fikla, rufru an derselben Stelle wie F in den entsprechenden Lateinischen Wortformen famulo, ficos, facto, fecerit, Florae, Frentani, fructus, forte, fuerit, familia, facito, fecerit, fuerit, filios, ferto, frater, ficula, rufus, und genau an derselben Wortstelle findet sich das Faliskische ↑ in foferta = liberta und das Oskische 8 in loufreis=liberi und loufrĭ-ko-nos=*liberigenos (*Verf. Krit. Beitr. S. 201*). Es ist also den genannten Italischen Volksstämmen gemeinsam, dass sie ein neues, dem Griechischen Mutteralphabet fremdes Schriftzeichen eingeführt haben, weil sie dasselbe brauchten zur Bezeichnung eines der Griechischen Sprache fremden, ihnen gemeinsamen Italischen Lautes. Da dieser nun im Lateinischen nach ausdrücklichen Angaben ein labiodentaler Hauchlaut war, so folgt daraus, dass ein solcher labiodentaler Hauchlaut ein Italisches Gemeingut war, der Nachkomme einer ursprünglichen Media-Aspirata, nicht diese selbst. Da das Griechische, Germanische, Slavische, Litauische und Keltische keine Media-Aspiraten mehr aufweisen und selbst das Zend dieselben nur theilweise gewahrt hat, so ist mithin der Schluss unabweisbar, dass diese Laute schon auf voritalischem Sprachboden geschwunden waren (*vgl. Curt. Z. f. vgl. Spr.* II, 328 *f.*).

Also die Media-Aspirata bh ist auf Italischem Sprachboden nicht mehr heimisch gewesen, und der aus derselben entstandene labiodentale Hauchlaut f bestand schon vor der Trennung der allitalischen Muttersprache in ihre Dialekte.

Drittens stellt Crain den Satz auf, b könne im Lateinischen nicht aus f entstanden sein (*a. O. S.* 8), sondern nur aus bh. Um diesem einen Halt zu geben, wagt er über die Lautgenthümlichkeit der Sanskritischen labialen Media-Aspirata die Behauptung, diese sei nur eine verhältnissmässig lose Verbindung eines labialen Lautes und eines Hauchlautes, eines b mit einem h. Woher weiss das Crain? Weder Indische Grammatiker sagen das, noch giebt es einen Grund dafür, das zu vermuthen. Was die Inder mit einem Buchstaben bezeichneten, das galt ihnen sicher als ein Laut, also auch ihre Media-Aspirata, die sie mit dem Buchstaben भ bezeichneten, und wenn an demselben ein Lippenlaut und ein Hauchlaut vernehmbar war, so waren doch beide Lautelemente auf das engste mit einander verwachsen, enger sicherlich als im Lateinischen die Lautbestandtheile des durch die beiden Schriftzeichen

QV ausgedrückten Lautes. Mit Recht nimmt daher Michaelis bei der Aussprache der Media-Aspirata im Sanskrit eine ursprünglich nahe Verbindung des Hauches mit der Artikulation an (*Z. f. vgl. Spr.* XIII, 229) und auch Ebel fasst den Laut der Media-Aspirata bei der Aussprache als einheitlichen (*a. O. S.* 268 *f.*). Wäre das nicht der Fall gewesen, die Erfinder und Bildner des Sanskritalphabets, deren Ohr und Zunge so ausserordentlich fein war, die auch die feinsten Nüancierungen des sprachlichen Lautes mit solcher Sorgsamkeit wiedergaben, dass sie fünf Zeichen für Nüancierungen der Nasale hatten, drei für verschiedene Zischlaute und vier für Hauchlaute, diese scharfsinnigen Laut- und Schriftgelehrten würden sicher nicht die Media-Aspiraten ihrer Muttersprache durch ein Lautzeichen als einheitliche Lautwesen bezeichnet haben.

Wenn somit unhaltbar ist, was Crain über den Laut der labialen Media-Aspirata im Sanskrit aufstellt, so folgt daraus, dass nicht erst im Lateinischen f der labiale Bestandtheil mit dem Hauche einen so engen Bund geschlossen hat, dass etwas vollständig neues entstanden wäre.

Auch die Behauptungen desselben Gelehrten über Laut und Aussprache des Lateinischen f sind irrig. Er nennt f eine Spirans, die nur noch ihrer Entstehung halber zu den Labialen gerechnet werden dürfe (*a. O. p.* 8.). Die Benennung spirans „hauchender" Laut passt allein auf h; auf andere Consonanten übertragen ist sie unpassend, da keiner derselben ein blosser Hauchlaut ist. Die Angabe des Priscian I, 14. *H*: Nou fixis labris est pronuntianda f quomodo ph atque hoc solum interest, sagt unzweifelhaft, dass f mit den Lippen gesprochen wurde, aber nicht mit fest geschlossenen wie Griech. φ, dass also f noch Labial war, und kein Römischer Grammatiker zweifelt daran (*Verf. Ausspr.* I, 64). Unmöglich konnte im spätlateinischen Sprach- und Schriftgebrauch Griech. φ durch Lat. f wiedergegeben werden, wenn der Laut des letzteren nicht noch Labial gewesen wäre (*a. O.* 69). Unmöglich könnte sich im Italienischen und in den anderen Romanischen Sprachen ein labiales f erhalten haben, wenn das Lateinische f nicht ein labiales Lautelement gewahrt hätte. Marius Victorinus sagt, p. 2455. *F:* F litteram imum labium supremis imprimentes dentibus reflexa ad palati fastigium lingua leni spiramine proferemus; Quinctilian, XII, 10, 9: Inter discrimina dentium efflanda est. Das Lateinische f wurde also gesprochen, indem sich die Unterlippe lose gegen die Oberzähne legte, so dass durch den Zwischenraum der Ober- und Unterzähne ein Hauch durchdrang (*Verf. Ausspr.* I, 64). Deshalb habe ich f einen labiodentalen Hauchlaut genannt (*Krit. Beitr. S.* 167). Aber wenn in Zusammensetzungen wie con-fero, an-fractus u. a. m vor f zu n geworden ist und in in-fero, in-fecta u. a. neben im-felix (*I. R. Neap. Moms. n.* 997) sich n vor f unversehrt erhielt, so kommt das nicht daher, weil f an d angeklungen hätte. Es war hier vielmehr derselbe lautliche Grund wirksam, der neben com-rovise (*Ep. d. Bacchan. C. I. Lat. M.* I, n. 196, 13) und com-valem (*a. O.* 199, 8) in con-venire, con-vehi, con-vocare u. a. das m von com- zu n schwächte und in co-ventionid, co-venumis (*a. O.* n. 196, 23. 532) es ganz schwinden liess. Der Hauch, mit dem v gesprochen wurde, hat hier die Schwächung des m zu n und das Schwinden desselben bewirkt; der Hauch des f hat vorhergehendes n trotz seines labialen Lautbestandtheils in in-fero, in-fectu-s u. a. nicht in den labialen Nasal m übergehen, in iferos ganz schwinden lassen (*Verf. Ausspr.* I, 96. 100). Wenn Crain nicht von vorn herein den Beweis hatte herstellen wollen, dass f nicht zu b werden könnte, so würde er die hier vorliegenden Thatsachen nicht übersehen haben.

Was soll es uns wohl bedeuten, wenn er sagt (*a. O. p.* 8): „Aus dieser Spirans (f) konnte nun die mehr rückwärts durch Ausscheidung der garnicht mehr als solche vorhandenen Aspirata die Labiale entwickelt werden." Das heisst behaupten, aspirierte Laute wie die ursprüngliche Media-Aspirata des Sanskrit oder die Tenuis-Aspirata der Griechischen Sprache konnten niemals die Lautschwächung erleiden, dass sie ihren Hauch einbüssten. Ist aber von diesen so vielfach der Hauch geschwunden und so die hauchlose oder mit schwachem Hauche gesprochene Media und Tenuis entstanden, dann ist es doch wahrlich begreiflich, dass von f ebenso der Hauchlaut schwand, der labiodentale Lautbestandtheil sich hielt, das heisst f zu b wurde. Und für diesen Lautübergang würden sich auch schlagende Belege finden, selbst wenn die unhaltbare Behauptung richtig wäre, dass der Laut f erst nach der Spaltung der Italischen Muttersprache in ihre Dialekte sich gestaltet hätte, bis dahin die ursprüngliche und unveränderte Media-Aspirata dort noch erhalten geblieben wäre.

Neben der Oskisch-Samnitischen Namensform Safinim für *Safiniom, Gen. Plur. eines Stammes Safinio- (*Verf. Z. f. vgl. Spr.* XI, 408) steht die Lateinische Form

Sabinus.

Niemand kann hiernach zweifeln, dass der Name der Sabiner in der einheimischen Sprache Safino- war, der sich im Römischen Munde durch Uebergang des f in b zu Sabino- gestaltete, dass die Samniten ihr Land und ihr Volk Safinionannten, woraus durch die Mittelstufen *Safnio-, *Sabnio- in Lateinischer Mundart Samnio- ward. Dass die Lateinische Namensform der Stadt

Stabiae

durch Verschiebung des f zu b aus Osk. *Stafia oder *Stafiai hervorging, zeigt die Adjectivform Stafia-na-m in einer Oskischen Inschrift von Pompeji (*Kirchhof, Allgem. Monatsschr.* 1852, S. 689 f.). Wenn derselbe Fluss Farfarus (*Ovid. Metam.* XIV, 330) und

Fabaris

(*Verg. Aen.* VII, 715) genannt wird, so ist jenes die einheimische Form des Sabinischen Dialektes, dieses die durch Abschwächung von Inlautendem f zu h und Ausfall des r vor b (*Verf. Krit. Beitr.* S. 205, 395) latinisierte Form. Neben den Lateinischen Namen

Tibur, Tiberis, Tiberius, Tiberinus

steht der Name der Umbrischen Stadt Tif-er-nu-m, der Frentanischen Tif-er-nu-m, eines Flusses Tif-er-nu-s, eines Berges Tif-er-nu-s und des Campanischen Berges Tif-a-ta. Es ist klar, dass Tib-er- und Tib-ur- in jenen und Tif-er- in diesen Wortformen derselbe Wortstamm ist, dass tif- die gemeinsame Italische Wurzelform ist, die sich in jenen Lateinischen Namen durch Schwächung des Inlautenden f zu b zu tib- gestaltete. Nun bedeutet

teba

im Aeolischen, Altlateinischen und provinzialen Lateinisch der Sabiner zu Varro's Zeit collis (*Varr. R. R.* III, 1: Nam lingua prisca et in Graecia Aeoleis Boeotii sine afflatu vocant colles tebas et in Sabinis, quo e Graecia venerunt Pelasgi, etiam nunc ita dicunt; cuius vestigium in agro Sabino via Salaria non longe a Reate milliarius clivus appellatur Tebae. Vergleicht man dieses teb-a mit dem Bergnamen Tif-a-ta, der eigentlich die Participialform eines Oskischen denominativen Verbum *tif-a-um ist *Verf. Z. f. vgl. Spr.* V, 98 , so muss man schliessen, dass tif-a- dem Lateinischen teb-a entspricht und im Oskischen „Berg, Hügel" oder „hohes Ding" bedeutete, daher Tif-a-ta ein „erhöhter" oder emporragender Berg, und dass auch die Stämme Tif-er-, Tib-er-, Tib-ur- Stämme derselben Wurzel sind, die sich von Osk. tif-a-, Lat. teb-a nur durch ihr Suffix -er, -ur unterscheiden. Ist das richtig, so bedeutet Tif-er-nu-m und Tib-ur „Bergstadt", Tib-er-i-s, Tif-er-nu-s „Bergstrom." Wie nun in diesen Namensformen, wo f und b neben einander erscheinen, Lateinisches b aus Italischem f abgeschwächt ist, so folgt nach dem Gesagten, dass derselbe Lautwechsel stattgefunden hat überall, wo im Inlaut derselben Italischen Wörter b und f neben einander stehen, sei es in demselben, sei es in verschiedenen Dialekten. So ist b aus dem f der Wurzelform fu-, ursprünglich bbu- entstanden in den Verbalsuffixen

-bam, -bo

des Imperfectum und Futurum; das zeigen die Oskische Form fu-fans, 3te Pers. Plur. Imperf. von Wz. fu- (*Verf. Z. f. vgl. Spr.* XIII, 164) und die Umbrischen ambr-e-fus = amb-i-verit, a-tera-fust, au-dirsa-fust = in-dide-rit (*A. K. Umbr. Sprd.* I, 146. 84.). So ist inlautendes f zu b gesunken in den Nominalsuffixen

-bro, -bra, -bri, -ber

neben der Suffixform -fro in dem Stadtnamen Vena-fru-m (*Verf. Krit. Beitr.* S. 354); desgleichen in den Suffixen

-bulo, -bula

von sta-bulu-m, ta-bula u. a. neben Umbr. -flo, -fla in sta-fli, sta-fl-are, ta-fla (*A. K. a. O.* I, 182. *Verf. a. O.* 362 und in

-bli

neben Umbr. -fele in face-fele, purti-fele (*A. K. a. O. Verf. a. O.* 366); ebenso in dem Suffix

-bi

der Pronominaldative ti-bi, si-bi neben -fe, -fei, -f in Umbr.

te-fe, Osk. si-fei und in den Ortsadverbien i-bi, u-bi u. a. neben Umbr. i-fe, tra-f, Osk. pu-f, stati-f, Sabell. ca-f-e (*A. K. a. O.* I, 352. *Verf. Z. f. vgl. Spr.* IX, 149. *Krit. Beitr.* S. 203.). Desgleichen ist Lateinisches b im Inlaut aus Italischem f abgeschwächt, nicht unmittelbar aus der Media-Aspirata bh, wo diese Laute in gleichen Wörtern zur Wurzel oder zum Stamme des Wortes gehören, wie in albus, Albius, tribus, probe, improbe neben Umbr. alfer, Osk. Alfius, Umbr. trifo, prufe, Osk. amprufid, wie in der Präposition ambi-, Griech. ἀμφί, von amb-iunt u. a. neben Osk. amf-r-et = amb-iunt (*Verf. Ausspr.* I, 65). also auch in ambo; in ruber neben Lat. rufus, Umbr. rofu, rufru (*Verf. Krit. Beitr.* S. 198), uber neben Ufens, Oufens, Aufidus (*a. O.* 199 f.); in liber, libertus, Liber, loebesum, loebertatem, Lebasius neben Osk. loufreis, loufri-konoss, Faliskisch loferta (*a. O.* 201) in scribere neben Osk. scriftas, Umbr. screhto (*s. oben* S. 194). Da dem Lateinischen f ferner in den entsprechenden Griechischen Wörtern anlautend und inlautend φ zur Seite steht (*Verf. Ausspr.* I, 63 f.), so ist man auch, wenn inlautendes Lateinisches b inlautendem Griechischem φ entspricht, anzunehmen berechtigt, dass auch dieses b nicht in voritalischer Zeit unmittelbar aus der Media-Aspirata bh, sondern zunächst aus Italischem f entstanden ist; so in nimbus, nubes, nubilus, nebula, verglichen mit Griech. νέφος, νιφάλη, Sanskr. nabhas (*Curt. Gr. Et. n.* 402. 2. A.², in umbo, umbilicus neben Griech. ὀμφαλός, Sanskr. nabbis, nabhilas (*a. O. n.* 403). In labor neben Griech. ἤλφον, ἀλφάνω, Sanskr. Wz. rabh- (*a.O.n.*398), in orbus neben Orfitus Griech. ὀρφανός, Abd. arbja (*a. O. n.* 404) und in sorbeo neben Griech. ῥοφέω *a. O. n.* 406), wie sich das für Latein. ambi-, ambo neben Griech. ἀμφί, ἄμφω, Sanskr. abhi, ubhau (*a. O. n.* 400. 401) aus dem Oskischen amf-r-et = amb-iunt ergiebt, und für Lat. albus, Griech. ἀλφός aus der Namensform Alfius neben Albius und Umbr. alfer (*a. O. n.* 399). Hingegen spricht bei imber neben Sanskr. abhram, das β des Griechischen ὄμβρος (*a. O. n.* 485) dafür, dass hier schon in voritalischer Zeit ursprüngliches bh zu b sank und so in das Lateinische übergegangen ist; obwohl auch hier die Möglichkeit bleibt, dass bh erst die Mittelstufe f durchmachte, ehe es zu b ward. Dass in den Lateinischen Wörtern, wo inlautendes b aus ursprünglichem dh entstanden ist, in robur, uber, ruber, barba, urbs, verbena (*Verf. Krit. Beitr. S.* 200 *f.*), die dentale Aspirata erst zum labiodentalen Hauchlaut f umschlug und dann dieser zu h abgeschwächt wurde, zeigen die erwähnten Formen Ufens, Oufens, Aufidus neben uber, Umbr. rofu, rufru neben ruber.

Die vierte Behauptung Crain's, inlautendes f könne im Lateinischen sich nicht zu h verflüchtigen (*a. O.* 10), verliert allen Boden, nachdem die Unhaltbarkeit der drei bisher besprochenen nachgewiesen ist, auf die sie allein gebaut war. Die im Sanskritalphabet durch je einen Buchstaben als Lauteinheiten bezeichneten Media-Aspiraten bh, dh, gh büssten im Sanskrit wie in den verwandten Sprachen häufig ihren labialen, dentalen oder gutturalen Bestandtheil ein und verflüchtigten sich zum blossen Hauchlaut. Also kann die Lauteinheit des f nicht, wie Crain vorgiebt (*a. O. S.* 8), ein Grund sein, weshalb nicht auch dieser Laut mit Einbusse seines labialen Bestandtheiles sich ebenfalls zu h verflüchtigen sollte. Im Gegentheil, da sich Lat. f von Sanskr. bh hauptsächlich durch das stärkere Hervortreten des Hauches gegen das labiale Element unterscheidet, so war der Uebergang des f in h noch leichter als von Sanskr. bh, dh, gh in h.

Wenn sich nun neben Sanskr. gh oder dh in den entsprechenden Lateinischen Wortformen f und h findet, so folgt daraus nicht nothwendig, dass dieses h jedesmal aus f entstanden sei; die Media-Aspiraten gh und dh können sich lautlich verzweigt haben und einerseits zu f umgeschlagen sein, andrerseits sich zu h verflüchtigt haben (*Verf. Krit. Beitr. S.* 164). Wenn sich hingegen in Wörtern gleichen Ursprungs neben einander Sanskr. bh, Italisch f und h finden, so ist doch die natürliche Stufenfolge des Lautüberganges die, dass bh erst in den Laut f überging, indem der Hauch stärker hervortrat, dann in den Laut h, wo er allein übrig geblieben ist, erst in den ähnlicheren, dann in den unähnlicheren Laut. Dieser stufenweise Lautübergang liegt vor von Sanskr. Wz. bhar- zu ferre, fordus, fordicalis, Fordicidia und weiter zu hordus, hordicalis, Hordicidia (*Varr. L. L.* II, 5, 6. *Fest.* p. 102, *M. Verf. Ausspr.* I, 49. *Krit. Beitr. S.* 99). Oder soll etwa das ursprüngliche bh hier zu gleicher Zeit in den ihm ähnlicheren Laut f und mit

Ueberspringung desselben in den ihm unähnlicheren h übergegangen sein? Das wird kein Unbefangener behaupten wollen. Von fanum wird die Form des Diminutivum hanulum angeführt (*Fest. p.* 103. *Verf. Ausspr.* I, 48. 66), also ist dessen h sicher aus f abgeschwächt, nicht aus dem ursprünglichen bh- der Wurzel bha-. Auf Italischem Boden in Italischem Munde sind die Namen Falerii, Falisci, Falesas entstanden und die Nebenform des letzteren Halesus (*Serr. Verg. Aen.* VII, 693. *Verf. a. O.* I, 48. *Krit. Beitr. S.* 473), also ist das h dieser Form aus dem einheimischen Italischen f jener Namen verflüchtigt, nicht aus Sanskritischem bh. Nun vergleiche man

mi-hei, mi-hi, Umbr. me-he

mit Umbr. te-fe, Osk. si-fei, Lat. ti-be, ti-bei, ti-bi, si-he, si-hi, si-bei, (*Verf. Ausspr.* I, 226), Griech. τε-ίν, ἐμ-ίν, αὐτό-φι, ἐκριό-φι, ἠ-φι, βίη-φι, Sanskr. ma-hjam, tu-bhjam, Ved. ma-bja, tu-bhja, Zend. mai-bjå, mai-bjå (*Benfey, Vollst. Gram. d. Sanskr. S.* 58. 331. *Bopp, vgl. Gram.* I, 420—423. 2. *A. Weber, Ind. Stud.* I, 307). Ursprüngliches bh der Suffixform -bhjam erscheint also schon im Zend zu b gestaltet in -bjo und -bjas neben Sanskr. -bhjas (*Bopp, a. O.* 423) und in -bis neben Sanskr. -bhis (*a. O.* 429); auch das Armenische hat das anlautende bh der letzteren Suffixform schon zu b gestaltet (*a. O.* 430). Andrerseits ist schon in Sanskr. ma-hjam bh zu h verflüchtigt. Wenn keine der verwandten Sprachen in den vorstehenden Suffixen das anlautende bh gewahrt hat ausser dem Sanskrit, so erhellt, wie willkührlich und grundlos auch hier die Annahme wäre, dass die Suffixe -bhjam und -bhjas noch auf dem Boden der Italischen Sprache ihr ursprüngliches bh gewahrt hätten, ehe sich dieselbe in ihre Dialekte spaltete. Wie soll man sich nun die Verflüchtigung des bh zu h im Sanskrit denken? Das war doch nicht eine plötzliche Umwandelung mit einem Schlage, so dass etwa gestern noch *ma-bhjam gesprochen, und dann diese Form über Nacht in ma-hjam übergeschnappt wäre. Jener Lautwechsel geschah vielmehr allmählich, indem der Hauchlaut der Media-Aspirata bh mehr hervortrat und das labiale Element derselben schwächer wurde. Es muss einmal ein Mittellaut zwischen bh und b gesprochen worden sein mit starkem Hauchlaut und schwachem Lippenlaut. Das ist freilich nicht das Italische f gewesen, aber jedenfalls ein Laut, der demselben sehr ähnlich war, ähnlicher als bh.

Die Griechische Sprache, die sonst an Stelle der ihr wie den verwandten Sprachen entfremdeten Media-Aspirata bh meist φ, seltener β aufweist, zeigt für das Suffix Sanskrit -bhjam die oben angeführten Formen -φιν und -ιν. Dass ἐ-μ-ίν und τε-ίν zunächst aus *ἐ-με-ίν, *τε-ίν entstanden sind, lehrt die Vergleichung mit Lat. mi-hi, Umbr. me-he, Sanskr. ma-hjam, ma-hja. Auch der blosse Hauchlaut jener Griechischen Formen, der dann im Inlaut zwischen Vokalen ganz schwand, kann nicht mit einem Schlage aus ursprünglichem, dem Griechischen verloren gegangenen bh umgelautet sein. Es muss auch hier zwischen beiden einmal ein Mittellaut mit starkem Hauche und schwachem Lippenlaut gesprochen worden sein, der dem Lateinischen f ähnlich war, aber im Griechischen nur ein vorübergehendes Dasein hatte. Selbst wer sich der Einbildung hingeben wollte, die alten Inder und Griechen hätten bis zu einem bestimmten Augenblicke genau bh gesprochen und im nächsten ebenso genau ein reines h, den muss doch die Vergleichung der hier in Rede stehenden Lateinischen und Italischen Formen von derselben zurück bringen.

Da das Suffix Sanskr. -bhjam auf Italischem Sprachboden im Umbrischen zu -fem in vape-fem (*Verf. Z. f. vgl. Spr.* V, 134) zu -fe und zu -he, im Oskischen und Sabellischen zu -fel und -f, im Lateinischen zu -he, -hei, -bi und zu -hei, -hi gestaltet ist, so muss man nothwendig das h in Umbr. me-he, Lat. mi-hi zunächst aus dem ihm näher stehenden Italischen Laut f herleiten, nicht mit Ueberspringung desselben aus der ihm lautlich ferner liegenden, nur in der Sanskritform des in Rede stehenden Suffixes erhaltenen Media-Aspirata bh. Diese kann garnicht zu Italischem b geworden sein ausser durch den Mittellaut f oder einen ihm ganz ähnlich klingenden, stark gehauchten labialen Uebergangslaut. Auf Italischem Sprachboden hat sich der Uebergangslaut f dauernd im Volksmunde festgesetzt, ist daher auch in der Schrift durch die Zeichen 8, ⋀ oder F fixiert worden, was im Griechischen und Sanskrit nicht der Fall gewesen ist. Also Lat. mi-hi, Umbr. me-he sind zunächst aus *mi-fi, *me-fe entstanden so sicher wie hordus, hordicalis, Hordicidia aus fordus, fordicalis, Fordicidia, wie Halesus aus Fale-

aus. Auch Bopp hat sich neuerdings für diese Ansicht ausgesprochen, dass die Suffixform -hi in mi-hi nicht aus dem Asiatischen Stammsitze der Indogermanen mitgebracht, sondern auf Italischem Sprachboden aus -fi geworden sei (*Vergl. Gram.* I, 421. 2. *A.*); das heisst also, dass das ursprüngliche Suffix -bhjam auf Italischem Boden zunächst zu -fiem ward, dann weiter zu -fem, -fim, -fe, -fi und von diesen Formen einerseits zu -he, -bi, andrerseits zu -hi, -bi (*vgl. Verf. Z. f. vgl. Spr.* V, 133 *f.*).

Wie nun mī nach Ausfall des h durch Vokalverschmelzung aus mi-hi, dieses aber aus *mi-fi entstanden ist, so kann jedenfalls

imus

aus *ihi-mu-s für *ifi-mu-s, der nicht nasalierten Form von infi-mu-s, Sanskr. adha-ma-s, der ife-ro-s neben inferu-s entspricht (*s. oben S.* 192. 195.), hervorgegangen sein. Crain bestreitet auch das auf Grund seiner dargelegten unhaltbaren Argumentation. Nach ihm ist *ifi-mu-s erst zu infi-mu-s nasaliert, dann angeblich durch die Mittelstufen *inf-mu-s, *im-mu-s, *im-mu-s zu i-mu-s geworden (*a. O.* S. 11). I-mu-s, das niemals anders als mit einem m geschrieben wird, soll in Schrift und Laut jede Spur der Lautverbindung nfi eingebüsst haben; erst soll die Wortform durch Eintritt eines Nasals verstärkt, dann wieder mittelst eines Vokalausfalls, der die Consonanten nfm zusammenprallen liess, durch Ausstossung des Nasals sammt dem folgenden f verstümmelt worden sein. Für diesen Hergang hat Crain aus der Bildungsgeschichte Lateinischer Wörter natürlich keine Analogie beibringen können. Statt dessen erklärt er nach der von Vossius herrührenden Ansicht die Gegensatzpartikel

immo

für gleichen Ursprungs mit imus, wie auch ich früher gethan habe (*Ausspr.* II, 120). Sowohl die Schreibung von immo mit doppeltem m als die von imus ganz verschiedene Bedeutung weisen indess darauf hin, dass beide Wörter von einander zu trennen sind. Im-mo erklärt sich einfach aus *in-mo, eine Adjectivbildung von der Präposition in mit dem Suffix -mo, wie sum-mu-s von sub, de-mu-m von de (*Verf. Krit. Beitr.* S. 251), pri-mu-s von pri, Nebenform von prae, Oskisch pos-mu-m von pos-, pos-t-, pos-ti- (*a. O.* 433). Wie sum-mu-s der „oberste, höchste", de-mu-m" „zu unterst", daher „zuletzt", pri-mu-s „der vorderste", daher „der erste", pos-mu-m „zu hinterst, zuletzt", so bedeutet im-mo für "in-mo" im Innersten, am Innersten". Wie per-quam eigentlich „hindurch in irgend einer Weise", daher „durch und durch, sehr" bedeutet, per-magnu-s „durch und durch gross", daher „sehr gross", wie pen-itus von penn- „Speisekammer", ursprünglich „in der Speisekammer befindlich", dann „im Innern des Hauses", verallgemeinert „im Innern befindlich, innerlich", und daher „durch und durch, ganz und gar, gänzlich", so ist auch im-mo von seiner Grundbedeutung „im Innersten" zu dem Sinne „durch und durch, ganz und gar" gelangt. Wenn in den Wörterbüchern ganz entgegengesetzte Bedeutungen für im-mo angegeben werden, wie „ja wohl, o nein, nein, vielmehr", so liegen die natürlich nicht in dem Wort an sich, sondern sind lediglich bedingt durch den Wortzusammenhang, in dem dieses Adverbium an verschiedenen Stellen erscheint. Im-mo ist immer ein bekräftigendes, bestärkendes Adverbium. Bekräftigt es den vorhergehenden Satz, so übersetzen wir es „ja wohl, ganz entschieden", zum Beispiel *Plaut. Cist.* II, 3, 22: An, amabo, meretrix illa est, quae illam sustulit? — Immo meretrix fuit. *Autul.* IV, 10, 34: Negas? — Pernego immo. Bekräftigt es hingegen den folgenden Satz, der seinem Gedankengehalte nach im Gegensatz zu dem vorhergehenden steht, dann verneint, beschränkt oder berichtigt es diesen, indem es jenen bejaht und bekräftigt und wird durch „nein wahrlich, nein im Gegentheil, nein vielmehr" wiedergegeben; so *Terent. Phorm.* III, 2, 43: Siccine hunc decipis? — Immo enimvero, Antipho, hic me decipit. *Petron. Sat.* 16: Nec accusat errorem vestrum, immo potius miratur. Bei der vorstehenden Erklärung von im-mo erledigt sich auch leicht, weshalb dasselbe bei Plautus mit vorletzter kurzer Silbe gemessen erscheint (*Verf. Ausspr.* II, 120). Crain wagt hier zu behaupten immo sei an den betreffenden Stellen einsilbig gemessen worden; das o desselben sei in der Aussprache des Volkes ganz verklungen, das heisst gar nicht ausgesprochen worden (a. O. 11). Also während in der Schrift der auslautende Vokal o des Wortes stets geschrieben wird, während dieser Vokal bei allen Dichtern der Augusteischen und der späteren Zeit stets lang gemessen erscheint, soll er bei Plautus nicht bloss verkürzt, er soll sogar in der Aussprache völlig verschwunden, das heisst also in der Sprache erst gestorben und später von den Todten wieder auferstanden sein. Es ist dies eine von den willkührlichen und irrigen Behauptungen, mit denen jener Gelehrte meine Ansichten über die irrationalen oder stummen Vokale der Lateinischen Sprache über den Haufen zu werfen meint. Hier ist noch nicht der Ort, um auf diese näher einzugehen. Nach meiner Erklärung von im-mo aus in-mo ist die erste Silbe des Wortes, das heisst die Präposition in vor folgendem Consonanten, bei Plautus kurz gemessen, wie in in-tus, in-ter-im, in-ter-est, in-ter-pellatio und wie die einfache Präposition in, wenn das folgende Wort mit einem Consonanten anlautete (*Verf. Ausspr.* II, 88 *f.*). Der Laut des n von in war zu schwach, um zusammen mit dem folgenden Consonanten Positionslänge zu bewirken, das heisst um in der Aussprache zusammen mit dem vorherigen kurzen Vokal i und dem folgenden Consonanten die Dauer einer metrischen Zeitwelle oder More ausfüllen zu können.

Ich glaube durch die vorstehende Beweisführung folgende vier Sätze Crain's widerlegt zu haben: 1) Die Media-Aspirata b h sei im Inlaut Lateinischer Wörter nicht zu f geworden; 2) der Laut f sei erst entstanden, nachdem sich die Italische Muttersprache in Dialekte gesondert habe, vorher sei die ursprüngliche Media-Aspirata in derselben heimisch gewesen; 3) f sei im Lateinischen nicht zu b geworden; 4) f habe sich nicht zu h verflüchtigt. Im graden Gegensatze zu diesen Behauptungen lauten die Sätze, die vor Crain unter den Sachkundigen als feststehend galten, die ich hier von neuem sicher gestellt zu haben glaube:

1) Die ursprüngliche Media-Aspirata bh ist im Inlaut wie im Anlaut Lateinischer Wörter zu f geworden.

2) Der Laut f war Gemeingut derjenigen Italischen Muttersprache, aus der sich der Lateinische, Faliskische, Oskische, Sabellische, Umbrische und Volskische Dialekt entwickelt und verzweigt haben, welche die ursprüngliche Media-Aspirata bh nicht mehr gekannt hat.

3) F, keine blosse Spirans, sondern eine labiale Aspirata mit starkem Hauch, ist im Inlaut Lateinischer Wörter in der Regel zu b geworden, selten er-

halten geblieben, während der Oskische und Umbrische Dialekt das inlautende f in der Regel wahrte.

4) F wurde vermöge seines starken Hauches leicht zu h verflüchtigt, sowohl im Inlaut wie im Anlaut Italischer Wörter.

Es ist natürlich, dass auf jenen unrichtigen Behauptungen fussend Crain zu unhaltbaren Folgerungen und falschen Ergebnissen gelangen musste. So irrt er in Betreff des Perfectsuffixes

-vi,

von dem er sagt (a. a. S. 9): Endlich das Perfectum amavi ist für mich im Lateinischen durch die Mittelstufe amahvi (nicht aber amahvi aus amafui) aus Italischem amahbri entstanden, so dass also hier ein v ein b zerstört hat. Es ist wenigstens vorsichtig, dass bei dieser Behauptung hinzugesetzt ist „für mich"; denn für andere kann dieses persönliche Belieben nach Lateinischen Lautgesetzen niemals zu einer thatsächlichen Wahrheit werden. Zunächst ist es nach diesen Lautgesetzen unmöglich, dass das u der Wurzel Sanskr. bhu- Lat. fu- nach vorhergehendem bh oder h zu v werden konnte, dass aus *ama-bui jenes angebliche *ama-bvi werden konnte. Im Lateinischen verhärtet sich niemals inlautendes u nach Consonanten zu v; im Gegentheil lulautendes v erweicht sich nach Consonanten zu u. So ist das Suffix -vo zu -uo gestaltet in vac-uu-s, ambig-uu-s, fat-uu-s, Palat-ua, ard-uu-s, Cap-ua neben Oskisch Kapv[a] (*Mumms. Unt. Dial. S.* 200. 268) und Kapva[ns] (*a. O. Taf.* VIII, 14. S. 177), stren-uu-s, Febr-uu-s. Von einer Form *ama-bui würde sich entweder das u unversehrt erhalten haben, wie in tribui, imbui, habui, cubui, oder es würde ganz geschwunden sein, wie in der Futurendung -bo und in der Imperfectendung -bam. Schon hiermit ist Craiu's obige Behauptung widerlegt. Weiter weiss er nun aber auch nicht ein einziges stichhaltiges Beispiel beizubringen, wo b im Inlaut Lateinischer Wörter entweder zwischen Vokalen oder zwischen Vokalen und folgendem v oder j ausgefallen wäre, und er verwirft diese Ausnahme selbst, wo sie von anderen willkührlich hingestellt worden ist (*a. O.* 12. 13). Wer sich nicht vorgenommen hat, den leichtesten Lautübergang, den man sich denken kann, den von dem stark gehauchten f in den Hauchlaut h trotz der vorliegenden unverkennbaren Thatsachen in Abrede zu stellen, für den kann der lautliche Hergang bei Entstehung der Perfectform ama-vi aus *ama-fui nicht zweifelhaft sein. Man vergleiche folgende Italische Perfectformen:

Umbr. ampr-e-fu-s	Umbr. i-u-st		Lat. i-v-erit
ambr-e-fu-rent			amb-i-v-erit
a-teŗa-fu-st	port-u-st		porta-v-erit
an-dirsa-fu-st	hab-u-s		hab-u-erit
pihª-f-i	Osk. bip-u-st		pla-v-i
Osk. aikda-f-ed	pru-hip-u-st		pro-hib-u-erit
aamana-ff-ed			

(*A. K. Umbr. Sprd.* I, 144—146. *Mo. Unterit. Dial. S.* 246. *Verf. Z. f. vgl. Spr.* XI, 335). In den vorstehenden Verbalformen zeigt die Wurzel bhu-, Lat. fu-, in den Umbrischen Formen des Perfectum und der von diesen abgeleiteten Formen die Gestalten fu-, f- und u-, in den Oskischen die Gestalten f- und u-, im Lateinischen die Gestaltungen u- und v-. Ein Theil jener Verbalformen also behielt die volle Wurzelgestalt fu-, ein anderer wahrte das f, büsste aber das u ein, ein dritter liess das f fallen, behielt aber das u, v. Dass auch im Umbrischen und den ihm zunächst verwandten Dialekten f zu h werden konnte, zeigt Umbr. me-he neben te-fe, das, wie oben nachgewiesen ist, mit Lat. mi-hei, mi-hi, nur aus *me-fe, *me-fi entstanden sein kann, und das Umbr. screihtor neben Osk. scriftas, Lat. scriptus, scribere (s. oben S. 203). Ebenso ist nun in allen Umbrischen Verbalformen, in denen die Wz. fu- zu u verstümmelt erscheint, das stark gehauchte f durch Schwinden des labialen Lautbestandtheils zum blossen Hauchlaut h geworden, und dann dieser wie auch sonst im Umbrischen und Oskischen geschwunden. Im Lateinischen ist demnach ebenso die Perfectform -fui durch die Mittelstufe -hui zu -ui geworden wie aus *mi-fi: mi-hi und mī, aus *ifi-mu-s: *ihi-mu-s und ī-mu-s. Ging der Perfectendung -ui ein Vokal vorher, so verhärtete sich u zwischen zwei Vokalen zu v, wie in fov-erint, fuv-imus u. a., bov-is, Jov-is, per-plov-ere, nav-is u. a.

14*

— 212 —

Im Umbrischen lautet die Endung des Dat. Abl. Plur. von Consonantischen Stämmen -us, zum Beispiel in fratr-us = fratr-ibus, homon-us = homin-ibus, welche Endung die Erklärer der Umbrischen Sprachdenkmäler von dem Sanskr. Suffix -bhjas ableiten (*A. K. Umbr. Sprd.* I, 128). Vokalische Stämme zeigen die Endung des Dat. Abl. Plur.

-es, -eis, -is,

nach demselben Gelehrten entstanden aus der Verschmelzung der Suffixform -is, dem Rest von Sanskr. -bhis mit dem auslautenden Stammvokal (*a. O.* 114. 119. 123). Hier stimmt Crain (*a. O.* p. 11), um nur nicht den unläugbaren Uebergang eines Umbrischen f in h anzuerkennen, der von Schleicher zweifelnd ausgesprochenen Ansicht bei, die Umbrische Endung des Dat. Abl. Plur. -us sei aus *-ufos durch die Mittelstufen *-ufs, -uss entstanden (*Compend. d. vergl. Gram.* II, 477). Dafür wird die Oskische Form des Dat. Abl. Plur. auf -ss als Beweis angeführt. Für diese giebt es das einzige Beispiel anafr-iss von einem consonantischen oder J-stamme, dessen Deutung übrigens noch nicht sicher gestellt ist (*Mo. Unterit. Dial. S.* 233. *Aufrecht, Z. f. vgl. Spr.* II, 286). Diese Oskische Endung -iss soll nach Crain entstanden sein aus *-ifos durch die Mittelstufe *-ifs (*a. O.*). Nun steht aber neben anafr-iss die Form des Abl. Plur. lig-is = leg-ibus (*Kirchh. Stadtr. v. Bant. S.* 36. *Z. f. vgl. Spr.* III, 217). Da nun die Oskischen Sprachdenkmäler nicht selten doppelte Consonanten geschrieben zeigen, wo einfache stehen müssten, so kann auch anafr-iss eine solche unetymologische Schreibweise sein, den Accusativformen wie teremni-ss nachgebildet, deren -ss aus -ns hervorgegangen ist. Jedenfalls hat die Oskische Endung des Dat. Abl. Plur. -iss keine beweisende Kraft für die Umbrische -us. Durch den Vokal u derselben wird man doch natürlich darauf geführt, dass das Umbrische -us von fratr-us nichts anderes sei als der Ausgang -us des Lateinischen Suffixes -bus in fratr-i-bus. Da nun durch die Umbrischen Formen mehe und screhtor der Uebergang des aus bh entstandenen Umbrischen f in h ausser Frage gestellt ist, und das Schwinden des so entstandenen h in den Umbrischen Verbalformen wie i-u-st = i-v-erit neben ambr-e-fu-s = amb-i-v-erit vorliegt, so kann ich natürlich nur bei meiner früher gegebenen Erklärung verharren, dass die Umbrische En-

dung des Dat. Abl. Plur. -us aus -fus für Sanskr. -bhjas durch
die Mittelstufe -hus entstanden ist, dass also aus einem Italischen
*fratr-e-fos, *fratr-i-fus sowohl Lat. fratr-i-bus als Umbr.
fratr-us, aus Ital. *homon-e-fos, *homon-i-fus sowohl
Lat. homin-i-bus als Umbr. homon-us hervorgegangen ist.

Auch die Italischen Endungen des Dat. Abl. Plur. von A-
und O-stämmen bespricht Crain (a. O. p. 11 f.), nämlich

Osk. -ais   Umbr. -es, -er   Lat. -eis, -is
     -ois   -es, -is, -er   -oes, -eis, -is.

Es ist noch eine streitige Frage, ob diese auf das Suffix Sanskr.
-bhjas zurückzuführen sind (Bopp. Vergl. Gram. 1, 484. 2. A.
Pott, E. F. II, 638. 639 f. Schleicher, Comp. d. vergl. Gram.
II, 476. A. K. Umbr. Sprd. I, 114. 119. 123) oder mit den
Griechischen Endungen des Dat. Plur. von A- und O-stämmen
auf das Sanskr. Locativsuffix -su (Meyer, Gedr. Vergl. d. Griech.
u. Lat. Deklin. S. 97 f. Grassmann, Z. f. vgl. Spr. XII, 262 f.
264 f; vergl. Gerland, a. a. O. IX, 36 f.). Crain verwirft
Schleicher's Erklärung, nach der die Endungsformen des Dat.
Abl. Plur. -eis, -is von A-stämmen aus der Form -ahjos, die
Endungsformen -oes, -eis, -is von O-stämmen aus -objos
entstanden sein sollen, indem er richtig geltend macht, dass der
Ausfall eines Inlautenden b vor j im Lateinischen ohne Beispiel
sei. Damit ist indessen die Herleitung jener Suffixe von den
Grundformen -âbhjas und -abhjas keineswegs beseitigt. Wenn
Crain nach dem Vorgange von Meyer und Grassmann dieselben
auf das Locativsuffix Sanskr. -su zurückführt, so hat er das i, e
vor s in ihnen nicht genügend erklärt. In Osk. -ais, -ois,
Lat. -oes, -eis, -is soll sich zwischen das auslautende a oder
o des Wortstammes und das anlautende s des Suffixes „später
noch ein verbindendes i eingestellt" haben (a. O. 13). Das ist
aber keine Erklärung. Wo stellt sich denn sonst im Lateinischen
später ein solches völlig überflüssiges angeblich verbindendes i
zwischen den auslautenden Vokal des Wortstammes und den consonantischen Anlaut des Suffixes ein? Hatten etwa a und s, o und
s eine Abneigung gegen einander, so dass sie noch eines binden-
den Mittelgliedes bedurften? Hafteten sie nicht an einander ohne
Vermittelung eines besonderen vokalischen Leimes? Meyer und
Grassmann verhehlten sich nicht, dass selbst die Herleitung der

Griechischen Endung -σι des Dat. Plur. von dem Sanskr. Locativsuffix -su, das entweder aus ursprünglichem -sva (*Meyer, a. O. Schleicher, a. O.* 465) oder aus -svam (*Grassm., a. O.* 264) entstanden ist, nicht ohne lautliche Bedenken ist, insbesondere die Homerischen Suffixformen -εσσι und -εσι dadurch keineswegs genügend und sicher erklärt sind. In einer aus vier Columnen bestehenden Grabschrift des Museo Borbonico liest man: Q. Veturius Q. L. Felix sibi et susu *I. R. Neap. Mo. n.* 6827). Die noch zweimal in derselben Inschrift wiederkehrende Formel sibi et suis beweist, dass jenes su-su: su-is bedeutet. Ist dasselbe kein Schreibfehler, so liegt in dem -su der Wortform das Sanskr. Suffix -su des Locativ Pluralis vor. So vereinzelt aber, wie diese Form su-su dastehen würde, wage ich sie nicht als gesichert anzusehen. Wie dem aber auch sein mag, dass die Lateinischen Endungen des Dat. Abl. Plur. der A- und O-stämme desselben Ursprungs sein müssten wie die Griechischen Dativformen des Pluralis der entsprechenden Stämme, kann niemand von vorn herein behaupten, der nicht an die prästabilierte Harmonie der Lateinischen und Griechischen Sprache glaubt. Thatsache ist, dass im Lateinischen auch A- und O-stämme den Dat. Abl. Plur. auf -a-bus, -i-bus bildeten, wie die entsprechenden Griechischen -α-ισι, -α-ις, -ο-ισι, -ο-ις zeigen. So finden sich von A-stämmen gebildet filia-bus (*Cat.*) neben fili-is (*Enn. Plaut.*), dextra-bus (*Laber. Odiss. Non. p.* 336. G.), liberta-bus (*C. I. Lat. Ma* I, *n.* 1024. 1059. 1063. 1253. *I. R. Neapol. No. n.* 3543. 6827. Orell. *n.* 4602. *Bullet. d. I. archeol.* 1861, p. 21. *a. O.* 1862, p. 8. 10. 53. 1864, p. 154. 1865, p. 151), diva-bus (*t. Auxim. Vossius, Aristarch* IV, 4, S. 555. *ed. Foertsch*), ca-bus (*Cat. R. R.* 152) neben e-is, i-is, dea-bus (*Cic. Ackner u. Müller*, Röm. Inschr. v. *Dacien*, n. 84. 316. 394. 451. 651. *Renier, I. Rom. de l'Alger. n.* 3604) neben di-is (*Varr.*), gnatabus (*Ovid.*), nata-bus neben nat-is (*Ovid*), libera-bus (*Bullet. d. I. archeol.* 1864, *p.* 98) und später equa-bus neben equ-is (*Varr.*), asina-bus neben asin-is, mula-bus, puella-bus neben puell-is, conserva-bus, famula-bus, porta-bus, olea-bus, rapta-bus, pudica-bus, pauca-bus, (iis) Maira-bus (*Grut.* 92, 1. vgl. 92, 2), hora-bus (*Orell. n.* 4691), fata-b[us] (*a. O. Henz. n.* 5790) und die Dualformen amba-bus, dua-bus (*Priscian.* VII, 9 *sq. II. Charis.* I, *p.* 54. *K.*

Vossius, Aristarch, IV, 4. p. 554 *sq. F.*). Und von O-stämmen finden sich die Formen panul-bus (*Enn. Charis.* I. p. 54. *K. Enn. poes. rel. Vahlen*, p. 165) vom Stamme panno-, generibus (*Att. Non.* p. 487. *Ribb. Trag. Lat. rel.* p. 121) vom Stamme genero-, Dictunine-bus (*C. I. Lat. Mo.* I, n. 190, 39) vom Stamme Dictunino-; ferner spätlateinisch dil-bus (*Grut.* 2, 9), di-bus (*a. O.* 98, 5), dibus *a. O.* 24, 6. 46, 9. 618, 3. *de Rossi, I. Christ.* n. 282. u. *Chr.* 379) neben aktat. de-is *C. I. Lat. Mo.* n. 1241), di-s (*a. O.* 639), fili-bus (*Grut.* 553, 9. *Bullet. d. I. archeol.* 1862, p. 55), amici-bus (*Orell.* n. 4681), ani-bus (*I. R. Neapol. Mo.* n. 6417), maunibus, diaconibus (*Voss. Arist.* II, 6. p. 509. *F.*). Die Ueberreste der Keltischen Sprache haben neuerdings die Endungen des Dativ Plur. -a-bo, -e-bu ergeben (*Bekker, Beitr. z. vergl. Spr.* III, 418. IV, 146), die den Lateinischen -a-bus, -i-bus und den altindischen -ā-bhjas, -a-bhjas entsprechen. In den oben zusammengestellten Formen des Dat. Abl. Plur. ging also die Lateinische Sprache abweichend von der Griechischen Hand in Hand mit dem Samskrit und Keltischen. Theilte das Lateinische abweichend vom Griechischen mit dem Keltischen doch auch die Futurbildung mittelst der Wurzel Sanskr. bhu-, Lat. fu-, so dass zum Beispiel Lat. praedica-bo und Kelt. prede-bu, prede-b gleiche Futurbildungen sind (*Schleicher, Beitr. z. vergl. Spr.* I, 445). Demnach ist es sprachgeschichtlich vollständig gerechtfertigt, auch diejenige Lateinische Endung des Dat. Abl. Plur. der A- und O-stämme, deren älteste Italische Gestalt die Oskischen Formen auf -a-is und o-is bieten, auf -ā-bhjas, -a-bhjas zurückzuführen. Es ist nach dem oben geführten Beweise unzweifelhaft, dass in diesen Casusformen das ursprüngliche bh zu Italischem f werden und dieses sich zu h verflüchtigen konnte, wie dieses in Lat. mihi, Umbr. mehe, screhtor geschehen ist, endlich auch das so entstandene h schwinden konnte wie in mi für mihi und in der Perfectendung -vi, -ui durch die Mittelstufe *-hui entstanden aus -fui von Sanskr. Wz. bhu.

Aber das i jener Formen -a-is und -o-is neben dem u der Suffixform -bus bleibt noch zu rechtfertigen. Die Erklärer der Umbrischen Sprachdenkmäler haben wegen des i, e in den Umbrischen und Oskischen Formen des Dat. Abl. Plur. der A- und O-stämme -is als die Italische Grundform der Casusendung angesehen, die aus dem Suffix des Instrumentalis Sanskr. -bhis entstanden sei (*A. K. Umbr. Sprd.* I, 114. 119. 123). Bopp nimmt mit Recht Anstoss an dieser Zusammenstellung der Sanskr. Instrumentalendung -bhis mit jenen Lateinischen Dativ- und Ablativendungen und erklärt die Form -is derselben aus der Suffixform -bis in no-bis, vo-bis (*Vergl. Gramm.* I, 485. *Anm.* 2. *A.*). Das lange i dieser Form neben dem kurzen i der Instrumentalendung -bhis im Sanskrit beweist, dass dieses -bis aus ursprünglichem -bbjas entstanden ist. Bopp nimmt zwischen beiden eine Mittelstufe *-bius an, und die Verschmelzung von -ius zu -is ist ja durch magis, satis, priscus u. a. vollständig gerechtfertigt. Mir scheint es nur nicht wahrscheinlich, dass eine Form -bius, während sie in -bus das i ausgeworfen, in -bis von no-bis, vo-bis es mit u zu i verschmolzen haben sollte. Ich nehme daher eine ältere Spaltung des ursprünglichen Suffixes -bhjas auf Italischem Boden an, nämlich in -fius und -fies, wie sich Sanskr. dívas in Lat. dius und dies spaltete, daher auch diur-nu-s neben ho-dier-nu-s steht (*Verf. Krit. Beitr.* S. 504). Die Form -fies steht zu Sanskr. -bhjas in demselben lautlichen Verhältnis wie altlat. sies zu Sanskr. sjas, und -fies ward zu -fis verschmolzen wie sies zu sis. Dieses -fis wird durch die gewöhnliche Abschwächung des f in b zu dem -bis von no-bis, vo-bis, durch Verflüchtigung des f zu h zu -his und durch gänzliches Schwinden dieses Hauchlautes zu -is. So erklärt sich auch die Oskische Endung des Dat. Abl. Plur. -is des consonantischen Stammes lig- in lig-is = leg-ibus (*Kirchh. Stadtr. v. Bant.* S. 36) und des Dat. Plur. anafr-iss (*Mo. Unt. Dial.* S. 250. *Aufrecht, Z. f. vergl. Spr.* II, 286). Die Verzweigung des ursprünglichen Suffixes -bhjas auf Italischem Sprachboden lässt sich also folgendermassen veranschaulichen:

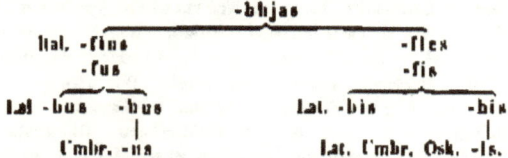

Diese Beweisführung erhält eine neue Bestätigung aus dem Sanskrit. Dort stehen Formen des Instrument. Plur. auf -a-is neben solchen auf -ā-bbis. Die masculinen und neutralen Formen datta-is und ta-is stehen neben den femininen dattā-bhis und tā-bhis. Da nun auch im Sanskrit Inlautendes bh zwischen Vokalen sich zu h verflüchtigt, wie sna b-jam zeigt, so kann man doch nicht umhin anzunehmen, dass dies auch im Inlaute der vorstehenden masculinen und neutralen Instrumentalformen geschehen und dann h geschwunden sei. Und selbst wenn jemand nach allem Gesagten und trotz der vorliegenden handgreiflichen Thatsachen die irrige Behauptung noch aufrecht halten wollte, dass f im Inlaute Lateinischer Wörter weder in h noch in h, die ihm zunächst verwandten Laute aus dem ganzen Bereiche der Sprache übergegangen sei, so würde er doch nicht in Abrede stellen können, dass bh in den besprochenen Formen des Dat. Abl. Plur. schon in voritalischer Zeit ohne die Mittelstufe f durchzumachen sich zu h verflüchtigen und dieses h dann ganz schwinden konnte; mithin selbst dann das Ergebniss der vorstehenden Untersuchung, dass das Suffix -bhjas sich im Lateinischen und den verwandten Dialekten zu -is gestaltet hat, in keiner Weise gefährdet sein.

Ich habe die Suffixformen
-im, -in, -n
von ill-im, ol-im, ist-im, utr-im-que, ill-in-c, ist-in-c, altr-in-secus, extr-in-secus, intr-in-secus, long-inquus, h-in-c, ab-h-in-c, de-h-in-c, ex-h-in-c, ex-i-n, de-i-n, pro-i-n, i-n-de, de-i-n-de, ex-i-n-de, per-i-n-de, pro-i-n-de, sub-i-n-de, u-n-de, ali-cu-n-de, u-n-quam, n-u-u-quam aus dem Sanskritsuffix -bhjam erklärt (*Z. f. vergl. Spr.* V, 119—134). Da -bhjam durch Verflüchtigung des aus bh entstandenen Italischen f zu h und gänzliches Schwinden des Hauchlautes zu -im werden konnte, grade so wie -bhjas zu -is, so ist damit alles, was Crain von lautlicher Seite dagegen vorgebracht hat (*a. O.* 4 *f.* 14 *f.*), beseitigt. Er sieht dagegen in allen jenen Adverbien Accusativformen. Zu dieser irrigen Annahme haben ihn die Adverbien auf -tim bewogen. Diese hätten ihn aber grade von derselben abhalten sollen. Sie sind ja bekanntlich Accusativformen von Substantiven, die mit dem Suffix -ti gebildet sind, wie par-ti-m gleich partem (*Verf. Krit. Beitr.* S. 280 *f.*), also von i-stämmen. Hingegen sind ollo-, illo, isto-, ho-, utro-, altro-, extro-, intro-, longo-

O-stämme. Von diesen O-stämmen sollen nun neben ihren regelmässigen Accusativformen auf -u-m, wie ollu-m, illu-m, is-tu-m u. a., nach Crains Behauptung auch noch Accusative auf -i-m gebildet sein. Woher das i dieser angeblichen Accusativformen kommt, davon sagt derselbe kein Wort. Es ist nun aber ganz unerhört, dass der labiale Vokal u vor dem auslautenden labialen Consonanten m jemals im Lateinischen zu i wurde. Schon dadurch wird Crain's Aufstellung hinfällig. Um die jenen Lateinischen Adverbien gleich gebildeten Oskischen Formen auf -im, -in, -u kümmert sich derselbe garnicht. Solche sind aber: flisu-im d. i.: in templo vom Stamme flisna-, Umbr. fesna- (*Verf. Z. f. vergl. Spr.* XI, 418 *f. Krit. Beitr.* S. 196), oin-im = una vom Stamme oino-, Lat. oino-, oeno-, uno- (*Verf. Z. f. vergl. Spr.* XI, 410), tacusi-im d. i. in ordine vom Stamme tacusi- (*a. O.* V, 119 *f.*), hort-in, d. i. in templo, vom Stamme horto-, kerrii-in, d. i. in Cereali vom Stamme kerriio- (*a. O.* 127), eisuc-e-n = ab illo (*a. O.* 125), imad-e-n = ab ima (*a. O.* 126). Soll hier etwa neben dem regelmässigen Accusativ flisna-m noch eine zweite Form flisni-m existiert haben, neben kerriio-m eine zweite kerrii-in? Wenn unläugbar diese Oskischen Locativformen auf -im, -in, -u desselben Ursprungs sind wie jene Lateinischen Ortsadverbien auf -im, -in, -n, so erhellt auch hieraus die Unrichtigkeit von Crain's Behauptung, dass die letzteren Accusativformen seien. Dazu kommt, dass die Bedeutung des Accusativs ganz und gar nicht zu der Bedeutung jener Ortsadverbien passt. Dieselben bezeichnen nämlich in keinem einzigen Falle den Ort oder die Richtung „wohin", sondern entweder den Anfangspunkt „woher" oder den Ruheort „wo". Die Richtigkeit meiner Ansicht über die Lateinischen Adverbien auf -im, -in, -n ist also durch Crains Einwände nicht gefährdet, und selbst wenn sie das wäre, so würde seine Behauptung, dieselben seien Accusativformen, aus den angeführten Gründen doch irrig sein und bleiben.

Das ursprüngliche Suffix -bhjam hat ausser den Formen Lat. -im, -in, -n, Osk. -im, -in, -n auf Italischem Sprachboden noch folgende Gestaltungen erhalten: -fem in Umbr. vapefem, -fe in Umbr. i-fe, pu-fe, te-fe, -fei, in Osk. si-fei, f- in Umbr. i-f-ont, Osk. pu-f, stati-f, Sabell. ea-f-ee

(*Verf. Z. f. vergl. Spr.* IX, 148. *Krit. Beitr.* S. 203), Volsk. **asi-f**
(*Verf. de l'oscor. ling.* p. 10), **-be**, in Umbr. **me-he, -hei,
-bi**, in Lat. **mi-bei, mi-hi, -be, -bei, -bi**, in Lat. **l-bei,
i-bi, u-he, u-bei, u-bi, ti-be, ti-bei, tibi, si-be, si-hei
si-hi** (*Verf. Z. f. vergl. Spr.* V, 121. 131. 134. IX, 148. XI,
338. *Ausspr.* I, 226 *f.* II, 148. *Krit. Beitr.* S. 203). Folgende
Uebersicht veranschaulicht also die Gestaltungen des Suffixes
-bhjam auf italischem Sprachboden

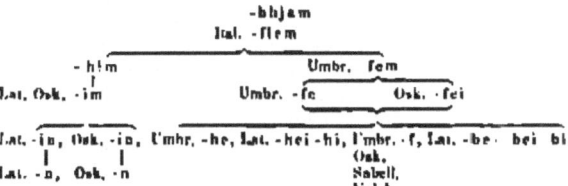

Zugeben kann ich Crain in seiner ganzen Abhandlung über
die Adverbien auf **-im, -in, -n** nur den einen Nebenpunkt, dass
in **ex-i-n, de-i-n, pro-i-n** das n wohl nicht aus dem auslautenden m von *es-i-m, *de-i-m, *pro-i-m entstanden
ist, wie ich früher annahm, da der Uebergang von auslautendem
m, wenn nicht der anlautende Consonant des folgenden Wortes
dazu einen lautlichen Anlass bot, sich erst im Spätlateinischen
findet. Ich stimme ihm also darin bei, dass von **ex-i-n-de,
de-i-n-de, pro-i-n-de** erst das auslautende e abfiel und
dann auch das so in den Auslaut getretene d schwinden musste
(*a. O.* 4 *f.*).

Es ist natürlich, dass es manche Fälle giebt, wo man zweifelhaft sein kann, ob Lateinisches f aus ursprünglichem
dh, bh oder gh hervorgegangen ist. Einige solche sollen
hier einer nochmaligen Prüfung unterzogen werden.

Fretum, fretus

habe ich mit **for-u-m, for-u-s, for-u-lu-s** von Sanskr. Wz.
dhar- festhalten abgeleitet (*Krit. Beitr.* S. 176). Walthers Vermuthung, **fre-tu-m, fre-tu-s** sei mit θάλ-ασσα und θαλ-
ε-ρό-ς verwandt und von einer Wurzel *dhar- heiss sein gebildet (*Z. f. vgl. Spr.* XII, 419), läuft wieder auf die alte Ableitung von **fer-v ere** und θέρ-ος hinaus; ich kann dagegen

nur wiederholen, dass fre-tu-m und fre-tu-s bei Prosaikern nicht „Brandung, Sturmflath", aestus, fluctus bezeichnet, sondern nur „Enge, festbegränzter Raum" (a. O.) und halte daher meine Ableitung aufrecht. Ich habe

forare

von Sanskr. Wz. dhvar- laedere abgeleitet (*Krit. Beitr.* S. 177,. Meyer bestreitet diese Erklärung, indem er auf Nhd. bohren hinweist (*Goetting. Gel. Anz.* 1864. S. 330). Da althochdeutschem pora, Nhd. bohr (*Schade, Altd. Wörterb.* S. 457) ein Lateinisches *fora entspräche, das in dem Verbum for-a-re zu Grunde läge, so ist diese Zusammenstellung allerdings ansprechend. Da der Uebergang eines ursprünglichen dh in Germanisches b oder p nicht erwiesen ist, so ist also meine Ableitung des Verbum for-a-re von Sanskr. Wz. dhvar mindestens noch zweifelhaft. Wenn aber Kuhn Recht hat, finster und dinster von einem urdeutschen thimistra herzuleiten, so dass also in dem ersteren der Dental th in den Labial f umschlug (*Z. f. vgl. Spr.* XV, 208 f.), so ist es glaublich, dass auch ursprüngliches dh auf Germanischen Sprachboden zu f umschlagen und dieses sich zu b und p verschieben konnte. Ist das der Fall, so kann auch Ahd. por-a, Nhd. bohr-en zu Sanskr. Wz. dhvar- gehören.

Nach dem Vorgange von Pott, Grassmann und Schweitzer habe ich die Lateinischen Wortformen

formus

furnus, fornax

fervēre, ferrēre, fervidus, forvus

mit Griech. θέρ-ος, θερ-μό-ς, Goth. var-m-s, Sanskr. ghar-ma-s Hitze von Sanskr. Wz. ghar- lucere, splendere hergeleitet (*Krit. Beitr.* S. 203. vgl. *Curt. Gr. Et.* n. 651. 2 A.). Aber es sind über die Abstammung dieser Wörter andere Ansichten ausgesprochen worden, die ernstliche Erwägung verdienen. Schon Grimm hat ferv-ere zusammengestellt mit Ahd. briuw-an, Ags. breov-an, Nord. brugg-a, Mhd. briuw-en, Nhd. brau-en, Griech. φρύγ-ειν, Lat. frig-ere (*Deutsch. Wörterb.* II, 321). Ohne die Grimm'sche Ansicht zu erwähnen, zieht auch Crain ferv-ere zu frig-ere, φρύγ-ειν, wie zu φλέγ-ειν, fulg-ere, flag-r-are, indem g in ferv-ere durch folgendes v zerstört sei *Beitr. z. Lat. Lautl.* S. 19). In

Uebereinstimmung mit Walther, der den eigentlichen Vertreter des Lat. ferv-eo in Griech. βράσ-σω für βραγ-jω, φραγ-jω sieht (Z. f. vgl. Spr. XII, 415). Wenn demnach Fröhde auf Grund der Grimm'schen Etymologie und der Keltischen Formen birv-i stehen und berw-ydda branen den gutturalen Ursprung des f von ferv-ere und corvu-s für nicht erwiesen ansieht (*Beitr. zur Lat. Etymologie. Progr. Liegnitz.* 1865. S. 4), so hat er vollkommen Recht, obwohl niemand in Abrede stellen kann, dass die Ableitung der obigen Wörter von Sanskr. Wz. ghar- nach Sinn und Laut allen Anforderungen entspricht, die man an eine Etymologie stellen kann.

Die beiden vorliegenden Fragen für die Ableitung derselben, sind erstens, ob ihr anlautendes f gutturalen oder labialen Ursprungs ist, zweitens, ob sie ein wurzelhaftes g eingebüsst haben. In beiden Beziehungen ist jedes der vorstehenden Wörter zu prüfen, da dieselben möglicher Weise von verschiedenen Wurzeln stammen können. Für diese Untersuchung ist einmal auf die Form der Suffixe, dann auch auf die besondere Bedeutung der einzelnen Wörter im Sprachgebrauche genau zu achten. Zuvor untersuche ich jedoch einige Wortformen, deren Erklärung für die vorliegenden Fragen Fingerzeige bietet; so zuerst

defrutum.

Varro erklärt das Wort durch deferrefactum (*Non. p.* 379. *G.*). Servius giebt zu Vergil, *Georg.* IV, 268: Aut igni pinguia mulio Defruta für defruta die Erklärung decocta. Palladius sagt XI, 18: Defrutum a defervendo dictum, ubi ad spissitudinem fortiter despumaverit; und XII, 20: Si natura tenue mustum erit, cum ad tertiam partem fuerit decoctum, ignis subtrahendus est et fornax prorsus aqua refrigeranda. Quod si fecerimus, nihilo minus defrutum infra tertiam partem vasis consedit. Also defru-tu-m bedeutet als Adjectivum oder Participium „abgesotten, abgekocht" als Substantivum mit speciellerer Bedeutung „abgekochter, eingekochter Wein oder Most." Dem einfachen -fru-tu-m stellt sich zunächst an die Seite Griech. βρῦ-το-ν, βρῦ-το-ς, das ein abgegohrenes oder gebrautes Getränk aus Gerste, Obst oder Wurzeln bezeichnet, und desselben Stammes ist Ahd. briuw-an, Ags. breov-an, briv-an, Altn. brugg-a, Mhd. bruw-en, Nhd. brau-en (*Graff, Althochd. Sprachsch.* III, 315. *Grimm, Deutsch. Wörterb.* II, 321). Jene Griechischen Wörter können nach Griechischem Lautgesetz kein k vor t eingebüsst haben, wie Grimm annimmt. Aus dem Altn. brugg-a folgt nicht, dass in den angeführten Wörtern der anderen deutschen Mundarten ein ursprüngliches g ausgefallen ist. Grimm lehrt, dass altnordisches gg im Auslaut von Wortstämmen aus ggv entstehe, dem ein angelsächsisches v ein althochdeutsches w entspreche, dass dieses v, w aber nicht der Rest von jenem ggv nach Wegfall des nasallerten Gutturals sei, sondern dieses sich erst aus jenem, also der gutturale Laut aus dem v, w entwickelt habe (*Deutsch. Gram.* 1, 325, 326). Kuhn weist dieselbe Entstehung des gg auch für die niederdeutschen Formen frugg-e, sugg-e, frigg-en, aus frû, sû, fri-en nach (*Z. f. vgl. Spr.* 1, 134). Also Altn. brugg-a beweist nicht, dass Ahd. briuw-an und die verwandten Wörter ein g vor dem v, w eingebüsst haben. Auch Gall. brac-e, Kelt. braich Mehl, Malz, wie die mittelalterlichen Wortformen brac-es, brac-iu-m, bras-iu-m, bras-ia Mehl, Malz, brax-are, d. i. brac-s-are brauen, Franz. brass-er (*Graff, a. O.* III. 316. *Grimm, Deutsch. Wörterb.* II, 322) beweisen nicht, dass Ahd. briuw-an einen Guttural vor v eingebüsst haben. Das wurzelhafte s weist diese Wortformen vielmehr zu einer Wurzel bra-, die in Griech. $βρά-ζ-ω$, siede, braue für $βρα-δ-jω$ oder $βρα-τ-jω$, wie in Ahd. bra-t-an fovere, assare, frigere, Ags. bre-d-an, Altn. bra-d-a, Nhd. bra-t-an enthalten ist (*Graff, a. O.* 284). Die Substantiva $βρά-σ-μα$, $βρα-σ-μός$, $βρα-σ-τής$ zeigen, dass Walther mit Unrecht für $βρά-σ-σω$ eine Grundform $βραγ-jω$ angenommen hat (*Curt. Gr. Et. S.* 517. 2. A.). Von jener Wurzel bra- können also Gall. brac-e, und die verwandten Wörter Nominalbildungen sein. Dass Ahd. briuw-an, Nhd. brau-en keinen Guttural eingebüsst haben, nicht unmittelbar zu Lat. frigere, Griech. $φρύγ-ειν$ gehören, ergiebt sich auch daraus, dass diese ihr Abbild in Nhd. breg-en kochen, bräg-el-n schmoren, braeg-el-n braten, sieden, schmoren haben (*Grimm, a. O.* II, 363. 291). Daraus folgt, dass Ahd. briuw-an, Griech. $βρύ-τον$, Lat. de-fru-tu-m auf eine Wurzelgestalt bhru-weisen, die auch in Griech. $βρυ άξ-ειν$ übersprudeln, überschäumen erscheint, da ja beim Brauen, Gähren, Kochen ein Uebersprudeln und Ueberschäumen erfolgt. Diese Wurzelform bbru-erscheint als Nebenform von Sanskr. Wz. bhar-, bbra- rösten,

(*Benfey, Gloss. z. Chrestomath.* p. 225) von der Griech. φρα-ζ-ειν, Ahd. bra-t-an stammt, wie die Wurzelformen uu-, dru-, gu-, dhru-, pru-, du-, dhu-, sthu-, tu-, lu-, neben na-, dra-, ga-, dhra-, pra-, da-, dha-, stha-, ta-, von denen in dem Abschnitte über m die Rede sein wird (*vergl. Ind. nuere, congruere, arguere*). Vergleicht man aber die Wurzel bhar-, bhra-, rösten mit der Wurzelform bhrag- oder bhraggfrigere, assare (*Westerg. Rad. l. Sanscr.* p. 114), so muss man schliessen, dass diese aus jener erweitert ist mit ġ, wie aus den Wurzeln ubh- necare, ku- vociferari, clamare, ju- colligare, conlungere, ar- ire, adire, var- eligere, legere, mad- inebriari die erweiterten Formen ubġ- caedere, kuġ- cucillare, pipire und kung- murmurare, juġ- jungere, arġ- ire, acquirere, varġ- arcere, excludere, maġġ- mergi, submergi entstanden sind (*Benfey, Vollst. Gram. des Sanskr.* S. 76. *Westerg. Rad. l. Sanscr.* p. 217. 42. 46. 57. 65. 170. 108. 109. 116. 108. 121. 114). Von dieser Wurzelform bhrag- aber stammen Griech. φρύγ-ειν, Lat. frig-ere, Nhd. breg-en, bräg-el-n, brœg-el-n, indem im Deutschen das g unverschoben blieb wie öfter (*Meyer, Z. f. vgl. Spr.* VII, 15 *f.*). Von diesen Wörtern scheiden sich Griech. φλέγ-ειν, φλόξ, Latein. flag-r-are, flam-ma für *flag-ma, fulg-ere, fulg-ur, ful-men für *fulg-men durch die Bedeutung, indem sie alle das lichterlohe, helle, flammende Feuer bezeichnen, also sich zu der Wurzelform bhräg- fulgere, splendere gesellen. Hingegen zur einfachen Wurzel bbra-, bhar- ziehe ich

fermentum.
Dieses bedeutet jedes Gährungsmittel für den Teig des Gebärken wie für Getränke. Bei Vergil, *Georg* III, 379: Hic noctem ludo ducunt et pocula laeti. Fermento atque acidis imitantur vitea sorbis, erklären die Herausgeber fermentum als Gerstengebräu, Bier. Aber von Gerste ist ja hier garnicht die Rede, sondern lediglich von Obstwein, dem gegohrenen Safte des Speierlings oder Spierlings. Statt zu sagen: „mit dem gegohrenen sauern Safte des Spierlings", drückt sich Vergil nach der bekannten Redeweise Römischer Dichter aus: „mit Gährungsstoff und dem sauren Spierling." Fermentum bedeutet dann auch den Dung, der die fetten, fruchtbaren Bodenbestandtheile in Gährung versetzt und auflockert. Plinius erklärt fermentum *H. N.* XVIII, 11, 26:

a fervendo quasi fervimentum, quia massam ad panificium subactam, cui inicitur, quasi fervefacit et attollit turgidamque reddit. Dass fer-mentu-m und fer-vi-mentu-m in dem Wurzelbestandtheile gleich sind, wird sich weiter unten ergeben. Dass das erstere aber nicht von dem Verbum fer-v-ere gebildet ist, zeigt die Vergleichung mit Ags. beor-ma, faex, Engl. bar-m, Nhd. bar-me, bär-me (*Diefenbach, Vergl. Wörterb. d. Goth. Spr.* I, 356. *Grimm, Deutsch. Wörterb.* I, 1134. *Fröhde, Beitr. z. Lat. Etym. S.* 4), das nach Grimm sowohl den infolge eines Gährungsprocesses aufsteigenden Schaum als die zu Boden sinkende Hefe bedeutet. Fermentum ward bei den Römern als Sauerteig beim Backen benutzt, wie bei uns die Bärme, *Plin. H. N.* XVIII, 11: Milii praecipuus ad fermenta usus e musto; a. O. 7: Spuma item concreta pro fermento sumtur. Das Suffix des deutschen Wortes beor-ma ist -ma, das des Lateinischen fer-mentu-m: mento. Beide gehören nicht zu der Wurzelform bhru- in de-fru-tu-m, sondern zu der einfachen und ursprünglichen Wurzel bhar-, bhra-. Von dieser leite ich jetzt mit Meyer (*Vergl. Gram.* II, 68) und Fröhde (*a. O.*) auch

furere, furor, furiae,

die ich früher zu Wz. ghar- gestellt habe *Krit. Beitr. S.* 205. *vergl. Schweitzer, Z. f. vgl. Spr.* XIII, 309. XIV, 148). Denn obwohl diese Ableitung nach Laut und Sinn gerechtfertigt ist, so ist doch jene für die Bedeutung der vorstehenden Wörter noch treffender. Fur-or bedeutet grade das wilde Aufgähren und Aufbrausen des Geistes, das Ueberschäumen der Leidenschaft, wie de-fru-tu-m abgegohren und fer-men-tu-m Gährungsstoff, das Gähren, Aufbrausen des leiblichen Stoffes. Und wenn fur-ia-e bei den Römischen Dichtern den Sinn von „Brunst, Inbrunst" hat (*Verf. a. O.*), so spricht auch das dafür, fur-ere, fur-or, fur-ia-e mit Ahd. bru-n-st, bri-nn-an, bra-n-t von der Wurzel bhar-, bhra- abzuleiten.

Es fragt sich nun, ob in den Wortformen

fornus, furnus, fornax

die Wurzel ghar-, wie ich mit anderen angenommen habe, oder die Wz. bhar-, bhra- zu Grunde liegt, was Fröhde vorzieht (*a. O.*). Von der Wz. ghar- ist mit dem Suffix -na weiter gebildet Sanskr. ghr-na-s Hitze, Gluth, Sonnenschein, warmes Mitleiden, mit dem Suffix -ni das gleichbedeutende ghr-ni-s

(Boehtl. u. R. Sanskrw. II, 691) und mit dem Suffix -nu, mit Vokalsteigerung -nō die Verbalformen ghṛ-nō-ti, ghṛ-nu-tē, ghar-nō-ti, ghar-nu-tē (a. O. 881). Andrerseits erscheinen auf dem Boden der Germanischen Sprachen von Wz. bhra-, bhar- weiter gebildet Goth. bri-nn-an, ga-bra-nn-jan, all-bru-n-st-s, Ahd. bri-nn-an, Alts. bri-nn-an, bre-nn-i-an, Nhd. bre-nn-en, Ags. byr-n-an, Altfr. bar-na, ber-na, Engl. ber-na, Niederd. ber-n-en (*Graff, Althochd. Sprachsch.* III, 305. *Gabel. v. L. Ulfil. Gloss. S.* 30. *Grimm, Deutsch. Wörterb.* I, 1526). Ob nun Lat. for-nu-s, fur-nu-s, Brennofen, Darkofen, for-n-ax Kamin zu den Sanskritformen, ghṛ-na-s, ghṛ-nī-s, ghar-nu-tē gehört oder zu Altfr. bar-na, Ags. byr-n-an, das zu entscheiden sehe ich kein sicheres Kriterium, da in Wurzel, Suffixform und Bedeutung die Lateinischen Wörter zu den altindischen ebenso gut passen, wie zu den Germanischen.

Formus schliesst sich nach Suffix und Bedeutung genau an Sanskr. ghar-ma-s, Goth. war-m- in war-m-j-an, Ahd. war-a-m, Nord. war-m-r, Alts. war-m, Nhd. war-m, Griech. θερ-μό-ς. Da in for-mu-s warm der Sinn des Gährens, Aufschäumens von Ags. beor-ma, Nhd. bar-me, bär-me garnicht liegt, so wird man doch darauf geführt, dasselbe von diesen zu trennen und zu den obigen Wortbildungen von Wz. ghar- leuchten, brennen zu stellen. For-mu-s ist enthalten in dem Compositum formucapes.

Fest. p. 91 M: Formucapes forcipes dictae quod forma capiant id est ferventia. Dass hier Scaligers Verbesserung formucapes für *formucales richtig ist, zeigt das jener Erklärung beigefügte capiant. Formu-cap-es schliesst sich in der Bildung an hosti-cap-u-s an. *Fest. p.* 102: Hosticapas, hostium captor. Die Handschriften bieten an dieser Stelle hosticapas; diese Lesart kann aber nicht stehen bleiben, da männliche A-stämme das auslautende s des Nominativs im Lateinischen sonst nicht wahren; so die einfachen nauta, poeta, Numa, Ahala, Tucca, Nasica, Glaucia, Sulla, Perperna, Hybrida und die zusammengesetzten ad-vena, con-vena, conviva, trans-fuga, per-fuga, indi-gena, legi-rupa, parri-cida, matri-cida, agri-cola, ruri-cola, Popli-cola u. a.

Die Abänderung des handschriftlich überlieferten *hosticapas in *hosticapax ist verfehlt, einmal weil capax bedeutet „befähigt in sich zu fassen", also *hosticapax jedenfalls nicht hostium captor bedeuten könnte; dann aber weil die Adjectiva auf -ax überhaupt nicht in Compositen erscheinen, deren erster Theil ein Nomen ist. Daher steht frugi-fer carni-voru-s, prae-sagu-s neben fer-ax, cap-ax, sag-ax, während per-vic-ax, con-tum-ax Bildungen von den fertigen Compositen per-vinc-ere, *con-tum-ere sind. Zweifelhaft könnte man sein, ob hosticapus oder hosticapa zu schreiben sei, da neben profugus perfuga, transfuga stehen. Da die Abänderung der zwei Buchstaben as in die zwei us graphisch leichter ist als in den einen Buchstaben a, so ziehe ich hosticapus vor. Dieses hosticap-u-s verhält sich in seinem zweiten Bestandtheile zu formu-cap-i-s und for-cep-s wie prae-coqu-u-s zu prae-coqu-i-s und prae-coc-s, das heisst das auslautende o des Stammes im zweiten Gliede des Compositum schwächte sich erst zu i und schwand dann wie gewöhnlich (*Verf. Ausspr.* 1, 324 *f.*). Grade diese neben einander stehenden Formen beweisen nun die Richtigkeit der Verbesserung hosticapus. Das a von cap-ere ist in hosti-capu-s, formu-capi-s unverändert geblieben wie in con-capi-s, während es sich in for-cep-s, au-cep-s, parti-cep-s wie in an-cep-s, bi-cep-s, prae-cep-s u. a. wie gewöhnlich zu e abgeschwächt hat.

Nach dem Gesagten bleibt nun für

fervus, fervēre, fervĕre, ferror, fervidus

zu untersuchen übrig, zu welcher der besprochenen Wurzeln diese Wortformen gehören, ob zu Wz. ghar- oder zu einer der Wurzelformen bhar-, bhra-, bhru-, bhra-g̃-. Dazu ist die Bedeutung von fer-vere und der von ihm abgeleiteten Wörter genau ins Auge zu fassen. Es wird in eigentlichster Bedeutung gebraucht vom Kochen oder Sieden von Flüssigkeiten. So *Cato. R. R.* 157. Ferve bene facito, ubi ferverit, in catinum indito, *Pallad.* II, 20: Baccas bullire facies, et ubi diu ferbuerint etc. *Lucil. Quint.* I, 6: Fervit aqua et fervet, fervit nunc, fervet ad annum (*vgl. Non. p.* 343. *G.*). Daher bedeuten defer-vere, deferrescere abkochen, absieden, deferrefacere abkochen, absieden lassen. Fervere wird ferner gebraucht vom Gähren oder Brausen des Mostes, *Plin. H. N.* XIV, 9, 11: Fervere musium prohibetur: sic appellant musti in vina transitum (vgl. *Stat. Silv.* IV, 5, 15). Im übertragenen Sinne bezeichnet es daher das Gähren oder Aufbrausen heisser Leidenschaften und Gemüthswallungen. Natürlich erhält es dann auch die allgemeine Bedeutung „heiss sein." Fervere ist also in seiner Bedeutung wesentlich verschieden von flagrare „lichterloh brennen" wie von ar-d-ere, dem Denominativum von ar-idu-s, das von ar-e-re stammt. Diese letzteren Wörter bezeichnen die „trockene Hitze", ähnlich wie torr-ere „dörren" und frig-ere „rösten." Die Grundbedeutung von ferv-ere „sieden, kochen, brausen, gähren" weist auf die engste Verwandtschaft desselben mit de-fru-tu-m „abgekocht, abgesotten" und fer-men-tu-m „Gährungsmittel, gegohrener Schaum, Bärme" und den verwandten Wörtern anderer Sprachen hin, also auf die Wurzelformen bhar-, bhra- oder bhru-. Wodurch soll nun also bedingt sein, dass ferv-ere zu der Wurzelform bhrag- rösten zu stellen sei, während diese doch ihren Vertreter in Lat. frig-ere rösten neben Griech. φρύγ-ειν hat. Der Anlass dazu ist in dem b der Perfectformen ferb-ui, ef-ferb-ui, de-ferb-ui, conferb-ui gefunden worden (*Verf. Krit. Beitr.* S. 165). Crain erklärt in ferv-ere für *fergv-ere das g durch folgendes v ausgestossen, hingegen in ferb-ui für *fergv-ui das g aus b umgelautet (*a. O.* 19). Das klingt ansprechend, ist aber bei genauerer Erwägung doch nicht stichhaltig. Wie forv-u-s zeigt, ist ferv-ere, zu dem doch die Perfectform ferb-ui gehört, von einem Nominalstamme fervo- ausgegangen. Denn wollte man annehmen, ein g einer Wurzelform ferg- hätte sich hier zu gv entwickelt, so würde in dieser Weise ein Verbum fergu-ere entstanden sein wie aus ung-ere, ting-ere, sting-ere u. a. ungu-ere, tingu-ere, stingu-ere. Wenn nun in forvu-s, fervo-, ferv-ere, der Perfectform ferv-i und in allen Verbalformen, die nicht vom Perf. ferb-ui stammen, das g durch das folgende v ausgestossen ward, so sieht man nicht ein, warum das v nicht auch dieselbe vernichtende Kraft auf vorhergehendes g geübt haben sollte, in *fergv-ui. Man müsste also dem auf v folgenden u die Schuld beimessen, weshalb das g vor v nicht weggefallen wäre, sondern zu b umgelautet. Aber wie ist das erklärlich? In amb-ig-uu-s, ex-ig-uu-s, wo das Suffix -vo an den auf g auslautenden Verbalstamm getreten ist, erweicht

15*

sich das v nach g vor u zu u, das g aber bleibt unverändert. Demnach muss man folgern, dass auch von einer Perfectform *fergv-ul das v nach g vor u sich zu u erweicht hätte. So wäre *fergu-ul und mit Vokalverschmelzung *fergûl entstanden. Aus diesen Gründen kann ich nicht annehmen, dass aus *fergv-ul erst mit Umschlagen des g in b *ferbv-ul, dann mit Ausfall des v ferb-ui geworden sei. Ich muss vielmehr bei meiner früheren Erklärung verharren, dass in ferb-ui das v zu b umlautete, weil die Lautfolge vui sonst im Lateinischen nicht vorkommt, weil die Lautfolge vu und uu dem Altlateinischen zuwider war (a. O. 105) und aus diesem Grunde noch in der Kaiserzeit vo und uo gesprochen und geschrieben wurde, wo man vu, uu hätte erwarten sollen (*Verf. Ausspr.* 1, 243). Aus ferv-ui konnte die Sprache nicht *ferv-oi machen. Dadurch wäre der Charakter der Perfectform ganz unkenntlich geworden, o-i würde zu oi verwachsen und zu u, i oder e getrübt worden sein. Somit gestaltete die Sprache das v zu dem Laut, der ihm am nächsten verwandt war, und dem es im Spätlateinischen immer ähnlicher ward, zu b. Nach der Analogie der Perfectformen hab-ui, adhib-ui, cohib-ui, deb-ui, exhib-ui, inhib-ui, perhib-ui, praeb-ui, prohib-ui, redhib-ui, trib-ui, adtrib-ui, contrib-ui, lib-ui, delib-ui, collib-ui, rub-ui, erub-ui, sorb-ui, absorb-ui, resorb-ui kamen aus den angegebenen lautlichen Gründen die Perfectformen ferb-ui, efferb-ui, deferb-ui, conferb-ui in Gebrauch.

Ein weiterer Grund, den Ausfall eines g in fervere anzunehmen, ist nicht vorhanden; es kann sich also nur fragen, ob das Wort zunächst zu de-fru-tu-m oder zu fer-men-tu-m, zu der Wurzelform bhru- oder zu bbar- zu stellen ist. Aus bhru- Lat. fru- konnte durch Vokalsteigerung frou- und freu- werden (*Verf. Ausspr.* 1, 155) und nach Antreten des Suffixes o frov-o- oder frer-o. Nun tritt im Lateinischen r zwar nicht selten von seiner Stelle vor dem Vokal hinter denselben; aber dass es zwischen die beiden Bestandtheile o und v, e und v der aus Vokalsteigerung entstandenen Diphthongen ou, eu sich zwischen geschoben hätte, das ist ganz ohne Beispiel (a. O. 1, 92). Also aus der Wurzelform bhru- ist for-vu-s, ferv-ere nicht zu erklären. Demnach bleibt nur die ursprüngliche Wurzelform bhar- übrig, der im Lateinischen fer- entspricht in fer-men tu-m „Gährungsmittel, gegohrener Schaum", zu der die Grundbedeutung von fer-v-ere „sieden, gähren" genau passt. Von Formen anderer Sprachen stehen dem letzteren die Keltischen bl e-vi „sieden" und ber-w-ydda „brauen" am nächsten in der Form wie in der Bedeutung.

Aufrechts Zusammenstellung von flavus, fulvus mit helvus, helvolus, folus, holus, helus, Griech. χλόη, χλόος, Sanskr. ha'ris, Ahd. gro ni, habe ich gebilligt und näher zu begründen versucht (*Krit. Beitr. S.* 209), dabei aber eine ganz abweichende Etymologie von flavus ausser Acht gelassen. Schon Graff hat flav-u-s dem Ahd. bla-o, Gen. bl aw-es, Mg. ble-o, Nord. bla, Nhd. blau gleichgesetzt (*Althochd. Sprachsch.* III, 238); ebenso Lottner (*Z. f. vgl. Spr.* VII, 183) und Grimm (*Deutsch. Wörterb.* II, 61). Unzweifelhaft passen diese Wörter lautlich vortrefflich zu einander. Aber die Bedeutung von bla-o, blau steht der von flav-u-s, fulv-us, helv-u-s, helv-olu-s fern. Zwar wird Ahd. bla-o auch von Gegenständen gesagt, deren Farbe wir als „grünlich, graugrün, graublau oder grau" bezeichnen würden (*Graff, a. O.*). Das ist aber eine ungenaue Bezeichnung für eine Uebergangsfarbe, wie wir „stahlblau" sagen für eine Farbe, die unseren Augen als „graublau" oder „grau" erscheint. Wenn im Althochdeutschen blao von der Farbe des Himmels, der Hyacinthe und der durch einen Stoss oder Schlag dunkel angelaufenen Stelle der Haut gebraucht wird, so ergiebt sich, dass schon unsere Vorfahren mit dem Worte diejenige Farbe bezeichnen, die wir genauer als „himmelblau, tiefblau, veilchenblau, schwarzblau, blau angelaufen" bestimmen. Ganz verschieden von diesen Farbenschattierungen sind nun aber diejenigen, welche die Römer mit flavus, fulvus, helvus meinten. Flavus „bezeichnet olivengrün, grüngelb, sandfarben, staubfarben, korngelb, blond", fulvus „grüngelb, jaspisgrün, die graugelbe Farbe des Löwen, des Wolfes und des Adlers, bronzefarben, sandfarben, blond," helvus, graugelb, lederfarben", helvolus eine schillernde Uebergangsfarbe zwischen purpurn und schwarz an Trauben, also „rothgrau." Die Namen Flavus, Fulvius, Helvius bezeichnen „blondhaarige" Leute wie Rufus, Ahenobarbus „rothhaarige, rothbärtige." Im Griechischen bezeichnen χλόος „gelbgrün", χλόη den „gelbgrünen" Pflanzentrieb, χλωρός „grüngelb, blassgrün, wassergrün, stahlgrau, dämmerungsgrau, sandfarben, honigfarben, bleich, blass", im Sanskrit baris „grün, gelb, gelbweiss, falb" und wird von der Farbe des Mondstrahls, des Sonnenrosses, der Gelbwurz und des Goldes gebraucht *Benfey, Gloss. Chrest. p. 345*). Niemals bezeichneten also diese Wörter bei den Römern, Griechen und Indern die Farbe, die wir unter blau verstehen. Für diese sind die Lateinischen Bezeichnungen caeruleus, violaceus, viola tinctus, hyacinthinus, lividus gebräuchlich. Demgemäss wird man nicht umhin können, trotz der lautlichen Uebereinstimmung harus, fulvus von Ahd. blao, Nhd. blau zu trennen und mit Aufrecht zu Lat. helvus, helvoius, folus, holus, helus, Griech. χλόος, Sanskr. baris, zu stellen, zu denen sie nach Laut und Bedeutung vollkommen passen. Grimm hält ferner

livere, livor, lividus

für gleichen Ursprungs mit Ahd. bla-o Gen. blaw-es und leitet diese Wörter von Goth. bliggv-an geisseln, Lat. flig-ere, flag-ellu-m her, so dass sie also g vor v eingebüsst hätten und liv-ere, liv-or, liv-idu-s ausserdem noch das anlautende f (*Deutsch. Wörterb.* II, 81). Demnach hätten diese Farbenwörter ursprünglich den dunklen, mit Blut unterlaufenen Fleck bezeichnet, der auf der Haut infolge eines Schlages oder Stosses entsteht. Grimm verweist dabei auf caesius, das von caedere hergeleitet sein und „blau angelaufen infolge eines Schlages" bezeichnen soll. Nun ist aber caed-ere von Wz. scid- mit Abfall des anlautenden s und Vokalsteigerung entstanden, zu der Lat. scind-ere, Griech. σχίδ-να-μι, κίδ-να-μι, Goth. skaidan gehört (*Verf. Krit. Beitr. S. 453*) und bezeichnet nicht verberare oder tundere, sondern nur das Hauen und Schneiden mit einer scharfen Waffe, das bekanntlich keine blauen Flecke, sondern rothes Blut hervorruft. Ueberdies bezeichnet caesius niemals „dunkelblau, schwarzblau", sondern „grünlich, grüngrau, γλαυκός, und wird von der Farbe des Meeres und der Augen der Katze, des Löwen und der Athene gesagt. Infolge eines Schlages oder Stosses mit Blut unterlaufene Stellen der Haut schillern in verschiedene Farben, in blau, grün, braun und gelb, wie auch der Ausdruck „braun und blau schlagen" bezeichnet. Dass unsere Vorfahren von dieser hässlichen und widerlichen

Mischfarbe das liebliche Blau des Himmels und des Veilchens benannt haben sollten, ist schwer glaublich. Die Römer nannten das Blau des Meeres, der Meergottheiten Triton, Neptunus, Nereus, der Flüsse, des Eisens, der blauen Blumen, Kleider und Fahnen caeruleus für *caeluleus von caelum, also „himmelfarben", doch weil sie diese Farbe am weitesten ausgedehnt an ihrem Italienischen Himmel wahrnehmen, und diese Farbe ihrem Anschauungsvermögen vorschwebte, wenn sie ähnlich gefärbte Dinge bezeichneten. Sollten unsere Vorfahren, deren Dichtungen ein tiefes und inniges Naturgefühl, eine gemüthliche Freude an der Natur bekunden (vgl. *Koberstein*, *Ueber das gemüthliche Naturgefühl der Deutschen*. Naumburg. 1840), ein Gefühl, wie es weder bei den praktischen Kriegern und Republikanern des alten Roms, noch bei den bösischen Lebemännern und Dichtern der Kaiserzeit hervortrat, sollten unsere Vorfahren die Farbe des Himmels vom Prügeln benannt haben? Ausserdem aber stehen der Grimm'schen Etymologie auch lautliche Bedenken entgegen. Wenn Ahd. blao von Goth. bliggvan herzuleiten ist, dann ist das daneben stehende Altnordische bla höchst auffallend, da doch sonst Gothischem gv, ggv neben Althochdeutschem, Angelsächsischem w, v so vielfach Altnord. ggv gg entspricht (*Grimm*, *Deutsch. Gramm*. I, 325 f.). Da im Schwedischen plagg dem Gothischen bliggvan entspricht, so muss man auch für das Altnordische eine Form dieses Verbums mit ggv oder gg voraussetzen. Wäre also Ahd. blaw-es mit jenen Verben verwandt, so müsste man im Altnordischen für dasselbe eine Form mit ggv oder gg erwarten, nicht bla. Für Schwinden des inlautenden g im Altnordischen führt Grimm nur vau für vagu an, für Abfall desselben im Auslaut nur eine Anzahl von Formen des starken Präteritum (a. O. I, 32).

Was nun das Lateinische lividus anbetrifft, so stimmt es zum Theil in der Bedeutung zu blau. Livere, livor, lividus bezeichnen „eisenfarbig, bleifarbig, die Farbe des Dunstes und Rauches, des Sumpfwassers, des Stossfleckes der Olive, des Elephanten, der dunkelblauen Weintraube, der mit Blut unterlaufenen Stelle der Haut, also „graublau, grau, braungrau, schmutzig blau, schwarzblau"; aber die Farbe des Himmels, des Veilchens, der Hyacinthe, des Meeres, des Eisens, die unserer Anschauung doch insbesondere vorschwebt, wenn wir von blau spre-

chen, wird durch jene Lateinischen Wörter nicht bezeichnet.
Dass lividus mit fligere zusammenhinge, ist auch desshalb in
Abrede zu stellen, weil der Abfall eines anlautenden f vor l im
Lateinischen nicht vorkommt, während zahlreiche Wortformen
mit den Lautgruppen fla-, fle-, fli-, flo-, flu- anlauten. In
livere, livor, lividus ist allerdings vor l ein Consonant abgefallen, aber nicht f sondern p, so dass livere aus *plivere,
entstanden ist, wie lanx, latus, later, lien, lavere, lavare,
Unter anlautendes p eingebüsst haben (*Verf. Krit. Beitr. S.* 149 *f.*).
*Plivere aber mit Ahd. bli, Nhd. blei nud mit blao zusam-
menzustellen, wie ich früher mit Pott gethan habe (*a. O.*), hindert das Nordische bla, dessen mit Gothischem b auf einer Stufe
der Lautverschiebung stehendes b auf ursprüngliches f zurückweisen. Vielmehr weist *pliv-ere, *pliv-or auf Ahd. falo,
falaw-er, falew-er, falw-er fahl, falh (*Graff, Althochd.
Sprachsch.* III, 467), Lit. palw-a-s, Slav. plaw, die Pott mit
Griech. πέλ-ιο-ς, πέλ-λο-ς, πόλ-ιο-ς, Lat. pul-lu-s,
pall-idu-s zusammengestellt hat (*E. F.* I, 120). Die Wurzel
pal- dieser Wörter erscheint in den Deutschen, Litauischen und
Slavischen Wortformen durch das Suffix -va weiter gebildet, so
dass pal-va, pla-va, die gemeinsame Grundform des Stammes
war. Von der letzteren Form, die in Slav. pla-w- hervortritt,
ist Lat. pli-vo- ausgegangen, das in dem Denominativum *pliv-
ere, liv-ëre zu Grunde liegt, und zwar mit gelängtem l nach
Analogie der Adjectiva auf -ivo im Lateinischen. Von der Wurzel pal- ist mit dem Suffix -ja weiter gebildet πόλ-ιο-ς,
πέλ-ιο-ς. In Lat. pul-lu-s, pal-l-ere könnte ll wie sonst
häufig aus lv assimilert sein (*Verf. Krit. Beitr. S.* 312 *f.*); aber
da sich im Lateinischen eben die Form pli-vo- mit dem Suffix
-vo gebildet hat, da ferner pul-lu-s in seiner Bedeutung
„schmutzig grau, braungrau, dunkelgrau, schwarzbraun, schwarzgrau" genau zu Griech. πόλ-ιο-ς passt, das bei Homer von
der Farbe des Eiseus, des Wolfes und des stürmischen Meeres
gebraucht wird, so muss man schliessen, dass Lat. pul-lu-s aus
*pul-ju-s entstanden ist wie Griech. πέλ-ιο-ς aus πελ-jο-ς
neben πόλ-ιο-ς, indem lj sich auch im Lateinischen nicht selten zu ll assimilierte (*Verf. Krit. Beitr. S.* 307 *f.* 309 *f.*). In
seiner Bedeutung steht also lividus „grau, braungrau, blaugrau,
schmutzig blau, schwarzblau", pullus und πόλιος unmittelbar

nabe, während diejenigen Farbenwörter derselben Wurzel, die den ursprünglichen helleren Vokal a der Wurzel gewahrt haben, wie Ahd. falo, falwer, fahl, falb, Lit. palwas fahl, falb, Slav. plaw weisslich, Lat. pallidus eine hellere Farbenschattierung bezeichnen. Es erhellt also, dass in livere ein g vor v nicht ausgefallen ist, wie auch Walther aufgestellt hat, der übrigens richtig gesehen hat, dass das Wort im Anlaut ein p eingebüsst hat. Ich habe die Zusammengehörigkeit von

fingere, figura, figulus, fictilis

mit Griech. θιγγ-άνειν (*Curt. Z. f. vergl. Spr.* II, 398. *Gr. Et. n.* 145. 2. *A.*) bestritten und jene Wörter für gleichen Ursprungs mit Griech. σφίγγ-ειν erklärt (*Krit. Beitr. S.* 186. 440). Ich muss diese letztere Ansicht jetzt als irrthümlich widerrufen wegen der unläugbaren Verwandtschaft jener Wörter mit Goth. deig-an bilden, formen, ga-dik-is Gebilde, daig-s Teig, dig-an-s irden (*Gabel. u. L. Ulfil. Gloss. S.* 43), die auf eine ursprüngliche Wurzelform dhigh- zurückweisen (*Curt. a. O. Schweitzer, Z. f. vergl. Spr.* XIII, 309). Da nun aber jene Gothischen Wörter, wie mir scheint, untrennbar sind von Goth. dig-r-s, Altn. dig-r, Ahd. dicch-i, thikh-i, Mhd. dick-e, Nhd. dick, dicht (*Gabel. u. L. a. O. Schade, Althochd. Wörterb. S.* 61), so liegt allen diesen Wörtern die Bedeutung „dicht, fest werden oder machen" zu Grunde. Ich kann daher auch Lat. fig-ere von Goth. dig-r-s u. a. nicht trennen, das Curtius zu σφίγγ-ειν stellt (a. O. n. 157) und muss demnach auch figere nach wie vor für desselben Stammes halten wie fing-ere, fig-ura, fig-ulu-s, fic-tili-s. Weder in den vorstehenden Wörtern noch in Sanskr. dēh-mi bestreiche, dēh-i Aufwurf, Wall vermag ich die Grundbedeutung „tasten, betasten", die Curtius annimmt (a. O.), zu erkennen. Gehört also θιγγ-άνειν hierher, wofür ja die Form des Wortes spricht, so muss ich annehmen, dass dasselbe von der Grundbedeutung „fest machen" durch die Mittelstufe „fest fassen, anfassen" zu der Bedeutung „berühren" gelangt ist.

Manifestus

habe ich mit in-fes-tu-s, con-fes-tim, fes-t-in-are, in-fen-su-s, of-fend-ere, de-fend-ere von Wz. dhan- schlagen, stossen hergeleitet (*Krit. Beitr. S.* 182), was auch Schweitzer als erwiesen ansieht (*Z. f. vergl. Spr.* XIV, 155). Ohne sich um

diese Ableitung im mindesten zu kümmern äussert Meyer, ma ni-
fes-tu-s stamme von Wz. bhas- leuchten (*Vergl. Gr.* II, 317),
so dass also für mani-fes-tu-s der Sinn herauskäme „mit der
Hand geleuchtet". Das ist ein neuer Beleg für die Manier desselben, beliebige Einfälle hinzustellen, statt auf die Beweisführung
anderer zu hören oder sie zu widerlegen. In derselben Weise
bringt er dann

fames

statt mit $\chi\acute{\alpha}$-$\tau\iota$-ς wieder mit $\varphi\acute{\alpha}\gamma$-$\omega$ zusammen trotz allem,
was dagegen gesagt ist (*Verf. Krit. Beitr.* S. 215, vgl. *Curt. Gr.
Et.* n. 112. 2. *A. Schweitzer, Z. f. vergl. Spr.* XIV, 155.).
Solchem Verfahren gegenüber die angeführten Gründe noch einmal zu wiederholen, wäre zwecklos. Potts und Aufrechts Zusammenstellung von

fons

mit dem Participialstamme $\zeta\varepsilon$-$o\nu\tau$-, $\zeta\varepsilon\upsilon$-$o\nu\tau$- von Wz. $\zeta\upsilon$-
und Goth. gin-t-an (*Verf. Krit. Beitr.* S. 215. *Curt. Gr. Et.*
n. 203. 2. *A*) wird nicht in Frage gestellt durch Walthers Vermuthung, fon-s könne wohl mit $\varphi\acute{\alpha}$-$\nu\eta$ Fackel von einer Wurzel
bhan- brennen stammen (*Z. f. vergl. Spr.* XII, 418). Weder
existiert diese Wurzel nachweislich, noch passt ihre angenommene
Bedeutung zu fon-s. Und $\varphi\acute{\alpha}$-$\nu\eta$ stammt doch unzweifelhaft
von Wz. $\varphi\alpha$-, Sanskr. bha- und bedeutet die Fackel als
„leuchtende".

Frendere

habe ich mit fri-are von Sanskr. Wz. ghar- zerreiben hergeleitet, die in ghar-ah mit sh erweitert ist (*Krit. Beitr.* S. 208.
207. 209), da die alte Bedeutung des Verbum frend-ere „reiben, zerreiben" ist, die sich auch in de-frend-es erhalten hat.
Walther stellt das Wort zu $\chi\varrho\acute{o}\mu\alpha\delta o\varsigma$ „knirschendes, knarren-
des Geräusch (*Z. f. vergl. Spr.* XII, 413. vgl. *Fröhde, Beitr. z.
Lat. Etymol.* S. 4). Diese Zusammenstellung widerspricht der von
mir gegebenen Etymologie nicht, da eine Wurzel *ghram- nicht
nachweislich ist, das μ von $\chi\varrho\acute{o}$-μ-$\alpha\delta$-$o\varsigma$ mithin dem Suffix
angehören und das Wort ebenfalls aus Wz. ghar- hervorgegangen
sein kann. Ich habe

furca, Furculae

von Sanskr. Wz. dhar- aufrecht erhalten abgeleitet, weil fur-ca
nicht nur die zweizackige Gabel, sondern auch die Stütze für

Netze, Weinstöcke und Gerüste bedeutet (*Krit. Beitr. S.* 176 *f.*). Froehde findet, dass diese Erklärung nicht allen Bedeutungen des Wortes in genügender Weise gerecht wird und hält deshalb fur-ca für gleichen Ursprungs mit χάρ-αξ Pfahl, Spitzpfahl, verpfählter Platz, χαρ-άσσω spitze, schärfe (*Z. f. vergl. Spr.* XIV, 156), dessen zweites α er als Vokaleinschub fasst. Ich kann dieser Ansicht nicht beitreten. Χάρ-αξ, χαρ-άσσω passen nach Laut und Bedeutung zu Ahd. scar, scar-a, scar-o, Mhd. schar, Nhd. schar, das die Erde durchschneidende und aufreissende Pflugeisen, ferner mit Mhd. schar, Einschnitt, Ausschnitt, Ahd. scar-a Scheere, scer-j-an abtheilen, absondern (*Schade, Altd. Wörterb.* S. 521.), scer-an abschneiden, beschädigen (*a. O.* 526), Griech. κάρ-μα Schnitt, κείρ-ω scheere, κερ-αίζω zerstöre von Sanskr. Wz. skar- schneiden, scheiden, verletzen (*Verf. Krit. Beitr. S.* 451 *f.*). In Uebereinstimmung mit dieser Wortfamilie bedeutet χάρ-αξ eigentlich ein scharf oder spitz geschnittenes Ding, daher Pfahl, Pallisade, χαρ-άσσω spitzen, schärfen, einschneiden, einreissen. Χάρ-αξ entstand aus *σχάρ-αξ, indem das σ das folgende κ zu χ aspirierte, wie dies geschehen ist in σχενδ-ύλη neben Wz. σχεδ-, σχίζ-ω neben Wz. σχιδ-, σχελ-ί-ς neben σκελ-ί-ς (*Curt. Gr. Et. S.* 441. 2. *A.*) und dann das anlautende σ abfiel wie in χέζ-ω, Ahd. scizu (*Christ. Griech. Lautl. S.* 86). Ist das richtig, dann ist also das χ in χάρ-αξ, χαρ-άσσω nicht aus ursprünglichem gh hervorgegangen, sondern aus k; aus diesem aber kann unmöglich das f von furca entstanden sein, mithin auch dieses Wort mit jenen griechischen nicht desselben Stammes sein. Demnach halte ich meine früher ausgesprochene Ansicht fest.

Nasale.

m.

Dass m niemals, selbst nicht in der spätlateinischen Volkssprache aus v entstanden ist, glaube ich durch eine Prüfung der dafür angeführten Beispiele dargethan zu haben (*Krit. Beitr. S.* 237, *s. oben S.* 184 *f.*). Wenn Meyer in seiner gewöhnlichen Weise, als existierte dieser Nachweis garnicht, die Vermuthung hinwirft, firmus

sei vielleicht dasselbe Wort wie Sanskr. dhruva-s (*Vergl. Gram.* II, 262), so verweise ich dem gegenüber auf die von Pott und Curtius sicher festgestellte Etymologie des Wortes (*Verf. Krit. Beitr. S.* 168).

Auch dass m aus b entstanden sei, habe ich schon früher und in dieser Schrift wieder bestritten (*Krit. Beitr. S.* 247, *s. oben S.* 182 *f.*). Walther nimmt diesen Lautübergang an für

gremium

(*Z. f. vergl. Spr.* XII, 405). Allerdings stammt gre-m-iu-m von Sanskr. Wz. grabh-, garbh- ergreifen, festhalten, nehmen, empfangen, so dass es den Schooss als „empfangenden" bezeichnet; aber das m gehört dem Suffix -ma, -mo an, das an die Wurzel grabh-, Lat. greb- trat. Vor dem m ist b dann geschwunden wie in glu(b)-ma, aqua(b)-ma, la(b)-m-iu-m (*Walther, a. O.* 380). Von gre-ma- oder gre-mo- ist gre-m-iu-m durch das Suffix -io weiter gebildet wie von la-mo-, la-m-iu-m.

Germen

hat bereits Curtius richtig mit Sanskr. garbh-a-s Mutterleib, Schooss, Leibesfrucht von Wz. garbh- empfangen erklärt gegenüber der haltlosen Aufstellung Meyers, ger-men sei aus *gen-men entstanden (*Gr. Et. S.* 420. 2. *A.*). Bei Curtius Etymologie hätte ich stehen bleiben und nicht die müssige Vermuthung hinzufügen sollen, ger-men stamme vielleicht von Sanskr. Wz. gar- wachsen. Jene Erklärung wird auch dadurch bestätigt, dass Verbalformen der Wurzel garbh- im Sanskr. grade vom Ansetzen der Frucht bei der Pflanze gebraucht werden (*Doethl. u. R. Sanskrw.* II, 834. 837). Germen bedeutet also einen Fruchtkeim. Von Wz. garbh- stammt auch

germanus,

das eine Bildung ger(b)-ma- oder ger(b)-mo- mit der Bedeutung von Sanskr. garbh-a-s Mutterleib voraussetzt, also „dem Mutterleib entsprossen", daher zu frater, voror gesetzt „leiblich, ächt" bedeutet. Ich habe auf die Unhaltbarkeit der Annahme, dass

imitari, imago

mit μιμεῖσθαι verwandt seien und ein m im Anlaut eingebüsst hätten, hingewiesen und jene Wörter mit ae-mu-lu-s, ae-mul-ari zusammengestellt (*Krit. Beitr. S.* 252 *f.*). Ich habe diese Wörter hergeleitet von einer Lateinischen Wurzel ic-, ursprünglich ak-, die sich in der Gestalt ah- des Deutschen ab-men erhalten, und im Sanskr. zu der Wurzelform uc- congruere gestaltet hat, so dass also *ic-m-itari, ic-m-ago und mit Vokalsteigerung des i zu ai *aic-mu-lu-s, *aic-mu-l-ari die Grundformen jener Wörter waren, die dann ihr c vor m einbüssten wie te-mo für *tec-mo (*Curt. Gr. Et. n.* 235. 2. *A.*). Diese Erklärung ist verworfen worden, ohne dass Gegengründe aufgestellt worden sind (*Meyer, Götting. Gel. Anz.* 1864. *S.* 33. *Schweitzer, Z. f. vergl. Spr.* XIII, 311). Ich finde nun aber diese Wurzelform Lat. ic- auch zu aic-, aec- gesteigert in aiqu-o-m, Aic-a-s, aequ-u-s, aequ-a-re (*Ausspr.* I, 178) und dieselbe Wurzel ist enthalten in Ahd. eihh-on, Nhd. aich-en „das Maass gleich machen" (*Schade, Altd. Wörterb. S.* 76, *Walther, Z. f. vergl. Spr.* XII, 420). Die Bedeutungen dieser Wörter stimmen genau zur Bedeutung der Wurzelform Sanskr. uc- congruere und der Wurzelform ah- in Nhd. nach-ah-men. Somit ist die von mir aufgestellte Etymologie der vorstehenden Wörter doch nach Laut und Sinn zutreffend.

Neuerdings ist die Behauptung aufgestellt worden, im Lateinischen sei die auslautende Lautverbindung -am von Wurzeln durch die Mittelstufe av zu u geworden in

nuere, congruere, ingruere, arguere, crux, ducere,

indem nu-ere von Wz. nam- sich beugen, con-gru-ere, in-gru-ere von Wz. kram- schreiten, arguere von Sanskr. adhigam- Idzeugehen, antreffen, crux von Wz. çram- quälen, duc-ere von Wz. dam- premere herzuleiten sei (*Ascoli, Z. f. vergl. Spr.* XII, 421 *f. C. Pauli, Gesch. d. Latein. Verba auf -uo S.* 22. 23. 26. 41). Diese Annahme stützt sich auf Kuhns Ansicht, dass im Sanskrit auslautendes -am von Wurzeln durch die Mittelstufe -av zu u gestaltet habe (*Beitr. z. vergl. Spr.* I, 355 *f.*). Dagegen wendet Sonne ein, dass in den Wurzelformen ga-m-, dra-m, bhra-m- das m Rest eines an die einfachen Wurzeln ga-, dra-, bhra- getretenen Nominalsuffixes -ma sei, hingegen die daneben erscheinenden Wurzelformen *gu-, dru-, bhru- durch Antritt eines Suffixes û, ü aus eben jenen auf a auslautenden Wurzeln entstanden seien, also hier keineswegs u aus -am geworden sei (*Z. f. vergl. Spr.* XII, 295). Auch Denfey sieht in den Wurzelformen dra-m currere (*Westergaard, Rad. l, Sanscr. p.* 131 neben drâ- fugere (*a. O. p.* 8), bhâ-m Irasci (*a. O. p.*232) neben bhâ- splendere (*a. O. p.* 13), ga-m- ire (*a. O. p.* 227) neben gâ- ire (*a. O. p.* 2) Denominativa, fasst also das m derselben ebenfalls als Nominalsuffix (*Vollst. Gram. d. Sanskr. S.* 76). Curtius ist ebenfalls der Ansicht, dass an mehrere uralte und weit verzweigte Wurzeln ein Nasal getreten ist, und zwar in der Art, dass das Organ des Nasals nicht immer in allen verwandten Sprachen dasselbe ist, also als m erscheint in der Wurzelform Sanskr. ga-m-, als n in Griech. βαί-ν-ω, Lat. ve-n-ire, Osk. he-n-ust, als m in Sanskr. ga-m-a-ir, Griech. γά-μ-ος, als n in Griech. ἐ-γε-νό-μην, Lat. ge-n-er (*Gr. Et. S.* 64. 2. *A.*). Ist das richtig, so ist man auch berechtigt in Sanskr. Wz. ram- delectari, gaudere (*Westerg. a. O. p.* 235) neben ra-ti- Liebe, in Wz. na-m- inclinare, incurvare (*a. O. p.* 31 neben na-ti- Beugung das m als das gleiche wortbildende Element anzusehen. Ebenso ist Sanskr. Wz. stha- erweitert in Goth. sta-m, sta-n-d-an *Curt. Gr. Et. n.* 216. 2. *A.*). Wenn also für das n der von Sonne behandelten Wurzeln die angebliche Entstehung aus am nicht erwiesen ist, so wird dieselbe auch dadurch unglaublich, dass sowohl im Sanskrit auf a auslautenden Wurzeln solche, die auf u auslauten, mit gleicher oder ähnlicher Bedeutung zur Seite stehen, als auch in verwandten Sprachen dem a der Sanskritwurzeln ein u entspricht. So stehen im Sanskrit neben einander ausser drâ- und dru- currere (*Westerg. a. O. p.* 44), gâ- canere (*n. O. p.* 2) und gû sonare (*a. O. p.* 43), dâ- dividere, dissecare, destruere (*a. O. p.* 7) und du- vexare, dolore afficere, angere (*a. O. p.* 44), ta-n extendere, expandere (*n. O. p.* 195) mit u erweitert aus ta-, wie Sanskr. a-tu-ta. ta-ta-s, Griech. τέ-τα-κα, τα-τό-ς, τέ-τα-μαι u. s. zeigen (*vergl. Curt. Gr. Et. n.* 230. 2. *A.*) neben tu- crescere (*Westerg. a. O. p.* 43). Wenn nun Schleicher Recht hat, in den auf a auslautenden Wurzeln die Wurzelform mit kurzem Vokal als die ursprüngliche anzusehn (*Beitr. z. vergl. Spr.* II, 92 *f.*), so weiss ich nicht, weshalb nicht in den vorstehenden Wurzeln das auslautende u aus a abgeschwächt sein sollte, wie diese Lautschwächung auch sonst im Sanskrit stattfindet; ich sehe keinen zureichenden Grund mit Sonne anzunehmen, dass an die auf a auslautenden Wurzeln überall ein Suffix û, ü getreten sei, wenn das auch in einzelnen Fällen möglich ist.

Das auslautende a der Sanskritwurzeln zeigt sich nun aber mehrfach auch in den verwandten Sprachen zu u gestaltet. Von Sanskr. Wz. dâ- dare finden sich im Altlateinischen die Formen du-im, du-is, du-it, du-int besonders bei Plautus und Terenz und die Imperativform du-i-tor wird aus dem Gesetz der zwölf Tafeln angeführt (*Plin. H. N.* XXIV, 3, 5). Im Umbrischen pur-tuv-e-tu, pur-tuv-i-tu, pur-dov-i-tu (*A. K. Umbr. Sprd.* II, 403) ist die Wurzelform du- durch Vokalsteigerung zu dov-, duv-, tuv- geworden. Von Sanskr. Wz. dhâ- ponere, collocare stammen neben per-de-re die alten Formen dieses Verbum per-du-is, per-du-it, per-du-int, ebenso neben cre-de-re die alten Formen cre-du-am, cre-du-as, cre-du-at, cre-du-is, cre-du-it (*vergl. Curt. Gr. Et. n.* 309. *Meyer, Z. f. vergl. Spr.* VIII, 280). Also auch hier erscheint die Wurzelform du- neben der ursprünglichen da-. Auf Wz. sthâ- stare eiud zurückgeführt Griech. στύ-ω richte auf, στῦ-λο-ς Säule, Sanskr. sthû-nâ Pfeiler, sthû-la-s gross, Lit. stů-lij-s Baumstumpf, Goth. stau-j-an stagnare, inhibere, Ahd. stauv-an, stouv-an, Mhd. stouw-en, Nhd. stau-en (*Graff, Althochd. Sprach.* VI, 726), Sanskr. sthâv-ara-s fest, Griech. σταυ-ρό-ς Pfahl, Lat. in-stau-r-are, re-stau-r-are, Lit. stov-ju stehe, Griech. στεῦ so stellte sich an (*Curt. Gr. Et. n.* 223. 216. 217. 2. *A.*). Da in diesen Wortformen neben einander die vokalischen Laute û, ü, au, ou, eu erscheinen, so kann ich nicht umhin anzunehmen, dass in denselben eine Nebenform stu- der Wurzel sthâ- zu Grunde liegt, deren Vokal u durch Vokalsteigerung zu au, ou, eu wurde. Oder soll hier ein Suffix u an die Wurzel sthâ: getreten sein? Im Lateinischen und in den verwandten Sprachen stehen neben einander mit gleicher Bedeutung eine Wurzel la- und lu-. Die erstere erscheint in Griech. λά-ω, λη-ίς, λε-ία, in λά-τρι-ς Söldner, λά-τρο-ν Lohn (*Curt. Gr. Et. n.* 536. 2. *A.*) und in Lat. la-tro, das im Altlateinischen „Söldner" bedeutet, *Varro, L. L.* VII, 52: Latrones dicti — qui conducebantur, ea enim merces Graece dicitur λάτρον. *Fest. p.* 118. *V*: Latrones eos antiqui dicebant qui conducti militabant ἀπὸ τῆς λατρείας. *Plaut. Mil.* 948: Ad Seleucum regem misi parasitum meum, Ut latrones quos conduxi hinc ad

Seleucum duceret. Die Wurzel la- der vorstehenden Wörter ist dieselbe wie Sanskr. Wz. lā- sumere, capere (*Westerg. a. O. p.* 17), deren Bedeutung für die Begriffe Beute, Lohn, Söldner, Räuber gut passt. Als gleichen Ursprungs mit denselben sind erkannt worden Sanskr. lō-ta-s, lō-ta-m, lō-tra-m Beute, Griech. ἀπο-λαύ-ω, Lat. lav-er-na Diebesgöttin, lav-er-o-io Dieb, lū-eru-m Gewinnst, Goth. lau-n, Kirchsl. lov-iti jagen, greifen, lov-a Jagd (*Curt. a. O.*). Diesen Wortformen liegt also eine Wurzelgestalt lu- zu Grunde. Wenn nun lu-ere, re-lu-ere, so-lv-ere, Griech. λύ-ειν, λύ-τρο-ν, Goth. liu-s-an, lau-s von einer Wurzel lu- dissecare stammen (*Curt. a. O. n.* 546. *Verf. Krit. Beitr. S.* 151. 516), so erscheint es schwer glaublich, dass diese Wz. lu- zerschneiden von jener lu- nehmen, wegnehmen ursprünglich verschieden gewesen ist. Wir brauchen doch auch „Erlös" in dem Sinne von „Einnahme" und „Geld lösen" für „Geld einnehmen".

Auch die Wurzelform sku- tegere (*Westerg. a. O. p.* 49) führt auf eine ursprüngliche ska- zurück. Diese erscheint in Sanskr. chā-jā für *skū-jā Schatten, dem Griech. σκο-ιά, σκ-ιά entspricht, wie auch in σκό-το-ς, σκη-νή u. a. (*Curt. a. O. n.* 112). Dieselbe Wurzel ska- ist mit d erweitert in Sanskr. Wz. chā-d tegere, operire (*Westerg. a. O. p.* 127) für ska-d- und Goth. ska-du-s Schatten (mit unverschobenem d, *Aufr. Z. f. vergl. Spr.* I, 361. *Pott, E. F.* I, 243), Lat. ca-s-tru-m u. a. *Curt. a. O.*). Auch in der Wurzelform sku- neben ska- vermag ich nur eine Abschwächung des a zu u zu erkennen.

Ich gelange also zu dem Ergebnis, dass ursprünglichen auf a auslautenden Wurzeln sowohl im Sanskrit als in den verwandten Sprachen einerseits mit m erweiterte Wurzeln zur Seite stehen, andrerseits auf u auslautende Wurzeln, dass aber dieses u mit jenem m nichts zu schaffen hat. Wenn also Ascoli Lat.

nuere

von der Wurzelform Sanskr. na-m- herleitet, so irrt er. Das Richtige ist, dass na-m- von einer ursprünglichen Wurzel na- nebst gebildet ist wie ga-m-, dra-m-, bhra-m-, ra-m-, sta-m- von ga-, dra-, bhra-, ra-, stha-, und die Wurzelform nu- sich zu na- verhält wie dru-, gu-, dhru-, pru-, du-, dhu-, stu-, lu- zu dra-, ga-, dhra-, pra-, da-, dha-, stha-, la-, deren u ich als Abschwächung von a gefasst habe. Dass die Wurzelform nu- dieselbe ist wie Sanskr. Wz. nu- laudare (*Westerg. a. O. p.* 45) und dieses nu- eigentlich „sich beugen, anbeten" bedeute, wie Lottner annimmt (*Z. f. vergl. Spr.* VII, 170) ist nahe liegend. Es fragt sich nun, in welchem Verhältniss

congruere, ingruere

zur Wz. kra-m- gradi, incedere, transgredi (*Westerg. a. O. p.* 223) stehen. Ich habe diese beiden Composita von Wz. gru- tönen, hergeleitet, so dass con-gru-ere eigentlich „zusammenstimmen", in-gru-ere „anlauten, drauf hin lauten" bedeutet hätte (*Krit. Beitr.* S. 54). Schweitzer wendet dagegen ein, dass diese Grundbedeutungen in jenen Verben nicht zu finden seien. (*a. O.* 305). Für meine Ansicht spricht, dass congruere in der älteren Sprache, namentlich bei Plautus, Terentius, Cicero und Livius ausschliesslich in der Bedeutung „zusammenstimmen" vorkommt, erst später bei Plinius, Seneca, Vitruvius und Valerius in dem Sinne „zusammentreffen, zutreffen"; zuzugeben ist aber, dass ingruere die Bedeutung „anlauten, gegen an tönen" thatsächlich im Sprachgebrauche nirgends hat, sondern nur mit dem Sinne „drohend oder gewaltsam herannahen, heranstürmen" vorkommt. Schweitzer meint, wenn die von mir angenommene Grundbedeutung in con-gru-ere, in-gru-ere läge, so hätte man sie von Sanskr. Wz. gar- herzuleiten, also wie gar-r-lo, gar-r-ulu-s, gru-s Griech. γέρ-ανο-ς (*Curt. Gr. Et. n.* 133. 129 2. *A.*). Dieser Einwurf erscheint mir namentlich im Hinblick auf gru-a, gru-ere, gru-nn-ire so wohl begründet, dass ich meine Ableitung der obigen Composita von grú- für unbegründet halten und zurücknehmen muss. Ich gebe aber Schweitzer auch darin Recht, dass ich nicht mehr „lauten, tönen" als die Grundbedeutung der Wurzelform gru- von con-gru-ere, ingru-ere ansehe, sondern „schreiten". Hiernach erkläre ich diese Wörter folgendermassen.

Neben der erweiterten Wurzel kra-m gradi, incedere, transgredi (*Westerg. a. O. p.* 223) findet sich die einfache Wurzel kra- in der Form -krā schreitend, gehend als zweites Glied von Compositen, zum Beispiel in uda-dhi-krā- (*Boethl. u. R. Sanskrw.* II, 477, 496). Da im Lateinischen d häufig als Rest eines an Wurzeln und Wortstämme gefügten Suffixes erscheint

(*Verf. Krit. Beitr. S.* 109 f.), so leite ich von der Wurzel kra-gra-d-us und gra-d-ior, indem k sich vor folgendem r zu g erweichte wie in grabatus, Agrigentum, Agragans. Nun wird von den Grammatikern eine unbelegte Wurzel klu- se movere angeführt (*Westerg. a. O. p.* 42. *Boethl. u. R. a. O.* II, 518) die jedenfalls aus kru- hervorgegangen sein kann. Dass diese Wurzel kein reines Hirngespinnst Indischer Grammatiker ist, dafür sprechen ja die angeführten Fälle, wo im Sanskrit neben den auf a auslautenden Wurzeln auf u auslautende mit gleicher und ähnlicher Bedeutung stehen. So erscheint auch neben kragradi klu- für kru- se movere. Aber selbst wenn man dieser von den Grammatikern überlieferten Wurzel alle Glaubwürdigkeit absprechen wollte, so könnte sich doch die Wurzel kra- im Lateinischen zu cru- und gru- gestaltet haben wie da-, dha-, la-, na- u. a. zu du-, dn-, lu-, nu-. Da nun die Bedeutung „anlauten, gegen an tönen" für ingru-ere nirgends nachweislich ist, da im Lateinischen convenire von der Grundbedeutung zusammenkommen zu dem Sinne „zusammenstimmen, übereinstimmen, eins werden" gelangt ist, da in dem deutschen Worte „übereinkommen" sich eine ähnliche Vergeistigung der Bedeutung zeigt, so schliesse ich, dass auch con-gru-ere ursprünglich „zusammenschreiten" bedeutet, dann „zusammenstimmen", also von der Nebenform kru- der Wurzel kra- abzuleiten ist, die in Sanskr. Ws. kra-m- durch m, in gra-du-s, gra-d-ior durch ein mit d anlautendes Suffix erweitert ist. Es verhalten sich also zu einander die Wurzelformen kra-, gru-gra-d- schreiten, gerade so zu einander, wie die oben besprochene ska-, sku-, ska-d- bedecken. Vergleicht man nun aber Lat. gra-d-ior, Goth. skrei-t-an, Ags. screa-d-ian, Schwed. skrä-t-a, Alts. Ahd. scri-t-an, Nhd. schrei-t-en, Lett. skree-t (*Gabel u. L. Ulfil. Gloss. p.* 164. *Pott, E. F.* I, 205), so wird man darauf geführt, skra- als die ursprüngliche Gestalt der hier behandelten Wurzelformen kra-, kra-m, gra-d-, gru- anzunehmen (*vergl. Verf. Krit. Beitr. S.* 457).

Nach dem Gesagten bedarf Ascolis Annahme
arguere
sei aus Sanskr. adhi-gam- entstanden, kaum noch einer Widerlegung, da u nicht aus am hervorgegangen sein kann. Die Bedenken aber, welche dieser Gelehrte gegen die Zusammenstellung

der Wörter arg-u-ere, arg-u-mentu-m, arg-u-tu-s, arg-u-ti-ae mit Griech. ἀργ-ό-ς hell, Sanskr. arg-una-s licht u. a. (*Curt, Gr. Et. n.* 121 2. A.) vorbringt, sind von keinem Belang. Dass arg-u-ere nach dieser Etymologie ursprünglich etwa bedeutet hätte „ich streiche mit Kalk an", ist eine Erfindung, da ja arg-illa garnicht Kalk bedeutet, sondern Thonerde, und diese lediglich von ihrer hellen, lichten Farbe so benannt ist, ebenso wie das Silber Lat. arg-entu-m, Osk. arag-eto-m, Griech. ἄργ-υρο-ς, Sanskr. rag-ata-m. Wenn candidus zunächst die weisse, lichte Farbe bedeutet, dann in Verbindungen wie anima candida „geistig glänzend, rein", dann konnte sicherlich auch arg-u-ere zunächst von körperlichen, sinnenfälligen Dingen gesagt „licht machen, hell machen", dann auf die Geisteswelt übertragen „aufhellen, ans Licht stellen, klar machen, beweisen" bedeuten. Für verfehlt muss ich ferner die Ableitung von

dux, ducere

von einem angeblichen indogermanischen Wurzelpaar du-, dam- mit der Grundbedeutung premere halten (*Ascoli, a. O.* 424.) Die Wurzel dam- bedeutet „zahm, sanft sein" und „zähmen, bändigen, bezwingen, bewältigen" (*Boethl. u. R. Sanskrw.* III, 515). Die Bedeutung premere erscheint weder im Sanskrit ausgeprägt, noch in einer der verwandten Sprachen. Ja aus Griech. δάμ-αρ, Goth. gatam-ja-n, Ahd. zam-i, Nhd. zahm, wird man darauf geführt, die Bedeutung „sanft sein" als die ursprüngliche in der vorliegenden Wurzel anzusehn, die Boethlingk und Roth auch voranstellen. Auch die Wurzel du- kommt in der angeblichen Grundbedeutung premere nirgends zum Vorschein. Von einer Sanskr. Wurzel du- sind die Bedeutungen „brennen, verbrennen, vor innerer Hitze vergehen, vor Kummer, Trauer vergehen" nachgewiesen (*Boethl. u. R. a. O.* III, 661). Ausserdem wird eine von den Grammatikern überlieferte, aber unbelegte Wurzel du- mit der Bedeutung „gehen, sich bewegen" angeführt (*a. O.* 662). Der Sinn der ersteren Wurzel du- wie der Wurzel dam- liegt also weit ab von der Bedeutung der lateinischen Wörter dux, ducere. Aus einer Wurzel du- „gehen, sich bewegen" liessen sich dieselben als weiter gebildet durch ein mit c anlautendes Suffix (*Verf. Krit. Beitr.* S. 39 f.) wohl erklären; da die Wurzel du- in dieser Bedeutung aber unbelegt ist, so bliebe diese Erklärung mindestens unsicher. Ein Zusammenhang zwischen dux, duc-ere und Sanskr. Wz. duh-melken, ausmelken, Saft auspressen, ausbeuten, Nutzen, Vortheil aus etwas ziehen (*Pott, E. F.* I. 282) ist schon deshalb in Abrede zu stellen, weil dem Sanskr. h im Auslaute von Wurzeln gewöhnlich Lateinisches g, selten h, niemals aber c entspricht. Ich muss demnach bei der Zusammenstellung von duc-ere, dux mit Goth. tiuh-an, Ahd. ziuh-an und -zoh-o, -zog-o in heri-zoh-o, heri-zog, her-zog stehen bleiben ohne die Wurzel dieser Wörter weiter mit Sicherheit nachweisen zu können. Die Ableitung des Lateinischen

crux

von Sanskr. Wz. çram- (*Ascoli, a. O.*) wäre lautlich möglich durch die Mittelstufen cran-c-, crun-c, scheint mir aber auch nicht einleuchtend. Die Wurzel çram- bedeutet dolore vexari, defatigari (*Westerg. a. O. p.* 237). Die Bedeutung vexare kommt in cruc-i-are erst durch Verallgemeinerung der Vorstellung hinein; ursprünglich bedeutet dieses Denominativum des Stammes cruci- nur „ans Kreuz schlagen". Crux bedeutet einen Pfahl mit einem Querholz, das verschieden angebracht sein konnte. Nun findet sich im Sanskrit die Wurzel kruuc'- mit der Bedeutung „krümmen, sich krümmen, sich in Krümmungen bewegen" (*Westerg. a. O. p.* 96, *Boethl. v. R. a. O.* II, 504). Von dieser Wurzel leite ich crux, so dass es eigentlich ein gekrümmtes, nach verschiedenen Richtungen ausgestrecktes Ding bezeichnet.

Keine einzige der Etymologien, die auf der falschen Annahme beruhen, -am habe sich im Lateinischen zu u gestaltet, erweist sich also als stichhaltig.

N.

Schon oben ist davon die Rede gewesen, dass von den auf -nt auslautenden Participialstämmen im Lateinischen das t nicht abfalle. Aber auch das n derselben erhält sich durchgehends in der älteren wie in der Klassischen Zeit der Lateinischen Sprache, und die Beispiele vom Schwinden des-

selben in Formen wie regnate, Constall, mereti gehören der
späteren Sprache an (*Verf. Ausspr.* I, 100. *Schuchardt, Vokal.
d. Vulgärlat.* I, 106). Nur die Form praegnatem aus einem
Bruchstücke des Afranius für praegnantem scheint davon eine
Ausnahme zu machen. Aber diese beruht lediglich auf der
Schreibweise pregnatem einer Noniushandschrift, neben der die
Variante praegnantem vermerkt ist (*Non. p.* 199. *Gerl.*). In
dieser Handschrift, die schon an sich kein erhebliches Gewicht
hat, kann praegnatem aus der Aussprache der Lateinischen
Volkssprache hineingekommen sein, wie so viele andere Schreibweisen in den Handschriften diesen Ursprung haben. Wenn in
eg-es-ta-s, pot-es-ta-s für *eg-ent-ta-s, *pot-ent-ta-s
das n des Participialstammes geschwunden ist, so liegt das
darin, dass das t desselben vor dem t des herangetretenen Suffixes -tat ru s geschwächt ist wie in sequ-es-tri-s für *se-
qu-ent-tri-s (*Verf. Krit. Beitr.* S. 413. 419), vor folgendem s
aber der Nasal überaus häufig schwand (*Verf. Ausspr.* I, 97 f.)
Also dieses s hat auch in eg-es-ta-s, pot-es-ta-s das Schwinden des participialen n verursacht. Wo diese Ursache nicht
vorhanden war, kann man auch die Wirkung nicht annehmen,
also unmöglich aus jenen beiden Wörtern folgern, dass das n vor
t zahlreicher Participialstämme im Lateinischen ausgefallen sei,
wie dies Meyer sich erlaubt (*Vergl. Gram.* II, 90). Da also
das n vor t in Lateinischen Participialstämmen in der älteren
und klassischen Zeit der Sprache ein so fester Laut war, so ist
man auch nicht berechtigt, ganze Klassen von Wortformen, deren
Suffix ein t zeigt, für Participialstämme zu erklären, in denen
ein n vor dem t geschwunden sei. Dies ist von Henfey geschehen für die Lateinischen Nomina, welche die Stammendungen
-i-t, -e-t, -t
zeigen, also den Nominativ auf -es, den Genitiv auf -itis, -etis
bilden, indem er dieselben wie so zahlreiche andere Wortformen
auf die Sanskritsuffixe -ant, -vant, -mant zurückführt (*Götting. Gel. Anz.* 1852. S. 543). Für die Suffixform -et ist dasselbe auch von Ebel geschehen, der in derselben eine angebliche
schwache Participialform findet (*Z. f. vergl. Spr.* I, 297. 304).
Seitdem hat Walther die schlagende Analogie der Lateinischen
Nomina auf -i-t mit den Griechischen auf -α-τη, -ο-τη,
-ετη, -ι-τη nachgewiesen (*Z. f. vergl. Spr.* X. 104 f.), die

das handelnde Wesen bezeichnen. Wenn neuerdings Denfey wenigstens in den Kompositen wie superste-(t)-s, sacer-do(t)-s das t als Rest eines mit t anlautenden Suffixes bezeichnet (*Z. f. vergl. Spr.* IX, 107), so hat er für diese dieselbe Ansicht wie Walther. Selbst Meyer nimmt dieser bei für das eine Wort eque-(t)-s, indem er sagt, dasselbe scheine im Grunde ganz dasselbe zu sein wie ἱππό-τη-ς (*Vergl. Gram.* II, 99). Nichts desto weniger bringt er die übrigen Bildungen auf -e-t, -i-t wieder theils unter das Suffix -ant (*a. O.*), theils unter das Suffix -mant (*a. O.* 270 *f.*). Er behauptet zum Beispiel comes sei entstanden aus comeont-, satelles wahrscheinlich aus einem Altindischen samtarjant-, pedes aus padjant-, superstes aus superstent-, sacerdos aus sacerdont-, limes aus llkhmant-. Dass Meyer dabei Walthers Abhandlung als nicht vorhanden behandelt, wird diesen Aufstellungen in den Augen von Sachkundigen wohl schwerlich einen Halt geben. Die einfache Thatsache, dass das n der Participialstämme auf -nt vor t nicht schwand ausser in der spätlateinischen Sprache, zieht diesen willkührlichen Behauptungen den Boden unter den Füssen weg, mag man sie auch noch so oft wiederholen. Die nachfolgende Abhandlung hat den Zweck, die oben angeführte Ansicht Walthers über die Suffixform -i-t näher zu begründen, zu berichtigen und zu erweitern, indem sie auch die Suffixformen -et und -it mit in die Untersuchung zieht. Dass das Suffix -τη der Griechischen Nomina, welche das handelnde oder besitzende Wesen bezeichnen, nicht aus- τηρ entstanden sei, wie Bopp annimmt (*Vergl. Gram.* I, 300. III, 187. 2. A.), ist bereits von anderen nachgewiesen (*Pott, E. F.* II, 339, *Schweitzer, Z. f. vergl. Spr.* II, 299). Diesem Suffix τη- steht im Sanskrit, Zend und Lateinischen kein entsprechendes Suffix -ta zur Seite. Wohl aber erscheint im Sanskrit ein gleichbedeutendes männliches Suffix -ti, welches die handelnde Person bezeichnet; so in ja-ti-s Bändiger, pa-ti-s Herr, Gatte, sap-ti-s Renner (*Bopp, a. O.* III, 244 *f.*). Diesen entsprechen im Lateinischen folgende Bildungen:

vec-ti-s

Hebel, Hebebaum, Hamme, Brecheisen als „Heber" oder „Beweger", von veh-ere, fos-ti-s, hos-ti-s

von Sanskr. Wz. ghas- in ghas-ra-s verletzend, schädigend, also „der Verletzer, Schädiger" (*Verf. Krit. Beitr. S.* 217 *f.* 233). Ebenso gebildet ist

tes-ti-s von Wz. tras-, das schon oben besprochen ist (*S.* 39 *f.*).

fus-ti-s

bringt Froehde zusammen mit Goth. gazds κέντρον, so dass das Lateinische f wie das Gothische g im Anlaut aus ursprünglichem gh entstanden wäre (*Beitr. z. Lat. Etymol. S.* 3). Aber die Bedeutungen „Knüttel, Prügel" und „Stachel" sind so verschieden, dass man ohne den Nachweis der Wurzel, von der die beiden Wörter ausgegangen wären, an ihre Zusammengehörigkeit nicht glauben kann. Fus-ti-s leite ich von derselben Wurzel ab, von der of-fen-d-ere, de-fen-d-ere, in-fensus-, in-fes-tu-s, con-fes-tim stammen, das heisst von Wz. han- schlagen, entstanden aus dhan- (*Pott, E. F.* I, 255. II, 61. 551), die im Lateinischen -fen-d-ere mit d weiter gebildet ist (*Verf. Krit. Beitr. S.* 182). Fus-ti-s ist also entstanden aus *fond-ti-s durch die Zwischenstufen *fons-ti-s, fos-ti-s, wie in-fes-tu-s aus *in-fend-tu-s durch die Mittelstufe *infens-tus. In Bezug auf die Ablautung des Wurzelvokals stehen diese Wörter neben einander wie pond-us und pend-ere. Von *fos-ti-s hat sich aber das o vor st zu u verdunkelt wie in arbus-tu-m neben arbos (*Verf. Ausspr.* I, 265);

pos-ti-s

entspricht dem Ahd. fas-ti, fes-ti, Nhd. fes-t (*Leitner, Z. f. vergl. Spr.* V, 240. *Schade, Altd. Wörterb. S.* 105) und zeigt dieselbe Wurzelform wie pos-elvei, pos-eit, pos-it, poslerunt (*C. I. Lat. N. I, p.* 590), po-sui, pos-itu-s, von der in po-n-ere das s vor folgendem n wegfallen musste. Pos-ti-s bedeutet also eigentlich „Festiger";

tus-si-s

ist jedenfalls zunächst entstanden aus *tus-ti-s. Pott leitet das Wort von Wz. tud- in tund-ere (*E. F.* I, 186), Pictet von Wz. tus- sonare wie Ahd. dos-on, Nhd. tos-en (*Z. f. vergl. Spr.* V, 347 *f.*). Diese letztere Erklärung ist der Bedeutung wegen einleuchtender, zumal da auch Sanskr. kas-a- Husten, Ahd. huos-to, Alts. hos-ti, Nhd. hus-ten von einer „Wurzel stammen, die ein Tönen bezeichnen, nämlich kās -ingratum sonum reddere (s. O. Westerg. a. O. p. 304). Tus-si-s bezeichnet also den Husten als „Krächzer". Hier kommen auch eine Anzahl von Adjectivbildungen in Frage; so

po-ti-s

verglichen mit Sanskr. pa-ti-s Herr, Gatte, Griech. πό-σι-ς, δεσ-πό-τη-ς (Curt. Gr. Et. n. 377. 2. A.). Hier zeigt das letztere Wort verglichen mit den anderen recht einleuchtend, dass Griech. -τη, Sanskr. Lat. -ti und Griech. -σι nur verschiedene Formen desselben Grundsuffixes -ta sind. Neben po-ti-s erscheint eine feminine Form Po-ta in dem Namen der Siegesgöttin Vica Pota, wozu sich weiter unten analoge Formen finden werden. In

forc-ti-s, for-ti-s

ist das Suffix -ti anderen Ursprungs, nämlich aus -to abgeschwächt wie die Nebenformen forc-tu-m, horc-tu-m zeigen (Verf. Krit. Beitr. S. 171). Ebenso verhält es sich mit

tris-ti-s

von Sanskr. Wz. tras-, tremere, timore trepidare, timere (Westerg. a. O. 305), von der auch terr-ere für *ters-ere stammt (Curt. a. O. n. 244. 2. A.). Dieses führt auf eine Form *tres-ti-s, aus der tris-ti-s ward, indem das l des Suffixes sich das e der vorhergehenden Silbe assimilierte (vgl. Verf. Ausspr. I, 306, s. oben S. 52). Man könnte tris-ti-s als „Zitterer" erklären; aber die thatsächliche Bedeutung des Wortes im Lateinischen Sprachgebrauche weist doch auf ein leidendes, nicht auf ein handelndes Wesen. Ich glaube daher, dass sich tris-ti-s in der Bedeutung zunächst an terr-ere anschloss und wie Sanskr. tras-ta-s (Bopp, Gloss. Sanscr. p. 70) perterritus bedeutete. Tris-ti-s entstand also auf Lateinischem Sprachboden aus *tris-tu-s wie for-ti-s, forc-ti-s aus forc-tu-s.

Dasselbe Suffix -ti wie in hos-ti-s, tes-ti-s u. s. ist auch enthalten in der Suffixform

-a-ti

der Bildungen prim-a-ti-s, optim-a-ti-s und der Völkernamen Arpin-a-ti-s, Capen-a-ti-s, Arde-a-ti-s u. a. (Verf. Ausspr. II, 57). Diesen Bildungen liegen im Allgemeinen und überall denominative Verba der A-conjugation zu Grunde, also *prim-a-re, *optim-a-re u. a. wie den Wortformen auf

-a-li, -a-ri, -a-rin-s, -a-tu, -a-tru, -a-bro, -a-bulo, -a-bili, -a-cro, -a-culo, -a-tro, -a-tili, -a-no, -a-n-eo, so dass nicht zu jeder dieser Bildungen ein denominatives Verbum der A-conjugation wirklich im Sprachgebrauche vorhanden gewesen ist, sondern nur von einem Theile derselben und die grosse Masse dann der Analogie dieser gefolgt ist (*Verf. Krit. Beitr. S.* 339). Dass diese lateinischen Bildungen auf -a-ti den Griechischen Einwohnernamen auf -α-τη wie $Πισ$-$ά$-$τη$-$ς$, $Σακρι$-$ά$-$τη$-$ς$, $Κροτωνι$-$ά$-$τη$-$ς$ entsprechen (*Pott, E. F.* I, 558 f. *Walther, a. O.* 196) ist einleuchtend. Die Lateinische Suffixform -ti steht hier neben der Griechischen -τη wie in po-ti-s neben -$πο$-$τη$-$ς$ in $δεσ$-$πό$-$τη$-$ς$.

Wie sich nun das feminine Suffix -ti zu blossem -t abstumpft in den Nominativformen sor-(t)-s neben sor-ti-s, men-(t)-s, len-(t)-s, gen-(t)-s, ar-(t)-s, par-(t)-s (*Verf. Ausspr.* II, 57), so ist das männliche Suffix -ti ebenfalls zu -t abgestumpft in den Nominativformen prima-(t)s, optima-(t)s, Arpina-(t)-s, Capena-(t)-s (*a. O.*). Ebenso ist das t des männlichen Suffixes -ti geschwunden in den Compositen:

com-po(t)-s, vgl. po-ti-s, Fem.-Po-ta, Gr. $δισ$-$πό$-$τη$-$ς$
im-po-(t)-s, Skr. pa-ti-s,
      Gr. $πό$-$σι$-$ς$,

Mit diesen vergleiche man:

anti-ste-(t)-s,   Fem. anti-sti-ta, Gr. $ἀνα$-$στά$-$τη$-$ς$,
inter-ste-(t)-s. Osk. Anter-sta-ta, $ἀπο$-$στά$-$τη$-$ς$,
Prae-ste-(t)-s, Umbr. Pre-sta-ta, $προ$-$στά$-$τη$-$ς$.
        Pre-sto-ta, $ἐπι$-$στά$-$τη$-$ς$.
super-ste-(t)-s,
(vergl. *Momms. Unterit. Dial. p.* 128, 129. *A. K. Umbr. Sprachd.* II, 418). Es erhellt, dass auch von den hier in der ersten Kolumne stehenden Kompositen das Suffix -ti zu t abgestumpft ist, wenn man auch die spätlateinische Form des Nom. Plur. Sing. anti-sti-te-s (*Bullet. d. J. archeol.* 1862. p. 151) nur als eine missbräuchliche Verwendung des Nom. Plur. zum Nom. Sing. ansieht (*vgl. Schuchardt, Vok. d. vulgärlat. S.* 35). Dasselbe ist geschehen in

   hos-pe-(t)-s neben   Fem. hos-pi-ta.

In dem zweiten Bestandtheile des Compositum hos-pi-t-

entspricht -pi-t, -pe-t dem Sanskr. pa-ti- Herr, Schützer
von Sanskr. Wz. pâ- tueri (*Curt. Gr. Et. n.* 377. 2. A). Der
erste Bestandtheil hos- ist eine Verstümmelung von hos-ti-;
hosti-pit- ist zu hos-pit- geworden, indem das auslautende i
des Stammes hosti- schwand, dann auch das t des Suffixes -ti
ausgestossen wurde wie in men-ceps für *menti-ceps. Aehnlich
ist durch Schwinden eines i der erste Theil Lateinischer Composita
mehrfach verstümmelt; so in sin-ciput, prin-ceps, of-fi-
cium, pel-luvium, se-libra, se-s-tertius, sin-cinium,
homi-cidium, Sangui-suga, pau-per, sti-pendium,
cor-dolium, veni-ficium (*Verf. Ausspr.* II, 49 *f.*), Mar-por
für Marci-por (*Bullet. d. J. archeol.* 181. *p.* 251), Nae-
port für Naevi-pori (*a. O.*). Hostis bedeutet im Lateinischen
auch Fremder, daher hos-pe-(t)-s „Fremdenschützer", also
Gastfreund. Dasselbe zweite Compositionsglied ist enthalten in

  sos-pe-(t)-s   Fem. Sos-pi-ta
          Sis-pi-ta
          Seis-pi-te-i
          Sis-pi-te-m

(*vgl. C. I. Lat. Mumms. I,* n. 1110. *Fest. p.* 343). In dem ersten Bestandtheile dieser Composita sos- hat schon Pott mit älteren Lexikographen ein Substantivum *sos von der Wurzel sa-
in σά-ος, σα-ό-ω gesehen (*E. F.* I, 279), die auch in sa-
nu-s enthalten ist (*Curt. Gr. Et. n.* 570. 2. A.). *Sos zusammengezogen aus *sa-os ist gebildet von Wz. sa- wie mos für
*ma-os von Wz. mâ- messen (*Schweitzer., Z. f. vergl. Spr.* II,
301. *vgl. Meyer a. O. V*, 370). Sos bedeutet demnach „Heil",
also sos-pe-(t)-s „heilschützend". In diesem Sinne braucht
Ennius das Wort. *Fest. v. sospes, p.* 301: Ennius videtur serva-
torem significare, cum dixit: „Quo sospite liber" (*vgl. Enn. Vahl.
p.* 84). In diesem Sinne bedeutet Juno Sos-pi-ta die „heil-
schützende, die Schützerin, Retterin" Juno. Aber schon in alter
Zeit hat sos-pe-(t)-s die passive Bedeutung erhalten „geschützt,
heil, unversehrt." In den alten Formen Seis-pi-te-i, Sis-pi-
te-m, Sis-pi-ta ist das o der ersten Silbe durch das i der
folgenden zu i assimilirt; das ei der ersteren Form bedeutet
nur eine nach e hinneigende Aussprache des langen i. Wie
Prae-str-(i)-s zu προ-στά-της, com-po-(t)-s zu διά

πό-τη-ς, so verhalten sich in Bezug auf ihr zweites Compositionsglied zu einander

sacer-do-(t)-s und προ-δό-τη-ς.

Wenn Walther die hier besprochenen Composita beachtet hätte, so würde er nicht zu der irrigen Vorstellung gelangt sein, in sacer-do-(t)-s sei das d ein Suffix und das o derselben Art wie in segr-o-tu-s (a. O. 204). In sacer-do-(t)-s ist am Ende des ersten Compositionsgliedes ein aus dem o des Stammes sacero-, sacro- abgeschwächtes i geschwunden wie in sin-ciput, prin-ceps u. s. für *semi-ciput, *primi-ceps. Das männliche Suffix -t hat sich im zweiten Compositionsbestandtheile -do-t- zu -t abgestumpft, wie das weibliche -ti in do-(t)-s verglichen mit Griech. δώ-(τ)-ς, δώ-τι-ς, δό-σι-ς. Jenes -do-t- von Wurzel dhâ- abzuleiten (*Schleicher*, *Compend*. II. 305), muss ich schon wegen dieser verglichenen Wörter für unrichtig halten. Dazu kommt, dass ja exta dare dais in der alten römischen Priestersprache ein geläufiger Ausdruck war und dare in zahlreichen Weihinschriften der Ausdruck ist für das Darbringen der den Göttern geweihten Gaben. Also bedeutet auch sacer-do-(t)-s „Opfergaben". Ein Compositum derselben Art ist

com-e-(t)-s,

dessen zweiter Bestandtheil -i-ti- ein von Wurzel i- gehen mit dem männlichen Suffix -ti gebildetes Nomen ist, dessen -ti sich zu -t abgestumpft hat. Walther verirrt sich zu der Behauptung, das Wort sei gebildet, indem an die Präposition com das Suffix -mo trat und an die so gebildete Wortform das Suffix -it (*a. O.* 200). Wäre das der Fall, so würde das Wort ein doppeltes m zeigen wie commeare, committere, commovere, communis u. s. Ueberdies bedeutet ja com-e-(t)-s nicht der „Zusammenseiende" sondern der „Zusammengehende, Mitgehende", daher com-i-t-i-u-m der „Platz wo man zusammenkommt" und die „Versammlung, welche zusammenkommt". Auch

tra-me-(t)-s

ist für ein Compositum erklärt worden, dessen zweiter Bestandtheil von der Wurzel i- gehen stamme (*A. K.* *Umbr. Sprachd.* I, 157). Aber von einem mit trans gleichbedeutendem *tram findet sich sonst weder im Lateinischen noch in den Italischen Dialekten noch in den verwandten Sprachen eine Spur. Ich kann deshalb dieser Erklärung nicht beistimmen. Walther meint, von trans, tra- sei zuerst ein Nominalstamm tra-mo- gebildet mit der Bedeutung von transversus nach der Analogie von pri-mo-, de-mo-, sum-mo-, und von diesem tra-me-(t)-s (a. O. 199.). Auf diese Weise erhält man für dieses Wort die Grundbedeutung „verqueres Ding", was für den Begriff „Pfad, Weg" in tra-me-(t)-s mindestens eine unklare Bezeichnung wäre. Für die Bezeichnung des Weges erwartet man irgend ein Verbum der Bewegung verwandt, das bezeichnet, dass derselbe, wie wir sagen „geht, läuft, sich hinzieht, hinschlängelt, irgendwo hinführt". So sind von Verben der Bewegung gebildet Lat. via, O.-k. vio, Goth. vig-s von Sanskr. Wz. vah- vehere (*Curt. Gr. Et. n.* 169. 2. *A.*), οἶ-μο-ς, ἴ-θ-μα, ἴ-τερ von Wz. i-ire (*a. O. n.* 615) ὁ-δό-ς von Sanskr. Wz. sad- adire (*a. O. n.* 281), Ahd. ga-tvo, Altn. ga-ta, Pfad, Gang, Gasse, Alts. Ahfr. ga-t Ahd. ga-za, Nhd. ga-sse, Wörter die wie Goth. gag-ga-n, Altn. gan-ga, Ahd. gan-ga-n von der einfachen Wurzel ga-, gehen stammen (*Gabel. u. L. Ulfil. Gloss.* p. 36. 83. *Schade. Altd. Wörterb.* S. 167). Ebenso bezeichnet com-pit-u-m den Kreuzweg als den „zusammengehenden" von pet-ere gehen wie im-pet-u-s, prae-pet-es (aves). Eine solche Bezeichnung durch ein Verbum der Bewegung ist auch in tra-me-(t)-s vorhanden, und zwar ist der zweite Theil des Compositum die Wurzel des Verbum me-a-re gehen. Dieses ist ein Denominativum vom Nominalstamme me-o- oder me-a- von der Wurzel me-, mi-, Sanskr. mi gehen (*Westerg. Rad. l. Sanskr.* p. 39). Tra-me-(t)-s bedeutet also den Fusspfad, den Seitenpfad als „hindurchgehenden". Auch

se-mi-ta

ist demnach nicht von einem Nominalstamme se-mo-, von der Präposition se- mit dem Suffix -mo gebildet (*Walther, a. O.*), herzuleiten, sondern ein Compositum mit jener Präposition, dessen zweiter Theil -mi-ta die Sanskr. Wz. mi- gehen zeigt, deren i sich in me-a-re wegen des folgenden Vokals (*Verf. Aussprache* I, 300) in der Nominativform tra-me-(t)-s wegen der folgenden zwei Consonanten zu e gestaltet hat. In Bezug auf seinen zweiten Compositionsbestandtheil steht also se-mi-ta neben tra-me-(t)-s wie Sos-pi-ta neben Sos-pe-t-s, hos-pi-ta neben hos-pe-(t)-s, anti-sti-ta neben anti-ste-(t)-s. Se-mi-ta bezeichnet also den Fusspfad als den „abseits gehenden". Es fragt sich, ob locu-ple-(t)-s

hierher gehört. Deufey sieht das t desselben für den Rest des Suffixes -ti an (*Or. u. Orc.* I, 384) und sagt von dem Worte: es heisst wörtlich „Stelle füllend" = einer, der seine Stelle ausfüllt, ihr gewachsen ist, Ehre macht, daher gewichtig (z. B. testis), angesehen und endlich reich. Dabei lässt er die ausdrücklichen Angaben des Cicero und Plinius über die Bedeutung von locu-ple-(t)-s unberücksichtigt und construirt seiner Erklärung zu Liebe, Bedeutungen, die das Wort nicht hat. Von demselben heisst es, *Gell.* X, 5: P. Nigidius locupletem dictum ait ex compositis vocibus, qui pleraque loca, hoc est, qui multas possessiones teneret; *Cic. de Rep.* II, 9, 16: Tum res erat in pecore et locorum possessionibus, ex quo pecuniosi et locupletes vocabantur; *Non. p.* 29. *G.*: Pecuniosorum et locupletium proprietatem aperuit M. Tullius de republica lib. II a pecore pecuniosos et a possessionibus locorum locupletes appellatos asserens; *Plin. H. N.* XVIII, 3, 3: Locupletes dicebant loci, hoc est agri plenos. Wenn die Erklärungen des Grammatikers Nigidius Figulus und des Cicero keinen Zweifel lassen, dass in dem ersten Bestandtheile von locu-ple-(t)-s das locu- nicht „Stelle", sondern „Acker, Landgut", somit das ganze Compositum „begütert" bezeichnet, so trifft Plinius Erklärung den Nagel auf den Kopf. Wollte man in dem zweiten Theile desselben -ple-(t)-s das t als Rest des Suffixes -ti ansehen wie in tra-me-()-s, hos-pe-(t)-s, anti-ste-(t)-s u. a., so käme der Sinn heraus „die Aecker füllend", der zu der thatsächlichen Bedeutung von locu-ple-(t)-s nicht passt. Das -t des Wortes ist vielmehr der Rest des Participialsuffixes -to, so dass -ple-t- aus ple-to- entstanden und gleichbedeutend mit ple-no- ist. Oben ist nachgewiesen, dass sich in for-ti-s, tris-ti-s das Participialsuffix -to zu -ti abgestumpft hat. Ein schlagendes Beispiel, dass es sich auch zu -t abstumpfen konnte, ist

man-su-e-(t)-s

neben man-su-e-tu-s. Wie dieses Wort „mit der Hand gewöhnt" bezeichnet, wie ma-nu-fes-tu-s eigentlich „mit der Hand gestossen", ertappt" (*Verf. Krit. Beitr.* S. 182 *f.*) und mancep-s gleichbedeutend ist mit mente captus, so bedeutet locu-ple-(t)-s eigentlich „mit Acker gefüllt", genau wie Plinius erklärt: agri plenus, daher „an Acker reich, begütert". Es erhält dann die allgemeinere Bedeutung „reich". Wenn es in den Verbindungen reus locuples, testis locuples zu dem Sinne „zuverlässig" gelangt ist, so kommt das daher, weil ein begüterter Angeklagter oder Zeuge mit seinem Hab und Gut für seine Verpflichtung, Aussage oder Bürgschaft haften konnte, also verglichen mit dem proletarius oder capite census vor Gericht als zuverlässiger erschien. Ebenso ist das Participialsuffix -to zu -t abgestumpft in

ind-ig-e(t)-s

Participium Pass. eines Verbum *ind-ig-ere mit dem Sinne von invocare. Von diesem ind-ig-e(t)-s ist das denominative Verbum ind-ig-it-a-re „anrufen, anbeten" und weiter das Substantivum Neutr. Plur. ind-ig-it-a-menta „Anrufungen" gebildet. In diesen Wörtern ist der Bestandtheil -ig des zweiten Compositionsgliedes eine Verbalwurzel ag-, die auch in a-io für *agio, ne-g-o für *ne-ig-o, in ad-ag-iu-m und in den altlateinischen Wörtern ax-a-re „anrufen" (ac-s-are) und ax-a-menta „Anrufungen" der Salierpriesterschaft enthalten ist und der Sanskr. Wz. ah- „sprechen, sagen" entspricht. Daher bedeutet ind-ig-e(t)-es dii so viel wie invocati dii (*Verf. de Volscor. ling. p. 16 f.*). Zu dieser Art von Compositen muss ich auch

cae-spe-(t)-s

rechnen. Benfey leitet das Wort ber von Sanskr. çashpa- junges Gras (*Götting. Gel. Anz.* 1852. S. 544. *Chrestom. Gloss.* p. 305) und das klingt annehmlich, wenn man von dem angeblichen Suffix -vant absieht. Nichts desto weniger muss ich diese Etymologie für irrig halten. Die von Verrius Flaccus herrührende Erklärung des Wortes lautet, *Fest.* p. 45: Caespes est terra in modum lateris caesa cum herba sive frutex reclusa et truncus. Aus dieser Erklärung ergiebt sich, dass cae-spe-(t)-s ein „ausgeschnittenes Stück Erde mit dem Rasen, ein verschnittener Strauch oder Stumpf" bedeutet. Die erstere Bedeutung hat das Wort auch in der Prosa der älteren und besseren Zeit bewahrt, nur an vereinzelten Stellen von Dichtern und von Prosaisten der späteren Zeit erscheint es in der verallgemeinerten Bedeutung von gramen, Gras, Rasen. Wenn also Pott in dem ersten Bestandtheile desselben cae- eine Bildung von caed-ere vermuthete (*E. F.* I, 179), so ist das vollkommen gerechtfertigt. Es fragt sich nur, wie es sich mit dem zweiten Bestandtheile -spe-(t)-s verhält. Ich erkläre -spi-t-, wie es im Genitiv cae-spi-t-is erscheint als abgestumpft aus spi-to- und zwar als einen Participialstamm der Wurzel spi-, die in Lat. spi-ca, spi-culu-m, spi-na, Altn. spi-ot, Ahd. spi-zi, spi-z, Mhd. spi-tz, Griech. σπίζειν erscheint (s. oben, S. 109). Von dieser Wurzel gebildet konnte spi-to- ein „spitzes, scharfes, schmales oder dünnes Ding" bezeichnen, ebenso wie spi-na eine alte feminine Participialform derselben Bildung wie fa-nu-m, ple-nu-s, mag-nu-s u. a. „Dorn, Stachel, Gräte, Rückgrat als „spitze, scharfe, schmale Dinge" bezeichnet. Spi-to- steht also neben spi-na wie -ple-tolo re-ple-to- neben ple-na und aus -spito entstand durch Abstumpfung des Suffixes -to die Nominativform -spe-(t)-s in cae-spe-(t)-s wie aus sue-to-: -sue-(t)-s in man-sue-(t)-s, aus -ple-to-: -ple-(t)-s in locu-ple-(t)-s. Ebenso ist das auslautende o des Stammes geschwunden in prae-coc-s neben prae-coqu-u-s und in In-op-s neben In-op-u-s (I. R. Neapol. M. n. 7199). Es fragt sich nun, wie der erste Bestandtheil von cae-spe-(t)-s das cae- zu erklären ist. Man könnte in demselben eine Verstümmelung des Participialstammes cae-sosuchen, in dem eine adjectivische Bestimmung zu dem Nomen des zweiten Compositionsgliedes enthalten wäre. Allein für eine solche Verwendung eines Participialstammes auf -to, -so in einem Lateinischen Compositum finde ich kein Beispiel. Ich fasse daher das cae- als Verstümmelung des Nominalstammes caedi-, wie er in caedi-um erscheint. Von diesem schwand zunächst das i wie vom Stamme menti- in meu-cep-s, dann assimilierte sich das d dem folgenden s von -spe-(t)-s zu s und schwand darauf gleichfalls, da vor p nur ein s gehört und gesprochen werden konnte. Ebenso sind durch Schwinden der Silbe di- gekürzt lapi-cidina für *lapidi-cidina und die Namensformen Lap-cidius, Lap-cidio, Lap-cidiae (I. R. Neapol. M. n. 3753), deren c auf die Grundform *Lapid-i-cid-io weist. Dann ist also cae-spe-(t)-s entstanden aus *caedi-spi-tu-s wie man-sue-(t)-s aus man-sue-tu-s für *manu-sue-tu-s. In beiden Compositen steht das erste Compositionsglied dem Sinne nach im Ablativverhältniss zum zweiten. Cae-spe-(t)-s bedeutet demnach eigentlich „ein durch Schneiden spitz, scharf oder schmal gemachtes Ding", daher ein ausgeschnittenes oder verschnittenes schmales oder scharfkantiges Stück und specialisiert ein ausgeschnittenes scharfkantiges Erdstück mit Rasen in Ziegelform und einen verschnittenen scharfkantigen Stumpf. In

sece-spi-ta

erscheint als zweiter Compositionsbestandtheil die feminine Form -spi-ta- desselben Participialstammes von Wz. spi- zu der masculinen -spi-to-, die in cae-spe-(t)-s enthalten ist. Den ersten Bestandtheil sece- erkläre ich als abgeschwächte Form eines Nominalstammes sec-a- von Wz. sec- wie sic-a Dolch für "sec-a mit der Bedeutung „schneidend". Dieses erste Compositionsglied steht zu dem zweiten dem Sinne nach in dem Verhältnisse eines Adjectivum zum Substantivum wie in sin-ciput, Aheno-barbus, longi-manus, un-oculus, crispi-sulcus, seri-bibus (*Bullet. d. J. archeol.* 1865, p. 187), primi-pilus, perenni-servus, incurvi-cervicus, repandi-rostrus, alba-mamma *C. I. Lat. M. I. n.* 1501), levi-anima, bidu-ancula (*Var. Victor.* p. 2468. P.), stricti-vellae, sex-ennis, versi-pellis, reciproci-cornis, tri-ceps, quadru-pes, Crassi-pes, alti-frons (*Annali d. J. archeol.* 1864, p. 218), uno-mammia, lati-clavia, uni-viria (*Bullet. d. J. archeol.* 1862, p. 220), cav-aedium, sin-cinia, miseri-cordia, sex-fascalis *Renier, I. Rom. d. l'Algér. n.* 542. vgl. *Verf. Ausspr.* II. 48. 245), lati-clavialis (*Ackner u. Müller, Röm. Inschr. in Dacien n.* 170), primi-pilaris (*a. O. n.* 178. 475. 792), primi-pilarius, sex-fascalis (*Renier, I. Rom. d. l'Algér. n.* 2542, u. a. Der auslautende Vokal des Stammes seca- ist zu e, nicht zu i geschwächt in geschlossener Silbe vor den gehäuften Consonanten sp. Uebrigens erscheint e für i als Bindevokal der beiden Compositionsglieder auch in den Compositen aere-lavina und in dem Eigennamen Aere-cura „Geldschafferin", Beiname der Mater magna in neuerdings gefundenen Inschriften (*Mommsen, Archäolog. Anzeig. Jhg.* XXIII, 1865, *S.* 88 *f.*). Also bedeutet sece-spita ein Messer, ein Beil, eine Axt als „schneidend scharfes" Werkzeug. Walther hat diese Wortform ganz verkannt. Er meint nämlich, es gäbe im Griechischen und Lateinischen ein Nominalsuffix -po, das auch in sece-spita stecke, und verwickelt sich infolge dessen in eine ganze Reihe von Irrthümern über Lateinische Wortbildungen (*a. O. S.* 203—205), die ich hier aufzuführen verzichte, weil sie augenfällig sind.

Auch von einfachen Participialstämmen ist das Suffix -to zu
-t abgestumpft worden; so in
damn-a-(t)-s
für damn-a-tus in der altrömischen Rechtsformel dare da-
mnas esto (*Quint.* VII, 9, 12), welche in die Pandekten übergegangen ist und in der ebenfalls altrömischen Form
san-a-(t)-s,
das in den zwölf Tafeln san-a-tu-s bedeutete, *Fest. p.* 348:
Sanates dicti sunt, qui supra infraque Romam habitaverunt.
Quod nomen his fuit, quia, cum defecissent a Romanis, brevi post
redierunt in amicitiam quasi sanata mente. Itaque in XII cau-
tum est, ut idem iuris esset sanatibus quod forctibus; *a. O.*
321: Nex[i mancipique cum p. R. idem] forti sanati[que supra
infraque Ius esto]*) (*vgl. Gell.* XVI, 10, 8). Ebenso ist das Suffix
-to zu -t abgestumpft in
tere-(t)-s
länglich rund, stabförmig, das Corßius zur Wurzel tar-, ter-
grastelli hat, welche die Bedeutungen reiben, bohren, drechseln
aufweist (*Gr. Et. n.* 239, 2. A.). Aber von dem Verbum ter-ere
„reiben" erklärt sich die Bedeutung von ter-e-(t)-s nicht. Diese
Wortform entstand vielmehr aus *ter-ĕ-tu-s und dieses verhält
sich zu einem Lateinischen Verbum *ter-eo, das dem Griechischen τορ-έ-ω drechseln entsprach wie veg-ĕ-tu-s zu veg-
ē-re. Ter-e-(t)-s bedeutet also „rund gedrechselt" und wird
insbesondere von stabförmiger Rundung gebraucht.

Also in den Compositen locu-ple-(t)-s, mansu-e-(t)-s,
ind-ig-e-(t)-s, cae-spe-(t)-s und in den einfachen Adjectiven
damn-a-(t)-s, sana-(t)-s, tere-(t)-s ist das Participialsuffix -to zu -t abgestumpft worden. In ähnlicher Weise

---

*) Ich habe die Ergänzungen zu der vorstehenden Stelle der zwölf
Tafeln nach Huschke gegeben (*Schöll. Legis duodec. tabular. reliq. p.* 117),
auch die Lesart von Scaliger und Ursini: sanati beibehalten. O. Müllers
Schreibweise sanatisque, der auch Schöll folgt, ist eine Verschlechterung.
Entweder soll nach derselben forti eine Genitivform des alten forctus sein.
Aber aus dem obigen forctibus (*Fest. p.* 348) muss man folgern, dass
forctis oder forcts die Genitivform der zwölf Tafeln war, mithin forti Dativ,
dass also dem obigen Dat. Plur. sanatibus an der zweiten Stelle des Festus
ein Dat. Sing. sanati entsprach wie dem forctibus der Dat. Sing. forti.
Denn dass forti Dat. Sing. und daneben sanatisque Dat. Plur. sein sollte,
verbietet der Parallelismus der vorstehenden Sätze.

erscheint das Suffix -no zn -n abgestumpft in den Nominativformen Campa-n-s (*Plaut. Trin.* 545), Nicae-n-s (*I. R. Neap. Moms. n.* 2693), Agelli-u-s (*a. O.* 5503) für Campa-nu-s, Nicae-nu-s, Agelli-u-u-s nach Art der Oskischen Nominativformen Aadira-n-s, Pompaiia-n-s, Banti-n-s u. a. (*Momms. Unterit. Dial. S.* 229).

Wie in den oben besprochenen Compositen und in den Nominalbildungen auf -a-t- für -a-ti ist nun auch in einfachen Wörtern das Suffix -ti zu -t abgestumpft, wo demselben der Bildungsvokal i, e vorhergeht, so dass es nun in der Gestalt -i-t, -e-t erscheint; so in

tud-e-(t)-s

Stössel, Hammer von der Wurzel tud- des Verbum tund-ere. Walther meint, das Wort sei von einem Adjectivstamme tud-o-gebildet, dessen o sich zu e abgeschwächt habe (*a. O.* 190). Das ist eine unnütz angenommene Zwischenstufe. Das e, i von tud-e-(t)-s, tud-i-ti-s ist vielmehr derselben Natur wie das e, i der Verbalformen tund-e-re, tund-i-mus und jenes Wort ist also ein unmittelbar vom Verbalstamme gebildetes Nomen agentis. Dasselbe gilt von

stip-e-(t)-s

Stamm, Pfahl, Stock. Das Wort ist derselben Wurzel entstammt wie stip-s kleine Münze, stip-a Stopfwerk, stup-a Werg, stip-are dicht machen, stopfen, stip-ula Strohhalm, Stroh, stip-ulu-s fest, stip-ul-ari fest machen, angeloben, Griech. στέφ-ειν dicht machen, στεφ-ρό-ς dicht, στέφ-ος Haufen, στεφ-ανό-ς, Ahd. Mhd. stapf, Mhd. stapf-e, Ahd. staph-el, Mhd. stapf-el, Nhd. staff-el, Mhd. stif, Nhd. steif, Ahd. Mhd. stif-t, Nhd. stif-t, Sanskr. stup-a-s Haufen u. a. (*Curt. Gr. Et. n.* 224. 220. 2. *A., Schade. Altd. Wörterb. S.* 563. 567). Allen diesen Wortbildungen liegt die gemeinsame Vorstellung „fest, dicht sein oder machen" zu Grunde. Stip-e-(t)-s entspricht in seiner Bildung und Bedeutung dem neuhochdeutschen männlichen Nomen stif-t, dessen -t aus dem Suffix -ti abgestumpft ist wie in Goth. gas-t-s, Nhd. gas-t neben Lat. hos-ti-s, Goth. fa-th-s, Herr, Gebieter neben Lat. poti-s, Sanskr. pa-ti-s. Stip-e-(t)-s unterscheidet sich von stif-t in seiner Bildung nur durch den Bildungsvokal e, i vor dem Suffix -ti. Beide Wörter bedeuten also eigentlich „Festiger, fest machendes Ding". Eine ähnliche Bildung ist vel-e-(t)-s.

Walther leitet das Wort von velu-m her, weil die Leichtbewaffneten mit dem Segel das Hin- und Herflattern gemein haben sollen (a. O. 197). Diese Erklärung wird wohl schwerlich jemand zutreffend finden. Am nächsten liegt es doch, vel-e-(t)-s zu verbinden mit vel-ox, das einen Verbalstamm vel- voraussetzt. Vēl-ox verhält sich in Bezug auf die Gestaltung seines Wurzelvokals zu vŏl-are wie cēl-are, Ahd. hēl-an zu cŏl-or (Curt. Gr. Et. S. 108 n. 201. 2. A.). Also bedeutet vel-e-(t)-s den, der eine schnelle, flugartige Bewegung macht. Auch bei uns werden leichte Truppen „fliegende Corps" genannt. Hierher gehört auch

mil-e-(t)-s,

meil-i-t-es (C. I. Lat. M. 1, p. 586). Die alte Ableitung des Wortes von mille und ire mit der Bedeutung „einer der unter tausenden geht" (Schweitzer, Z. f. vergl. Spr. II, 199) beruht auf der Voraussetzung, dass in al-i-t-, ped-i-t-, equ-i-t- u. a. das i die Wurzel von i-re sei, was diese ganze Untersuchung als unhaltbar herausstellen wird. Auch der Bedeutung nach ist jene Erklärung nichts weniger als zutreffend. Eintheilungen und Abtheilungen nach der Zahl tausend benannt giebt es weder im Heerwesen noch im Staatswesen der Römer, sondern nur Benennungen derselben von der Zehnzahl oder Hundertzahl: centuriae, decuriae, daher centuriones, decuriones. Die älteste Römische Legion war dreitausend Mann stark; nirgends erscheint eine Genossenschaft von tausend Mann als ein für sich bestehendes Ganze. Henfry behauptet, mil-e-(t)-s stamme von einem Nomen *milia- und dieses sei aus *misda- entstanden, das dem Griechischen μισθο- entspreche. Aehnliches stellt auch Walther auf. Aber der Ursprung von μισθό-ς selbst ist noch ganz unaufgeklärt (Pott, Z. f. vergl. Spr. XIII, 319. Curt. Gr. Et. n. 323. 2. A.) und ein Beispiel, dass aus sd im Lateinischen l würde, fehlt auch. Ferner waren ja die Römischen Krieger keine Söldner, sondern bis Marius Bürger der besitzenden Klassen, und sie erhielten bis zur Belagerung von Veji überhaupt keinen Sold. Also passt die Bedeutung des Griechischen μισθό-της auf den Römischen mil-e-(t)-s garnicht, so wenig wie auf die Athenischen Marathonkämpfer oder die Spartiaten von Thermopylae. Ich leite mil-e-(t)-s her von Sanskr. Wz. mil- convenire, societatem, coetum inire

(*Westerg. Rad. l. Sanscr. p. 253*). Cogere, colligere exercitum sind amtliche und geschäftsmässige Ausdrücke für das Aufbieten des Heeres; der Römische Heerbann altlateinisch centuriatus maximus oder classis procincta genannt, versammelte sich auf dem campus Martius; diese Versammlungen waren zugleich die comitia centuriata, der Platz, wo dieselbe zusammenkam, hiess ebenfalls comitium. Es war also natürlich, dass diejenigen, die sich dort versammelten, mit dem Worte mil-i-t-es als coetum ineuntes, als die Männer, welche die Sammlung des Heeres bilden, bezeichnet werden. Dass auch in dem Römischen Heere das Gefühl der Genossenschaft und Waffenbrüderschaft ein lebendiges war, zeigt deutlich der Gebrauch der Wörter commilitones und contubernales. Von derselben Wurzel mil- wie mil-e-(t)-s habe ich schon früher mil-e, mil-ia hergeleitet (*Krit. Beitr. S. 310 f.*).

Es kommen nun Wortformen mit dem zu t abgestumpften Suffixe -ti in Betracht, die von Nominalstämmen gebildet sind. Solche sind

ped-e-(t)-s, equ-e-(t)-s, al-e-(t)-s

von den Stämmen ped-, equo-, ala, die Griechischen Bildungen wie ἱππό-τη-ς, ὁπλ-ί-τη-ς, ἁρματ-ί-τη-ς von den Nominalstämmen ἱππο-, ὁπλο-, ἁρματ- entsprechen (*vgl. Walther a. O. 197*). Das Suffix Lat. -t, Griech. -τη bezeichnet also in diesen Wortbildungen das Wesen, welches vermittelst des Dinges handelt, das durch das zu Grunde liegende Nomen bezeichnet wird. Ihnen schliesst sich an

arqu-i-t-es,

Fest. p. 20: Arquites arcu proeliantes, qui nunc dicuntur sagittarii. Arqu-i-t-es ist also vom Nominalstamme arcu- gebildet wie τοξό-τα-ι von τοξο-. In

cael-e-(t)-s

von caelo- ist wie in Griech. ἀγρώ-τη-ς vom Stamme ἀγρο- und κωμή-τη-ς von κώμη die an dem Orte handelnde oder schaltende und waltende Person bezeichnet, den das zu Grunde liegende Nomen bedeutet.

Circ-i-t-es

wird erklärt, *Fest. p. 43*: Circites circuli ex aere facti, und ist vom Stamme circo- gebildet wie Griech. σφαιρί-τη-ς von σφαῖρα (*Walther a. O. 197*). Aus einem alten Sprachdenkmal stammt ax-i-t-es,

Fest. p. 3: Axitiosi factiosi dicebantur, quum plures una quid agerent facerentque. Axit autem antiquos dixisse pro egerit manifestum est; unde axites mulieres sive viri dicebantur una agentes. Walther nimmt an, dass in ax-i-t-es ein Nomen axa- von ag-ere nach Art von noxa zu Grunde liege (*a. O.* 199). Das ist möglich; wahrscheinlicher aber scheint es mir, dass ac-si- der zu Grunde liegende Nominalstamm ist, entstanden aus ac-ti-, das mit dem Suffix -on zu acti-o erweitert ist. Ac-si- bedeutete wie ac-ti-o Handlung, und zwar, da ag-ere ja vorwiegend das amtliche, staatsmännische und gerichtliche Handeln mit Wort und That bezeichnet, so kann ac-si wie ac-ti-o eine staatliche oder gerichtliche Handlung bedeuten. Wie nun aber fac-ti-o, eigentlich „Handlung", den Sinn „handelnde Genossenschaft von Staatsbürgern, Klub, Partei" erhalten hat, so kann auch ac-si- von gleicher Grundbedeutung zu demselben Sinne ausgeprägt worden sein. Der Begriff der Genossenschaft ist nun in der von Verrius Flaccus herrührenden Erklärung der alten Wörter ax-i-t-es, ax-i-ti-osi zweimal durch das Wort una ausgedrückt, der Begriff der politischen Genossenschaft für das letztere durch das erklärende Wort factiosi. Ax-i-t-es bedeutet also Theilhaber oder Mithandelnde einer staatlichen Genossenschaft ähnlich wie Griech. $\delta\eta\mu\acute{o}$-$\tau\eta$-ς Gaugenosse, Bezirksgenosse, $\varphi\alpha\lambda\alpha\gamma\gamma$-$\acute{\iota}$-$\tau\eta$-$\varsigma$ Kamerad von der Phalanx. Das Adjectivum

div-e-(t)-s

stammt von einem Nomen div-u- mit der Bedeutung „glänzend" oder „Glanz" von Wz. div- glänzen, zu der Lat. div-u-s Himmel, div-u-s Gott, di-u-s, di-e-s Tag, re-div-iv-u-s, wieder glänzend, daher erneuert u. a. gehören *(Verf. Krit. Beitr. S.* 95). Im Griechischen sind ähnliche Bildungen wie div-e-(t)-s $\lambda\varepsilon\nu\varkappa$-$\acute{\iota}$-$\tau\eta$-$\varsigma$, $\pi\varrho\varepsilon\sigma\beta\acute{\nu}$-$\tau\eta$-$\varsigma$, $\mu\alpha\varkappa\alpha\varrho$-$\acute{\iota}$-$\tau\eta$-$\varsigma$ von den Stämmen $\lambda\varepsilon\nu\varkappa o$-, $\pi\varrho\varepsilon\sigma\beta\nu$-, $\mu\alpha\varkappa\alpha\varrho$- *(Walther a. O.).*

Gur-g-e-(t)-s

sehen Curtius *(Gr. Et. n.* 643. 2. *A.)* und Walther *(a. O.* 198) als ein redupliciertes Wort an. Die Reduplication desselben soll unvollständig, bloss angesetzt aber nicht durchgeführt, soll gebrochen sein. Ich habe schon für andere Wörter das Vorhandensein einer angeblich gebrochenen Reduplication im Lateinischen bestritten (*Verf. Krit. Beitr. S.* 459) und muss dieselbe auch für gur-g-e-(t)-s in Abrede stellen. Grade auf r auslautende Wurzeln zeigen im Lateinischen häufig vollständige Reduplication; so Mar-mar, mar-mor, mur-mur, fur-fur, tur-tur, Gur-gur-es, Far-far-u-s, far-far-u-s, far-fer-u-s, car-cer, quer-quer-a, per-per-a-m; oder die erste Silbe zeigt die beiden ersten Laute der Wurzel, die zweite aber die vollständige Wurzel, wie me-mor, su-sur-rus, cu-curr-i (*Verf. Z. f. vergl. Spr.* II, 8). Aber dass die erste Silbe die vollständige Wurzelsilbe erhalten, die zweite das auslautende r eingebüsst hätte, davon findet sich kein Beispiel im Lateinischen. Ich meine daher, in gur-g-e-(t)-s ist das zweite g aus c erweicht wie in gurgulio für curculio, singulus für *sinculus u. s. (*Verf. Auspr.* I, 40). Ist das richtig, so ist das Wort allerdings mit Curtius von Sanskr. Wz. gar- verschlingen abzuleiten (*a. O.*); aber von dieser Wurzel ist erst ein Nominalstamm gur-co- oder gur-ca- gebildet und von diesem weiter *gur-c-e-(t)-s wie von circo-: circ-e-(t)-s, das dann zu gur-g-e-(t)-s geworden ist.

Po-pl-e-(t)-s

Kniebeuge, Kniekehle, Knie leitet Benfey von der Wurzel pal- sich lebhaft, schnell bewegen, in πάλ-λω, παι-πάλ-λω ab, weil Knie und Kniekehle der am meisten bewegte Theil des menschlichen Leibes sei (*Z. f. vergl. Spr.* VIII, 95). Das ist einleuchtend, irrig freilich das auch für dieses Wort angenommene Suffix -vant. Curtius ist geneigt von dieser Wurzel pal- in πάλ-λω auch po-pul-u-s Pappel herzuleiten (*Gr. Et. n.* 140, 2. A.), so dass dieses Wort die „sich hin und her bewegende" bedeutet, was ja für das bewegliche Pappellaub sehr wohl passt. In po-pl-e-(t)-s liegt also ein reduplicierter Nominalstamm po-pl-o- zu Grunde durch Einbusse des Wurzelvokals entstanden aus po-pol-o-, po-pul-o- wie po-pl-o-e, po-pl-icu-s, Po-pl-iclu-s, Po-pl-i-cola, Pu-bl-lu-s, pu-bl-icu-s neben po-pul-u-s Volk. Von der reduplicierten Stammform po-pl-o der Wurzel pal- ist dann po-pl-e-(t)-s gebildet wie von circo-: circ-e-(t)-s. Schwierigkeiten bietet die Erklärung von

co-cl-e-(t)-s,

auf einem Auge blind, einäugig. Dopp hält das anlautende c des Wortes für den Rest des Zahlwortes e-ka eins, das mit dem Stamme oculo- zusammengesetzt sei (*Vergl. Gr.* II, 60. 2. A.

vgl. Benfey, Götting. Gel. Anz. 1852. S. 554. Z. f. vergl. Spr. II, 222). So ergiebt sich die Bedeutung von co-cl-e-(t)-s zwar sehr gut, aber der Abfall eines anlautenden langen e ist im Lateinischen durchaus ohne Beispiel; man kann daher Popps Etymologie nicht als richtig ansehen (vgl. Pott, E. F. II, 447. 2. A.). Walther findet in dem anlautenden c des Wortes den Rest der Präposition com- und erklärt dasselbe aus *co-ocl-e-(t)-s, so dass der zu Grunde liegende Wortstamm co-oclo- bedeute oculo praeditus (a. O. 201). Wenn aber c-oclo- das Begabtsein mit dem Auge oder mit den Augen bedeutet, wie soll co-cl-e-(t)-s wohl dazu kommen, grade im Gegentheil das Fehlen eines Auges zu bezeichnen? Das wäre doch wie lucus a non lucendo. Walthers Etymologie ist also der Form nach möglich, lässt aber die Bedeutung ganz unerklärt, ist also ebenfalls unhaltbar. Curtius leitet co-cl-e-(t)-s her von einem Nominalstamme sco-culo-, von derselben Wurzel wie Griech. σκο-ία Schatten, σκό-τος Dunkel, Sanskr. çha-jā Schatten für *ska-jā, also von der oben besprochenen Wurzel ska-, der Nebenform von sku- bedecken, die in ob-scu-ru-s, scu-tu-m, cu-ti-s für *scu-ti-s u. a. enthalten ist (Gr. Et. n. 112. 113. 2. A. s. oben S. 240). Von derselben Wurzel leitet er auch ca-e-cu-s für *sca-i-cu-s her. Ich glaube, dass Curtius im Wesentlichen Recht hat und weiche nur darin von ihm ab, dass ich in *sco-culo- nicht eine Diminutivform sehen kann. Curtius verweist für dasselbe auf den Götternamen Red-i-culu-s. Aber hier ist das Suffix -culo nicht diminutiver Natur. Der Name wird erklärt, Fest. p. 283: Rediculi fanum extra portam Capenam fuit, quia accedens ad urbem Haunibal ex eo loco redierit quibusdam perterritus visis. Hiernach erhellt, dass Red-i-culu-s ein Gott ist, der „Rückkehr macht oder bewirkt". Das Suffix -culo ist also in diesem Nomen desselben Ursprungs wie in ridi-culu-s „lachen machend oder bewirkend", daher „lächerlich", wie das -cro in ludi-cru-s „spielen, scherzen, spotten machend", das belust, es stammt von Sanskr. Wz. kar- machen (Verf. Krit. Beitr. S. 342 f. 349). Denselben Ursprung des Suffixes -culo nehme ich also auch für die Stammform *sco-culo- in co-cl-e-(t)-s an, so dass dieselbe ein „Dunkel machendes Wesen oder Ding" bezeichnet, halte aber dasselbe für ein neutrales. Nach dieser Auffassung bedeutet co-cl-e-(t)-s für *sco-cul-e-(t)-s den „mit einem dunkel machenden Dinge Behafteten". Das dunkel machende Ding ist der Fehler des einen Auges, der die Verdunkelung oder Erblindung desselben zur Folge gehabt hat, mag derselbe auch schon bei der Geburt vorhanden gewesen sein. Dass in co-el-e-(t)-s nothwendig ein Wort für den Zahlbegriff „ein" enthalten sein müsste, hat schon Pott in Abrede gestellt, der darauf hinweist, dass auch das deutsche blind in Baiern in dem Sinne von „auf einem Auge blind, einäugig" gebraucht wird (*E. F.* II, 447. 2. *A.*). An die bisher besprochenen Wörter schliesst sich in seiner Bildung noch

s a t - e l - l e - (t) - s.

Walther erklärt den in diesem Worte zu Grunde liegenden Nominalstamm satello- aus sa-ter-ulo, dessen Bestandtheil sa-ter- wie Griech. ἕ-ταρο-ς von einem ursprünglichen *satar- herstammen soll, zu dem auch Vedisch sa-trá „mit, zugleich mit" gehören soll (*a. O.* 202). Gegen diese Etymologie erheben sich mehrfache Bedenken. Wie der Lateinischen Form des Comparativsuffixes -tero, Griech. τερο- entspricht, so würde man dem angenommenen sa-ter- entsprechend im Griechischen ἕ-τερ- erwarten, nicht ἕ-ταρ-. Ferner sind die mit dem abgestumpften Comparativsuffix -tero gebildeten Ortsadverbien prae-ter, prop-ter, in-ter, sub-ter, denen sich doch jenes angebliche *sa-ter- anschliessen würde, niemals durch das Suffix -lo weiter gebildet, so dass ihr Suffix -ter durch Assimilation des r zu l unkenntlich geworden wäre. Endlich ist auch die Bedeutung von Lat. sat-el-le-t)-s und Griech. ἕ-ταρ-ο-ς wesentlich verschieden. Die homerischen Beiwörter φίλος und ἐρίηρες zu ἕταρος zeigen, dass dieses Wort Gefährten bezeichnete, mit denen man im Herzen übereinstimmte, die man liebte. Davon ist in sat-el-le-(t)-s nicht die Spur vorhanden. Das Wort bedeutet niemals etwas anderes als Gefolgsmann, Dienstmann, Diener im Verhältniss zum Herrscher oder im schlechten Sinne Helfershelfer, Spiessgeselle eines Hauptverbrechers oder Rädelsführers. Froehde verwirft daher Walthers Etymologie mit vollem Recht. Derselbe findet in sat-el-le-(t)-s dieselbe Wurzel wie in Goth. ga-sinth-ja, Alts. gi-sith, Akd. gi-sind-i Gefolge (*Beitr. z. Lat. Etymol.* S. 15). Auch in den einfachen Wortformen von dieser Wurzel Altn. sin-ni für *sind-i Begleiter, Nhd. sind-e comitatus ist die ursprüngliche Bedeutung „gehen" zu dem Sinne

„mitgehen, folgen" ausgeprägt. Der germanischen Wurzelform sith-, sinth-, sind- entspricht also eine ursprüngliche Wurzel sat- in Lat. sat-el-le-(t)-s. Von dieser ist zunächst gebildet ein Nominalstamm sat-ero- „folgend," wie von Wz. tau-, ten-: ten-ero-, von Wz. pu-: pu-ero-, dann mit Anfügung des Suffixes -lo: sat-el-lo- wie ten-el-lo-, pu-el-lo-, endlich mit Anfügung des zu -l abgestumpften männlichen Suffixes -ti: sat-el-le-(t)-s. Die Uebereinstimmung der Bedeutung dieses Wortes mit Ahd. gi-sind Begleiter, Diener, Ahd. gi-sind-o Gefolgmann, Dienstmann (Schade, Altd. Wörterb. S. 210) bürgen für die Richtigkeit von Froehdes Erklärung, die auch von Seiten der Lateinischen Lautlehre und Wortbildungslehre vollständig gerechtfertigt ist.

Es bleiben nun noch einige Wortformen mit der Suffixform -t-t zu besprechen übrig, die vor derselben ein m zeigen, in denen Meyer auch neuerdings wieder, ohne sich um abweichende Ansichten oder Widerlegungen zu kümmern, das Suffix -mant anzunehmen beliebt (Vergl. Gram. II, 270).

T r a - m e - (t) - s
ist schon oben als Compositum nachgewiesen worden.

T e r - m e - (t) - s
leitet Walther von einer Grundform ter-mo- ab und diese von der Wurzelform ter- in ter-e-(t)-s, so dass also ter-me-t)-s „rund gedreht, glattrund" bedeuten soll *a. O.* 198. Aber diese Bedeutung passt nicht zu derjenigen, die das Wort im Sprachgebrauch wirklich hatte. Die von Verrius Flaccus herrührende Erklärung des Wortes ist, *Fest. p.* 367: Termes ramus desectus ex arbore nec foliis repletus nec nimis glaber. Bei Horatius heisst es, *Epod.* 16, 43 *f:* Redit ubi Cererem tellus Insata quotannis Et lmputata floret usque vinea, Germinat et nunquam fallentis termes olivae. Ter-me-t-s ist also ein keimender Schössling, der abgeschnitten und als Setzling verwandt wird. Wie man einen solchen „rund gedreht" nennen kann, will mir nicht einleuchten. Ich bringe daher ter-me-(t)-s in Verbindung mit Griech. τέρ-ην zart, Sanskr. tar-una-s zart, jugendlich. Diesen Wörtern entsprach in der Bedeutung ein Lateinischer Adjectivstamm ter-no- gebildet wie fir-mo-, for-mo-, al-mo- und von diesem weiter gebildet bedeutet ter-me-t-s „Zärtling, zarter Schössling". Alle diese Wörter, welche die Bedeutung

„zart" enthalten, gehen auf Sanskr. Wz. tar- reiben zurück (*Curt Gr. Et. n.* 239. 2. *A.*). Ohne Zweifel richtig hat Walther tar-me-(t)-s
Holzwurm durch das Mittelglied tar-mo- von Sanskr. Wz. tar- bohren. Griech. τερ-, Lat. ter- in τέρ-ε-τρο-ν, ter-e-bra abgeleitet, so dass Lat. tar-me-(t)-s wie Griech. τερ-η-δών den Holzwurm als „bohrenden" bezeichnet (a. O. 198, vgl. *Curt. a. O.*). Für
pal-mc-(t)-s
verweist Walther auf *Fest. p.* 220: Palmulae vitium sarmenta appellantur, quod in modum palmarum humanarum virgulas quasi digitos edunt. Nun wird aber schon das Grundwort von pal-me-(t)-s pal-ma von den Römischen Ackerbauschriftstellern von dem „Schössling" des Weinstockes gebraucht. So weit ich in Deutschland, Italien und Frankreich Schösslinge und Reben von Weinstöcken gesehen habe, ist mir niemals eine Aehnlichkeit derselben mit Händen aufgefallen, wenigstens nicht weiter, als dass Zweige und Stiele überhaupt mit emporgereckten Fingern eine gewisse Aehnlichkeit haben, was sich von Kirchthürmen, Blitzableitern, Wegweisern, Schornsteinen, Mastbäumen und vielen anderen emporragenden Gegenständen auch behaupten lässt. Ich kann daher nicht annehmen, dass pal-ma, wo es die Bedeutung „Schössling, Zweig" hat und wo es eine Baumart oder Strauchart bezeichnet, die Aehnlichkeit dieser Gegenstände mit der flachen Hand bezeichnen solle. Ich finde vielmehr in pal-ma Schössling eine Wurzel pal-, welche die Bewegung des schnellen Wachsens ausdrückt, die wir ebenfalls mit dem Wort „Schössling" bezeichnen und mit Ausdrücken wie „der Kohl schiesst, das Unkraut schiesst empor" u. a. Im Sanskrit erscheint eine Wurzel pal- mit der Bedeutung ire *Westerg. Rad. l. Sanscr. p.* 251), von der pal-âja-na-m Fluss stammt (*Benfey, Chrestom. Gloss. p.* 186); daneben pil- mittere, proicere (*Westerg. a. O. p.* 252 und pul- magnum, altum fieri (*a. O.*). Endlich wird neben pal- gehen auch die Wurzelform pall- gehen angeführt (*Westerg. a. O. p.* 251. *Benfey a. O.*) und daher pall-ava-s „kriechende Pflanze, Schössling, Zweig" (*a. O.* 187), das in Wurzel und Bedeutung stimmt zu pal-ma Schössling und pal-me-(t)-s Schössling. Von derselben Wurzel pal-, die eine starke Bewegung bezeichnet, leite ich auch Lat. pal-ma flache Hand,

Ags. fol-ma, Ahd. vol-ma (*Curt. Gr. Et. n.* 345 2. *A.*) mit der ursprünglichen Bedeutung „die sich bewegende, bewegliche, gelenkige".

Li-me-(t)-s

ist von Walther richtig erklärt worden aus *Fest. p.* 116: Limites in agris nunc termini nunc viae transversae, also vom Stamme li-mo- für lic-mo-, verwandt mit ob-liqu-u-s, lic-inu-s, Griech. λέχ-ρ-ιο-ς u. s. (*Curt. a. O. n.* 540. 2. *A.*). Li-me-(t)-s bezeichnet also einen „querlaufenden Weg oder Rain". Für

fo-me-(t)-s

legt Walther zwar richtig einen Nominalstamm fo-mo- zu Grunde, der mit for-ere verwandt ist, erklärt denselben aber unrichtig „nährend" (*a. O.* 190), eine Bedeutung, die weder in fo-me-(t)-s, noch in for-ere liegt. Fo-me-(t)-s hat thatsächlich die Bedeutung „Feuerstoff, Zunder", ähnlich wie fo-mentu-m „Wärmungsmittel". Beide Wörter haben ein g nach o eingebüsst durch das folgende m wie ex-a-men für *ex-ag-men, während in for-ere, fav-illa, fav-u-s das g der Wurzel durch das folgende v ausgestossen ist. Jene beiden Wörter schliessen sich in der Bedeutung am nächsten an fav-illa, für *fagv-illa glühende Asche, Griech. φώγ-εικ rösten, Ahd. bach-en rösten, backen, Sanskr. bhak-ta-s gekocht, stammen also mit diesen von Wz. bhag- wärmen (*Verf. Krit. Beitr. S.* 57). Von fo-mo- für *fog-mo- „warm, heiss" ist also gebildet fo-me-(t)-s „Wärmer, Zünder", das ist Zunder.

A-me-(t)-s

will Walther aus *avi-me-(t)-s erklären von avi- Vogel (*a. O.* 200). Aber das Wort bedeutet nicht bloss Gabel oder Gestell zum Anfügen und Aufhängen von Vogelnetzen, sondern auch die Tragestange der Sänfte. Ich erkläre das Grundwort a-mo- in a-me-(t)s aus *ap-mo-, das mit ap-iscor, ad-ip-iscor, ap-tu-s, ap-ex, cop-ula für *co-ap-ula von Sanskr. Wz. áp- adipisci, adire, suscipere stammt (*Pott, E. F.* I, 255). Von dieser ist auch a-mentu-m Riemen am Wurfspiess, Band an der Sandale herzuleiten, also für *ap-mentu-m wie ru-mentu-m für *rup-mentu-m, *Fest. p.* 271: Rumentum abruptio. A-mentu-m bedeutet also eigentlich „Werkzeug zum anfügen, anknüpfen". Der Stamm a-mo- für *ap-mo- bedeutete entweder „anfügend" oder „angefügt", daher a-in e-(t)-s ein „Anhänger, Halter, Träger" und somit Netzgestell und Tragestange. Es sind nun die Bildungen

ar-ie-(t)-s, par-ie-(t)-s, ob-ie-(t)-s

in Betracht zu ziehen, in denen sich durch alle Kasusformen e vor t zeigt, weil die Lateinische Sprache den Gleichklang zweier auf einander folgenden I mied (*Verf. Ausspr.* I, 309). Alle drei Wörter sind mit dem Suffix -ti abgestumpft zu -t von Nominalstämmen, die mit dem Suffix Sanskr. -ja, Lat. -io, -ia von Verbalwurzeln gebildet sind, indem ia sich zu ie assimilierte (a. O. 303). Neben Lat.

ar-ie-(t)-s

steht die Umbrische Accusativform er-ie-tu für er-ie-t-um, *Tab. Igur.* II a, 6: Unu erietu sakre — fetu = unum arietem sacrum — facito (*A. K. Umbr. Sprachd.* II, 381). Der Stamm des Umbrischen Wortes ist dem Lat. ar-ie-t- entsprechend er-ie-t-, da im Umbrischen das m des Accusativs an consonantische Stämme mittelst des Bindevokals o, u trat; so in curnac-o = cornic-em, ersfertur-o = *ad-fertor-em, uhtur-u = auctor-em (a. O. I, 127). Ich leite mit Weber *Etym. Untersuchung.* S. 18) Lat. ar-ie-(t)-s, Umbr. er-ie-t-von Sanskr. Wz. ar- bewegen, aufregen, erheben her (*Boehtl. u. R. Sanskrw.* I, 399) von der ar-i-a „aufstrebend, verlangend, begierig" stammt (a. O. I, 411). Von dieser ist mit dem ursprünglichen Suffix -ja zunächst gebildet ar-ja-, ar-ia- mit der Bedeutung „verlangend, begierig", und von diesem weiter mit dem männlichen Suffix -ti, abgestumpft zu -t und Assimilation des ia zu ie ar-ie-(t)-s wie von div-o-: div-e-(t)-s. Ar-ie-(t)-s bezeichnet also den Widder als den „verlangenden, begierigen", eine passende Bezeichnung für den Widder, der ja als Symbol geschlechtlicher Begierlichkeit und Fruchtbarkeit vielfach erscheint; so in der neuerdings aufgefundenen Griechischen Darstellung der auf einem Widder sitzenden Aphrodite (*Archäol. Zeit.* Jhg. XX, 1862, S. 303 *f.*).

Par-ie-(t)-s

ist erklärt worden „die herumgehende", so dass der erste Bestandtheil des Wortes die Präposition Sanskr. pari, der zweite eine Substantivbildung von der Wurzel i- mit dem Suffix -t sein soll (*Bopp, Vergl. Gram.* III, 362. 2. A. *Pott, E. F.* I, 108. 201).

Dagegen spricht erstens, dass die Präposition pari-, par- um, herum dem Lateinischen und den verwandten Italischen Dialekten sonst ganz fremd ist, zweitens, dass man nach der Analogie von com-i-t- für ein Compositum mit pari par-i-t erwarten müsste, so dass das auslautende i von pari schwand wie das i von ambi- in amb-i-re, amb-ig-uu-s u. a., aber nicht pari-e-t-. Ebenso wenig ist par-ie-t- nach dem oben Gesagten eine Participialform für par-ient- (*Ebel, Z. f. vergl. Spr.* I, 305. *Schweitzer, a. O.* III, 371). Dasselbe wie gegen die obige Ableitung von parl- ist gegen die Ansicht zu sagen, dass in par-ie-(t)-s die Präposition para, Griech. παρά enthalten sei (*Momms. Unterit. Dial. S.* 285. *Ebel, Z. f. vergl. Spr.* IV, 340) und das Wort „die nebengehende" bedeute, da auch diese Präposition im Lateinischen sonst nirgends erweislich ist. Irrig ist endlich die Vermuthung, par-ie-t- sei aus *par-vat- entstanden (*Meyer, Vergl. Gram.* II, 129, da v im Lateinischen nicht zu i wird. Ich leite daher par-ie-(t)-s von Sanskr. Wz. pár- mit der Bedeutung tutari (*Westerg. Rad. l. Sanscr.* p. 77), von der erst die Nominalform par-ja-, par-la-, dann mit dem Suffix -ti, abgestumpft zu -t part-e-(t)-s gebildet ist, das also die Wand als „schützende" bezeichnet. Bei

ab-ie-(t)-s

ist es zweifelhaft, ob das Wort von vorn herein mit dem femininen Suffix -ti gebildet ist, oder ob das Suffix -t für -ti ursprünglich männlich war, und das Wort später nach der Analogie der übrigen Baumnamen Femininum wurde, wie quer-cu-s, fagu-s Feminina sind, obgleich ihre Suffixform eine männliche ist. Ab-ie-(t)-s ist aus abhi-jat- als die „aufstrebende" erklärt worden (*Ebel, Z. f. vergl. Spr.* I, 305). Aber weder hat abhi im Sanskr. jemals die Bedeutung „empor" (*Boethl. u. R.* I, 328) noch eine dem entsprechende Präposition im Lateinischen. Ich leite ab-ie-(t)-s hier von der Grundform von Sanskr. Wz. ädh- crescere, florere (*Westerg. a. O.* p. 162). Da ë im Sanskrit kein ursprünglicher Wurzellaut ist und nicht selten aus A hervorgeht, so ist ádh- die ursprüngliche Form jener Wurzel. Diese konnte auf italischem Sprachboden regelmässig zu af- werden. Von dieser Gestalt der Wurzel ist dann af-ie-t- gebildet wie von Wz. ar-: ar-ie-t-, von Wz. pár-: par-ie-t-, und indem inlautendes f wie gewöhnlich im Lateinischen zu b ward, ab-ie-(t)-s, das also die Tanne als „wachsende" bedeutet. So sind von der Vorstellung des „Wachsens" im Lateinischen benannt die Pflanzennamen ar-un do, ar-ista, al-nu-s, ul-mu-s, ul-va, wie sich weiter unten ergeben wird.

Es bleiben endlich noch einige Feminina zu besprechen, welche die Suffixformen -t, -e-t zeigen, die man also als Bildungen mit dem femininen Suffix -ti anzusehen hat. Schon oben ist erwähnt, dass

do-(t)-s

verglichen mit Griech. δῶ-τι-ς, δό-σι-ς aus *do-ti-s entstanden ist. Ebenso sind gebildet

qule-(t)-s, re-quie-(t)-s

für *qule-ti-s *re-quie-ti-s vom Verbalstamme quie- in quie-scere, quie-tu-s. Ebenso verhält sich

teg-e-(t)-s

Decke, Hülle für *teg-e-ti-s zu teg-e-re. Hierher gehört auch

seg-e-(t)-s.

Potts Annahme, dass das g dieses Wortes zur Vermeidung des Hiatus eingeschoben sei (*E. F.* I, 210) oder aus j oder v entstanden (*a. O.* II, 268), hat Ebel mit Recht zurückgewiesen *Z. f. vergl. Spr.* I, 306), da sie mit Lateinischen Lautgesetzen nicht in Einklang steht. Aber seiner Vermuthung, dass seg-e-(t)-s ein Compositum sei, dessen erster Bestandtheil der Stamm se- von se-ro (für *se-so) se-vi sei, der zweite von Wz. ge- für gen- gebildet, so dass das Wort also die „ausgesät krimende" bezeichne, kann ich nicht beistimmen. Einmal erscheint die Wurzel Sanskr. ga-, gan- Griech. γα-, γεν- im Lateinischen sonst nur in der Gestalt gen- wie in gen-ui, gen-s, gen-i-tor, gen-us, nie in der Form ge- (*vgl. Curt. Gr. Et. n. 128. 2. A.*). Dann aber müsste an die angenommene Wurzelform se- doch irgend ein Suffix wie -to oder -no herangetreten sein, wenn die nominale Bedeutung „gesät" herauskommen sollte. Lottner bringt seg-e-(t)-s mit sec-are zusammen (*Z. f. vergl. Spr.* VII, 164), indem er behauptet, sec-are diene zur Bezeichnung des Erntens. Dagegen ist zu sagen, dass weder sec-are jemals ernten bedeutet, noch seg-e-(t)-s das geschnittene oder geerntete Getreide. Seg-e-(t)-s bedeutet immer die auf dem Acker noch wachsende oder reifende Saat, wie ja die Beiwörter tenera, frugifera, fecunda, flarescens, herbida, crescens, uda, invalida, humida, viridis, cana, welche die Dichter zu seges setzen, unzweifelhaft zeigen. Ich stelle seg-e-(t)-s zusammen mit dem altlateinischen Wort sag-men, Kraut, Gras, Rasen, *Fest. p.* 321: Sagmina vocantur verbenae, id est herbae purae (*vgl. Plin. H. N.* XXII, 2, 3) und mit sag-ina Mast, Futter, Fressen, Speise. Die Wurzel dieser Wörter sag- ist enthalten in σάττειν (σε-σαγ-μένο-ς) vollstopfen, anfüllen, sättigen mit Speise und Trank und in σάγ-μα Haufen. Von dieser Wurzel sag- leite ich also auch seg-e-(t)-s, sodass sich der ursprüngliche Wurzelbegriff „anfüllen, vollstopfen" in dem Worte zu der Bedeutung „die nährende" ausgeprägt hat, wie sag-men das Gras oder Kraut als „nährendes" bezeichnet und dieselbe Bedeutung auch in sag-ina vorliegt. Das feminine Suffix -ti ist noch enthalten in

merg-e-(t)-s

Garbe, nicht das männliche, wie Walther annimmt (*a. O.* 108). Curtius stellt das Wort ohne Zweifel richtig zusammen mit merg-a Getreidegabel, *Fest. p.* 124: Mergae furculae, quibus acervi frugum fiunt und mit Sanskr. Wz. marg- mulcere, abstergere, everrere (*Gr. Et. n.* 151, 150, 2. *A. Westerg. Rad. I. Sanscr. p.* 115). Merg-a bezeichnet also die Getreidegabel als „abkehrende", insofern mittelst derselben das gemähte Getreide von der Ackerfläche abgekehrt oder abgestrichen und aufgehäuft wird. Es fragt sich nun aber, ob merg-e-(t)-s von dem Stamme merga herzuleiten ist oder von der Verbalwurzel merg- Sanskr. marg-. Da das feminine Suffix -ti im Lateinischen sonst nur von Verbalstämmen Nomina bildet, in keinem Falle nachweislich von einem Nominalstamme, so muss man schliessen, dass auch merg-e-(t)-s für *merg-e-ti-s von dem Verbalstamme merg- gebildet ist, also eigentlich „Abstreichung, Abkehrung", dann aber das „Abgestrichene, Abgekehrte" bezeichnet und von der von der Ackerfläche abgekehrten oder zusammengekehrten Garbe gesagt ist. So bedeutet do-(t)-s eigentlich „Gebung", dann aber im Sprachgebrauche „das Gegebene, die Gabe", par-(t)-s eigentlich „Theilung", im Sprachgebrauch aber „das Abgetheilte, der Theil". Im Griechischen wird ἄ-μοργ-μα erklärt σύλλεγμα (*Hesych. Curt. a. O.*), bedeutet also eigentlich etwas

„abgestrichenes, abgekehrtes", daher zusammengekehrtes, zusammengeschäuftes in derselben Weise wie merg-e-(t)-s.

Ebenso irrig wie in den bisher besprochenen Wörtern mit der Stammendung -e-t, -i-t, -t ist Schwinden des n eines auf -nt auslautenden Participialstammes angenommen worden in

ne-ces-se,

das nach Meyer aus nec-et- für nec-ent- durch Herantreten eines Suffixes -to oder -ti entstanden (vergl. *Gram.* II, 99), also mit nex, nec-are, noc-ere u. a. verwandt sein soll. Aber von der Bedeutung dieser Wörter, die von Sanskr. Wz. naç- verschwinden, vergehen stammen (*Curt. Gr. Et.* n. 93, 2. *A.*) liegt die von ne-ces-se und ne-ces-si-ta-s weit ab. Auch würde aus *nec-ent-te nicht nec-es-se, sondern nec-es-te geworden sein, wie aus *pot-ent-ta-s: pot-es-ta-s, aus eg-ent-ta-s: eg-es-ta-s. Willkührlich und unhaltbar ist auch die schon von Vossius herrührende Zusammenstellung von ne-ces-se mit ἀνάγκη, nach der das nec- in dem Lateinischen Worte dem ναγκ- in dem Griechischen entsprechen und eine Wurzel sein soll, die wie das νεγκ- in ἤ-νεγκ-ον „tragen" bedeuten soll (*Z. f. vergl. Spr.* VII, 175.) Bei dieser Annahme bleibt der ganze letzte Bestandtheil von ne-ces-se, das -es-se, unerklärt. Auch hat dieses Wort im Lateinischen Sprachgebrauch niemals einen Sinn, der dem von „tragen" nur entfernt ähnlich sähe. Die Etymologie des Wortes ist eine ganz andere. Die älteste Form desselben ist necesus *Ep. de Bacchan. C. I. Lat. N.* I, n. 196, 4: Sei ques esent, quei sibei deicerent necesus ese Baranal habere etc., und necessus, *Terent. Eun.* V, 5, 28: Nisi quia necessus fuit hoc facere; *Heaut.* II, 3, 119: Ut sit necessus. Nicht selten besonders bei den älteren scenischen Dichtern findet sich daneben die Nominativform necessum und zwar in der Verbindung necessum est, so dass kein Zweifel sein kann, dass hier necessum Nom. Sing. Neutr. eines Adjectivstammes necesso- ist. Ferner findet sich bei Lucretius die Form necessis, VI, 815. *Lachm. Bern:* Quos opere in tali cohibet vis magna necessis. Donat sagt zu *Terent. Eun.* V, 5, 28: Necesse est nomen, nam necessus, necessis et necessitas et necessum lectum est. Ich kann weder die Abänderungen gerechtfertigt finden, die Lachmann mit dieser Stelle des Donat vornimmt, noch ihm darin beistimmen, dass neben den Nominativformen necessus, necessum, necesse es zwei Formen des Genitiv Sing. gegeben habe, necessus an der angeführten Stelle des Erlasses über die Bacchanalien und necessis in der obigen Stelle des Lucretius. Oder soll necessus bei Terenz etwa gar auch noch der Nom. Sing. eines auf u auslautenden Nominalstammes sein? Ne-ces-su-s ist der Form nach niemals etwas anderes als der Nom. Sing. Masc. eines zusammengesetzten Adjectivs nach der Art von ne-fas-tu-s und ne-ces-sum ist dazu die neutrale Form. Neces-si-s bei Lucrez ebenfalls Nom. Sing. Fem. steht neben neces-su-s wie prae-coqu-i-s neben prae-coqu-u-s, ex-animi-s neben ex-animu-s. Ne-ces-se ist entweder aus ne-ces-su-s entstanden, indem das s schwand und das u (o) des Stammes zu e geschwächt ward, wie in den Nominativformen ipse, ille, iste, die aus ipsus, ollus, istus entstanden sind, oder aus der Form ne-ces-si-s durch Abfall des s und Schwächung des in den Auslaut getretenen i zu e, wie mage, pote aus magis, potis, oder endlich ne-ces-se ist die neutrale Form zu der masculinen ne-ces-si-s, und diese letztere Erklärung ist die am nächsten liegende und einfachste. Nach derselben steht ne-ces-se neben ne-ces-si-s wie ne-ces-su-m neben ne-ces-su-s. Die Nominativform ne-ces-su-s ist erstarrt, indem die Casus obliqui des Wortes aus dem Sprachgebrauche schwanden, und so sich in der Sprache das Bewusstsein verlor, dass sie ein Nom. Sing. Masc. sei. Sie wird daher für die Form des Nom. Acc. Neutr. ne-ces-su-m gebraucht wie die Nominativform vulgu-s für die Accusativform vulgu-m in der Verbindung in vulgus neben in vulgum. Eine solche erstarrte Nominativform ist auch fors in der Verbindung fors-an mit dem Sinne von forte an. Wie ne-ces-su-s für ne-ces-su-m, so ist auch ne-ces-si-s bei Lucretius für die neutrale Form ne-ces-se gebraucht. Das Compositum ne-ces-su-s enthält als ersten Compositionsbestandtheil die negative Partikel ne- wie ne-fas-tu-s, ne-far-tu-s u. s. Der zweite -cessu-s für ced-tu-s ist das Participium von cedere. Schon oben ist davon die Rede gewesen, dass Participialformen mit dem Suffix -to sowohl die active als die präsentische Bedeutung haben können (S. 53 f.) Wie circum-spec-tu-s „umschauend, umsichtig", wie der Zuname Suc-ces-an-s, Suc-cca-sa „nachfolgend" daher „Nachfolger, Nachfolgerin" (*J. R. Neapol. Mo. p.* 453. *Ackn. u. Müll. Röm. Inschr. v. Dacien, n.* 611), so bedeutet also ne-ces-an-s, ne-ces-aum, ne-ces-si-s, ne-ces-sc „nicht weichend", daher „unausbleiblich, nothwendig".

Liquide.

L.

Neben dem nicht seltenen Uebergange des d in l habe ich den umgekehrten Lautwechsel angenommen für die überlieferten Formen cadamitas und Capitodium neben calamitas und Capitolium. Diese letztere Ansicht wird bestritten durch die neuerdings von Frochde versuchten Erklärungen dieser Wortformen (*Z. f. vergl. Spr.* XIII, 456). Derselbe erklärt calamitas
aus cad-a-mi-ta-s und stellt diese Wortform zusammen mit Aln. scad-i damnum, Nhd. schad-en und Griech. ἀ-σκηθ-ής. Die Form cadamitas ist an folgenden Stellen überliefert: *Mar. Victor. p.* 2456: Et scribebant et dicebant cadamitatem pro calamitatem; *Isidor* I, 26, 14: L littera interdum pro d littera sumur, ut latum pro datum et calamitate pro cadamitate; a cadendo enim nomen sumpsit calamitas; *a. O.* VII, 6, 5: A cadendo enim nomen sumpsit calamitas. Aus den Worten des Isidor könnte man schliessen, dass die Form cadamitas eine blosse Fiction Lateinischer Grammatiker sei der Ableitung von cadere zu Liebe; aber die Worte des Marius Victorinus kann man doch nicht anders erklären, als dass die Form cadamitas wirklich in der Sprache vorhanden war. So sieht denn die Zusammenstellung derselben mit Altn. skad-i sehr ansprechend aus. Aber genauer betrachtet, erweist sie sich doch nicht als stichhaltig. Der Bildung cad-a-mi-ta-s läge doch jedenfalls ein Nominalstamm cad-a-mo- zu Grunde. Nun aber wahrt die Lateinische Sprache vor dem m des Suffixes -mn, -mo sonst niemals ein kurzes a; dieses trübt sich vielmehr regelmässig zu u oder i. Die Bildung cad-a-mo-, cal-a-mo- erscheint also dem Lateinischen fremd und weist auf ausländischen Ursprung von cal-a-mi-ta-s hin. Dem Griechischen

κάλ-α-μο-ς Rohr, καλ-ά-μη Halm, Sanskr. kal-a-ma-s eine Reisart, Schreibrohr, Ahd. hal-a-m, Nhd. hal-m entspricht dem ächtlateinische cul-mu-s (*Curt. Gr. Et. n.* 29. 2. *A.*), welches das kurze a vor dem Suffix -mo eingebüsst hat wie Nhd. hal-m verglichen mit Ahd. hal-a-m. Dass neben cul-mu-s die Form cal-a-mu-s nichts anderes ist als das aus dem Griechischen übertragene κάλ-α-μο-ς hat schon Dietrich erkannt (*Neue Jahrb.* 83, 38). Wenn cal-a-mu-s und cal-a-mi-ta-s schon bei Plautus in der gewöhnlichen Bedeutung eingebürgert erscheinen, so ergiebt sich daraus, dass κάλα-μο-ς schon frühzeitig aus dem Griechischen in die Lateinische Sprache übertragen wurde, wie dies auch von anderen Wörtern erwiesen ist (*Verf. Ausspr.* II, 220 *f.*). Cal-a-mi-ta-s bedeutet in der Sprache der Landwirthe „Halmschaden, Halmkrankheit". *Serv. Verg. Georg.* I, 151: Robigo genus est vitii, quo culmi pereunt, quod a rusticanis calamitas dicitur; *Donat. Terent. Eun.* I, 1, 79: Proprie calamitatem rustici grandinem dicunt, quod comminuat calamum, hoc est culmen ac segetem. Dieser Halmschaden kann sowohl durch Brand des Getreides als durch Hagelschlag veranlasst sein; aber cal-a-mi-ta-s bedeutet nicht ursprünglich Hagelschlag, so wenig wie Brand. Das Wort ist mit dem Suffix -tat- vom Nominalstamme cal-a-mo- gebildet wie civi-ta(t)-s, iuven-ta(t)-s, virgin-i-ta(t)-s, tempes-ta(t)-s, venus-ta(t)-s, fici-ta(t)-s, olivi-ta(t)-s von den Nominalstämmen civi-, iuven-, virgin-, tempus, venus, fico-, oliva gebildet sind. Das Suffix -tat bezeichnet in diesen von Nominalstämmen gebildeten Wortformen dasselbe, was wir durch „-schaft" oder „-wesen" im zweiten Gliede von Compositen ausdrücken; daher civi-ta(t)-s sowohl „Bürgerwesen" das ist „Bürgerrecht" als „Bürgerschaft" das ist „Gesammtheit der Bürger", iuven-ta(t)-s sowohl „Jünglingswesen" das ist „Jugend" als Gesammtheit der Jünglinge", Augustali-ta(t)-s „Augustuspriesterschaft" dignitas flaminis Augustalis (*Bullet. d. J. archeol.* 1864, *p.* 104.). Die Gesammtheit oder Fülle bezeichnet -tat auch in fici-ta(t)-s, olivi-ta(t)-s Feigenernte, Olivenernte; ein „böses Wesen" in tempes-ta(t)-s, wo das Wort die Bedeutung „Sturm, Unwetter" hat und ebenso in cal-a-mi-ta(t)-s „Halmkrankheit, Halmschaden". In der spätlateinischen Volkssprache sind solche Substantiva auf -tat sogar zu

Personennamen verwandt, so Januaritati (*Renier, I. Rom. d. l'Algér*. n. 710), Felicitas (a. O. 1334. 3121. 3228), Voluptas a. O. 2890), Hilaritas (a. O. 3132), Narnitas (a. O. 3232), Aequitas (*Annali d. J. Archeol.* 1862, p. 323). Nach dem Gesagten muss ich dabei verharren, dass cad-a-mi-ta(t)-s entstanden ist aus cal-a-mi-ta(t)-s durch Umlautung des l zu d. Jene Form ist zuerst erwähnt von Marius Victorinus, also in der zweiten Hälfte des vierten Jahrhunderts nach Christus. Nur cal-a-mi-ta(t)-s ist in allen älteren Sprachdenkmälern zu finden. Ich schliesse daraus, dass cad-a-mi-ta(t)-s erst eine Form der späteren Volkssprache oder des provinciellen Latein war, die Marius Victorinus, ein Liebhaber und Sammler von alterthümlichen Wortformen wahrscheinlich infolge der Ableitung von cad-ere für eine alte Form hielt. Der Uebergang des l in d, den ich für dieselbe angesetzt habe, findet sich auch in Lat.

adeps

neben Griech. ἄλειφα (*Curt. Gr. Et.* n. 340. 2. A.). Auch die von Marius Victorinus als alt angeführte Form Capit-od-iu-m für

Capitolium

(*p.* 2470 P.) hält Froehde für die ursprüngliche Form, und zwar für eine ähnliche Bildung wie cust-od-ia (a. O.) Aber die ganze Litteratur vor Marius kennt nur die Form Capit-olium. Diese allein erscheint in Inschriften der republikanischen Zeit: Jovei Capitolino (*C. I. Lat. M.* I, n. 589). Isid[is] Capitol[inae] (a. O. n. 1034). Varro kennt nur diese Form, wo er vom Capitolium des Mons Tarpeius spricht (*L. L.* V, 41) und erzählt, dass dort bei Aufgrabung der Fundamente des Jupitertempels ein Menschenhaupt gefunden sei; ebenso wo er von einem Capitolium vetus auf dem Quirinal berichtet (a. O. 158). Die etymologische Sage, dass das Capitolium daher den Namen erhalten habe, weil dort das Haupt eines gewissen Tolus oder Olus oder Aulus Vulcentanus gefunden sei, weist darauf hin, dass Capit-ol-iu-m die in alten Zeiten allein gebräuchliche Wortform war. Diese ist entstanden aus Capit-al-iu-m, indem an den Stamm capit-ali- das Suffix -io trat und das á sich zu ŏ verdunkelte wie in nō-sco, i-gnō-sco, i-gnō-ro neben gnā-ru-s, i-gnā-rus, gnā-r-ig-ore, in dŏ-s, sacer-dŏ-s, dŏ-nu-m neben dā u. a. (*Verf. Krit. Beitr.* S. 522). Das Suffix -io bedeutet in Capit-ol-iu-m „die Räumlichkeit, die

Stätte" wie in Sepit-mont-iu-m, Inter-mont-iu-m, po-moer-iu-m, cav-aed-iu-m, com-pluv-iu-m, Palat-iu-m, atr-ix-m u. s. a. Capit-ol-(u-m bedeutet also „Haupt-stätte". Auch Capit-od-iu-m kann ich also nur für eine Ne-benform der späteren Lateinischen Volkssprache ansehen. Dass im provinciellen Latein von Campanien l in d überging, zeigt die Form vodeba für volebam in einer Pompejanischen Wand-inschrift (*Garrucci, Graffitti di Pompei* XVII, 5). Auf einige Verwechselungen von d für l in Handschriften (*Schuchardt, Vo-kal. d. Vulgärlat.* I, 142) vermag ich hingegen keinen Werth zu legen. Der Uebergang von l in d ist also in cad-a-mi-ta(t)-s Capit-od-iu-m neben adep-s, vodeba nicht zu bezweifeln.

Die Entstehung eines l aus n, die ich bestritten habe (*Krit. Beitr. S.* 294 f.), ist neuerdings wieder angenommen worden von Benfey für

ul-s, ul-terius, ul-timus,

die er aus Sanskr. anta, *antara, antama entstehen lässt, in-dem er behauptet, der Uebergang von n in l sei hinlänglich ge-sichert durch altus, alter neben Sanskr. anjas, antaras (*Or. u. Occ.* II, 560. 563. 564. 566). Da dieser Gelehrte nicht die mindeste Kenntniss davon genommen hat oder hat nehmen wollen, was ich über die Ableitung der Wörter ul-s, ul-ter-ior, ul-timu-s von ollu-s (*Krit. Beitr. S.* 301 f.), und gegen die ange-nommene Gleichsetzung von alius, alter mit Skr. anjas, anta-ras (*a. O. S.* 269 f.) neuerdings gesagt habe, sondern statt dessen gegen eine von mir früher ausgesprochene Ansicht über jene Wörter polemisiert, die ich seither ausdrücklich als „irrige Behauptungen" bezeichnet habe (*a. O. S.* 301), so brauche ich solchem Ver-fahren gegenüber meine Beweisführung nicht noch einmal zu wiederholen und constatiere hier nur, dass dieselbe durch Benfeys Behauptungen über ul-s, ul-ter-ior, ul-timu-s garnicht be-rührt, viel weniger wankend gemacht oder widerlegt worden ist.

Selbst für die spätlateinische Volkssprache sind keine siche-ren und stichhaltigen Beispiele beigebracht worden, dass n in l überginge (*Schuchardt, Vokal. d. Vulgärlat.* I, 143). Schreib-weisen wie Belolai für Bellonai, viculis für vinculis kann ich nur für Schreibfehler halten, die entstanden sind, indem der Schreiber das vorhergehende oder folgende l vor Augen oder im Sinne hatte und es aus Versehen auch an die Stelle des n setzte altro, Alena, Masilissae statt antro Aniena, Masinissa sind Schreibfehler, die aus den ähnlich lautenden Wörtern altero, aliena, Masallia begreiflich sind. Dass auch profuldo für profundo ein Schreibfehler ist, nicht eine Form der Lateinischen Volkssprache, aus der die Romanischen Sprachen hervorgingen, zeigen die Romanischen Formen Ital. profondo, Franz. profonde u. a. Dasselbe gilt von der Schreibweise alagna für Anagnia, wie Ital. Anagni zeigt. Kurz Schuchardt hat kein einziges sicheres Beispiel beigebracht, dass n in der späteren Lateinischen Volkssprache wirklich zu l umgelautet wäre.

Der Zusammenstellung zahlreicher Lateinischer Wortformen, in denen l aus r erweicht ist (*Verf. Krit. Beitr. S.* 328 *f.*), füge ich hier noch eine Anzahl von Beispielen hinzu.

Die Sanskr. Wz. ar- bewegen, aufregen, auftreiben, erhehen (*Boethl. u. R. Sankrw.* I, 399) hat in zahlreichen Wortformen die Bedeutung „wachsen, emporwachsen" erhalten; so in Sanskr. ar-an-ja-s Wald und in einer ganzen Anzahl altindischer Pflanzennamen. Von dieser Wurzel habe ich abgeleitet

arundo

Rohr, Schilf als „wachsendes" (*Krit. Beitr. S.* 129). Von derselben hat Weber

arista

hergeleitet (*Etym. Unters. S.* 16), indem er die Endung -ista mit Recht als altes Superlativsuffix fasst, so dass also ar-ista die „sehr emporwachsende" oder „sehr emporgewachsene" bedeutet. Als solche Superlativbildungen habe ich schon früher nachgewiesen juxta, praesto, exta für *jug-ista, *praeisto, *ec-is-ta (*Z. f. vergl. Spr.* III, 285). Eine solche finde ich auch in dem weiblichen Zunamen Atr-ista (*I. R. Neap. Mons. n.* 6678), eine Superlativform von ater „schwarz", durch welche die Person nach der Farbe des Haares benannt ist, wie durch die Namen Flavius, Rufus, Ahenobarbus, Niger, Nigella, Nigrinus. Von der Wurzel ar- habe ich schon oben

aries

abgeleitet und dessen Bedeutung erklärt (*S.* 268). In einer ganzen Anzahl von Bildungen derselben ist nun das r zu l erweicht; so in

altus

hoch, wo der Grundbegriff der Wurzel „erheben, emporstreben" klar vorliegt. Von al-t u-s ist nicht zu trennen alere

mit der causativen Bedeutung „wachsen machen", daher „nähren" und

almus

eine Bildung wie fu-mu-s, fi-mu-s, ar-mu-s, for-mu-s, fir-mu-s, ul-mu-s, cul-mu-s. Von derselben lateinischen Wurzelform al- bezeichnet

alvus

den Unterleib als „nährenden", gebildet wie sal-vu-s, cal-vu-s, fla-vu-s, ful-vu-s u. a. Eben daher habe ich abgeleitet

alacer

und mit Sanskr. ara-s „schnell, geschwind" verglichen (*Krit. Beitr. S. 344*. Von derselben Wurzelform stammt

alnus,

bezeichnet also die Eller als „wachsende", wie Ahd. el-ira, er-ila, Ags. al-or, Slav. ol-cha, ol-sha, Lit. el-ksnl-s, Lett. al-ksni-s (*Schade, Altd. Wörterb. S. 79. Pott, E. F. I, 117.*)

In anderen Lateinischen Wortbildungen hat sich das a der Wurzel ar-, al- zu o geschwächt wie in or-ior, Griech. ὄρ-νυ-μι; so in

abolere, adolere, exolere, obsolere, suboles, proles.

Diese Wortformen zeigen niemals ein anlautendes h vor o, können also mit folus, holus, helus (*Pott. E. F. I, 141*) nichts gemein haben. Der Begriff des Wachsens in ihnen ist also nicht aus der Vorstellung „grün sein", sondern aus der Grundbedeutung von Wz. ar- „emporstreben, sich erheben" ausgegangen. Mit Verdunkelung des o vor folgendem l zu u bedeutet auch

ulmus

die Rüster als die „wachsende", ebenso wie Ahd. el-m, Mhd. el-m, el-me, Il-me, Altn. al-me-r (*Lottner, Z. f. vergl. Spr. IV, 189. Schade, Altd. Wörterb. S. 80*). Dieselbe Grundbedeutung liegt in

ulva,

Rohr, Schilf. Von diesem Wort ist gebildet der lateinische Ortsname

Umbrae

wie vom Stamme salvo- sal u-bri-s, der also „Rohr tragend, Schilf tragend" bedeutet (*vergl. Verf. Krit. Beitr. S. 351 f. 355*).

also „höhlicht". Zu der Wurzel ar- der besprochenen Bildungen ziehe ich auch

elementum

(*Krit. Beitr. S.* 129). Pott hat das Wort früher abgeleitet von Sanskr. Wz. li- liquefacere, so dass dasselbe eigentlich „Auflösung" bedeute (*E. F.* I, 208. II, 169). Dagegen spricht entschieden, dass das anlautende kurze ĕ von el-e-mentum nicht die Präposition ē sein kann, da diese in allen Compositen wie ē-levare, ē-ligere, ē-loqui u. a. die Länge des e wahrt, dass auch el-e-mentu-m die die Bedeutung Auflösung erkennen lässt. Wo das Wort zuerst in der Römischen Litteratur vorkommt, bei Lucretius, hat es die Bedeutung „Grundstoff" principium. Schon ältere Philologen haben geahnt, dass das Wort mit al-i-mentu-m und mit ol-ere zusammenhängt (*vergl. Forcellini Lex., Scheller Lex.*). El-e-mentu-m ist aus *ol-e-mentu-m entstanden, indem das e das kurze o der vorhergehenden Silbe sich zu e assimilierte wie in bene neben bonus, duonus (*Verf. Ausspr.* I, 306). Das Wort bedeutet also in-crementu-m, „ein Ding, das Wachsen bedingt oder hervorbringt", wie al-i-mentu-m ein „Ding, das nähren hervorbringt". So gelangt el-e-mentu-m zu der Bedeutung „Urstoff, Grundstoff, aus dem die mannigfachen Dinge der sinnenfälligen Welt erwachsen sind". Quintilian hat dann die Buchstaben mit dem Worte el-e-menta als die „Grundstoffe der Wörter" bezeichnet.

Erweichung des r zu l ist neuerdings nachgewiesen worden in

valgus

neben verg-ere, die Aufrecht mit Sanskr. vrg-ina- krumm zusammenstellt und von einer Wurzel varg- herleitet (*Z. f. vergl. Spr.* XII, 400). Hierher gehören auch die vielbesprochenen Wörter

consulere, consul, praesul, exsul, -subsul.

Varro sagt *L. L.* V, 80. Consul nominatus, qui consuleret populum et senatum, nisi illinc potius, unde Attius ait in Bruto: Qui recte consulat, consul siet. Ein alterthümliches Staatsgesetz lautet, *Cic. de Leg.* III, 3, 8: Regio imperio duo sunto iique praeeundo, iudicando, consulendo praetores, iudices, consules appellantor. Der älteste Römische Grammatiker, den wir kennen, der tragische Dichter Attius und das altrömische Gesetz sind also darüber einverstanden, dass con-sul von con-sul-ere herzuleiten ist. So verstand das Römische Volk die Benennung seiner ersten Staatsbeamten zu der Zeit, als jenes Gesetz niedergeschrieben wurde. Aus diesem Zusammenhange ist dieselbe zuerst herausgerissen worden von Niebuhr, der behauptet, die Benennung con-sul sei weder vom Umfragen im Senat noch vom Rathgeben herzuleiten, da das Gebieten von je her die Hauptsache des Consulamtes gewesen sei. Das ist ein hinfälliger Grund. Auch ponti-fi-ces bedeutet sicherlich „Brückenmacher" und doch war das Weihen des Pons sublicius eine grosse Nebensache im Pontificalamte. Niebuhr fährt fort: „Ohne Zweifel bedeutet der Name ganz einfach Collegen; die Silbe sul findet sich mit der Bedeutung „einer der ist" in praesul, exsul; die nämliche Bedeutung hat consentes, Jupiters Götterrath" *Röm. Gesch.* I. 545. 4, *A.*. Jede dieser Behauptungen des genialen Geschichtschreibers muss ich bestreiten. Erstens bedeutet prae-sul nicht „einer der vor ist", sondern „einer der vortanzt" und gelangt erst daher zu der übertragenen verallgemeinerten Bedeutung Vorsteher. Ebenso wenig ist ex-sul „einer der ausserhalb ist", sondern „einer, der ausser Landes gegangen ist". Ferner ist in Con-sent-es (dii) nicht ein angeblicher Particpialstamm sent- von Wz. es- Sanskr. as- sein enthalten, sondern der Nominalstamm senti- zu dem das Denominativum senti-i re gehört und sich verhält wie zu parti-: part-i-ri. Con-sent-es ist also eine Bildung wie con-cord-es, com-pot-es, ex-pert-es und bedeutet „zusammensinnende, übereinstimmende". Es verhält sich zu con-sent-i-ent-es ähnlich wie con-cord-es zu concord-a-nt-es. Die alte Erklärung von Con-sent-es: consentientes oder consulentes ist also dem Sinne nach vollständig richtig und passt für die Rathsversammlung des Jupiter nach Etruskischer Priesterlehre viel besser als Niebuhrs „zusammenseiende". Eine Wortform *sul mit der Bedeutung „einer der ist" giebt es also im Lateinischen nicht. Die hingeworfene Vermuthung consul hänge wohl mit cens-ere zusammen *Meyer, Vergl. Gram.* II. 70) und bedeute „Abschätzer, Beurtheiler", also im Wesentlichen dasselbe wie cens-or, nimmt weder auf die thatsächliche Bedeutung des Wortes con-sul Rücksicht *vgl. Schweitzer, Z. f. vgl. Spr.* XIV, 149), noch auf die analogen Bildungen prae-sul, ex-sul, -sub-sul. Nach einer andern Erklärung sollen consul, ex-sul-, prae-sul von der Wurzel sad- sitzen, stammen, indem das d in l übergegangen sei, wie in sol-lu-m für *sod-lu-m (*Eschmann*, Z. f. vergl. Spr. XIII, 106 f.). Diese Etymologie scheitert zunächst an der Bedeutung von prae-sul, das in uralter Zeit den „Vortänzer" bei dem Collegium der zwölf Sal-ii, der „tanzenden" Priester des Mars bezeichnete (*Verf. Origg. Poes. Roman.* p. 26). Diesem Sal-i-oru-m prae-sul, dem „Vortänzer der tanzenden Priester" entsprechen Sal-i-sub-sul-es, „nachtanzende Tänzer" wie dem prae-centor die succentores. Diese werden erwähnt *Catull.* XVII, 6: Sie tibi bonus ex tua pons libidine fat, in quo vel Salisubsuli sacra suscipiantur (vergl. *Verf. a. O. Sillig zu Catull. a. O.*). Hier ist Sal-i-sub-sul ein Compositum aus einem Eigennamen mit angefügtem Appellativum, das als Epitheton an jenen getreten ist wie in Ju-piter, Mars-piter, bedeutet also einen „nachtanzenden Salier" wie prae-sul den Vortänzer derselben. Diese Benennungen sind so alt wie die ganze Priesterschaft der Sa-lii, die den Frühlingsanfang in den ersten Tagen des dem Mars geweihten Märzmonats mit Aufzügen und Tänzen feierten. Dass nun in jener alten Lateinischen Sprache, der man doch wie jeder anderen sinnliche Bestimmtheit in ihrer Bezeichnung sinnenfälliger Dinge zutrauen muss, prae-sul und -sub-sul der „Vortänzer" und der „Nachtänzer" von sed-ere, vom „Sitzen" benannt sein sollten, dass die alten Römer, während sie das ganze Priestercollegium Sal-ii „Tänzer" benannten, die einzelnen Mitglieder desselben als „Vorsitzer" und „Nachsitzer" bezeichnet haben sollten, das ist eine Annahme, die der Lateinischen Sprache zumuthet, sie habe die Dinge nach Eigenschaften und Merkmalen, die sie nicht haben, ja nach dem Gegentheil von solchen, die sie haben, benannt. Ist aber die Ableitung von Wz. sad-sedere für prae-sul und -sub-sul unmöglich, so ist sie auch unhaltbar für con-sul.

Nach dem Gesagten ist es also vollkommen gerechtfertigt, dass Mommsen den etymologischen Zusammenhang von con-sul, prae-sul, ex-sul mit sal-i-re wieder aufgenommen hat *Rom. Gesch.* I, 242 Anm. 3. A.). Der Einwurf dagegen, dass con-sul auf diese Weise „Mitspringer", ex-sul „Ausspringer" bedeuten würde (*Eschmann, a. O.* 110 f.), würde nur Gewicht haben, wenn jemand behauptet hätte, das -sul in jenen Wörtern sei von dem denominativen Verbum sal-ire mit der speciell ausgeprägten Bedeutung „springen" herzuleiten. Das ist aber weder von Mommsen noch von sonst jemand behauptet worden. Jenes -sul ist vielmehr der Sanskr. Wz. sar- entstammt, welche die Bedeutungen „gehen" und „fliessen" hat. (*Westerg. Rad. l. Sanscr.* p. 67, *Curt. Gr. Et. n.* 652. 2. *A.*). In der ursprünglichen Gestalt mit der Bedeutung „fliessen" erscheint dieselbe in Sanskr. sar-it Fluss, sar-as Teich (*Benfey, Chrestom. Gloss.* p. 331 *f.*) und auf italischem Sprachboden in dem Flussnamen Sar-nu-s der „fliessende", eine alte Participialform wie sa-nu-s, ple-nu-s, mag-nu-s, dig-nu-s. Von einer Participialform sar-no- für sarto- leite ich den Namen der Umbrischen Stadt Sar-s-ina am Flusse Sapis her; der also „Flussstadt" bezeichnet wie Roma. So sind auch die Städtenamen Interamna, Antemnae, Lautulae, Ostia, Aquae Sextiae, Aquinum, Varia, Sublaqueum von Gewässern benannt (*Verf. Krit. Beitr. S.* 428). Die Wurzel sar- erscheint zu sal- gestaltet mit der Bedeutung einer „Bewegung aufwärts" in sal-tu-s, sal-e-bra, sal-ax, sal-ire (*a. O. S.* 355. 380.). Aber in Sal-ii, sal-i-are ist keineswegs die einseitige Bewegung aufwärts ausgeprägt, sondern die allgemeinere einer „energischen Bewegung, eines gesteigerten Gehens". Es fragt sich nun, ist con-sul-ere von con-sul gebildet oder umgekehrt. Con-sul-ere hat kein lautliches Zeichen eines denominativen Verbum an sich, hat auch garnicht die Bedeutung „als Consul handeln". Das Wort bedeutet ursprünglich nichts anderes als „zusammengehen", convenire. Consulere aliquem erhält daher die Bedeutung von convenire aliquem, „jemanden um Rath angehen", daher um Rath fragen" und andrerseits consulere cum aliquo, consulere rem oder de re von dem Zwecke des Zusammenkommens die Bedeutung „zusammen berathen"; consulere rei bedeutet daher berathen und beschliessen zum Vortheil einer Sache. Von con-sul-ere ist das Verbalnomen con-sul gebildet, das mit seinem auslautenden Stammvokal das s des Nominativs eingebüsst hat. Con-sul könnte aus con-sul-i-s abgestumpft sein wie die Nominativformen mugil, pugil, vigil aus mugil-s, *pugil-s, *vigil-s (*Verf. Ausspr.* II, 59). Aber wäre der auslautende Stammvokal ein i gewesen, so müsste man erwarten, dass dieser das u der vorhergehenden Silbe sich zu i assimilirt hätte wie in con-sil-iu-m und eine Form *con-sil nach der Analogie von pugil, vigil hervorgegangen wäre. Also darf man schliessen, dass con-sul abgestumpft ist aus *con-sul-u-s wie in der älteren Sprache famul aus famulu-s, in der späteren Volkssprache figel, mascel aus figulu-s, masculu-s. (a. O. 54 f.). Con-sul trat dann durch den Verlust seines auslautenden Stammvokals in der Nominativform in die consonantische Declination über wie prae-cox neben prae-coquu-s, man-sue(t)-s, sans(t)-s, damna(t)-s, tere(t)-s hebe(t)-s neben mansuetu-s, sanatu-s, damnatu-s, *teretu-s, *hebetu-s (s. oben S. 253. 257). Die älteste amtliche Benennung für die beiden jährlich gewählten Herrscher in Rom, die an die Stelle der lebenslänglichen Fürsten traten, war praetor-es, das ist *prae-i-tor-es, und bezeichnete ihre Würde als Anführer des Heeres. Erst seit den Zeiten der Decemvirn wurde con-sul-es die übliche Benennung für dieselben, insofern sie „berathen und um Rath fragen" die Volksversammlung wie den Senat. Als prae-tor-es sind sie ἡγήτορες, als con-sul-es μέδοντες, insofern sie Oberrichter sind, werden sie auch iudices genannt. Das oben angeführte altrömische Gesetz hat also in seinen Worten praeeundo, iudicando, consulendo praetores, indices, consules appellantor eine etymologisch vollkommen richtige Ableitung des Titels con-sul vom Verbum con-sul-ere gegeben. Diese Benennung hat niemals die Bedeutung „Zusammenspringer" oder „Zusammengeher" gehabt, sondern ist erst entstanden aus der vergeistigten Bedeutung von con-sul-ere „um Rath fragen, berathen", wie es die Grammatiker Attius und Varro ganz richtig angeben. Auch prae-sul und -sub-sul sind also Verbalnomina von *prae-sul-ere „vorangehen" und *sub-sul-ere „nachgeben" abgestumpft aus *prae-sul-u-s, *sub-sul-u-s wie con-sul von con-sul-ere aus *con-sul-us.

Ex-sul
mit solu-m zusammenzubringen, ist unrichtig, da solu-m niemals einen Bezirk oder Landraum bezeichnet wie terra, provincia, pagus, vicus, pomoerium, sondern nur den Grund und Boden im Gegensatz zur Höhe. Ex-sul ein Verbalnomen von *ex-sul-ere bedeutet eigentlich ein „herausgehender", hat also die Bedeutung der Wurzel sar- gehen unverändert behalten, dann ein „herausgegangener", daher Verbannter. Es fragt sich, ob auch

Insula

hierher zu ziehen ist. Pott leitet in-sula von salus, salum her (*E. F.* II, 178. 392). Da dieses Wort aber ausschliesslich die bewegte hohe See, den Wogenschwall bezeichnet und mit σάλο-ς Schwanken, unruhige Bewegung, σαλ-εύ-ειν u. s. verwandt ist (*Curt. Gr. Et. n.* 556. 2. *A.*), so scheint mir eine andere Erklärung vorzuziehn. Ich halte mit Mommsen den zweiten Bestandtheil von in-sul-a für eine Nominalbildung derselben Wurzel wie das -sul von con-sul, ex-sul, prae-sul, -sub-sul; aber dass in-sul-a den „Einsprung", zunächst den ins Meer gefallenen Felsblock bezeichne, wie derselbe annimmt (*Röm. Gesch.* I, 242 *Anm.* 9. *A.*) kann ich nicht für richtig halten. Einmal liegt die Vorstellung des Springens in dem -sul jener drei Wörter nicht ausgeprägt, ist auch nicht die ursprüngliche Bedeutung der Wurzel sar-; dann aber gehört die Entstehung von Inseln durch in das Meer gefallene Felsblöcke doch sicherlich zu den seltenen Ausnahmen. Ich schliesse also von dem -sul-a in in-sul-a auf ein einfaches *sal-a von Sanskr. Wz. sar- fliessen, das „fliessendes Wasser" bedeutete wie Sanskr. sal-il-a-m, wie auf italischem Sprachboden Sar-nu-s „Fluss", Sar-s-ina „Stromstadt". In-sul-a bedeutet hiernach „einen im Wasser befindlichen Ort" wie Inter-amn-ia „Stadt zwischen Flüssen", Ant-emnae „Stadt vor dem Fluss", Sub-laqu-eum von lacus „Ort unterhalb des Sees" oder „dicht an demselben", und wie ex-lex „ausserhalb des Gesetzes befindlich", ex-praetor (*Bullet. d. J. archeol.* 1860, p. 219) „der aus dem Prätor heraus ist". Composita derselben Art sind pro-nepos, ab-nepos, ad-nepos, pro-avus, ab-avus, at-avus. In-sul-a enthält also in sich zwar dieselbe Wurzel sar- wie con-sul, ex-sul, prae-sul, -sub-sul; aber es ist ein Compositum von einem Nomen *sal-a und der Präposition in, während jene Verbalnomina erst von den zusammengesetzten Verben con-sul-ere, *ex-sul-ere u. a. gebildet sind; in in-sul-a hat die Wurzel sar- die Bedeutung „fliessen", in diesen Verben die Bedeutung „gehen" ausgeprägt. Con-sul unterscheidet sich wieder von den gleichgebildeten Verbalnomen in seiner Bedeutungsentwickelung dadurch, dass es erst Amtstitel wurde, als con-sul-ere von seiner ursprünglichen Bedeutung „zusammengehen" zu der vergeistigten „um Rath fragen" und „berathen" gelangt war.

Erweichung des r zu l habe ich angenommen in multa,

indem ich das Wort mit dem Sanskr. Participialstamme smr-ta-aestimatus von Wz. smar- memoria tenere, in memoriam revocare abgeleitet habe (*Krit. Beitr. S.* 384). Gegen diese Erklärung sagt Schweitzer (*Z. f. vergl. Spr.* XIII, 311): „Ueberraschen wird die Sanskritkundigen die Deutung von multa Busse aus Sanskr. Wz. smar-. Sm̥rta heisst natürlich aestimatus nur in dem Sinne von Ahd. mari." Diese Worte kommen auf den Sinn hinaus, als sei meine obige Etymologie lediglich aus Unkunde des Sanskrit entsprungen und müsse jedem Sanskritkundigen sofort die Unhaltbarkeit derselben einleuchten. Ich untersuche also, in wiefern jene Worte begründet sind, und vertheidige damit die von mir gegebene Erklärung. Das Adjectivum Ahd. mari, mare, Mhd. m aere bedeutet „bekannt, berühmt, herrlich, beachtenswerth, theuer, werth, lieb" (*Schade, Althd. Wörterb. S.* 347. vgl. *Graff, Althd. Sprachsch.* II, 821 *f.*). Von dem Participium Sanskr. sm r -ta-der Wurzel smar- gedenken giebt Benfey die Bedeutungen an „überliefert, der Ueberlieferung gemäss, genannt" (*Chrestom. Gloss. S.* 355). Die Bedeutung von Ahd. mar-i „hochgeschätzt, theuer" erwähnt derselbe garnicht. Daraus muss ich schliessen, dass dieser gründliche Kenner des Sanskrit diese Bedeutung des Wortes im Sprachgebrauch des Sanskrit nicht kennt oder anerkennt, die mir Schweitzer mit einem „natürlich" als eine ausgemachte und selbstverständliche Thatsache entgegenhält. Benfey erwähnt für das Substantivum sm r -ti-s die Bedeutungen „Erinnerung, Andenken, Ueberlieferung, Complex der Rechte und Pflichten als auf Tradition beruhend, ein Werk über Recht, Gesetzesstelle" (*a. O.*). Er erwähnt keine Bedeutung „Hochschätzung, Liebe" oder eine dem ähnliche. Vergleicht man mit jenen Sanskritwörtern Lat. mor-s, Griech. μέρ-ιμνα, μέρ-μερ-ο-ς, μάρ-τυρ, Zend. mar- kennen, mar-eti Lehre, Altpr. er-mir-it ersinnen (*Curt. Gr. Et. n.* 466. 2. *A.*), so ergiebt sich, dass „merken" die ursprüngliche Bedeutung der Wz. smar- war, die allen diesen Wortformen zu Grunde liegt. Dieses Merken kann sich auf gute wie auf schlechte, auf gegenwärtige wie auf vergangene Gegenstände beziehen; auf die letzteren bezogen wird es zum „erinnern"; aus dem Merken des Guten ist der Sinn „hochschätzen, theuer, werth haken" entstanden, den Ahd. mari zeigt; aus dem Merken

des Schlechten erwuchs die Bedeutung „Sorge, Kümmerniss" in
μέρ-ιμνα, μέρ-μερ ο-ς. Wenn also die Bedeutung „hochschätzen" in Lat. multa, Osk. molto nicht enthalten ist, so ist
das unmöglich ein ausreichender Grund gegen meine Erklärung
des Wortes aus Sanskr. Wz. smar-, und das „natürlich", mit
dem jener Einwand verbrämt ist, hat etwa denselben Werth, wie
das „offenbar", womit manche Leute Behauptungen bekräftigen,
für die sie keine stichhaltigen Beweise vorbringen können. Ich
habe nachgewiesen, dass Lat. mul-ta im alten Sprachgebrauche
und Osk. mol-to „Strafsatz", τίμημα bedeutet. Wenn nun
nota eigentlich „Vermerk, Merkzeichen" und daher die „Rüge"
bedeutet, die bei den Römern thatsächlich eine vom Censor verhängte Disciplinarstrafe war, wenn animadvertere von seiner
eigentlichen Bedeutung „bemerken" in dem Zusammenhange
animadvertere in aliquem zu dem Sinne gelangt „strafend
gegen jemand verfahren", so kann doch sicherlich auch multa
von der Bedeutung „Vermerktes, Vermerk" zu dem Sinne „Strafbestimmung, Strafsatz" ausgeprägt sein. Diese Bedeutungsentwickelung ist ebenso natürlich, als wenn Sanskr. smr̥-ti-s den
Sinn „Rechtssatzung, Rechtsherkommen, Gesetzesstelle" erhalten
hat. In jenen Lateinischen Wörtern ist der Begriff der „Rüge,
Strafe", in diesem Sanskritworte der Begriff des „Rechtes, Gesetzes" erst im Verlauf der Bedeutungsentwickelung hineingetragen.
Nach dem Gesagten muss ich es dahingestellt sein lassen, ob meine
Erklärung von multa aus Sanskr. Wz. smar- für Sanskritkundige etwas Ueberraschendes haben wird oder nicht; jedenfalls
habe ich in Schweitzers Gegenbemerkungen keinen Grund finden
können, von derselben abzugehen.

Ausfall eines inlautenden l habe ich früher zweifelnd aufgestellt in

vis

„du willst", indem ich annahm, dass in dem enklitischen -vis
von quam-vis, qui-vis, ubi-vis u. a. -velis mit Ausstossung
des e zu -vls und dann mit Ausfall des l zu -vis gestaltet sei
(Krit. Beitr. S. 388 f.), diese enklitische Form aber dann auch
als selbständige, hochbetonte Form zur Geltung gekommen sei.
Crain wendet mit Recht dagegen ein, dass selbst, wenn enklitisches -velis sich zu -vls gestaltet hätte, aus dieser Form
nach der Analogie von laqueus für *vlaqueus -lis hätte ver-

den müssen, aber nicht -vis (*Bemerk. z. Lat. Lautl. S. 20*). Er leitet daher die zweite Pers. Sing. vi-s von einer anderen Verbalwurzel her als von vol-, vel-in vol-o, vel-im, nämlich von derselben Wurzel vi- begehren, von der ich In-vi-tu-s, in-vi-t-are abgeleitet habe. Das so entstandene vi-s sei an die Stelle einer der Sprache abhanden gekommenen zweiten Pers. Sing. Ind. Präs. *vol-s oder *vel-s getreten wie tul-i an die Stelle eines verloren gegangenen Perf. von der Wurzelform fer- von fer-re, wie pot-en-s als Particip von pos-se für pot-ts esse gelte, während es doch zum einfachen Verbalstamme pot- gehöre. Diese Analogien sind aber doch nicht zutreffend für den vorliegenden Fall. Dafür, dass eine einzelne Personalform eines Modus und Tempus von einem anderen Verbalstamme entnommen sein sollte als alle übrigen Personalformen desselben Modus und Tempus, giebt es im Lateinischen doch keine Analogie. Crain hält seine Ansicht auch selber nicht für erwiesen und deutet an, dass er eine Erklärung vorziehen würde, die vis auf lautlich ge- nügende Weise aus der Lateinischen Wurzelform vol-, vel- zu rechtfertigen wüsste. Ich glaube nun eine solche bieten zu können. Jene lateinischen Wurzelformen sind entstanden aus Sanskr. Wz. var- eligere (*Curt. Gr. Et. n.* 655. 2. *A.*). Dass im Lateinischen dieselben Wurzeln mit unversehrtem r und mit Erweichung des- selben zu l neben einander erscheinen, zeigen die Bildungen cul-ter neben cor-t-ex (*Verf. Krit. Beitr. S.* 383), ful-c-ire, ful-cru-m neben fir-mu-s, for-ma (*a. O.* 382), floc-cu-s, flac- c-ere, flac c-idu-s neben frac-es, frac-ere, frac-idu-s *a. O.* 380). So konnte also neben der zweiten Pers. Sing. Ind. Präs. *vel-s, aus der vel entstanden ist, eine ältere *ver-s sich erhalten haben, die wie jene aus ursprünglichem *var-si entstanden war. Nun ist r vor folgendem s im Lateinischen nicht selten geschwunden, nachdem es sich demselben zuvor assimiliert hatte; so in rusum, susum, prosa, sinistrosum (*I. R. Neapol. Mo. n.* 6831) u.a. für rursum, sursum, *prorsa, sinis- trorsum (*Verf. Krit. Beitr. S.* 396). So konnte aus *ve-s jedenfalls *ve-s werden. Wendet man dagegen ein, dass sich in fer-s die Consonantenverbindung rs gehalten habe, so ist darauf zu erwiedern, dass das auch in cursum, sursum, prorsus, sinistrorsus geschehen ist, während in rusum, susum, prosa, sinistrosus das r geschwunden ist. Aus *ve-s aber wurde infolge der Wahlverwandtschaft des Zischlautes s mit dem Vokal i (*Verf. Ausspr.* I, 286; vI-s. Jene ursprüngliche Form *var-si hat sich also im Lateinischen schon in alter Zeit in zwei Tochterformen gespalten: in der einen vel hat die Sprache den auslautenden Wurzelconsonanten r zu l erweicht und das Personalzeichen s eingebüsst, in der anderen vi-s jenen schwinden lassen, aber das Personalzeichen s gewahrt. So spaltete sich zum Beispiel die Grundform der zweiten Pers. Sing. Conj. Perf. *a-mi-si-sis in den beiden Formen a-mi-s-sis und a-mi-se-ris, die Grundform der dritten Pers. Sing. Conj. Perf. *in-iec-i-sit in die beiden Formen in-iec-sit und in-iec-e-rit; die einen Formen erhielten das s der Conjunctivform -sit von Wz. es-, Sanskr. as- unversehrt, büssten aber vor demselben den Perfectcharakter i ein; die anderen liessen das s zu r sinken, wahrten hingegen den Perfectcharakter i in der abgeschwächten Gestalt e.

Das enklitische

-ve

in ne-ve, si-ve u. a. habe ich aus -vi-s erklärt, so dass also si-ve — si-ve eigentlich bedeutet „wenn du willst — wenn du willst" (*Krit. Beitr.* S. 389). Das bestreitet Crain (*a. O.* 21) und zieht es vor, Meyer beizustimmen, der in diesem -ve einen Pronominalstamm va- sieht und zwar denselben, der in der Pronominalform vos enthalten sei (*Vergl. Gram.* I. 832); ja er wagt sogar die Vermuthung, das vē- in den Formen vē-grandis, vē-sanus, vē-cors, VE-jovis u. a. sei wohl identisch mit jenem enklitischen -ve. Der Stamm des Pronomens zweiter Person soll für dieses eine sehr passende Bedeutung abgeben; si-ve soll eigentlich „wenn du" bedeuten und daher den Sinn „wenn anderswie, anderswo, andrerseits, oder wenn" erhalten. Für eine solche Bedeutungsentwickelung müsste doch irgend eine Analogie aus dem Bereiche der Lateinischen Sprache oder ihrer nächsten Verwandten gegeben sein. Das ist aber nicht geschehen, wird auch schwerlich zu ermöglichen sein. Und passt etwa die angebliche Grundbedeutung „wenn du" besser zu der Bedeutung, die si-ve thatsächlich im Sprachgebrauch hat, als die von mir angenommene „wenn du willst"? Auch im Umbrischen ist her-i-s — her-i-s und her-i — her-i eigentlich „willst du — willst du", die zweite Pers. Sing. Ind. Präs. eines Verbalstammes her-i- mit der Bedeutung „wollen", als disiunctive Partikel mit dem Sinne „sei es — sei es, entweder — oder" verwandt worden, also genau mit derselben Bedeutung wie si-ve — si-ve; und im Umbrischen pis-her = qui-vis, qui-libet ist her- der Rest der dritten Pers. Sing. Ind. Präs. desselben Verbalstammes her-i-, enklitisch angefügt wie im Lateinischen -vis, -ve (*Verf. Krit. Beitr. a. O.*) Meiner Erklärung von si-ve steht also eine schlagende Analogie zur Seite, der von Crain keine. Aber auch die Lautverhältnisse sind hier sorgsam in Erwägung zu ziehn. Dem Sanskr. vā „oder", vā — vā „entweder — oder" nach Benfey Instrumentalis des Pronominalstammes va- *Chrestom. Gloss.* p. 277) das Lateinische -vĕ und -vā — -vĕ gleich zu setzen verbietet ein bestimmter lautlicher Grund. In Casusformen hat sich altindisches langes ā im Auslaut oder vor den Casussuffixen s, m, t (d) im Lateinischen entweder unversehrt erhalten, wie im Altlateinischen das auslautende a des Nom. Sing. Fem. von Nominalstämmen (*Verf. Ausspr.* I, 330), wie das ā der altlateinischen Genitivendung -ās und das ā der Ablativendung -ād, -ā, oder es hat sich gekürzt wie im Nom. Sing. der femininen A-Stämme in der klassischen Zeit der Lateinischen Sprache und im Acc. Sing. derselben auf -am. Aber jenes Sanskr. ā eines Casussuffixes ist sonst nicht im Lateinischen zu ĕ geworden, ausser wenn es sich vorhergehendem I assimilierte (*Verf. Ausspr.* I, 303 *f.*) Also würde auch die Instrumentalform Sanskr. vā vom Pronominalstamme va- im Lateinischen entweder vā geblieben sein oder sich zu vă gekürzt haben, aber nicht zu vĕ geworden sein. Ist es nun wohl glaublich, dass nicht dieses Sanskritische vā, sondern ein anderes va- ein nackter Pronominalstamm, der mit der Bedeutung „du" als Singularform nie erscheint, im Lateinischen -ve auftreten und hier auf dem Boden dieser Sprache das „du" sich in „oder" verwandeln sollte! Dazu gehörte doch eine ganz schlagende Beweisführung und Widerlegung jeder abweichenden Ansicht über den Ursprung des Lateinischen -ve. Nun aber hat Crain gegen meine Erklärung der Bedeutung von si-ve, ne-ve garnichts einzuwenden, sondern nur gegen die lautliche Entstehung des -ve aus -vī-s. Erstens nämlich erscheint es ihm auffallend, dass das auslautende s in si-ve, ne-ve abgefallen sei, während es sich doch in qui-vi-s, quam-vi-s, ubi-vi-s u. a. gehalten habe. Das ist gerade so auffallend, als dass in den Formen der zweiten Pers. Sing. arbitrare, laudare, videare, utare, largiare, vocabare, videbare, quaerebare, existimare, viderere, loquerere, experirere, aspernabere, verebere, sequere, patiere das auslautende s geschwunden und das somit in den Auslaut getretene i zu e geschwächt ist (*Verf. Ausspr.* I, 271), während in den Formen arbitraris, laudaris, vidvaris, uiaris, largiaris, vocabaris, videbaris, quaerebaris, existimaris, videreris, loquereris, experireris, aspernaberis, vereberis, sequāris, patieris das s und mit ihm das i sich unversehrt erhalten hat. Genau so stehen also neben einander -ve und -vi-s. Es erscheint CraIn ferner schwer denkbar, dass se-u für si-ve und si-s in (age-sis u. a.) für si-vi-s auf eine und dieselbe Form zurückzuführen sein sollten. Mir scheint das mindestens ebenso leicht denkbar und ebenso sicher zu sein, als dass zum Beispiel die drei Formen der dritten Pers. Plur. Ind. Perf. removerunt, removere, remorunt sich aus einer Lateinischen Grundform *removeronti und die sechs verschiedenen altlateinischen Formen dederont, dedrot, dedro, dederunt, dederi, dedere (*C. I. Lat. M. I. p.* 578) sich aus der einen Grundform *dederonti verschieden abgestumpft und verbildet haben. Dieselbe Bedeutung „oder" wie -ve hat -vis an dem Dat. Plur. libertabus gefügt in einer neuerdings gefundenen Inschrift von S. Agnese, wo es heisst, *Bullet. d. I. archeol.* 1856, *p.* 151: libertis libertabusvis posterisque eorum. Nach dem Gesagten muss ich meine Ansicht nach wie vor als die richtige ansehen, dass rei, vis, -ve nichts anderes sind als verschiedene Abstumpfungen der zweiten Person Sing. Ind. Präs. der Wurzel von vel-le, die ursprünglich var- lautete, wie im Umbrischen heri-s, heri-, her- entsprechende Formen des Verbalstammes her-i von Sanskr. Wz. har- sind, die ähnlich wie jene Lateinischen zu der Bedeutung von Partikeln ausgeprägt oder verblasst sind.

Sibilanten.

S.

Zu den Fällen, wo im Lateinischen anlautendes s vor folgenden Consonanten geschwunden ist (*Krit. Beitr. S.* 427 *f.*), gebe ich hier einige Nachträge und Berichtigungen. Anlautendes s ist vor n geschwunden in ninguit, ningit, nix, nites, nare, natare, nasus, nurus (a. O. 432 f.). Zu diesen Wörtern stelle ich auch

nutrix.

Pott vermuthet, nu-tr-ir-e sei wahrscheinlich ein Compositum von novo- und einer Verbalform der Wurzel trā- servare, tueri (E. F. I, 186). Hiernach würde das Wort bedeuten „neues behüten, junges behüten". Aber dieser Sinn liegt doch der Bedeutung von nu-tr-ire „nähren, säugen" und von nu-tri-x „Amme" fern. Meyer fragt, ob nu-tr-ire etwa zu Griech. νεωτερο- gehöre (Vergl. Gram. II, 39), was Schweizer für sehr unsicher hält (Z. f. vergl. Spr. XIV, 147). Gesetzt, es hätte eine Lateinische Comparativform *nu-tro- gegeben, die der Griechischen νεω-τερο- entsprochen, dann könnte nu-tr-ire doch nur „neu oder jung sein, werden oder machen" bedeuten. Dieser Sinn aber liegt doch von den Begriffen „säugen, nähren, Amme" weit ab. Vergleicht man nu-tri-x mit al-tri-x, victri-x, gen-i-tri-x, tex-tri-x, ac-tri-x, mon-i-tri-x, rena-tri-x, accusa-tri-x u. a., so wird man sicherlich geneigt sein, einer Erklärung von nu-tri-x, nu-tri-c-s den Vorzug zu geben, die in dem Worte das feminine Suffix -tri-c findet, das von dem männlichen Suffix der handelnden Person -tor erst durch ein feminines i und dann auf speciell Lateinischem Sprachboden durch ein mit c anlautendes Suffix weiter gebildet ist. Nu-tri-c-s führt also auf nu-tr-i- und weiter auf nu-tor- zurück, wenn diese Formen auch nie wirklich in der Sprache vorhanden waren, sondern nu-tri-c-s nach der Analogie von al-tri-c-s, vic-tri-c-s u. a. gebildet wurde. Auf nu-tr-iweist auch das Verbum nu-tr-i-re. Von tex-tor, *tons-tor, der Grundform von ton-sor, pis-tor finden sich weiter gebildet mit Schwinden des o von -tor die Wortformen tex-tr-i-na, tonstr-T-na, pis-tr-i-na, welche die Werkstätte der Berufshandlung oder Handwerksthätigkeit einer Person bezeichnen. Zwischen beiden Bildungen liegen der Sprache abhanden gekommene denominative Verba der I.-Conjugation *tex-tr-i-re, *tons-tr-i-re, pistr-i-re, die bedeuten „als Weber, Barbier, Bäcker handeln", wie zwischen consul, tribunu-s und consul-a-tus, tribun-a-tu-s Verba der A.-Conjugation *con-sul-a-re, *tribun-are liegen, die bedeuteten „als Consul, Tribun handeln" (vgl. Verf. Krit. Beitr. S. 338 f.). Ein solches denominatives Verbum ist auch nu-tr-i-re. Das kann lautlich sowohl von dem männlichen Nomen *nutor gebildet sein, als von einer alten weiblichen Form *nu-tri-, welche noch nicht durch -c erweitert war. Die Bedeutung des Wortes wird ergeben, dass es von der letzteren herstammt. Dass diese alte Femininform auch auf Italischem Sprachboden angenommen werden darf, beweist die Oskische Dativform Fuu-tre-í, Fu-tre-í vom femininen Stamme Fū-trī-, Namen einer weiblichen Gottheit, gebildet von Wz. fu-, Sanskr. bhū-, der „Erzeugerin" bedeutet (*Moms. Unterit. Dial. S.* 310). Die Wurzel jenes alten femininen Stammes nu-tri-, der sowohl in der Weiterbildung nu-tri-c-s als in dem denominativen Verbum nu-tr-i-re zu Grunde liegt, finde ich in Sanskr. Wz. snu- fluere, stillare (*Westerg. Rad. l. Sanscr.* p. 50). Wie von Wz. sta- sta-tor die Person bedeutet, die „stehen macht", so von Wz. snu- mit Abfall des anlautenden s nu-tri-, nu-tri-c-s die Person, die „fliessen macht" nämlich „Milch", also „die Amme", daher nu-tr-i-re eigentlich „als Amme handeln", das ist „säugen, nähren," und nu-trix „Amme" und verallgemeinert „Nährerin".

Anlautendes s sollen nach Froehde eingebüsst haben cap-is, Umbr. cap-ir-, cap-ulu-m, cap-ula, cap-edo, cap-isteriu-m verglichen mit Griech. σκαφ-ιστήριο-ν, σκαφ-ί-ς, σκάπ-τω, deutsch schopp-en, schaff, scheff-el (*Z. f. vergl. Spr.* XIII, 452 *f.*). Um diese Ansicht zu prüfen, ist es nöthig die Bedeutung der einzelnen hier angeführten Wörter zu untersuchen; so zunächst von

capulus, capulum.

Es heisst bei *Festus*, p. 61: Capulum et manubrium gladii vocatur et id quo mortui efferuntur, utrumque a capiendo dictum. Sane a capio fit capularis. Hier sind also nach Verrius Flaccus für cap-ulu-m zwei Bedeutungen angegeben: „Griff" und „Bahre". Bei Isidor wird gesagt, *Origg.* XX, 16: Capulum funis a capiendo, quod eo indomita iumenta comprehendantur. Nach dieser Angabe bedeutet also cap-ulu-m „Schlinge, Lasso". Aus Varro wird angeführt, *Non.* p. 3. *G.*: Propter cunam capulum positum nutrix tradit pollinctori. Da der Todte, von dem hier die Rede ist, nicht erst in den Sarg gelegt und dann dem Leichenwäscher übergeben sein kann, so bedeutet bei Varro cap-ulu-s oder cap-ulu-m nicht „Sarg", sondern die „Bahre", auf welche der Leichnam gelegt wird, um dem Leichenwäscher übergeben zu werden. Die Bedeutung „Sarg" findet sich zuerst bei Appuleius, *Metam.* 4: Capulos carie et vetustate semitectos, queis habitabant pulverei et iam cinerosi mortui: und so erklärt auch Nonius das Wort, *p.* 3 G: Capulum dicitur, quicquid aliquam rem intra se capit, nam sarcofagum, id est sepulcrum diei veteres volunt, quod corpora capiat. Aber aus keiner der Stellen alter Lateinischer Schriftsteller ergibt sich die Bedeutung „Sarg" unzweifelhaft; aus der oben angeführten Stelle des Varro erhellt vielmehr die Bedeutung „Bahre" noch für die Augusteische Zeit, und diese Bedeutung passt auch auf alle übrigen eben daselbst bei Nonius citierten Stellen. Nonius Erklärung: sarcofagum id est sepulcrum ist verworren, da sarcofagum und sepulcrum wesentlich verschiedene Dinge sind. Nonius hat von der später in cap-ulu-s, cap-ulu-m hineingetragenen Bedeutung sarcophagus ausgehend die von ihm citierten Stellen der älteren Schriftsteller falsch verstanden, wo das Wort den Sinn „Bahre" hat. Jene spätere Bedeutung nimmt Froehde für seine Etymologie mit Unrecht als die eigentliche und ursprüngliche an. Dass nun dasjenige cap-ulu-s, cap-ulu-m, das „Griff" und „Schlinge" bedeutet, von cap-ere „greifen, fangen" abzuleiten ist, also ursprünglich „Ding zum Greifen, Fassen, Fangen" bedeutete, wird niemand in Abrede stellen. Dann aber erscheint es unglaublich, dass daneben noch ein zweites cap-ulu-s, cap-ulu-m existiert habe, das mit Griech. σκαφ-ίς, Deutsch schopp-en, scheff-el Eines Stammes wäre. Auch hat doch für unsere Anschauung eine Todtenbahre mit einem Melkeimer, Schoppen und Scheffel wahrlich keine Aehnlichkeit. Daraus muss ich folgern, dass cap-ulu-s, cap-ulu-m überall ursprünglich ein „Ding zum Greifen, Fangen, Fassen, Anfassen, Handhaben", daher sowohl der Griff eines Schwertes, als eine Schlinge, als eine Bahre, den Todten zu handhaben.

Capistrum

bedeutet „Halfter oder Kappzaum für Pferde, Esel, Ochsen, Band oder Fessel zum Aufbinden des Weinstockes, Halter am Kelter" nicht „Henkelgefäss", wie ich aus Versehen geschrieben habe (*Krit. Beitr.* S. 370), indem ich cap-is im Sinne hatte. Cap-is-tru-m ist mit dem Suffix -tro abgeleitet vom Stamme cap-id-

und weist durch seine Bedeutung wie cap-ulu-s, cap-ulu-m auf Abstammung von cap-ere hin.

Capis, capula

werden erklärt, Varro *L. L.* V, 121. *M*: Quae in illa (sc. menso vinaria) capis et minores capulae a capiendo, quod ansatae, ut prehendi possent, id est capi. Harum figuras in vasis sacris ligneas et fictilis antiquas etiam nunc videmus. Varro erklärt also cap-i-s und cap-ula von den Handhaben oder Henkeln, bei denen man die in Rede stehenden Gefässe fasste. Wenn im Griechischen ein Gefäss $ἀμ-φορ-εύ-ς$, eigentlich ein „Ding mit zwei Handhaben oder Henkeln zum Tragen", $ἀμφ-ωτ-ί-ς$ ein „Ding mit zwei Ohren", das heisst ohrförmigen Henkeln bedeutet, so sehe ich nicht ein, wesshalb nicht im Lateinischen ein Gefäss durch cap-ula, cap-i-s, cap-ed-o, cap-ed-un-cula als „Ding zum Anfassen", das heisst „Gefäss mit Handhaben oder Henkeln versehen" bedeuten soll, wie cap-ulu-s, cap-ulu-m, cap-is-tru-m „Dinge zum Anfassen, Handhaben, Greifen, Fangen" bezeichnen.

Capisterium

endlich ist aller Wahrscheinlichkeit nach eine verschriebene Wortform. Es findet sich in den Texten des Columella (II, 9) mit der Bedeutung „Gefäss zum Sichten und Reinigen des Getraides"; aber in älteren Ausgaben erscheint daneben die Schreibweise caphisterium (*ed. 1472. ap. Jenson. ed. Gesnzer*). Da Griech. $σκάφη$ ins Lateinische übertragen in der Form scapha das s wahrt, so würde Griech. $σκαφιστήριον$ ins Lateinische übertragen ebenfalls das anlautende s behalten haben und das Griechische $φ$ durch ph oder f ausdrücken. Ich schliesse also aus der Variante caphisterium, dass bei Columella ursprünglich scaphisterium geschrieben stand. Jedenfalls steht die Form capisterium, die sonst nirgends vorkommt, unsicher; etymologische Folgerungen darf man also auf diese Schreibweise nicht basieren. Demnach gelange ich zu der Schlussfolgerung, dass cap-ulu-s, cap-ulu-m, cap-ula, cap-i(d)-s, cap-ed-o, cap-ed-un-cula, cap-is-tru-m mit Varro und Verrius Flaccus von cap-ere herzuleiten sind, mithin kein anlautendes s eingebüsst haben.

Zu den Wörtern, die anlautendes s vor p eingebüsst haben *Verf. Krit. Beitr.* S. 457, rechnet Walther mit Recht palea

Spreu von Wz. spar- (*Z. f. vergl. Spr.* XII, 408, wofür namentlich das Griechische πα-σπάλ-η spricht (*vgl. Verf. Krit. Beitr. S.* 458. 308. 319). Irrig habe ich nach dem Vorgange anderer Abfall eines anlautenden s angenommen für

penis.

Da eine Griechische Form σπέος garnicht vorkommt, wie Curtius mit Recht geltend gemacht hat (*Gr. Et. S.* 624. 2. A.), sondern lediglich aus dem etymologischen Einfall eines Grammatikers gefolgert worden ist, *Etym. Magn.*: Πέος οἶμαι κατ' ἔλλειψιν τοῦ σ, ὅτι σπᾷ καὶ ἐκτείνεται. Ehe nicht der Nachweis geführt ist, dass Lat. penis, Griech. πέος von der Wurzel von σπάω herstamme, darf man nicht die Behauptung aufstellen, dass penis ein anlautendes s eingebüsst habe.

Halbvokale.

J.

Neuerdings ist der Ausfall eines halbvokalischen j zwischen zwei Vokalen bestritten worden von Crain (*Bemerk. z. Lat. Lautl. S.* 24). So soll also in den altlateinischen Formen

plous, pleores

nicht das j des Sanskritischen Comparativsuffixes -îjâns, -îjas ausgefallen sein (*Verf. Z. f. vergl. Spr.* III, 280 f. *Ausspr.* I, 202. *Krit. Beitr. S.* 379), sondern ein vokalisches i wie in min-us für *min-ius. Wo in aller Welt soll denn aber der Halbvokal jenes Sanskritsuffixes geblieben sein? Min-us ist allerdings zunächst durch Schwinden eines i aus *min-ius, *min-ios geworden, aber dieses doch unzweifelhaft aus *min-ijos, indem entweder das j zwischen i und o (u) schwand, oder das i ausfiel und das j sich nach vorhergehendem Consonanten wie gewöhnlich zu i vokalisierte, wie zum Beispiel das Suffix Sanskr. -ja im Lateinischen zu -io wurde. Plo-us, ple-or-es sind jedenfalls hervorgegangen aus den Formen *plo-ijos, *ple-ij-os-es. Zu einer Erweichung des j zu i, die in *min-ius u. a. durch den vorhergehenden Consonanten bewirkt wurde, war hier keine

Veranlassung; denn selbst wenn aus jenen Lateinischen Grundformen zunächst *plo-jos, *ple-jos-es ward, so stand ja hier j zwischen zwei Vokalen wie in mä-jor, ma-jus. Die Griechischen Formen πλέ-ί-ων, πλέ-ων können hier garnichts beweisen, da die Griechische Sprache den halbvokalischen Laut j garnicht mehr kennt, sondern denselben entweder zu i erweicht oder zum blossen starken Hauch verflüchtigt oder ganz eingebüsst hat. Es ist eine völlige Unmöglichkeit, plo-us und ple-or-es aus *plo-ljos, *ple-ljos-es anders zu erklären, als durch Ausfall eines halbvokalischen j zwischen zwei Vokalen und jene beiden Formen allein reichen aus, das Schwinden desselben zwischen Vokalen unwiderleglich zu beweisen. Auch die Schreibweisen

eicit, deicit, reicit, coicit, traicit

sollen für Ausfall des j zwischen Vokalen nichts beweisen können. Aber wie hätte Vergilius reice messen können, wie ältere Dichter eicere, eicebantur eiell (*Verf. Ausspr.* II, 181), wenn nicht in der Aussprache des Volkes hier das j zwischen e und i verschollen wäre. Das schliesst gar nicht aus, dass die Gebildeten das j noch sprachen, und wird nicht dadurch widerlegt, dass die Perfectformen rejecit, ejecit u. a. das j regelmässig wahrten, da ja gerade das auf j folgende i es war, das im Volksmunde das vorhergehende j schwinden liess. Und wenn in abicit, adicit die erste Silbe positionslang genossen wurde, so kam das daher, weil eben die Gebildeten in dem Bewusstsein von der Etymologie jener Composita abjicit adjicit sprachen. Dass in

biga, quadriga

für bi-juga, quadri-juga das j ausgefallen sei, kann Crain nicht läugnen; aber das soll ein besonderer Fall sein, den man nicht verallgemeinern dürfe, weil hier dem j ein i vorhergehe.

Cuncti

soll nicht aus *co-juncti, con-juncti entstanden sein (*Verf. Ausspr.* II, 43). Warum? Weil in con-jux, con-jaux das j nicht geschwunden sei. Mit demselben Rechte könnte man bestreiten, dass rursus, prorsus aus re-vorsus, pro-vorsus entstanden seien, weil in re-vorsus, re-versus, pro-versus das v nicht ausgefallen sei, und keine Vokalverschmelzung stattgefunden habe. Auf jenen hinfälligen Grund hin wird dann cuncti aus convincti erklärt; aber dafür, dass jemals vincire in der Zusammensetzung mit Präpositionen sein anlautendes v einbüsste wie vortere fehlt jeder Beleg. Wer nicht beweisen will, dass j zwischen Vokalen nicht ausfallen könne, der kann nicht zweifeln, dass cuncti aus cou-juncti entstanden ist wie biga, quadriga aus bi-juga, quadri-juga.

Hornus
soll nicht aus *ho-jor-nu-s entstanden sein, so dass der Wortbestandtheil jor- dem deutschen jar Jahr entspricht (*Pott, E. F.* I. 23. II. 587, *Verf. Ausspr.* II. 43. 299). Auf Curtius zweifelnde Frage hin: „Wer sagt uns, ob hornu-s nicht *ho-ver-nu-s sei?" (*Gr. Et. n.* 522. 2. *A.*), nimmt Crain die Ableitung des Wortes von ver als erwiesen an. Hornus wird nun aber ausdrücklich als „diesjährig" erklärt, *Non. p.* 83. *G.*: Hornum ipsius anni. Lucilius lib. XXVIII: Utrum anno an horno te abstuleris a viro. Horna vina, horna fruge, palea horna hat niemals etwas anderes bedeutet als „diesjährigen Wein, diesjährige Feldfrucht, diesjährige Spreu", da bekanntlich die Getraideernte und das Weinkeltern auch in Italien nicht in den Frühling fällt oder fiel. Wenn nun durch plous, pleores, biga, quadriga der Ausfall des halbvokalischen j zwischen Vokalen sicher erwiesen ist, so ist nicht der mindeste Grund vorhanden, Potts treffliche Erklärung von hornus zu verwerfen, das im Mittelhochdeutschen hiure, Nhd. heuer seine Analogie findet, während jenes *ho-ver-nu-s zu dem Sinne, den hornus im Sprachgebrauche thatsächlich hat, nicht passt und durch keine Analogie gestützt ist.

V.

Dass das Lateinische v im Inlaut eine zerstörende Kraft auf vorhergehendes t oder d geübt habe, wie Crain behauptet (*a. O. p.* 15. 18. 24), muss ich als irrig ansehen. Das soll geschehen sein in
quartus.
Ich habe quar-tu-s verglichen mit quattor, quater, quadraginta von quatuor abgeleitet durch die Mittelstufen *quatortus, quater-tu-s, *quat'r-tus erklärt (*Ausspr.* II. 44). Das verwirft Crain aus dem Grunde, weil solche vorauszusetzenden Mittelstufen die Möglichkeit gehabt haben müssten, wenigstens einen Augenblick real existirt zu haben, sprechbar gewesen zu

— 299 —

sein. Der Begriff der Sprechbarkeit ist ganz unbestimmt, dehnbar und subjectiv. Lautverbindungen, die im Munde eines Volkes häufig sind, kommen in der andern Sprache niemals vor, sind also für das Volk, das diese redet, nicht sprechbar. Für uns Deutsche sind zum Beispiel Lautverbindungen nicht sprechbar, welche die Polnische Zunge geläufig ausspricht. Und, worauf ich schon oben hingewiesen habe, häufig werden Lautverbindungen, die einer Sprache in alter Zeit geläufig waren, später mit der fortschreitenden Verweichlichung derselben ihr unerträglich, sie werden im Volksmunde unsprechbar. Das Altlateinische kannte zahlreiche Lautverbindungen, die der Sprache der Augusteischen Zeit fremd geworden waren, zum Beispiel die Anlautsgruppen sr, sl, sm, sn, sf (S. oben S. 173). Wenn ich *quat'r-tus als letzte Mittelstufe zwischen *quatuor-tu-s und quar-tu-s angesetzt habe, so habe ich das so verstanden, dass es einmal einen Zeitpunkt gegeben hat, wo das kurze e von *quater-tu-s soweit unter die Zeitdauer eines kurzen Vokals bei der Aussprache herabgesunken war, so irrational oder stumm geworden war, dass es kaum noch gehört wurde. Mit dem Verschwinden der letzten Spur eines vokalischen Klanges desselben und dem Zusammentreffen der Laute t r t begann auch die Zerstörung des dem r vorhergehenden t. Diese geschah nicht auf einen Schlag, nicht über Nacht oder zu einer bestimmten Stunde des Tages, sondern das t fing an dumpfer und undeutlicher zu klingen, bis es ganz verklang. Niemand kann zweifeln, dass der Griechische Name Πολυδεύκης auf Lateinischem Sprachboden von der Form *Poluduces durch die Mittelstufen *Polduces, Polluces, Pollux, *Pols, *Pols zu pol verstümmelt worden ist (Verf. Ausspr. II, 62, s. oben S. 173). Die Neigung der altlateinischen Sprache, tieftonige Silben vor folgender hochbetonter verklingen zu lassen (Verf. Ausspr. II, 238), veranlasste zunächst das Schwinden des ersten u von *Poluduces. Dadurch prallten die Consonanten l und d zusammen, und diese Lautverbindung machte sich die Sprache bequemer und sprechbarer, indem sie dieselbe zu ll assimilierte. Dem Hange, den Vokal der tieftonigen Silbe nach der hochtonigen verklingen und schwinden zu lassen (a. O. II, 239. 252), folgte die Sprache, indem sie von Polluces das e zwischen c und s, dann von Pollux, dessen Hochton von der ursprünglich hochbetonten, nunmehr letzten Silbe dem Lateinischen

Betonungsgesetz gemäss auf die vorletzte zurücktrat, auch das u allmählich verklingen liess. Sie that das trotzdem, dass sie so zu der für sie ganz unerhörten, also unsprechbaren Lautverbindung *Pols gelangen musste. Sobald sie auf diesem Punkt angelangt war, ging sie in dem lautlichen Verstümmelungsprocess weiter, indem sie das x zunächst zu s erweichte oder den gutturalen Laut von x ausstiess, wie sie den gutteralen Laut in Perfectformen wie par(c)-si, al(g)-si, ful(g)-si u. a. nach l vor folgendem s fallen liess. Da endlich auch die Lautverbindung ls im Ausdruck unbequem wurde, so fiel von *Pols auch das auslautende s ab wie von den Nominativformen consul, vigil u. a. und von der Verbalform vel. Auf einer Cista von Praeneste findet sich die Namensform Diespter für Diespiter (*Annali d. Inst. archeol.* 1861, p. 151. 158. *C. I. Lat. V. I. n.* 1500). Da die neun anderen Götternamen, die sich auf derselben Cista finden, nicht abgekürzt geschrieben sind, so muss man das auch bei dem vorstehenden Namen annehmen. Es ward also im Latein der Praenestiner einmal Dies-p't'r gesprochen, so dass statt der Vokale i und e des zweiten Compositionsbestandtheiles -piter nur noch stumme vokalähnliche Laute zwischen p und t, t und r übrig geblieben waren. Die Lateinische Sprache stiess wie andere Sprachen aus ihren Wortformen Vokale aus, trotzdem, dass sie auf diese Weise zu Consonantenverbindungen gelangte, die ihr unbequem, hart, schwer sprechbar waren, und dann beseitigte sie dieselben durch Assimilation der zusammentreffenden Consonanten oder Ausstossung eines oder mehrerer derselben. Grade dadurch, dass im Volksmunde gewisse Lautverbindungen unbequem und unsprechbar werden, wird fort und fort Assimilation und Ausstossung von Consonanten hervorgerufen und so verlieren die sprachlichen Formen immermehr an Durchsichtigkeit und Klarheit. Das Wesen dieses allmählich und stätig fortwirkenden sprachlichen Verbildungsprocesses hat Crain in seiner obigen Behauptung völlig verkannt. Zu derselben würde er sich schwerlich haben hinreissen lassen, wenn er nicht die Theorie gegen mich geltend machen wollte, dass stumme oder irrationale Vokale im Lateinischen nur zwischen solchen Consonanten denkbar wären, die, wenn sie auf einander träfen, zu einander passten und ungefährdet und unverändert neben einander bestehen bleiben. Ich gehe hier nach dem über die Entstehung von pol und Diesptr Gesagten auf die Cubaltbarkeit und Willkührlichkeit dieser mit der Sprachgeschichte in Widerspruch stehenden Theorie nicht weiter ein. Ich werde auf dieselbe an einem anderen Orte zurückkommen, wo ich Crains Vorwurf von angeblichen „Ungeheuerlichkeiten", zu der ich in meiner Lehre von den irrationalen Vokalen gelangt sein soll, näher ins Auge fassen und, wie ich hoffe, widerlegen werde. Und nun sehe man zu, wie Crain quartus entstehen lässt. Aus *quatuor-tu-s soll zunächst *quadror-tu-s geworden sein. Diese Behauptung enthält zwei entschiedene Irrthümer. Zum Beweise, dass dort d aus t entstanden sei, beruft er sich auf quadraginta für *quatraginta. Aber hier ist ja die Erweichung des t zu d lediglich durch das folgende r bewirkt worden, wie in quadragesimus, quadragies, quadratus, quadrageni, quadrare, quadraus, quadratus u. s., quadriduo (I. R. Neap. Mo. n. 2518, Fleckeisen, fünfzig Artikel, S, 25) und zahlreichen Compositen, deren erster Bestandtheil quadri-, quadr- ist, während sonst nirgends inlautendes t zu d sinkt. Dass u oder v einen solchen Einfluss übe, dafür hat denn natürlich Crain auch kein Beispiel aufzubringen vermocht. Irrig ist ferner die Annahme, dass das u von quatuor sich in dem angeblichen *quadvortus wieder zu v verhärtet haben soll. V wird im Lateinischen zu u erweicht nach Consonanten; aber niemals tritt der umgekehrte Fall ein. Und selbst wenn dieses *quadvortus hätte zu Stande kommen können, was in schneidendem Widerspruch zu Lateinischen Lautgesetzen steht, so würde Crain doch wenigstens ein Beispiel beibringen müssen, wo von einer inlautenden Lautverbindung dv das d durch das v ausgestossen wäre. Ein solches aber giebt es nicht. Die Formen quattur (Orell. n. 4725), quatur (de Rossi, I. Christ. u. Rom. n. 666) neben quattuor (I. R. Neap. Mo. n. 5214. Or. Henz. n. 6450. 6491. 6920. C. I. Lat. V. I, 202. 2, 13. 21. Boissieu, I. de Lyon VII. 8. 17. Ack. u. Müll. Röm. Inschr. v. Dacien, n. 864. Ed. Dioclet. Moms. Ber. d. k. Sächs. Gesellsch. d. Wissensch. 1851. S. 9—32) und quatuor wie auch quater zeigen auf das deutlichste, dass die Lateinische Sprache von der Lautverbindung tv die Sanskr. čatvar aufweist, das v beseitigte, indem sie dasselbe zu u erweichte oder ganz schwinden liess, aber den Dental wahrte. Also ist auch quar-tu-s durch die Mittelstufen

*quator-tu-s, *quater-tu-s, *quat'r-tu-s aus *quatuor-tu-s entstanden. Ebenso sind auch Sanskr. éatur,-tha-s und Griech. τέταρ-το-ς mit Wegfall des v nach t gebildet. Crains Erklärung bürdet der Lateinischen Sprache willkührlich Lautwechsel auf, die ihr fremd sind, sie ist irrig, und alles, was gegen meine Erklärung von quartus vorgebracht ist, beruht nicht auf haltbaren sprachlichen und lautlichen Gründen, sondern auf einer beliebigen a priori angenommenen Theorie, die mit den Thatsachen der Sprache in Widerspruch steht, und die Geschichte der Entstehung verkrüppelter und gekürzter Wortformen aus unversehrten und vollständigen durch Kürzung und Ausstossung von Vokalen, Zusammenprallen unverträglicher und schwer zusammen sprechbarer Consonanten, und Beseitigung dieser unbequemen Lautgruppen durch Assimilation und Ausstossung von Consonanten, diesen stätig fortschreitenden Verbildungs- und Verkrüppelungsprocess der Wortkörper alternder Sprachen gänzlich unbeachtet lässt und verkennt.

Berichtigungen und Nachträge.

S. 30. Z. 24. Necntro, *Zwei Sepukralreden aus der Zeit des August und Hadrian*, Mommsen, *Abh. d. Akad. d. Wissensch. zu Berl.* 1863. S. 465. Es ist zweifelhaft, ob ne-eutro zu theilen ist oder nec-utro, so dass nec hier wie auch sonst im Altlateinischen den Sinn von non hat.

S. 30. Z. 31. Ueber nec mit dem Sinne von non im Altlateinischen vergl. *Bücheler*, N. *Jahrb.* 1863. S. 785.

S. 52. Z. 7. Abschwächung des Wurzelvokals im zweiten Gliede von Compositen ist noch unterblieben in defatigo, depaciscor neben defetigo, depeciscor. *Fleckeisen*, *Fünfzig Artikel*, S. 15. 16.

S. 71. Z. 17. für palumbes zu lesen palumbu.

S. 71. Z. 24. für culumba zu lesen palumba.

S. 78. Z. 32. zu tilgen moenia.

S. 91. Z. 13. Ueber huce, Nom. Plur. Fem. vergl. O. *Heine* zu *Cic. de Off.* I, § 152. *Weissenborn* zu Liv. I, 43, 5. *Fleckeisen*, *Kritische Miscellen* S. 47.

S. 91. Z. 21. vergl. illne, C. I. Lat. N. I, 1429.

S. 92. Z. 10. Die Ablativform qui ist als Versicherungspartikel verwandt, *Fleckeisen*, *Krit. Misc.* S. 28 f., auch in quippe qui, at qui, a. O. 32.

S. 94. Z. 3. statt des zweiten po-el zu lesen po-e.

S. 94. Z. 16. Die Formen quoius, quoi finden sich noch in der Augusteischen Zeit. *Zwei Sepulcralreden*, *Mommsen*, a. O. S. 465.

S. 104. Z. 17. Wenn in den falschen Schreibweisen fremder Namen wie Antiocis, Calithuce, Charingo, Chiteria, Talioia, Traechin und in teabrum, C. I. L. M. I, p. 601. Col. 1. die Aspiration verschoben erscheint, so kann daraus natürlich kein Lateinisches Lautgesetz gefolgert werden.

S. 130. Z. 18. Unemenia Nom. Sing. Fem. noch C. I. L. M. 577, 2, 21.

S. 135. Z. 32. Dem Pronomen Relativum enklitisch angestellt erscheint ad in quoad, C. I. L. M. I, 1012. 5 und circa in quo circa. a. O. 208, 118 und quod circa, a. O. 199, 18. Wenn de, in, ob, post nicht selten zwischen Pronomen oder Adjectivum und Nomen gestellt worden, so stehen sie doch vor dem Hauptworte, das von ihnen abhängt.

S. 138. Z. 29. Die Suffixgestalt -interu ist erhalten in magisteres Nom. Plur. C. I. L. M. I, 73. cf. add. p. 554.

S. 184. Z. 4 statt v für m zu lesen m für v.

S. 193. Z. 4. Ueber nanctus neben nnctus vergl. *Fleckeisen*, *Fünfzig Artikel*, S. 31. Vergl. lanterna neben laterna, *Schmitz*, *Rhein. Mus.* XIX. 301. Alinmans, Indigens, C. I. L. M. I, p. 601, col. 1. für Athamas, Indiges und campanrius, Tampsiinai, a. O. p. 607, col. 37. für capsarius, *Thapsitani.

S. 200. Z. 7. Vergl. confluonti, im fronte, a. O. p. 601. col. 3.

S. 205. Z. 11. Vergl. mihe, a. O. 1019.

S. 212. Z. 7. -els findet sich selber nicht in den Umbrischen Sprachdenkmälern, sondern nur das aus demselben entstandene -eir.

S. 239 Z. 8. vergl. duas, *Plaut. Merc.* 401; interduim, *Plaut. Rud.* 580; interduo, *Plaut. Capt.* 691. *Fr. Schulz de obsolet. conjug. Plaut. form.* p. 7.

S. 239 Z. 13. vergl. perdunut. *Plaut. Rud. Prol.* 21. *Fr. Schulz*, a. O.

S. 239 Z. 10. vergl. adoreduo, *Plaut. Asin.* 851; concreduo, *Plaut. Aulul.* III. 5. 49; concredui, *Plaut. Cas.* II, 7. 13. *Schulz a. O.*

S. 275. Z. 18. für culmen zu lesen culmum.

S. 287 Z. 28. Auch in der spätlateinischen Volkssprache ist r zu l erweicht. Schultz sieht in den verderbten Schreibweisen der Notae Tironianae Alpo, Alpocentis die Formen Alpoern, Alpocrates für Arpoern, Arpocrates, *Rhein. Mus.* XVIII, 147.

S. 288. Z. 26. Vergl. Clustumina neben Crustumina, *C. L. L., M. L.* p. 301, *Apr.* 21. *Serv. Verg. Aen.* VII, 63.

S. 224. Z. 31. Vergl. suso, *C. L. L., M.* 1, 122. 8 susum, a. O. 120. Z. 8. 10. controversia, a. O. 109. 2. Auch in der spätlateinischen Volkssprache schwand r vor s, nachdem es sich demselben zu s assimiliert hatte; so finden sich in den Notae Tironianae Phasalia für Pharsalia, Philophasalia verderbt aus Palaephasalia für Palaepharsalia, Casseoli für Carseoli, vesura für versura, *Schulz, Rhein. Mus.* XVIII, 119.

S. 294. Z. 16. Ueber das lange n im Nom. Sing. von femininen A-Stämmen vergl. *Ritschl, Rhein. Mus.* XIV, 405. 411. *Vahlen*, a. O. 555 f., a. O. XVI, 574. *Bergk, N. Jahrb.* 1861. S. 331, 407, 409. *Ribbeck,* a. O. 1862. 370 f. *Bücheler*, a. O. 1868. S. 328. 329. 331. 332. 333. 336. *Fleckeisen, Kritische Miscellen,* 1864. S. 11—20. *Müller, de Plauti Epidico. Berol.* 1865. p. 11 f. *Literar. Centralblatt.* 1865. No. 40. S. 1528.

S. 309. Z. 21. Aehnliche harte Lautverbindungen entstanden durch Schwinden eines e oder i in tieftoniger Silbe nach der hochbetonten in den Formen pair. *C. L. L. M.* 139. venatorbus, a. O. 196. 8. triumphavt, a. O. f. 478. a. 716. 727(1). 726. soldum, a. O. 205. 114. 115. Decmus, Decmu, a. O. 891. viresma, a. O. 182. und in den alten Namensformen Orevios a. O. 134. neben Oreevio, a. O. 134. Oreevius, a O. 135. Orceevia a. O. 136. Licnia, a. O. 893 für Licinia, Ofilius. a. O. 1287 für Aufidius. Popaia, a. O. 1028 für Popinia, im Volksmunde gekürzt, als noch der Hochton auf der viertletzten Silbe stehen konnte, mithin der Vokal der drittletzten tieftonigen schwand. Debtur a. O. 139 setzt eine Form *debitur für debetur im Perusinischen Provincialflatrin voraus. Ebenso führte das Schwinden eines e oder i in tieftoniger Silbe vor der hochtonigen zu harten Lautverbindungen in Calpirna, a. O. 848. Benvenutod, a. O. 19. Nuatorius a. O. 92. Nuutoris a. O. 122. Proserpnais a. O. 57. cf. Add. p. 554. *Ritschl, Prisc. Latin. Mon. epigraph. Suppl.* I. p. 11. uinvorsei *C. L. L, M.* 196. 9. Turplsio, a. O. 65. In Denmius, a. O. 1133 und Ptronius, a. O. 1388 war das e der ersten Silbe zu einem stummen oder Irrationalen Laut herabgesunken und wurde daher nicht geschrieben wie in den Formen Dtaspir, pair das e der letzten Silbe. Aus den abgekürzten Schreibweisen Arimn, a. O. 23, pediaq. a. O. p. 327, Col. I. v. 11, Decemb. a. O. 974, Decbr, a. O. 816, Norm. a. O. 962, 911, Novbr. a. O. 855, Pesenc. a. O. 137. cf. add. p. 555, Supn. a. O. 183. cf. add. p. 555 ist man hingegen nicht berechtigt, die Wortformen *Arimaenses, *pediaquus, *Decembres, *Dechres, *Novembribus, *Novembris, *Novbris, *Pesenia, *Supnas anzustellen, wie dies von Hübner geschehen ist. a. O. p. 605, Col. 2 f.

INDEX.

a im Auslaut von Wurzeln zu u verdunkelt 239.
abiegunn 123.
abies 269. 260.
abolere 279.
Abschwächung des Wurzelvokals im zweiten Gliede von Compositen unterblieben 51.
-abus Endung des Dat. Abl. Plur. von A-stämmen 214.
Adauia 48.
adeps 276.
Adferenda 132. 150.
Adolenda 139.
adolere 279.
aemulus 237.
aequiperare 51.
Aequitas Eigenname 276.
aequus 237.
Afrecura 254.
aerclavina 256.
Agellius 264.
-ais Oskische Endung des Dat. Abl. Plur. von A-Stämmen 213.
alacer 279.
alapa 83.
Albius 203.
albus 203.
alere 278.
ales 260.
aller Umbrisch 203.
Allius 196. 203.
alicubi 26.
alicunde 26.
aliquando 156.
aliubi 26.
almus 270.
alnus 279.
alnus 278.
alvus 279.
-am im Auslaut von Wurzeln nicht zu n geworden 237.
amare 82.
ambi- 203.
ambire 203.

ambo 203.
ames 267.
amfret Umbrisch 203.
ampraad Oskisch 203.
anafriss Oskisch 212.
Analogie in der Wortbildung 82.
andirsafust Umbrisch 202.
Antersiais Oskisch 242.
antistro 243.
antistita 243.
aper 31.
aqua 75.
arguere 237. 242.
argumentum 242.
arquina 51. 243.
aries 268. 278.
arista 278.
arquites 260.
arundo 146. 278.
Aspiration in Lateinischen Wörtern nicht vom Inlaut auf den Anlaut übertragen 101. Aspiration der Tenuis t dem Lateinischen fremd 187.
Assimilation des Vokals der vorhergehenden Silbe zu i durch i der folgenden Silbe 52.
ajernatust Umbrisch 202.
-ati Suffix 218.
Aufidus 203. 204.
auruax 61.
auriga 61.
Auta 48.
autio 16.
autor 16.
autumnus 16.
nxites 281.

b aus p erweicht 62. 176. In der spätlateinischen Volkssprache 178. durch die Mittelstufe bv aus dv entstanden 173. durch die Mittelstufe bv aus gv entstanden 174. nicht aus m umgelautet 182. nicht aus t entstanden 167. nicht ausgestossen durch folgendes v 210.

CORSSEN, KRIT. NACHTR. 20

bacca 63.
balatium 178.
-bam Suffix des Imperfectum 202.
barba 201.
-be Suffix 200, 219.
bei Suffix 200, 219.
bellum 173.
benignus 192.
-ber Suffix 202.
-bi Suffix 202, 209, 219.
bibere 176.
biga 207.
bigas 123.
-bil Suffix 202.
bis 172.
-bis Suffix 216.
-bo Suffix des Futurum 202.
Boblinda 178.
bonus 172.
-bra Suffix 186, 202.
-bri Suffix 202.
-bro Suffix 186, 202.
Bruges 176.
bus 176.
Bubenzi 181.
Bubezi 181.
bubile 180.
Buboun 181.
Bubularius 181.
bubulcus 180.
bubulinus 180.
bubulus 180.
bucca 83.
-bula Suffix 209.
bulla 174.
bullire 174.
-bulo Suffix 189, 202.
buodo Suffix 139.
Buren 176.
burma 176.
burrus 176.
-bus Suffix des Dat. Abl. Plur. 216.
bustum 177.
Busentum 176.
buxis 176.
buxum 176.
buxus 176.

c im Anlaut vor r geschwunden 33.
im Anlaut vor l geschwunden 35.
vor sc ausgefallen 38, 69, vor st geschwunden 39, vor t auch Vokalen geschwunden 45, nicht aus p entstanden 71, im Anlaut vor Vokalen nicht abgefallen 87, cc nicht aus cs entstanden 69.
cadamitus 274.
caecus 263.

caeles 260.
caespes 254.
calamitas 274.
Campana 268.
capedo 295.
capedunenla 295.
capere 99.
capisterium 294.
capis 296.
*capisterium 295.
capistrum 294.
Capitodium 276.
Capitolium 276.
capula 295.
capulum 295.
capulus 295.
carbasus 178.
castrum 240.
cautus 61.
ci vor folgendem i nicht ausgefallen 41, 48.
civitas 260.
circumspectus 64.
cluere 38.
cocles 262.
colcit 297.
Colmquenda 132.
colere 71.
comburere 177.
comes 251.
Commolenda 138, 150.
communis 78.
comoinis 78.
complium 252.
compos 248.
Composita im ersten Gliede durch Schwinden eines i am eine Silbe verstümmelt 260, 261, 263, 266.
Composita deren ersten Glied zum zweiten im Verhältnisse von Adjectivum zum Substantivum steht 258. Composita von Praepositionen mit Nomen 235.
convalere 200.
convenire 200.
conferbui 180.
conglutinare 44.
congruere 237, 241.
Consentes (dii) 241.
considerare 43.
consobrinus 191.
conspicione 50.
consternare 115.
consul 280.
consulere 280.
contemplari 44.
convicium 49.
convidium 49.

cuquere 74.
coventionid 201.
covenamid 200.
credoam, creduas, cremat, creduis, credult 239.
crus 237. 241.
culmus 275.
cnucti 207.
-cundo Suffix 152. 146.
cuuti 43.
custos 137.

-d neutrales Suffix aus -t erweicht 165.
da- als Pronominalstamm nicht erwiesen 163.
-dam enklitisch 164. 167.
damaas 257.
-de enklitisch 164.
deferbui 180.
Defrunda 150.
defratum 221.
deicti 207.
-dem enklitisch 164. 167.
demum 150.
denique 156. 158.
Denominative Verba der A-conjugation von zusammengesetzten Nomen gebildet 59. Denominative Verba der I-conjugation in Nominalbildungen zu Grunde liegend 292.
detrimentum 58.
Dicuulacbus 216.
-dicus zweites Glied von Compositen 131.
disalpure 70.
diven 261.
-do enklitisch 164.
-do zweiter Bestandtheil des Gerundivsuffixes un-do 143.
donec 155.
donicum 155.
dos 251. 270.
dubenus 189.
dubius 185.
Dubaores 183. 185.
ducere 237. 243.
duim, duis, duit, duitor 239.
dum 164. 166.
-dum 154. 166.
dus 243.

-ebus s. -ibus.
efferbui 180.
eick 287.
-eis Endung des Dat. Abl. Plur. von A-stämmen 213. von O-stämmen 213.
elementum 280.
Empanda 111.

endo Präposition 131.
-endo s. -undo.
Epona 70. 71. 76.
eqare 260.
-er Umbrische Endung des Dat. Abl. Plur. von A-stämmen 213. von O-stämmen 213.
-es Umbrische Endung des Dat. Abl. Plur. von A-stämmen 212. 213. von O-stämmen 212. 213.
-et Suffix 245.
exburae 178.
exbures 178.
exolere 278.
expludere 44.
exsternare 115.
exstinguere 117.
exsul 260. 284.
extemplo 44.

f labiale Aspirata mit starkem Hauch, nicht blosse Spirans 187. 190. 205. gemeinsam dem Lateinischen, Faliskischen, Oskischen, Sabellischen, Umbrischen, Volskischen und Etruskischen 187. 208. vor Trennung der altitalischen Muttersprache in ihre Dialekte an Stelle der Media-Aspirata bh getreten 198. 208. aus bh entstanden 201. 221. 223. 224. 226. aus dh 201. 210. 233. 234. aus gh 201. 225. 230. 234. erhalten im Inlaut einfacher Wörter 198. 208. im Anlaut des zweiten Gliedes von Compositen 188. im Inlaut zu b verschoben 188. 194. 201. 203. 209. zu h verflüchtigt 194. 204. 210. 211. vor l nicht aus bl entstanden 66. nicht aus ph, th, ch 187.
-f Locativendung im Umbrischen, Volskischen, Oskischen und Sabellischen 202. 206. 219.
l'abaris 201.
faber 189.
fabricare, fabricari 45.
farefele Umbrisch 202.
Farfarus 201.
favere 83. 86.
favilla 86.
favus 83. 86.
-fe Locativ- und Dativendung im Umbrischen 202. 206. 219.
febris 191.
februus 192.
-fei Dativendung im Oskischen 202. 206. 219.
-fele Suffix im Umbrischen 202.
Felicius Eigenname 170.

20*

-fem Suffix im Umbrischen 206. 219.
ferbui 180. 227.
fermentum 223.
ferrere, ferrire 87. 220. 226.
fervidus 87. 220. 220.
fervor 87. 220.
fetus 216.
fictilis 233.
-ficus zweites Glied von Compositen 131.
figulus 233.
figura 243.
filicula 61.
fingere 233.
firmus 236.
-fio Suffix im Umbrischen 202.
flaccere 66.
flaccidus 66.
flacrus 65.
flagitium 69.
flavus 229.
floccus 60.
floccus 65. 66.
-flo Umbrisches Suffix 202.
fluere 182.
fomes 267.
fons 231.
forare 221.
forctis 218.
fordeum 111.
fordiculus 211.
Fordicidia 211.
fordus 204.
formicapes 226.
formus 87. 220. 225.
fornax 87. 220. 221.
fornus 87.
fortis 218.
forvus 220. 226.
fossa 217.
fovere 85.
fracere 66.
fraces 66.
fracescere 66.
fracidus 66.
fragescere 60.
fratrus Umbrisch 212.
fratus 189.
frendere 231.
fretum 219.
fretus 218.
frigere 61. 222. 223.
-fro Suffix 202.
frugi 83.
fruor 82.
frutis 182.
fufans 3. Pers. Imperf. im Umbrischen 202.

folvus 229.
furca 234.
Furcalae 234.
furere 224.
Furiae 224.
furor 224.
furnus 87. 220. 221.
fustis 217.
Futrei Oskisch 293.
Fuutrei Oskisch 293.

g vor r ausgefallen 82, zwischen Vokalen nicht geschwunden 77.
germanus 236.
germen 236.
Gerundium. Suffix desselben 133, enthält ursprünglich nicht den Begriff der Nothwendigkeit 150, an sich weder activ noch passiv 151, verschiedene Benennungen desselben bei Lateinischen Grammatikern 162. Gesammtergebniss der Untersuchungen über dasselbe 162.
glaber 178.
glubere 178.
gradi 219.
gradus 219.
gramen 125.
granum 87.
gremium 230.
gurges 261.

habere 99. 178.
habitare 99.
haece, haec Nom. Acc. Plur. Neutr. 96. 97.
haece, haece Nom. Sing. Fem. 98.
haece, haece Nom. Plur. Fem. 96.
haice Nom. Acc. Plur. Neutr. 96. 97.
Haleaus 265.
hannum 205.
-he Dativsuffix im Umbrischen 206. 219.
-hei Dativsuffix 206. 219.
hec s. hice.
hei, hi Nom. Plur. Masc. 99.
hein, heivre, hisre Nom. Plur. Masc. 99.
hi s. hel.
-hi s. -hel.
hibernus 180. 192.
hibus 99.
hic, haec, hoc und seine Casusformen 89, tabellarisch zusammengestellt 90.
hice, hic, hec Nom. Sing. Masc. 96.
Hilaritas Eigennamen 276.
hirudo 146.
hirnodo 146.
hiser s. heis.
hoice, hoie Dat. Sing. Masc. Neutr. 95.

hoinsce Gen. Sing. Masc. Neutr. 86.
homuna Umbrisch 212.
hordeum 101.
hordicalis 204.
hordicidia 204.
hordus 204.
hornus 208.
hospes 219.
hospita 219.
hostis 217.
huic s. holce.
huius s. hoinsce.
humus 102.

-i Locativform des Pronominalstammes i- enklitisch angefügt an Pronomina und Pronominaladjectiva 92. Umbreudung von O-stämmen 95. alte Endung des Nom. Acc. Dual. Neutr. 96. alte Endung des Nom. Acc. Plur. Neutr. 97. -i Endung des Nom. Plur. Masc. Fem. von Pronominalstämmen 98.
iafc Sabellisch 203.
ibi 203.
ibidem 158.
-ibus Endung des Dat. Abl. Plur. von O-stämmen 215.
ifr Umbrisch 203.
-im Locativendung 168. 217. 219. Oskische Locativendung 218. 219.
imago 236.
imber 803.
imbuere 176.
infelix 200.
imitari 236.
immo 207.
immanis 78.
impos 248.
improbe 203.
imus 207.
-in Locativendung 150. 217. 219.
-in Oskische Locativendung 218. 219.
inde 158. 159.
indidem 169.
indigena 123.
ladiger 251.
indu Präposition 134.
infernus 192. 195.
infimus 192. 195.
ingruere 237. 241.
immoenis 78.
inquilinus 74.
insipere 70.
instaurare 238.
insula 285.
interdiu 157.
interdum 157. 168.

interurus 219.
intertaliure 191.
iuviare 51.
iuvitus 52.
-io. Räumliche Bedeutung des Suffixes 272.
-is Endung des Dat. Abl. Plur. von A-stämmen 213. 216. von O-stämmen 213. 216.
-is Umbrische Endung des Dat. Abl. Plur. von O-stämmen 212. 213. 216.
-is Oskische Endung des Dat. Abl. Plur. von consonantischen Stämmen 212. 216.
-istero, -istro zusammengesetztes Steigerungssuffix 138.
-it Suffix 216.
-ius Endung des Gen. Sing. von Pronomen und Adjectiven 85.
ixi 72.

j zwischen Vokalen geschwunden 256.
jam 154. 167.
Januarius Eigenname 278.
jubar 185.
jubere 175.
Juno 142.

l und umgelautet 274. aus r erweicht 278. ueber r in Wörtern derselben Wurzel 288. nicht aus n entstanden 277.
labor 203.
lalundus 139. 160.
lapseidia 255.
lapseidius 255.
Laranda 145.
latro 233.
Lautverbindungen, die unbequem für den, bereitigt durch Assimilation und Schwinden von Consonanten 178. 209.
Laverna 240.
laverno 240.
liber 203.
Liber 203.
liberus 203.
libuio 86.
ligis Oskisch 212.
limes 267.
liuera 81.
livere 34. 230.
lividus 34. 87. 230.
livor 34. 230.
locuples 253.
locheratein 203.
loebesum 203.
loferta Faliskisch 203.

loklus 35.
longinquus 73.
lonfreb Oskisch 203.
lonfrikonom Oskisch 203.
ludere 35.
lupus 29, 71.
luscinia 36.
lusciosus 36.
luscitio 37.
luscitiosus 37.
lusciclus 37.
luscus 36, 37.
luxus 37.

m fällt nicht ab im Anlaut 238. nicht
zu b umgelautet 181. nicht zu v
umgelautet 181. nicht aus b entstanden 236. nicht aus v entstanden 235.
magister 138.
magnus 112.
malignus 122.
maueriam 157, 160.
manifestus 253.
mansues 253.
mediocumnis 78.
mediterraneus 61.
mediterreus 61.
mediisullinm 61.
miehe Umbrisch 205, 208.
-men Suffix 124.
-menta Suffix 130.
-menti Suffix 130.
-mento Suffix 121.
merga 271.
merges 271.
mihei, mihi 205, 208.
miles 269.
minister 138.
minstreis Oskisch 138.
mornia 78.
moerus 78.
moluleipleis 78.
moinikud Oskisch 78.
moirea 78.
mons 77, 78, 79.
muliebris 191.
mulis 288.
musia 78.
municipium 78.
musire 78.
musus 78.
nuurus 78.
nusen 68.

n nicht geschwunden in den auf -at auslautenden Participialnomen 215.
-n Wurzeldeterminativ 238.

-n Locativendung 217, 219. Oskische
Locativendung 218, 219.
Nasal phoenicisches Element 192.
nebrundines 145.
nebula 203.
nec rscit 30.
necesse 272.
necessia 272.
necessum 272.
necesnus 272.
nerenus 272.
neclegere 31.
nec manifestum 30.
necopinans 29.
neropinatus 29.
necopinus 29.
necubi 28.
necunde 29.
necutro 29.
nefrones 143, 145.
nefrundines 145.
neglegere 30.
negotium 31.
neutrobi 27.
neutrubi 27.
nere 259.
nimbus 203.
Nicmens 258.
non 287.
nubes 203.
nubilus 203.
nudius 167.
nuere 237, 240.
nuncubi 28.
nurire 293.
nutrix 292.

oblivio 34.
oblivisci 34.
obsipare 70.
obsolere 270.
occa 64.
oenigenos 193.
-oes Endung des Dat. Abl. Plur. von
O-stämmen 213.
-ois Oskische Endung des Dat. Abl.
Plur. von O-stämmen 213.
olivitas 276.
-on erster Theil des Gerundivauflöses
-ondo 133. ursprünglich nicht von
amplialiver Bedeutung 142.
-ondo u. -oudo.
opinari 28.
opicio 28.
opture 54.
orbus 203.
Orfius 196, 203.
oriundus 139, 140.

oidum 20.
Oufens 203, 204.
avare 45.

p aus c entstanden 57, durch pn aus qu entstanden 76, anlautend vor l abgefallen 232, anlautend vor folgendem r nicht abgefallen 169, ps unversehrt erhalten 74.
-p Wurzeldeterminativ 74, 100.
palea 216.
pallere 232.
pallidus 233.
palma 266.
palmus 266.
palumbus 29.
Pauda 111.
pandere 111.
pandus 111.
Pandus 111.
paries 208.
Participia auf -to mit activer Bedeutung 53, mit activer und präsentischer Bedeutung 54. 271.
pedes 260.
penis 216.
penuria 110.
percoctari 42.
percoquri 42.
perenactari 42.
perdnis, perdult, perdnias 230.
Perfectbildung auf -vi, -ui 210. Umbrisch auf -fu, f, -u. Oskisch auf -f, -u 211.
pi- Umbrisch n. po-.
piei Oskisch. Dat. Sing. vom Pronominalstamme pi- 95.
pleis Oskisch. Gen. Sing. vom Pronominalstamme pi- 95.
plaquis 88.
pisurina 224.
pleores 298.
plous 206.
plumbum 174.
po-, pi- Stämme des Reindeprouomens im Oskischen, Sabellischen, Umbrischen und Volskischen mit ihren Flexionsformen tabellarisch zusammengestellt 93.
pol, poel, poe Dat. Sing. Masc. Neutr. vom Pronominalstamm po- im Umbrischen 94.
pol 173, 209.
Pollus 173, 199.
poplus 29.
popies 262.
porrigere 170.
portorium 82.

postis 247.
pous 248, 249.
Praepositionen im Lateinischen und Umbrischen selten undigestellt 135.
Praestes 249.
Prestota Umbrisch 249.
Prestota Umbrisch 249.
praesul 280.
praetor 284.
pridem 166, 167.
privigraus 123.
privignus 123.
probe 203.
Proca 137.
Procas 137.
procul 136.
Proculeius 137.
Proculus 137.
proles 279.
promontorium 80.
promuntorium 80.
promunturium 80.
propinquus 73.
proximus 72.
prufe Umbrisch 203.
puf Oskisch 203.
pullus 232.
purdovitu Umbrisch 258.
purtifele Umbrisch 202.
purtinvcu Umbrisch 219.
purtuvitu Umbrisch 219.

quae Nom. Acc. Plur. Neutr. 97.
quae Nom. Acc. Plur. Neutr. 95. 97.
quae Nom. Sing. Fem. 98.
quae Nom. Plur. Fem. 98.
quai Nom. Acc. Plur. Neutr. 95. 97.
quando 155. 156.
quadriga 207.
quartos 264.
qui, quae, quod und seine Flexionsformen tabellarisch zusammengestellt 91.
qui, quei, que Nom. Sing. Masc. 94.
qui, quei, que Nom. Plur. Masc. 29.
quies 270.
quinque 74.
quoiei, quoieique Dat. Sing. 94.
quoius Genitiv. Sing. 94.

r vor s geschwunden 248.
reciprocus 134.
red-, re- 174.
Rediculus 263.
Reduplikation der Nominalstämme 262.
reieit 297.
requies 270.
restaurare 239.

robur 201.
rosa Umbrisch 203. 204.
rogare 169. 170.
rotundus 139. 147.
ruber 187. 203. 204.
Rubicon 146.
rubicundus 115. 117.
rufare 191.
Rufellus 191.
rufescere 191.
Ruffinus 191.
Rufrenus 191.
Rufri 191.
Rufrinus 191.
rufri Umbrisch 187. 191. 203. 204.
Rufuli 191.
rufus 187. 191. 203.
Rufus 191.
ramentum 267.

a im Anlaut vor f abgefallen 189. anlautend vor p abgefallen 111. 295.
  anlautend vor n geschwunden 291.
  im Anlaut vor t abgefallen 118.
  at aus ap assimiliert 102. 115. sc
  nicht aus cs umgestellt 68.
Sabinus 201.
sacens 61.
sacerdos 251.
Safinis 190.
Safinim Oskisch 201.
Safinus 196.
sagina 271.
sagmen 271.
Saliauhauius 292.
sanas 267.
sapere 20.
sarmen 70.
sarmentum 70.
Sarana 283.
sarpere 70.
Sarsina 283.
satelles 261.
scabillum 178.
scabres 178.
scaphisterium 296.
serehtor Umbrisch 191. 203.
scriftas Oskisch 194. 203.
scrofa 184.
secespita 258.
secius 47.
sectius 47.
secundum 139. 150.
secura 270.
Seraphici 280.
sermita 262.
sequester 138.
sequium 47.

setius 47.
siber, siberi 205.
sibi 202. 205.
sicubi 28.
sifei Oskisch 203. 204.
siblus 195.
signum 121.
sincinia 39.
sinistrorsum 283.
sipare 70.
sirpea 69.
sirpicus 69.
Sispita 264.
Sispitem 250.
sive 282.
socens 64.
sons 70.
sortire 203.
sospes 264.
Sospita 264.
spantim, spanti Umbrisch 110.
spatium 109.
specere 115.
spectare 115.
specula 116.
speculum 115.
speres 115.
spica 109.
spiculum 109.
spolium 121.
sponda 111.
spondere 112.
sponsio 112.
sponsor 112.
sponsus 112.
sponte, spontis 112.
spuere 115.
spuma 115.
Stabiae 201.
stabulum 189.
staflatam Oskisch 201.
staflare Umbrisch 202.
stafli Umbrisch 189. 202.
statif Oskisch 203.
stercus 120.
sternuere 116.
stinguere 117.
stipes 258.
studere 116.
sturnus 121.
subolen 270.
subsul 260.
Suevessa 274.
Sueessula 274.
supara 70.
superstes 249.
supiculum 69.
suspicio 60.

suspicio 60.
susu 214.

t nicht zu th aspiriert 187, im Anlaut nicht aus d entstanden 107, von anlautendem st nicht geschwunden 129, inlautend nicht zu d erweicht ausser vor r. 153, 153, 154, schwindet nicht von den auf -nt anlautenden Stämmen 121
-t Suffix 245.
talla Umbrisch 202.
talem 121.
talenta 121.
talis 121.
taliasum 121.
taliatura 121.
talla 121.
talpa 121.
tarmes 256.
-tat Suffix, Bedeutungen desselben 275.
teba 201.
teuorium 82.
tefe Umbrisch 203, 205.
tegro 270.
tenebrae 189.
tentorium 82.
terra 257.
termes 255.
testamentum 10.
tesda 52, 217.
tremulo 146.
texurina 202.
tibe, tibei 205.
ubi 202, 205.
Tiberinus 201.
Tiberis 201.
Tiberinus 201.
Tiber 201.
Tifata 201.
Tiferanum 201.
Tiferuus 201.
tolerrus 196.
tollens 196.
tolenus 196.
tolonus 196.
tolus 196.
tonstrina 202.
-torio Suffix 81.
torvus 85.
traf Umbrisch 203.
trahere 107.
trahit 207.
tramen 251.
trepit 20, 71.
tribunidus 48.
tribus 203.
-trie Suffix 202.

trio Umbrisch 203.
-trina Suffix 202.
tristamentud Osklsch 10.
tritaria 248.
tridenum 106.
tueidare 119.
tum 118.
tudes 256.
turgere 118.
tuveis 217.

ū anlautend aus va mitstossen 28.
u- Pronominalstamm 27.
uber 203, 204.
ubi 26, 203.
ubiubi 26.
l'fras 203, 204.
ulmus 279.
uls 277.
ulterior 277.
ultumus 277.
l'lubrae 279.
ulva 279.
umbilicus 203.
umbo 203.
unde 26.
undique 156.
-undo Gerundivsuffix 133, älter als -endo 141, entspricht Griechischem -onda, -ondns 147, Sanskritischem -anda, -anda 148.
urbs 291.
-us Umbrisches Suffix des Dat. 161.
" Plur. von consonantischen Stämmen 212, 216.
ut 26.
quer 26.
uti 26.
utinam 27.
utique 26.
utrobidem 27, 158.
utrobique 27.
utrubi 26.

v nicht zu b geworden ausser durch assimilierenden Einfluss eines b der vorhergehenden Silbe oder durch folgendes u 179, 181, nicht zu m zusgelautet 181, hat etymols vor hergehendes t zerstört 301.
vacca 63.
vulgus 280.
vapefem Umbrisch 206.
-ve 289.
vepris 246.
 ̄Venerius 78.
 ̄Veies 78.
 ̄venero 78.

Venustum 202.
Verba der A-conjugation Nominal-
    bildungen zu Grunde liegend 219.
vermis 33.
vero 85.
verutum 86.
vervina 86.
vesre 58.
victor 58.
vicurix 58.
vicus 58.
viginti 86.
visibuas 178.
vivomus 81.
vis 2. Pers. Sing. Ind. 287.

vitam 65.
vitium 67.
vitor 68.
Vitoria 45.
Vitorius 45.
vitulari 45.
vituperare 68.
vituperium 69.
vorsba 277.
Vokalsteigerung 49. 51. 59. 61. 239.
    240.
Volupius Eigenname 276.
-volus zweites Glied von Compositen
    131.

www.ingramcontent.com/pod-product-compliance
Lightning Source LLC
Chambersburg PA
CBHW030809230426
43667CB00008B/1127